中国科学院规划教材

物流管理

刘明菲　王槐林　编著

科学出版社
北　京

内 容 简 介

本书具有以下四方面的特色：第一，具有内容和形式上的整体性和有机统一性。本书的编写紧密联系物流管理实践，广泛吸纳物流管理与物流实践中最新国内外研究成果，使学生能够通过本书掌握物流管理学的发展全貌。第二，结构严谨，体系完整，内容丰富。涵盖了现代物流最基本、最核心的内容。本书便于学习者学习和理解，使学生能很好地掌握现代物流的基本理论和方法，并将知识运用于实践。第三，本书的编写与现代物流的发展基本保持"同步"状态。物流学是一门应用性很强的学科，本书以物流运营和规划管理为主线，从管理的角度切入物流管理各主题，分上、中、下三篇。上篇物流原理，包括第一—三章；中篇物流运营，包括第四—十一章；下篇物流规划，包括第十二—十六章。本书既给学生留下了扩充深化和思考的空间，又适合专业课的课堂教学。第四，实用性强。本书在内容安排上独具特色，各章有学习目标、思考题等，可以让学生掌握实际的物流运营过程，并提出改进的途径。本书是针对物流管理专业的教学需要而编撰的，同时也是高校联合编写教材的一种尝试，充分体现高校优势互补效应。

本书适合本科生、研究生学习，推动了 MBA 教学，对物流管理从业人员有很好的参考价值。

图书在版编目(CIP)数据

物流管理/刘明菲，王槐林编著. —北京：科学出版社，2008
中国科学院规划教材
ISBN 978-7-03-020850-7

Ⅰ.物… Ⅱ.①刘…②王… Ⅲ.物流-物资管理-高等学校-教材 Ⅳ.F252

中国版本图书馆 CIP 数据核字(2008)第 003285 号

责任编辑：马 跃 / 责任校对：陈玉凤
责任印制：赵 博 / 封面设计：耕者设计工作室

科学出版社 出版
北京东黄城根北街 16 号
邮政编码：100717
http://www.sciencep.com

北京富资园科技发展有限公司印刷
科学出版社发行 各地新华书店经销

*

2008 年 1 月第 一 版 开本：B5(720×1000)
2026 年 1 月第十六次印刷 印张：25 1/2
字数：479 000

定价：68.00 元

(如有印装质量问题，我社负责调换)

前　　言

随着经济全球化和市场一体化，企业所面临的各种不可控环境因素越来越多。过去，企业对物流在经营战略中的重要性认识不足，物流职能在企业管理中处于被动地位。20 世纪 90 年代以后，企业的经营环境发生了巨大的变化，企业的竞争由过去单一的、局部的功能竞争转入整体性的服务竞争，以寻求竞争的差别优势，使顾客的满意度最高。在世界范围内，现代物流作为一种先进的组织形式和管理技术，已形成一个开放度高、功能整合力强的国际化产业。在经济全球化的今天，物流以其对生产、销售的能动作用，成为继生产、销售之后企业“第三利润的源泉”和国民经济的新增长点。

现代物流（logistics）是指为了实现顾客满意，连接供给主体和需求主体，克服空间和时间阻碍的有效、快速的商品、服务流动等经济活动。物流的基本目标是：通过采购、生产、销售过程去集成物流、商流和信息流，以最准确的时间、最合适的地点提供顾客所需产品和服务。现代物流呈现以下发展趋势：第一，现代物流以实现顾客满意为第一目标。消费需求的多元化、差异化以及个性化趋势，使人们开始认识到顾客服务已经成为企业物流系统甚至整个企业运作成功的关键，它是增强企业产品差异性、提高产品及服务竞争优势的重要因素。物流顾客服务作为一种增值产品，其服务功能的创新与完善，对提高产品的附加值、提升产品的知名度和美誉度、巩固企业的市场地位具有十分深远的意义。第二，现代物流从传统的低层次服务转向高层次的供应链模式。英国著名供应链专家马丁·克里斯多夫认为：市场上只有供应链而没有企业，21 世纪的竞争不是企业之间的竞争，而是供应链之间的竞争。供应链上各环节（如供应商、生产中心、配送中心、运输商以及零售商）之间是一种相互依存的关系。它提倡渠道企业间的合作，通过合作型的物流体系来实现原来不可能达到的物流效率，使原来流通渠道中企业物流的对立走向企业物流的共生。最具代表性的是美国宝洁公司与沃尔玛的合作经营。第三，物流正成为企业获取竞争优势的竞争战略之一。物流在整个企业战略中，对企业营销活动的成本发生重要影响。物流既是企业成本的产生点，又是降低成本的关键点。物流被称为“成本经济的最后防线”，物流对企业发展具有战略价值。

本书从管理视角出发，以物流管理运营和规划为主线，全面系统介绍了物流管理的发展历史、物流运营管理和规划的基本原理和方法。各章均有物流各项职能的基本术语、知识点和原理，为初学者奠定了良好的物流管理理论基础，做到定性研究与定量分析方法相结合，理论前瞻性和实践可操作性相结合，有助于提高学习者的技能。

本书具有系统性、新颖性、实用性。第一，系统性。本书的编写借鉴物流管理与物流实践中最新国内外研究成果，系统地体现教材编写的科学性，使学生能够通过本书掌握物流管理学的发展全貌，从而提高学生的学习效率。第二，新颖性。本书以物流运营和规划管理为主线，从管理的角度切入物流管理各主题，分上、中、下三篇。上篇物流原理，主要介绍国内外物流发展史、物流管理学学科背景以及物流系统化管理原理；中篇物流运营，主要论述物流管理运作原理和方法，研究仓储、库存、运输、包装、装卸、流通加工、物流网点布局、生产物流、采购管理和物流信息管理等内容；下篇物流规划，主要论述物流规划与管理的理论和方法，着重研究物流配送中心、物流园、第三方物流、物流战略管理、供应链物流管理的规划与管理。便于学生掌握现代物流发展的最新知识。本书既给学生留下了扩充深化和思考的空间，又适合专业课的课堂教学。本书体系经过精心组织，涵盖了现代物流最基本、最核心的内容。本书重视概念准确性，便于学习者学习和理解，使学生能很好地掌握现代物流的基本理论和方法，并将知识运用于实践。第三，实用性。本教材的编写与现代物流的发展基本保持“同步”状态。为了加强应用能力的培养，本书在内容安排上独具特色，各章有学习目标、思考题等，可以让学生掌握实际的物流运营过程，增强应用能力和实践能力。

本书由武汉理工大学和华中科技大学共同编写，主要适合本科生、研究生学习，推动了 MBA 教学，对物流管理从业人员有很好的帮助。本书第一、九、十、十四章由华中科技大学王槐林编写，第二—四、七、八、十一—十五章由武汉理工大学华夏学院张建良编写，第十六章由武汉理工大学刘明菲编写，第八章由武汉理工大学林艺编写，第五、六章由程琦编写。刘明菲负责全书统纂、修改、审定。此外，武汉理工大学研究生张君、崔建立、马丽、周尧、孙君军和柯锦辉参与了资料的收集和整理工作。科学出版社马跃编辑对本书的编写提供了极大帮助。在此，对他们的辛勤工作表示诚挚的感谢。在本书的编写中，参考并引用了国内外许多同行的研究成果，在此表示深深的谢意。

本书难免有疏漏之处，恳请各界专家、学者批评指正，以使其日臻完善。

刘明菲

二〇〇七年十月八日

武汉马房山

目　　录

中篇　物流运营

下篇 物 流 规 划

上篇　物 流 原 理

上篇包括第一—三章，包括物流概论、物流管理学基本理论、物流系统化管理原理。

第一章　物流概论

本章学习目标

要求通过本章学习，掌握物流的定义、分类及效用，理解物流概念的产生和发展，熟悉物流在经济和社会组织中作用，全面了解国内外物流发展历史。

第一节　物流概述

一、物流概念产生和发展过程

人们虽然长期对物流现象习以为常，但是一直到20世纪初以前，还没有“物流”这个概念。物流的概念最早起源于20世纪初的美国。从20世纪初到现在近一个世纪的时间内，物流的概念的产生和发展经历了三个阶段。

（一）第一个阶段：物流概念的孕育阶段

从20世纪初到20世纪50年代，是物流概念的孕育和提出阶段。这一阶段的特点表现为两种意见（两个提法）：一是美国市场营销学者阿奇·萧（Arch W. Shaw）于1915年提出的叫做physical distribution的物流概念。他是从市场分销的角度提出的。二是美国少校琼西·贝克（Chauncey B. Baker）于1905年提出的叫做logistics的物流概念。他是从军事后勤的角度提出的。这两个概念的实质内容是不一样的。阿奇·萧是从市场营销的角度来定义物流，physical distribution，直译应该是“实体分配”，按中国人的语言习惯应该译成“分销物流”。它实际上就是指把企业的产品怎么样分送到客户手中的活动。logistics是后勤的意思，主要是指物资的供应保障、运输储存等。

这两种不同的概念，之所以都分别能延续下来，是因为它们都分别在各自的专业领域中得到了一定程度的响应、应用和发展。还因为这两个概念在各自的专业领域中独立运用，二者之间没有发生冲突，也没有一个统一的物流学派来进行统一规范，也不需要得到社会广泛一致的公认。因此这个阶段可以说是物流概念的孕育阶段，是市场营销学和军事后勤孕育了物流学。

（二）第二个阶段：分销物流学阶段

从20世纪50年代中叶到80年代中后期，是分销物流学（physical distribution）形成阶段。这个阶段的基本特征，表现为分销物流学的概念占据了统治地位，并且从美国走向了全世界，成为世界各国一致公认，形成了一个比较统一的物流概念，形成和发展了物流管理学，因而也形成了物流学派、物流产业和物流领域。

（1）physical distribution 概念继续在美国得到发展和完善，基本形成了比较完整的物流管理学。主要事实有：1961年斯马凯伊（Edward W. Smykay）、鲍尔索克斯（Donald J. Bowersox）和莫斯曼（Frank H. Mossman）撰写了《物流管理》，这是世界上第一本物流管理的教科书，建立起了比较完整的物流管理学科。20世纪60年代初期，密歇根州立大学以及俄亥俄州立大学分别在大学部和研究生院开设了物流课程。1963年成立了美国物流管理协会，该协会将各方面的物流专家集中起来，提供教育、培训活动，这一组织成为世界第一个物流专业人员组织。

（2）physical distribution 概念从美国走向世界，成为世界公认的物流概念，在世界范围内形成了物流管理学的理论体系。20世纪50年代中期，美国的 physical distribution 概念传到了日本，在日本得到了承认、发扬和光大，以后又逐渐传到了欧洲、北美，70年代末也传到了中国。这样，基本上全世界各个国家都接受了物流概念。

分销物流学，主要把物流看成运输、储存、包装、装卸、加工（包括生产加工和流通加工）、物流信息等各种物流活动的总和。在分销物流学中，主要研究这些物流活动在分销领域的运营管理问题。在各个物流专业理论和应用发展上取得了很大的进展，例如系统理论、运输理论、配送理论、仓储理论、库存理论、包装理论、网点布局理论、信息化理论以及它们的应用技术等。

（3）在分销领域各专业物流理论竞相发展的同时，企业内部物流理论异军突起。1965年美国 J. A. 奥列基博士（Dr. Joseph A. Orlicky）提出独立需求和相关需求的概念，并指出订货点法的物资资源配置技术只适用于独立需求物资。而企业内部的生产过程相互之间的需求则是一种相关需求，应当用物资需求计划（material requirement planning，MRP）技术。在MRP发展的基础上，受MRP思想原理的启发，20世纪80年代又产生了应用于分销领域的分销需求规划（distribution requirement planning，DRP）技术，在MRP和DRP发展的基础上，为了把二者结合起来运用，90年代又出现了后勤资源规划（logistics resources planning，LRP）和企业资源规划（enterprise resources planning，

ERP）技术。这一时期60年代日本丰田公司创造的准时化（just in time，JIT）生产技术以及相应的看板技术是生产领域物流技术的另外一朵奇葩。它不光在生产领域创造了一种革命性的哲学和技术，而且为整个物流管理学提供了一种理想的物流思想理论和技术，现在已经应用到物流的各个领域。

企业内部另一个重要的物流领域是设施规划与工厂设计，包括工厂选址、厂区布局、生产线布置、物流搬运系统设计等，也都成为物流学强劲应用和发展的领域，形成了物流管理学一个非常重要的分支学科。所有这些企业内部物流理论和技术的强劲发展，逐渐引起了人们的关注。分销物流的概念显然不能包含它们，使原来只关注分销物流的人们自然想到，单纯使用分销物流的概念已经不太合适了。特别是20世纪80年代中期，随着物流活动进一步集成化、一体化、信息化的发展，于是就进入了物流发展的第三个阶段。

（三）第三个阶段：现代物流学阶段

第三个阶段，是从20世纪80年代中期开始一直到现在，叫做现代物流学（logistics）阶段。第二阶段物流业的发展事实证明，物流已经不仅仅限于分销领域，而已经涉及包括企业物资供应、企业生产、企业分销以及企业废弃物再生等全范围和全领域。原来的分销物流概念，已经不适应这种形势，应该扩大概念的内涵，因此决定放弃使用physical distribution，而采用logistics作为物流概念。

值得指出的是，这个时候的物流概念logistics虽然和第一个阶段的军事后勤学上的物流概念logistics字面相同，但是意义已经不完全相同了：第一个阶段军事后勤学上logistics概念主要是指军队物资供应调度上的物流问题，而新时期的logistics概念则是在各个专业物流全面高度发展的基础上基于企业供、产、销等全范围、全方位物流问题，无论是广度、深度以及涵盖的领域、档次都有不可比拟的差别，它是一种适应新时期所有企业（包括军队、学校、事业单位）的集成化、信息化、一体化的物流学概念。这个阶段的发展状况是：

20世纪80年代中期以来企业内部形成集成化物流。例如，MRP是把生产管理与生产能力管理、仓储管理、车间管理、采购管理、成本管理等集成起来，DRP是把分销计划、客户管理、运输管理、配送管理、车辆管理、仓储管理、成本管理等集成起来，LRP是把MRP和DRP集成起来，ERP是把MRP与人事管理、设备管理、行政办公等系统集成起来，等等。

物流外包和第三方物流的产生，进一步导致物流专业化、技术化和集成化，实现了生产和物流的分工合作，提高了各自的核心竞争力。

20世纪90年代供应链理论的诞生，供应链管理系统的形成进一步导致物流管理的联合化、共同化、集约化和协调化。

二、物流的定义和分类

（一）物流的定义

自物流学诞生以来，有很多学者或者组织机构进行过物流的研究，由于各国经济环境和研究方法不同，目前各国对物流的定义没有一个统一的概念。

1. 欧美关于物流的定义

1963年美国物流管理学会（National Council of Physical Distribution Management，NCPDM）对物流的定义是：物流管理是为了计划、执行和控制原材料、在制品库存及制成品从起源地到消费地的有效率的流动而进行的二种或多种活动的集成。这些活动可能包括但不仅限于：顾客服务、需求预测、交通、库存控制、物料搬运、订货处理、零件及服务支持、工厂及仓库选址、采购、包装、退货处理、废弃物回收、运输、仓储管理。

1985年，美国物流管理学会（这时已改名为：The Council of Logistics Management，CLM）对物流的定义是：物流是对货物、服务及相关信息从起源地到消费地的有效率、有效益的流动和储存进行计划、执行和控制，以满足顾客要求的过程。该过程包括进向、去向、内部和外部的移动以及以环境保护为目的的物料回收。

1985年，加拿大物流管理协会（1967年成立时叫 The Canadian Association of Physical Distribution Management，1992年更名为 The Canadian Association of Logistics Management，2000年5月又更名为 The Canadian Association of Supply Chain & Logistics Management）给物流下的定义是：物流是对原材料、在制品库存、产成品及相关信息从起源地到消费地的有效率的、成本有效益的流动和储存进行计划、执行和控制，以满足顾客要求的过程。该过程包括流进（inbound）、流出（outbound）和内部流动。

1994年欧洲物流协会（European Logistics Association，ELA）对物流的定义是：物流是在一个系统内对人员和（或）商品的运输、安排及与此相关的支持活动的计划、执行和控制，以达到特定的目的。

2. 日本关于物流的定义

20世纪70年代，日本产业构造审议会流通部给物流下的定义是：所谓物流，是物资有形或无形地从供给者向需求者进行的物理的流动。具体说，物流活动包括包装、装卸、运输、保管及通信联络等诸项活动。这种物流活动与交易活动不同，物流活动可以对物资做出在时间和空间方面的价值贡献。

1981 年，日本日通综合研究所在年出版的《物流手册》上对物流的定义是：物流是物质资料从供给者向需求者的物理性流动，是创造时间性、场所性价值的经济活动。从物流的范畴来看，包括：包装、装卸、保管、库存管理、流通加工、运输、配送等诸种活动。如果不经过这些过程，物质资料就不能移动。

3. 中国的定义

2001 年 8 月 1 日，我国颁布的《国家标准物流术语》（GB/T18345—2001）正式出台，该标准对物流的定义简单且明了：物流是物品从供应地向接收地的实体流动过程，根据实际需要，将运输、储存、装卸、搬运、包装、流通加工、配送、信息处理等基本功能实现有机结合。这个定义既参考了美国、日本的物流和物流管理的定义，又充分考虑了中国物流发展的现实。从中可以看出，物流是一个物品的实体流动过程，在流通过程中创造价值，满足顾客及社会性需求，即物流的本质是服务。

（二）物流的分类

从物流的需求、在社会再生产过程中的地位与作用等不同角度，可以将物流活动划分为不同的类型。在物流研究与实践过程中，针对不同类型的物流活动，需要采取不同的运作方案、管理方法等；针对相同类型的物流活动，可以进行类比分析、规模整合等。

（1）从物流活动在企业中的地位角度分，可以分为供应物流、生产物流、销售物流、回收物流和废弃物物流。

供应物流为生产企业提供原材料、零部件和其他物品，物品在提供者和需求者之间的实体流动。生产物流为生产过程中，原材料、在制品、半成品、产成品等在企业内部的实体流动。销售物流为生产企业、流通企业出售商品时，物品在供方和需方之间的实体流动。回收物流为不合格物品的返修、退货及周转使用的包装容器从需方返回到供方所形成的物品实体流动。废弃物物流为将经济活动中失去原有使用价值的物品，根据实际需要进行收集、分类、加工、包装、搬运储存等，并分送到专门处理场所时所形成的物品实体流动。

（2）从物流作用执行者的角度分，可以分为企业自营物流和第三方物流。

第三方物流为由供方与需方之外的物流企业提供物流服务的业务模式。随着社会经济的发展和社会分工的不断深化，第三方物流得到了巨大的发展，日益成为重要的物流模式。

（3）从物流活动地域范围的角度分，可以分为国际物流和国内物流。

国际物流为不同国家（地区）之间的物流。国内物流可以分为区域物流和市域物流。前者可以分为行政区域物流和经济区域物流，后者可以分为城镇物流和乡村物流。

(4) 从物流活动发生的主体分，可以分为工业企业物流、商业企业物流（包括批发企业物流、零售企业物流等）、非营利组织物流（包括医院、社会团体、学校、军队等单位物流）及放弃回收企业物流等。

(5) 从物流活动所属产业的角度分，可以分为第一产业物流（农业物流）、第二产业物流（工业物流和建筑业物流）、第三产业物流（商业物流、服务业物流及军事物流等）等，也可以根据各产业中的具体业态对物流活动做进一步的划分，如钢铁物流、建筑业、连锁业物流、餐饮业物流等。

隶属于不同产业的物流活动，在物品、载体、流量、流向和流程上各有各的特点，相互之间差异很大，对物流服务的需求也各不相同。

三、物流的效用

作为一种社会经济活动，物流对社会生产和生活的效用主要表现为创造时间效用和创造空间效用两个方面。

1. 物流创造时间效用

物品从供给者到需求者之间存在一段时间差距，由于改变这一时间差而创造的价值，称为时间效用。物流获得的时间效用形式有以下几种。

(1) 缩短时间。缩短物流时间可获得多方面的好处，如减少物流损失、降低物流消耗、加速物品的周转、节约资金等。物流周期的结束是资本周转的前提条件。这个时间越短，资本周转越快，表现出资本的较高增值速度。从全社会物流的总体来看，加快物流速度，缩短物流时间，是物流必须遵守的经济规律。

(2) 弥补时间差。在经济社会中，需求和供给之间普遍存在着时间差，正是有了这个时间差，商品才能够取得自身的最高价值，获得十分理想的效益。但是商品本身不会自动弥合这个时间差。

(3) 延长时间差。在某些具体物流活动中也存在人为能动地延长物流时间来创造价值。例如，秋季集中生产粮食、棉花等农作物，通过物流的储存、储备活动，有意识地延长物流时间，以均衡人们的需求。

2. 物流创造空间效用

物品从供应者到需求者之间有一段空间距离，供应者和需求者之间往往处于不同的空间，由于改变物品的不同空间存在位置而创造的价值称为空间效用。

物流创造空间效用是由现代社会产业结构、社会分工所决定的。空间效用有以下几种具体形式。

(1) 从集中生产地流入分散需求地。现代大生产的特点之一，往往是通过集中的、大规模的生产以提高生产效率，降低成本。在一个小范围内集中生产的产品可以覆盖大面积的需求地区，有时甚至可覆盖一个国家乃至若干个国家。通过物流将产品从集中生产的低价位区转移到分散到各处的高价值区，有时可以获得很高的价值利益。物流的空间效用也依此决定。

(2) 从分散生产地流入集中需求地。例如，粮食是在农田分散地生产出来的，而一个大城市的需求却相对大规模集中；一个汽车厂的零配件生产也分布得非常广，但却集中在一个工厂中装配。这样也就形成了分散生产和集中需求，物流便依此取得了空间效用。

(3) 在低价值生产地流入高价值需求地。现代社会中供应和需求的空间差十分普遍，除了大生产所决定之外，不少是自然地理和社会发展因素决定的，例如，农村生产粮食、蔬菜而异地于城市消费，南方生产荔枝而异地于各地消费，北方生产高粱而异地于各地消费等。这些复杂交错的供给与需求的空间差都是靠物流来弥合的，物流也从中取得了利益。

在经济全球化的浪潮中，国际分工和全球供应链的构筑，一个基本选择是在低成本地区进行生产，通过有效的物流系统和全球供应链，在价值高的地区销售，信息技术和现代物流技术为此创造了条件，使物流得以创造价值，得以增值。

第二节 物流在经济和组织中的作用

一、物流在社会经济中的作用

物流在经济中的显著作用表现在两个方面。第一，物流是商业的一个主要支出，与其他经济活动相互影响。比如，在美国，1996 年物流对 GDP 的贡献率为 10.5%。美国工业花费了大约 4 510 亿美元用于货物的运输，大约 3 110 亿美元用于仓储和存货搬运。这些及其他物流费用加在一起大约 7 970 亿美元。在 1980 年，物流支出大约占 GDP 的 17.2%。如果在 1996 年物流支出仍是这么高，则美国要在物流上多花掉 5 100 亿美元。这会导致商品的高价格或企业的低利润，物流会对整个经济做出重要贡献。第二，物流服务于许多经济交易活动，它实质上是所有商品和服务的交易中的一个重要活动。从系统角度理解这个作用，如果商品没有及时到达，客户就买不到它们。如果商品没有在恰当的条件下到达恰当的地点，交易也不会形成。这样供应链中的所有经济活动都会受到影响。

物流创造价值的基本途径之一是创造效用。从经济学上讲，效用是商品或服务为满足需求所提供的价值或用途。有四种类型的效用：形式、拥有、时间和地点，其中时间和地点效用是通过物流提供的。

形式效用（form utility）是创造商品或服务的过程，或者是把它组成适当的形式供客户使用。例如，汽车制造商将原材料和零部件组成整车，形式效用就形成了。拥有效用（possession utility）是人们实际拥有的特定商品或服务的价值，可以通过信用管理、贷款等实现。例如，当某汽车承兑公司为某一个买家提供贷款时，就可能产生拥有效用。虽然形式效用和拥有效用与物流并没有直接的关系，但是如果没有在恰当的时间、恰当的地点、恰当的条件、恰当的费用下得到可供消费或生产的恰当物品，则这两个效用一个都不可能实现。时间效用（time utility）是在需要物品时拥有物品所产生的价值。这可能发生在组织中，比如拥有生产所需的所有原料及零部件，以保证生产线不会停下来。这也会发生在市场上，比如客户需要某一物品时，该物品被及时提供。地点效用（place utility）是在物品需要的地点拥有它所产生的价值。如果消费者所需的产品在运输途中、在仓库里或在其他商店里，那么它就不会对次消费者产生任何地点效用。没有物流所提供的地点和时间效用，客户得不到满足。

二、物流在组织中的作用

近年来，有效的物流管理被看作提高公司利润和竞争力的主要途径。20 世纪 80 年代末 90 年代初，客户服务被许多组织置于中心位置，甚至许多原先以营销理念为中心的组织也开始重新审视客户导向的价值。以客户为中心的趋势今天仍在加强。

（一）物流支持营销

营销理念是一种营销管理哲学，它通过确定目标市场的需求和比竞争者更有效提供物品或服务来实现组织的目标。因此，市场营销是客户导向型的，认为商业存在的目的就是满足客户需求。市场营销与物流的 3 个要素（客户满意、整合/系统方法和充足的公司利润）被列于图 1-1 中。在这些要素中，物流充当主要角色。

市场营销组合中的“4P”是指，公司要获得成功，就要在营销中整合恰当的产品（product）、恰当的价格（price）、恰当的促销（promotion）及恰当的地点（place）。物流在从恰当的地点获得产品这一点上起着尤其重要的作用。就像先前讨论的与效用的联系一样，产品或服务只是在客户需要的时间和地点提供给客户，才能使客户满意。图 1-2 总结了物流与营销组合的主要因素之间的成本权

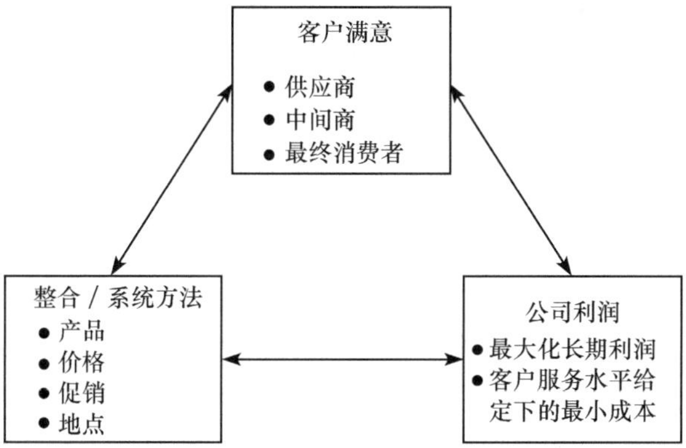

图 1-1　营销/物流管理理念

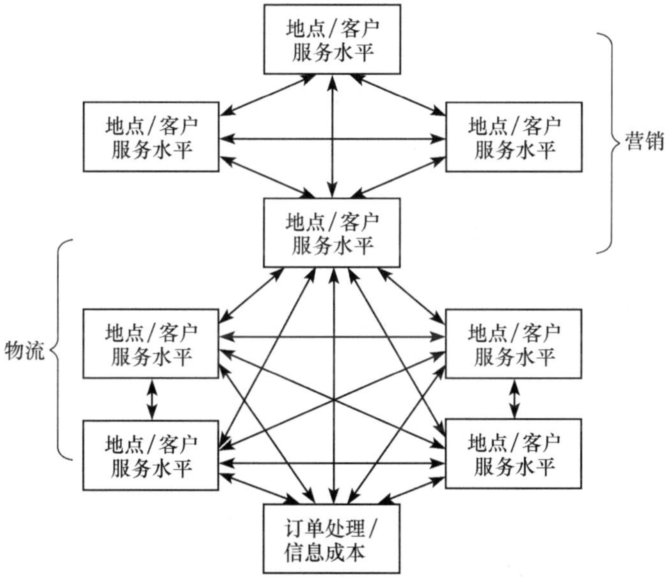

图 1-2　营销与物流中的成本衡量

衡（cost trade-off）。

营销目标：将资源配置到营销组合中，最大化公司的长期利润

物流目标：在客户服务目标给定的情况下最小化总成本，其中总成本＝运输成本＋仓储成本＋订单处理和信息成本＋批量成本＋库存持有成本

因此，组织在联系营销所预测的需求与产生和物流时要采用系统方法。实现客户满意需要内部努力以及供应商、最终消费者的合作。同时，对组织的中心目标——实现长期利润最大化或公共或非营利部门的资产的有效利用的理解也很重

要。正如图 1-2 表明的，实现这一目标的主要途径是在可供选择的方案中进行权衡，减小系统内的总的成本。为了更好地理解图 1-2，下面将探讨营销组合中主要因素间的相互影响及与物流运作的关系。

（二）产品

产品是客户通过购买所得到的效用。为了降低造价，管理者也许决定降低商品质量、减少商品功能、降低客户服务或保证，或者延长更新换代的时间。然而，所有这些都会降低商品对客户的吸引力，从而失去一部分客户，进而使长期利润受影响。为了避免错误的决策，管理者需要了解物流与其他营销活动间的权衡与内在联系。

（三）价格

价格是客户为了得到产品或服务而支付的货币数目。因此批量购买或会员购买而进行的打折、促销打折、退款、货物是否托运、谁付运费等因素也应包含在价格中。供应商也许试图通过降低商品价格或变更服务条款来增加销售量。除非商品属于价格敏感型的（比如，价格变化会导致销售量迅速变化），这样的战略也许会增加销量，但难以弥补价格的下降，因而会使利润减少。在成熟的行业中，客户需求相对固定不变，竞争者会采取跟随战略，此时上述情况尤为突出。整个行业的销售和利润都会受到影响。

（四）促销

商品或服务的促销包括人员推销和广告。增加广告支出或扩大销售队伍的规模对销售可能会有正面的影响，但达到某一点后就会形成收益递减，利润的增加不足以弥补多支出的费用。对组织来讲，预测何时到达这一点很重要，这样也可以避免浪费资金。有效利用资金的更明智的办法是，培训销售人员以向客户提供更具附加值的服务，或者通过优秀的物流服务让客户了解物品的附加值。

（五）地点

地点是营销组合和物流有直接联系的关键因素。“地点支出”是为组织提供客户服务起着支撑作用。它包括按时送货、高的订单满足率、持续的周转时间等。

客户服务是物流系统的输出。从另一方面讲，当组织履行好各种市场营销组合时，客户就会满足。对许多组织来说，客户服务是获得竞争优势的主要途径。通过调整客户服务水平来满足客户的需求，组织既可以提高服务水平，又可以降低成本。

第三节 国内外物流发展历史

一、物流的发展历程

广义上讲，物流作为一种社会经济活动，早在“物流”这样一个名词出现之前就已经存在了。其发展过程可以概括为：“物流随人类社会产生而产生，随商品经济的发展而发展。”本书是从狭义的角度讨论物流的发展历程，即讨论“物流”这个名词产生之后的物流的发展历程。本书按照时间顺序，从社会发展、经济发展、物流发展及物流学科发展的特点进行比较分析基础上，将物流的发展大体分为三个阶段：①第一阶段：20 世纪初至 50 年代。②第二阶段：20 世纪 60～90 年代。③第三阶段：20 世纪 90 年代至今。各阶段的主要特点如表 1-1 所示。

表 1-1 物流的发展过程

	社会发展特点	经济发展特点	物流发展特点	物流学科发展特点
第一阶段：20 世纪初至 50 年代	工业化时期，大多数欧美国家陆续进入工业化社会	制造业发展迅速，社会分工不断细化	物流发展规模小，渠道不畅，成本不高，其作用未受到应有的重视	从经济学角度建立了物流学科（PD）；第二次世界大战时期，从技术角度确立了物流学科的地位
第二阶段：20 世纪 60～90 年代	世界各国大都采用了“大量生产—大量销售—大量消费—大量废弃”的社会发展模式	制造业的大规模化与零售业的大规模化并举	物流产业逐步形成和壮大，多品种、少批量的配送成为这一阶段主要的物流形式	各国对物流的认识开始由 PD 转向 Logistics，第三方物流理论的出现确立了物流产业
第三阶段：20 世纪 90 年代至今	网络化时代到来	经济全球化、一体化，知识经济初露端倪	发展到供应链管理阶段	支撑物流学科发展的物流经济学科、物流管理学科、物流技术学科初步形成理论体系，综合性的物流学科正在发展

从表 1-1 可以看出，物流及物流学科的产生是社会经济发展到一定时期的产物。各个阶段物流的发展特点是与同期社会经济发展的特点相适应的。因此，政府或者企业在进行物流规划、管理及制定物流政策时，决不能脱离当时社会经济发展的实际；在物流科学研究中，应该注意分析社会经济发展对物流发展的影响

及物流在社会经济发展中的作用。

二、美国物流发展历史与现状

（一）20世纪美国物流发展历史

1. 冬眠的50年代

50年代，美国的物流处于休眠状态，其特征是这一领域并没有一种处于主导的物流理念。在企业中，物流的活动被分散进行管理，比如，在企业中运输由生产部门进行管理，库存由营销部门管理。其结果使物流活动的责任和目的相互矛盾。究其原因，主要是美国经济的快速发展使得企业的生产满足不了需求，企业的经营思想是以生产制造为中心，根本无暇顾及流通领域中的物流问题。

2. 概念化的60年代

60年代，美国的主要经济发展目标是向“富裕的社会”前进。其间是美国历史上的繁荣时期。虽然，当时东西方处于冷战状态中，但美国国内的经济发展速度很快。当时支撑美国经济发展的主要动力是以制造业为核心的强有力的国际竞争能力。美国的工业品向全世界出口，“Made in USA”成为优质品的代名词。因此，美国60年代是大量生产、大量消费的时代。生产厂商为了追求规模经济进行大量生产，而生产出的产品大量地进入流通领域。大型百货商店、超级市场纷纷出现在城市的内部和郊区。

与此相反地是，60年代美国企业的物流系统却没有很大的改进，如果从物流系统现代化的角度进行定义的话，不如说60年代是美国物流的停滞期。究其原因，第一，在持续地大量生产、大量消费的美国经济时代，作为企业来说，并没有太大的压力。在大量生产、大量消费的生产模式下，虽然企业一般都拥有大量的仓库，但由于经济的快速增长，企业的收益相对稳定，使得企业对削减库存不太关心。在60年代，备货日期达到30天，为此，企业一般都拥有大量库存。作为企业的物流管理者，大量库存是天经地义的事，没有必要进行改善。第二，对提供运输服务的物流企业，美国政府制定了严格的管理制度，比如对卡车运输和铁路运输业者，州际通商委员会（Interstate Commerce Commission，ICC）制定了严格的准入制度和运费规定，这样就限制了物流行业间的竞争。运费成为不可浮动的定价，企业也就不可能通过压低价格来削减运输成本。另外，一旦产生由于通货膨胀导致运费上升，则运输业者还可通过交通管理部门提高运费转嫁危机。因此，一般企业对物流系统的改革并不热心，而且，大多数利用自家车辆进行货物运输。实际上，由于政府的管理制度限制了物流的发展，同时也没有给予企业更多改革权利，所以当时大多数企业内并不考虑物流改革，仅把物流作为一个成本核算的部门。对物流的理解也只停留在工厂的产成品的物理性的移动功能。

3. 发展的70年代

70年代，美国经济发生了重大变革。两次石油危机对美国经济产生了深刻的影响。石油价格从1973年2美元一桶高涨到40美元。由于能源价格的高涨，造成通货膨胀、失业率增加。物价上涨给美国企业的经营带来了很多困难，迫使企业开始考虑改善物流系统。这是因为，第一，原油价格的上涨，直接导致油价上涨，使得运输成本大幅提高。在ICC的规定中，货物运输业者很容易将燃料价格的上涨转嫁到运价中，使得利用卡车运输的企业成本增加，所以企业不得不研究如何降低物流费用。第二，物价上涨也导致美国经济停滞不前，影响产品的销售。其结果使得企业产品积压。过去，企业的库存始终处于粗放经营状态，而现在则成为企业的重大问题。另外，当时美国为了抑制通货膨胀，采取了高利息的政策，这就给拥有大量产品库存的企业带来了需要负担高额利息的压力。为此，70年代的美国企业开始全面改善大量生产、大量消费时代的物流系统。

4. 物流变革的80年代

（1）宽松的政策。

80年代，美国政府出台了一系列物流改善政策，给美国物流的发展带来了极大地促进作用。在政策改善对象的卡车运输业，新企业的出现，增加了行业竞争的激烈程度，使得很多企业破产。相反，由于政策环境的宽松，使得利用运输服务的企业得到了实惠。占GNP物流费用的比例，在80年代大幅减少，显示了政策环境的改善对经济的直接影响效果。80年代的美国经济开始出现国际化倾向，给一般企业带来了很强的竞争压力。这一时期，很多外资企业进入美国是增加竞争压力的重要因素之一。另外，不仅是原材料和零件，很多美国企业也开始进口外国的产品，同时，由于美元贬值，很多企业也积极地出口产品。这样，在国际化的进程中，美国企业意识到提高国际竞争力的重要性。

（2）从PD向logistics的转化。

在这一进程中，物流在企业经营战略中的地位也逐渐被企业接受，一些大型企业开始主动积极地改善企业的物流系统。其象征是对物流的理解从physical distribution向logistics的转化。logistics原本是军事用语，后逐渐被经济界所使用。70年代初物流概念以及物流的重要性仅被一小部分企业所认识，到了80年代，已被大多数企业所接受。因此，可以说，80 年代是美国企业全面进入物流领域的时代。

（3）JIT 管理思想的导入。

在 80 年代，作为企业削减库存的重要方法，JIT 方式迅速普及。由于 70 年代企业的重要课题是削减库存，所以，美国的很多企业也开始引入日本汽车工业开发的 JIT 管理方式。JIT 方式的采用，大大降低了企业的库存，但同时却给运输带来了新的压力。即企业对运输服务的准确性和及时性比以往任何时候要求都高。因此，能否提供高质量的服务成为企业竞争的重要条件。

JIT 是在多品种、小批量生产领域的一种存货管理的零售库存方式，通过准时的衔接，不再以库存作为生产过程的保障，而是以即时供应作为保障，这样就降低了企业库存压力，提高了利润。

（4）新技术的革新。

以铁路运输为主的多式联运（intermodal transport）开始迅速普及。而且这一时期，铁路集装箱运输也开始迅速发展，例如双层集装箱运输方式（double stack train）就是这一时期的产物。这种运输方式的产生，给美国国内集装箱运输提供了重要的支撑。

航空快递运输的大量出现也是这一时期的产物，由于企业大量采用 JIT 的生产方式，翌日送达的要求逐渐增多，给航空快件运输的发展带来了巨大的推动作用。在前述 Federal Express 公司之后，涌现了诸如 UPS 、DHL 等众多的航空快递企业。还有 Emery Air Freight，CF（Consolidated Freightways），Burlington Express 等公司。还有一些航空货代企业也开始通过购买运输机进入这一领域。有鉴于此，航空公司在 80 年代取消了航空货物专机。在这一时期，Federal Express 为了扩大势力收购了 Flying Tiger 公司，一跃成为美国航空业界的最大企业。80 年代，一般货物的快递运输发展也很迅速，比如 UPS 公司。UPS 公司在全美国提供翌日或第三日到达的快递业务。其营业收入在 90 年代达到了 100 亿美元，航空快递收入也达到了 30 亿美元。与此同时，卡车运输业者也积极的加入航空快递业的竞争行列。比如 UPS 80 年代成立了航空运输子公司，成为仅次于 Federal Express 公司的第二大公司。另外，如 CF 公司 1989 年收购了 Emery Air Freight 公司也进入了这一领域。

（5）新的管理形式。

企业外包制的开展。外包制（outsourcing）是美国企业 80 年代兴起的管理思想。当时美国企业将企业流程再造作为经营合理化的重要手段，重新对业务内容、资源的分配进行考虑。也就是通过撤出非核心竞争业务来提高经营效率。外包则成为当时降低成本提高企业竞争能力的重要手段而受到重视。外包制的经济环境：经济的低速增长；收益水平低下；信息技术的进步；业务专门化、多样化。外包企业的条件：具有综合能力；有资金实力；核心竞争力明确；有先进的信息系统支撑；具备各种人才；具有企业顾问能力；具有灵活的系统。委托企业的条件：有高度的委托管理体系；本企业在人才、技术和成本方面较弱；具有先进的信息系统。外包的优势：整合资源进行战略投资；固定费用流动化；专门服务的有效利用；生产效率提高，成本降低；增强国际竞争力。

因此，80 年代，美国企业在新的物流理念的指导下，改善物流系统，开始提供多样的物流服务，可以说，80 年代迎来了美国物流革新的新时代。

5. 整合的 90 年代

（1）供应链管理理论的产生。

进入 90 年代，美国企业的物流系统更加系统化、整合化，物流也从 logistics 向 SCM 转化。物流与供应链管理的区别在于，物流强调的是单一企业内部的各物流环节的整合，而供应链并不仅是一个企业物流的整合，它所追求的是商品流通过程中所有链条企业的物流整合。具体指的是商品到达消费者手中，中间要包括零售商、批发商、制造商、原材料零件的供应商等，而物流则处于流动的整个环节中。为了能够以低成本、快速地提供商品，仅考虑单一企业内部的物流整合是远达不到目的的，必须对链条的所有企业的物流进行统一管理、整合才能实现上述目标，这就是供应链管理的基本概念。具体来说，供应链管理有如下几个特征：①在供应链上，两个以上企业结成长期的战略同盟，并对相互之间的物流进行整合和同步管理。在这种关系中也包括卡车运输公司和第三方物流公司。②供应链中的各个企业已经不是传统交易中的竞争对手，形成了长期互惠互利的共生关系。③供应链中的各个企业共同拥有需求信息、销售信息、库存信息、出货信息等，因此，EDI 等信息技术成为系统的关键。④由于利用供应链管理改善服务，所以通常也包括供货商。

依照供应链管理的基本思想，很多行业已经开始进行实践。在食品杂货业被称之为有效客户反应（efficient consumer response，ECR），在纺织业被称之为快速反应（quick response，QR）。即使仅在开展 ECR 的食品行业，由于批发业和生产企业的联合，初步推算可以节约 300 亿美元。因此，90 年代美国的企业，通过供应链管理积极地推进企业物流的合理化和效率化。另外，90 年代，美国出现了新的物流服务业态——第三方物流服务。由于货主企业多样化的物流需求，美国新兴的物流市场在 90 年代前期快速地扩大。

（2）精益思想的产生。

① 精益物流的原理。

精益物流（lean logistics）起源于精益制造（lean manufacturing）的概念。它产生于日本丰田汽车公司在 20 世纪 70 年代所独创的“丰田生产系统”，后经美国麻省理工学院教授的研究和总结，正式发表在1990年出版的《改变世界的机器》一书中。精益思想是指运用多种现代管理方法和手段，以社会需求为依据，以充分发挥人的作用为根本，有效配置和合理使用企业资源，最大限度地为企业谋求经济效益的一种新型的经营管理理念。精益物流则是精益思想在物流管理中的应用，是物流发展中的必然反映。

② 精益物流的内涵。

作为一种新型的生产组织方式，精益制造的概念给物流及供应链管理提供了一种新的思维方式。它包括以下几个方面：以客户需求为中心，即要从客户的立场，而不是仅从企业的立场、或一个功能系统的立场，来确定什么创造价值、什么不创造价值，对价值链中的产品设计、制造和订货等的每一个环节进行分析，找出不能提供增值的浪费所在，根据不间断、不迂回、不倒流、不等待和不出废品的原则制定创造价值流的行动方案；及时创造仅由顾客驱动的价值；一旦发现有造成浪费的环节就及时消除，努力追求完美。所以，作为just-in-time（即时制管理）的发展，精益物流的内涵已经远远超出了just-in-time的概念。因此可以说，所谓精益物流指的是：通过消除生产和供应过程中的非增值的浪费，以减少备货时间，提高客户满意度。

③ 精益物流的目标。

根据顾客需求，提供顾客满意的物流服务，同时追求把提供物流服务过程中的浪费和延迟降至最低程度，不断提高物流服务过程的增值效益。

④ 精益物流系统的特点。

拉动型的物流系统。在精益物流系统中，顾客需求是驱动生产的源动力，是价值流的出发点。价值流的流动要靠下游顾客来拉动，而不是依靠上游的推动，当顾客没有发出需求指令时，上游的任何部分不提供服务，而当顾客需求指令发出后，则快速提供服务。系统的生产是通过顾客需求拉动的。

高质量的物流系统。在精益物流系统中，电子化的信息流保证了信息流动的迅速、准确无误，还可有效减少冗余信息传递，减少作业环节，消除操作延迟，这使得物流服务准时、准确、快速，具备高质量的特性。

低成本的物流系统。精益物流系统通过合理配置基本资源，以需定产，充分合理地运用优势和实力；通过电子化的信息流，进行快速反应、准时化生产，从而消除诸如设施设备空耗、人员冗余、操作延迟和资源等浪费，保证其物流服务的低成本。

不断完善的物流系统。在精益物流系统中，全员理解并接受精益思想的精髓，领导者制定能够使系统实现“精益”效益的决策，全体员工贯彻执行，上下一心，各司其职，各尽其责，达到全面物流管理的境界，保证整个系统持续改进，不断完善。

⑤ 精益物流系统的基本框架。

以客户需求为中心。在精益物流系统中，顾客需求是驱动生产的源动力，是价值流的出发点。价值流的流动要靠下游顾客来拉动，而不是依靠上游的推动，当顾客没有发出需求指令时，上游的任何部分不提供服务，而当顾客需求指令发出后，则快速提供服务。系统的生产是通过顾客需求拉动的。

准时。在精益物流系统中，电子化的信息流保证了信息流动的迅速、准确无误，还可有效减少冗余信息传递，减少作业环节，消除操作延迟，这使得物流服务准时、准确、快速，具备高质量的特性。货品在流通中能够顺畅，有节奏的流动是物流系统的目标。而保证货品的顺畅流动最关键的是准时。准时的概念包括物品在流动中的各个环节按计划按时完成，包括交货、运输、中转、分拣、配送等各个环节。物流服务的准时概念是与快速同样重要的方面，也是保证货品在流动中的各个环节以最低成本完成的必要条件，同时也是满足客户要求的重要方面之一。准时也是保证物流系统整体优化方案能得以实现的必要条件。

准确。准确包括：准确的信息传递、准确的库存、准确的客户需求预测、准确的送货数量等，准确是保证物流精益化的重要条件之一。

快速。精益物流系统的快速包括两方面含义：第一，是物流系统对客户需求反映速度；第二，是货品在流通过程中的速度。物流系统对客户个性需求的反映速度取决于系统的功能和流程。当客户提出需求时，系统应能对客户的需求进行快速识别，分类，并制定出与客户要求相适应的物流方案。客户历史信息的统计，积累会帮助制定快速的物流服务方案。货品在物流链中的快速性包括，货物停留的节点最少，流通所经路经最短，仓储时间最合理，并达到整体物流的快速。速度体现在产品和服务上是影响成本和价值重要因素，特别是市场竞争日趋激烈的今天，速度也是竞争的强有力手段。快速的物流系统是实现货品在流通中增加价值的重要保证。

降低成本、提高效率。精益物流系统通过合理配置基本资源，以需定产，充分合理地运用优势和实力；通过电子化的信息流，进行快速反应、准时化生产，从而消除诸如设施设备空耗、人员冗余、操作延迟和资源等浪费，保证其物流服务的低成本。

⑥ 系统集成。

精益系统是由资源、信息流和能够使企业实现“精益”效益的决策规则组成的系统。精益物流系统则是由提供物流服务的基本资源、电子化信息和使物流系统实现“精益”效益的决策规则所组成的系统。具有能够提供物流服务的基本资源是建立精益物流系统的基本前提。在此基础上，需要对这些资源进行最佳配置，资源配置的范围包括：设施设备共享、信息共享、利益共享等。只有这样才可以最充分地调动优势和实力，合理运用这些资源，消除浪费，最经济合理地提供满足客户要求的优质服务。

⑦ 信息化。

高质量的物流服务有赖于信息的电子化。物流服务是一个复杂的系统项目，涉及大量繁杂的信息。电子化的信息便于传递，这使得信息流动迅速、准确无误，保证物流服务的准时和高效；电子化信息便于存贮和统计，可以有效减少冗余信息传递，减少作业环节，降低人力浪费。此外，传统的物流运作方式已不适应全球化、知识化的物流业市场竞争，必须实现信息的电子化，不断改进传统业务项目，寻找传统物流产业与新经济的结合点，提供增值物流服务。使系统实现“精益”效益的决策规则包括使领导者和全体员工共同理解并接受精益思想，即消除浪费和连续改善，用这种思想方法思考问题，分析问题，制定和执行能够使系统实现“精益”效益的决策。

（二）美国物流企业发展现状

1. 第三方物流企业典范——美国联合包裹服务公司

20世纪初，美国联合包裹服务公司（UPS）在西雅图百货商店之间穿梭运送福特T型车和摩托车以来，这家以深棕色为代表色的公司，一直严格遵循自己成功的营业模式，并受到广泛的称赞。虽然UPS日趋成熟的“棕色经营”已实现了每个工作日投递1300万件邮包的创举，但他们认为还不足以在全球化、知识化的物流业市场中竞争，必须摆脱企业传统的经营模式，向信息化的第三方物流企业发展。

早在20世纪80年代，UPS就决定创立一个强有力的信息技术系统。之后的10年间，UPS在信息技术方面投入110亿美元，配置了主机、PC机、手提电脑、无线调制解调器、蜂窝通讯系统等设施设备，并网罗了4 000名程序工程师及技术人员。这种投入，使UPS实现了与99%的美国企业和96%的美国居民之间的信息往来。目前，UPS可向顾客和供应商提供瞬间电子接入服务，以便查阅有关包裹运输和送达过程的信息。例如1998年圣诞节前夕，有100万顾客访问UPS网站查看其托运货物的在途状况。UPS还能对每日运送的1 300万个邮包进行货物跟踪。例如，一个出差在外的销售员在某地等待某些样品的送达时，可以通过UPS的3COM网络系统输入运单跟踪号码，即可知道货物的位置；当需要将货物送达另一个目的地时，还可通过网络以及附近的蜂窝式塔台，通知将货物送到客户最新指定的投递点。

UPS的货运司机是公司货物跟踪系统中的关键人物。他们携带了一块电子操作板，称作 DLAD，即运送信息获取装置，可同时捕捉和发送运货信息。一旦用户在 DLAD 上签收了包裹，信息将会在网络中传播。寄件人可以登录 UPS 网站了解货物情况。同时，司机行驶路线的塞车情况，或用户即时提货等信息也可发放给 DLAD。除利用网络对货件运送与监控外，利用其网络，公司还可以开拓新的综合商务渠道，既做中间商，又当担保人。UPS 通过送货件、做担保及运货后向收件人收款，成为商务社会中一个重要结点。

2. 零售商物流典范——沃尔玛公司

美国企业为适应经济发展和商品流通需要，除建设仓储、运输、批发等单功能物流企业外，还建设了功能齐全、诸如商品配送中心的物流企业。这些物流企业或提供社会化的物流配送服务；或作为企业集团的重要组成部分，以保障集团内部生产和流通业务的需求为服务重点。

美国沃尔玛公司（Wal-Mart）是世界上最大的商业零售企业，1999 年全球销售总额达到 1 650 亿美元，在世界 500 强中排名第二，仅次于美国通用汽车公司。2000 年，沃尔玛公司销售总额达到 1 913 亿美元，超过了通用汽车公司。在《财富》杂志公布的 2001 年美国 500 家最大公司排名中，零售业巨头沃尔玛以 2 189.12 亿美元的销售收入赫然位居榜首。

沃尔玛在其经营生涯中一直遵循着一个非常简单的既定原则：顾客第一和保证顾客满意。沃尔玛中国有限公司商品采购及市场营销副总裁麦罗伦在访问北京期间，曾进行京城百货店和连锁超市的调查，了解市场需求和顾客消费行为。目前，在美国有 1 800 家沃尔玛商场，都是比较常规、以较低价格提供日常用品的商场。沃尔玛还开发了 721 个超级市场，是由规模较大的商场及附近一些小的副食店加在一起而形成的。超级市场既售日常用品，也售食品。这样，沃尔玛可以为顾客提供一站式的消费服务。这种连锁服务方式是沃尔玛业务增长的重要模式。

沃尔玛经营者认为，随着全球经济一体化的发展，企业竞争已不单是商品性能、价格和质量的竞争，还包括物流能力的竞争。国际零售企业的竞争力之强，很大程度依赖于拥有先进的物流系统。2000 年沃尔玛在物流方面的投资是 1 600 亿美元，2002 年增长到 1 900 亿美元。为商场、超级市场提供物流服务的沃尔玛配送中心属于典型的零售商配送中心。例如，为分布于纽约州、宾夕法尼亚州等 6 个州的 100 家连锁店按时提供商品的配送中心就是沃尔玛独资建设的。该中心设在 100 家连锁店的中央位置，配送区域为 320 公里，服务对象店的平均规模为 1.2 万平方米。配送中心经营商品达 4 万种，主要是食品和日用品，经常库存为 4 000 万美元，旺季为 7 000 万美元，年周转 24 次。在库存商品中，畅销商品和滞销商品各占 50%，库存商品期限超过 180 天为滞销商品，各连锁店的库存量为销售量的10%左右。该中心建筑面积为12万平方米，总投资7 000万美元，有职工1 200多人，24小时运营。该中心内的配送设备包括200辆车头、400节车厢、13条配送传送带，配送场内设有170个接货口。1995年，该中心的销售额为20亿美元。

此外，在沃尔玛全球4 000个店铺内，拥有包括客户管理、配送中心管理、财务管理、商品管理、补货系统和员工管理的信息网络系统，市场应变能力极强，不仅提高了企业的管理水平，而且适应激烈竞争的快节奏，加快资金、商品库存周转。美国经济学家斯通博士，曾对美国三大零售企业进行商品物流成本占销售额的比例比较研究，沃尔玛为1.3%，凯玛特为3.5%，希尔斯为5%。如果按年销售额250亿美元计算的话，沃尔玛的年物流成本为3.25亿美元，凯玛特为8.75亿美元，希尔斯则为12.5亿美元，数额相差惊人。

3. 提供延伸服务的典范——三角网络公司

由于不断缩减供应链成本的需要，制造商和零售商们要求物流企业提供相对低价、相对高水平的物流服务。位于美国加利福尼亚州的三角网络公司(Triangle Network)首席营业主任克雷格·卡普兰这样标榜自己的企业："我们希望客户能将钱花在刀刃上。"

三角网络公司在洛杉矶和长滩港附近拥有8座11万平方米的仓库和大量集散、分送、交叉装箱平台设施。依靠这些设施，该公司向众多的零售商和服装公司提供拆拼箱和配送服务，以帮助客户减少修建仓库、配备人员及购置设施等巨额费用。

三角网络公司的仓储中心提供多项具有附加值的服务，如包装、条形码粘贴、质量控制检查，甚至还有缝补和压熨衣服。过去，这些工作常由客户自己来做。但是。让制造商和零售商放心地放弃一些工作，尤其是把质量控制工作交给第三方物流企业，这并非易事。卡普兰说："由于制造商和零售商认为我们做质量控制工作不如他们做得好，因此，他们不放心把这项工作交给我们的仓储部门。"在为Esprit公司提供仓储服务时，三角网络公司就根据客户确定的产品检验、维修和报废质量标准来具体工作，并采用客户的仓储管理系统，虽然三角网络公司也有类似的软件。对于那些准备将服装直接运送到零售商店柜台上的制造商，三角网络公司的仓储中心提供将衣服挂在衣架上、为每一套服装套上塑料包装、将零售商的标签贴在商品或纸箱上、粘贴条形码、开电子发票等服务，使产品从原产地运到目的地的时间减少一半甚至更多。在三角网络公司设在康普顿的交叉装箱平台仓库，有52个出口。50家供货商提供的服装及其附件饰品被装在一辆卡车上，运送到零售商手里。这种共同配送模式减少了货车空载率。

三、德国物流的发展现状

1. 概况

德国物流业是随着高速公路的快速发展和经济全球化的加快而发展起来的。公路货运在德国物流业一直占有统治地位。同铁路、内河和航空运输相比，德国的公路货运具有最高的运输速度、最大的网络能力与最快的适应能力和机动灵活性等优点。在运输贵重、易损和对运输成本敏感的货物时，公路货运的优势更加明显。

70%以上德国企业认为物流包括：仓储、分拣、包装、配送、运输、调度和信息处理。一般来说，物流费用平均占德国工业企业总成本的 11%；商业企业的 21%。通过有效的物流管理可以降低企业成本的 6%～7%。尽管物流服务水平不断提高，但物流成本可以通过优化管理达到逐步降低的目的。因此，物流运作方案的成功因素在于：物流方案必须针对顾客需求，不仅要为客户提供高速度和低成本，而且对于各种变化既保持高度灵活性、适应性，又保持稳定性和可靠性。

在德国，衡量物流服务水平的指标有：供货能力、供货时间、供货质量、供货期的可靠性等。例如，供货时间短就意味着物流成本低和市场反应快，缩短供货时间的潜力主要来自减少处理合同的时间。此外，向客户提供需要的信息也成为重要的标准之一。

2. 物流设施建设

货运中心，又称货物配载中心，是德国大力倡导、扶持发展的集约化运输组织形式。它依托一定的经济区域，以可供选择的多种运输方式、快捷的运输网络、周到的运输服务，把分散经营的众多运输企业及运输服务企业吸引到一起，各方货物经过中心进行配载，选择适宜的运输工具迅速地输送到目的地。

在德国，货运中心是现代经济发展、贸易的国际化与自由化的必然要求，培育和建设货运中心是德国加强现代物流设施建设的一项重要举措。德国建立和发展货运中心由联邦政府统一规划，由州政府负责按规划进行建设，并采取相关政策扶持其发展。德国规划到 2010 年建设 30～40 个货运中心，目前已建成16 个。

在德国，货运中心建设的着眼点首先是其社会效益。因为从社会效益来看，货运中心能发挥其减少空驶、缓解道路拥挤压力的作用，从而减少交通噪声和大气污染，有利于环境保护。同时，货运中心建设也能为区域经济繁荣和发展注入新的活力，创造较多的就业机会和增加税收。从经济效益来看，货运中心通过提供必要的服务设施和服务条件，合理组织物资集散，也能达到资源充分利用的目的。

四、日本物流的发展现状

（一）物流发展历史

20世纪80年代，随着流通革命的出现，以大型超级市场为首的零售业，要适应当时的大量生产、大量消费的要求，提出取消中间环节，建立自己的流通渠道。同时，物的流通（physical distribution）一词应运而生，使物流部门在流通中的地位得以巩固。这是因为无论是批发还是零售商都无法取代物流部门。80年代以后，与美国一样开始重视采购物流。从以上分析可以看出，历史发展有其规律性，但出现的时间不同，而且有区别。美国与日本物流的区别在于美国以消费者为中心，物流是这一中心的保障系统；而日本更多强调的是通过物流——这一流通领域获取更多的利润。

（二）物流政策

1. 流通业务市街道整备法

流通业务市街道整备法是日本政府在1966年制定的，目的是通过使集中在大城市中心的流通设施向已经整备好的外围地区集中搬迁，以提高大城市的流通机能以及使道路交通流畅，维持和提高城市的机能。根据这一法律，目前已在22城市中建设了24个业务团地。运作的程序如下：通产省、运输省、农林水产省、建设省以及经济企划厅的5位主管大臣对有关流通业务的城市进行设施配备，制定全国通用的具体政策，并且决定对象城市。在每个对象城市，都道府县的知事等作为城市规划，制定流通业务地区的数量、位置、规模、机能、设施的种类等基本方针。地方的公共团体、建设团体等根据城市规划进行流通业务团地的土地建设及团地内的公共设施、公益设施等的配备工作。

2. 产业再造计划

为了推动物流业的发展日本政府近几年连续出台了若干政策鼓励物流业的发展。1996年公布了产业再造计划，其中，提出了四个发展方向：国际物流基地的建设和其机能的现代化；区域物流结构的改革；城市内部物流的效率化；物流系统的信息化。

3. 综合物流施策大纲

1997年和2001年日本分别推出了物流施策大纲和新物流施策大纲，其具体内容为：①综合物流施策大纲，1997年4月4日，日本政府制定了一个具有重要影响力的《综合物流施策大纲》，该大纲是根据1996年12月17日日本政府决定的《经济构造的变革和创造规划》中有关“物流改革在经济构造中是最为重要的课题之一，到平成13年（2001年）为止既要达到物流成本的效率化，又要实现不亚于国际水准的物流服务，为此各相关机关要联合起来共同推进物流政策和措施的制定”这一指示而制定的。这个大纲是日本物流现代化、纵深化发展的指针，对于日本物流管理的发展具有历史意义。②新物流施策大纲，2000年7月，由于日本国内及国际局势发生了变化，同时为了检验1997年制定的大纲实施以来的成果，日本政府又出台了《新综合物流施策大纲》。

1997年制定的大纲中，提出了三个目标，并取得了一定的成果：第一，亚太地区方便并且充满魅力的物流服务，包括基础设施建设，放宽规制，简化贸易手续，利用标准化、信息化提供高质量的物流服务等。同时为了适应国际化的进展，进一步在软、硬件方面交易改善。第二，实现对产业竞争不构成阻碍的物流成本。日本的物流费用逐年降低，与美国相比已不分高低，但在与港口相关的费用上，与亚洲国家的某些港口相比，费用还处在高水平，已不利于日本参与国际竞争。第三，减轻环境负担，为了使城市交通更加顺畅，进一步改善基础设施建设，减少交通事故。新大纲的要点为：第一，为了实现建设日本新的物流系统的目标，到2005年要实现以下目标：构筑包括物流成本在内的具有国际竞争力的物流市场；建设低环境负荷的物流体系为循环型社会做出贡献。第二，政策推进的角度有：各主体承担各自的作用；构筑公平竞争的物流服务市场；物流重点设施的建设和现存设施的合理利用。为了实现上述的目标，在新的大纲中明确了以下三个方向：建设具有国际竞争力及高效的物流系统，构筑解决社会课题的物流系统，构筑支撑国民生活的物流系统。

（三）物流基地的建设

日本政府从1956年开始，便将主要的物流功能定位在离市中心20公里左右的地区，并对物流基地的建设制定了专门的法规（如填海、建路、银行贷款、税制、生活配套等）由运输省、通产省担负管理职能。东京团地仓库株式会社在此背景下应运而生。该公司成立于1966年，由112家仓库公司共同出资，用政府给予的动迁置换资金以及优惠的专项贷款，经过16年的持续建设，在东京的东、西、南、北部的足立、板桥、平和岛、葛西建设了四个物流基地。足立流通中心通过首都高速公路与东北汽车道直接相连，是往东北、北海道方向的物流基地。其集配区域包括足立区、荒川区等北部地区。板桥流通中心位于东京都的西北部地区，担负着往上信越、北陆方向的物流基地的作用。其集配区域包括北区等的西北部地区。京浜二区流通中心是日本最大的公共流通中心，是东海道及太平洋沿岸地区的物流基地。其集配区域包括大田区、品川区等南部地区。葛西流通中心是日本第二大的公共流通中心。其集配区域包括江户川区、江东区等东部地区。

仓库株式会社四个物流基地将运输、集散、中转、储存、配送、租赁、提供订货、销售服务等功能有机结合起来，在公司内部建立了信息网络，组成了业务互联系统，发挥了各自的区位作用，提高了物流设施的利用率。这四个物流基地分别由众多的股东（公司）合资兴建，再租借给各个企业使用。租借中有偿提供机械设备、库房维持及作业方面的劳务服务。现代化物流基地建设投资庞大，回收周期长，长期产出比较稳定，效益明显等特点。

物流基地，使日本的仓储业从单纯的储存仓库形态变为集约化、综合型的流通仓库形态，给日本的物流现代化带来了新的飞跃。

（四）日本 7-11 便利店

7-11 便利店原是美国的一家众所周知的便利店集团，后被日本的主要零售商伊藤洋华堂引入，日本 7-11 作为其下属公司成立于 1973 年。7-11 连锁店作为新兴零售商业形式，一开始就受到年青一代的特别欢迎，从而急速扩张到现在的 4 000 多家门店。

日本 7-11 便利店具有全日本最先进的物流信息管理系统。日本 7-11 把各单体商店按 7-11 的统一模式管理。自营的小型零售业，例如小杂货店或小酒店在经日本 7-11 许可后，可按日本 7-11 的指导原则改建为 7-11 门店。日本 7-11 随之提供独特的标准化销售技术给各门店，并决定每个门店的销售品类。日本 7-11 的物流管理特点如下：

第一，频繁、小批量的进货。典型的 7-11 便利店平均面积仅 100 平方米左右，但提供的日常生活用品高达 3 000 多种。通常，便利店没有商品储存场地，为提高商品销量，售卖场地上应尽量扩大。于是，只有利用先进的物流信息管理系统，才有可能使连锁便利店得到发展。因为只有这样，小批量的频繁进货需求才可能通过 7-11 的配送中心得以及时补充。在 7-11，JIT 体系不完全拘泥于缩短交货时间问题，也包含着以快捷方式通过信息网络从各门店收到订货信息的技术，以及按照每张订单最有效地收集商品的技术。

第二，供应商管理的改进。通常，日本 7-11 需要从批发商或直接从制造商购进大量商品，然后按需求配送到每个门店。这里，向各门店有效地供应商品是配送中心的重要职责，配送管理意义重大。为了保证有效率地供应商品，日本 7-11 对原有供应商及其供应渠道进行了合理化改造。过去，许多供应商常常把自己定性为某特定制造商的专门代理商，只经营一家制造商的产品。如果日本 7-11 经营多样化商品，就不得不和许多供应商打交道。每个批发商都需要用卡车向便利点送货，不但送货效率极低，而且送货时间不确定。于是，日本 7-11 在整合及重组供应渠道上下了大功夫。在新的系统下，一个受委托的批发商被指定负责若干销售活动区域，授权经营来自不同制造商的产品。同时，批发商自筹资金建设配送中心，然后在日本 7-11 的指导下进行管理，为便利店的门店送货。通过这种协议，日本 7-11 无须承受沉重的投资负担，就能为其门店建立一个行之有效的物流系统。物流系统的先进性从为便利店送货的卡车数量从原来的 70 辆下降到现在 12 辆可以充分体现出来。

五、中国物流的发展现状

国内物流业，主要是指由第三方物流企业所形成的产业，含经营铁路、公路、水路、航空等基础设施企业，以及为制造业、流通业、个体消费者等服务的物流企业。随着经济体制改革与生产力的飞速发展，国内物流业发生了巨大的变化，总体现状可以从物流业的能力与经营规模、国民经济各行业对物流业的需求与评价、现阶段物流企业的类型等方面进行考察。

（一）推动中国现代物流发展的因素

推动中国现代物流发展的因素，主要有以下几个方面：现代物流在经济发展中的重要作用得到了深刻认识，物流在一些地区成为经济发展的支柱（或瓶颈），各级政府均为物流发展提供了有利的政策环境；随着中国改革开放，尤其是加入 WTO 后，外资企业大量进入中国市场，世界 500 强企业绝大多数在中国进行投资，90％的外资企业选择了物流外包，构成物流需求的主体，带动了第三方物流需求的上涨；随着市场竞争加剧，国内传统国有大中型企业进行公司化改造，企业纷纷将物流作为降低成本的重要途径，通过加强企业内部物流管理，逐步实行物流外包，降低库存积压，降低资金占用，以提高企业的竞争力，如汽车、家电、医药等行业；以高新技术、连锁经营为代表的新兴企业，通过实行网络经济和电子商务，对物流运作提出了新要求，促使物流运作与服务更加快捷、高效、安全、便利，是现代物流需求的重要来源。

（二）中国现代物流的发展规模

现代物流的发展决定于物流需求的数量，物流需求与国家的经济总量及经济发展水平成正比，随着中国经济和对外贸易的快速发展，物流需求量不断增加，如表 1-2 所示。

表 1-2　2004 年上半年物流统计信息表

物　　流	单　　位	本　　期	去年同期	同比增长（%）
货运总量	亿吨	78	68	13.9
铁路货运总量	亿吨	11	9	13.9
公路货运总量	亿吨	58	52	12.2
水运货运总量	亿吨	8	7	27.4
民航货运总量	亿吨	0.013	0.009	37.6
周转量	亿吨公里	31 337	23 254	34.8
铁路周转量	亿吨公里	8 852	7 496	18.1
公路周转量	亿吨公里	3 671	3 190	15.1
水运周转量	亿吨公里	18 780	12 546	49.7
民航周转量	亿吨公里	34	23	45.9
社会物流总成本	亿元	13 075	10 641	22.9
运输成本	亿元	7 541	5 563	35.5
保管成本	亿元	3 818	3 422	11.6
管理成本	亿元	1 716	1 656	3.6
物流业增加值	亿元	1 969	1 776	10.9
交通运输业中物流部分增加值	亿元	722	648	11.3
仓储业增加值	亿元	24	21	13.1
物流用固定资产投资	亿元	785	608	29.0
交通运输业固定资产投资	亿元	670	530	26.6
仓储业固定资产投资	亿元	39	28	40.9
沿海主要港口吞吐量	亿吨	6	5	24.6
外贸吞吐量	亿吨	2.5	2.0	22.0

根据表 1-2，从货物周转量上看，中国的物流规模保持了 30%的增长，与物流相关的固定资产投资增长也接近 30%，超过了中国 GDP 的增长速度。

（三）中国的社会物流成本

据测算，中国的社会物流总成本占 GDP 的 20%以上，近年来总体呈现下降趋势。与发达国家的物流成本相比，中国的物流成本还有较大的下降空间。

社会物流总成本占 GDP 的比例见表 1-3。

表 1-3　社会物流总成本占 GDP 的比例（单位：%）

年　　份	运输成本	保管成本	管理成本	社会物流总成本
1991	13.3	7.5	3.2	24.0
1992	12.7	7.2	3.1	23.0
1993	13.0	6.7	3.1	22.8
1994	11.9	7.0	3.2	22.1
1995	11.0	7.6	3.4	22.0
1996	11.2	7.5	3.3	22.0
1997	11.0	7.7	3.5	22.2
1998	11.0	6.8	3.5	21.3
1999	11.6	6.2	3.6	21.4
2000	11.2	6.5	3.6	21.3
2001	10.9	6.6	3.6	21.1
2002	10.4	7.0	4.0	21.4
2003	12.3	6.5	3.1	21.9
2004 上半年	12.7	6.3	3.0	22.0

（四）各地区物流发展特点

在不同的区域，中国的物流发展水平呈现不同的特点：华东、华南地区：是中国经济最发达的区域，同时也是中国物流发展最快的区域，公路、水路运输发达，港口货物吞吐量大，高新技术企业集中，物流运作效益最好；华北、西南地区：铁路、公路发达，企业集中度居中，物流运作效益居中；东北、西北地区：是中国的煤炭、木材等资源的储备地，物流网络不发达，主要依赖铁路运输，企业集中度低，物流运作效益低，是制约经济发展的瓶颈。

六、世界物流的发展趋势

随着经济全球化步伐的加快，科学技术尤其是信息技术、通信技术将更快地应用于物流领域，企业的跨国经营必将导致社会经济向“本土化生产、全球采购、全球消费”趋势的发展。由此可以推断，未来世界物流的发展可能出现如下新的发展趋势。

（一）电子物流的发展

据统计，通过互联网进行企业间的电子商务交易额，1998 年全球已达到 430

亿美元。基于网络的电子商务的迅速发展必将促进电子物流（E-logistics）的发展。物流企业通过互联网加强企业内部、企业与供应商、企业与消费者、企业与政府部门的联系与沟通。消费者可以直接在网上获取有关商品或服务信息，实现网上购物。电子物流可使企业能迅速、准确、全面地了解需求信息，实现基于顾客订货的生产模式（build to order，BTO）和物流服务。此外，电子物流还可以帮助企业实现在线追踪货物、在线规划投递路线、在线实现物流调度、在线实现货运检查等功能。可以说，电子物流将是21世纪物流发展的新趋势。

（二）物流企业的集约化与协同化发展

21世纪是物流全球化的时代，企业之间的竞争将十分激烈。要满足全球化或区域化的物流服务，企业规模必须扩大以形成规模效益。主要表现在两个方面：集约化与协同化发展。

（三）物流园区的建设

物流园区是多种物流设施和不同类型的物流企业在空间上集中布局的场所，是具有一定规模和综合服务功能的物流集结点。物流园区的建设，将有利于实现物流企业的专业化和规模化，发挥企业的整体优势和互补优势。日本是最早建立物流园区的国家，至今已建立120个大规模的物流园区，平均占地约74万平方米。荷兰有14个物流园区，平均占地4.5万平方公里。

（四）物流企业的兼并与合作

随着国际贸易的发展，美国和欧洲的一些大型物流企业跨越国境，展开连横合纵式的并购，大力拓展国际物流市场，以争取更大的市场份额。德国国营邮政出资11.4亿美元收购了美国大型的陆上运输企业AEI，美国的UPS则并购了总部设在迈阿密的航空货运公司——挑战航空公司。据不完全统计，1999年美国物流运输企业间的并购数已达23件，并购总金额达6.25亿美元。德国邮政公司在最近两年间并购欧洲地区物流企业达11家，现在已发展成为年销售额达290亿美元的欧洲巨型物流企业。并购的另一个新特点是国营企业并购民营企业。例如美国国营邮政公司并购了德国大型民营物流企业PARCE，法国邮政收购了德国民营敦克豪斯公司。德国、英国和法国的邮政公司为争夺欧洲物流市场，竞相收购民营大型物流运输企业。新组成的物流联合企业、跨国公司将充分发挥互联网的优势及时准确地掌握全球的物流动态信息，调动自己在世界各地的物流网点，构筑起本公司全球一体化的物流网络，节省时间和费用，将空载率压缩到最低限度，战胜竞争对手，为货主提供优质服务。

（五）绿色物流是物流发展的趋势

物流虽然促进了经济的发展，但是物流的发展同时也会给环境带来不利的影响。如运输工具的噪声、污染排放、对交通的阻塞等。为此，21 世纪将对世界物流发展提出了新的要求，即绿色物流。绿色物流包括两方面：一是对物流的环境污染进行控制，即在物流系统和物流活动的规划与决策中尽量采用对环境污染小的方案；二是建立工业和生活废弃物处理的物流系统。

本章小结

本章阐述了物流概念的产生和发展过程、定义、分类以及物流的效用，论述了物流在经济和社会组织中的作用，最后介绍了物流在美国、德国、日本以及我国的发展历史和现状。

本章关键词

物流（logistics）
分销物流学（physical distribution）
物流资源计划（logistics resources planning，LRP）
企业资源计划（enterprise resources planning，ERP）
准时化生产（just in time，JIT）
形式效用（form utility）
拥有效用（possession utility）
时间效用（time utility）
地点效用（place utility）
精益物流（lean logistics）

本章思考题

1. 物流的定义是什么？

2. 物流有哪些效用？
3. 物流在经济中的作用？
4. 物流在组织中的作用？
5. 物流学在美国、德国和日本的发展现状？

第二章　物流管理学基本理论

本章学习目标

通过本章学习，理解物流管理学科性质与基本理论框架，掌握物流管理学的研究目的与方法，了解物流管理学中的一些基本理论。

第一节　物流管理学的学科性质

根据物流管理学的研究内容，可以看出物流管理学属于经济学、管理学、工学和理学等学科互相交叉的新兴学科。

一、经济学属性

物流学科研究大量的物流资源配置优化、物流市场的供给与需求、政府对物流的管理、物流的发展与增长等问题，而解决这些问题靠的是经济学理论在物流中的具体应用。物流涉及许多经济学类专业，比如经济学、国际经济与贸易等。

二、管理学属性

物流活动是由物流组织来完成的，而“管理是一切组织的根本”，企业的物流系统规划与设计、物流业务的具体运作、物流过程的控制、物流效益的考核与评估等都属于管理学的范畴，需要管理学理论的指导：物流与许多管理学类专业有关，如工程管理、工业工程、信息管理、工商管理、市场营销、会计学、财务管理等。

三、工学属性

现代物流是一个技术含量很高的产业。国外大型配送中心一般都是高度自动化的物流设施，建设前需要大量的工程技术人员进行分析和设计，建成后需要工程技术人员进行维护和管理。物流系统分析、设计和管理都涉及大量的工程和技术，因此物流学涉及工学类的许多专业，如机械、建筑、电子、信息、材料、交通运输等。

四、理学属性

物流的流体是商品，各种商品的物理、化学、生物特征不完全相同。服务好顾客就要照顾好将要配送给顾客的商品，商品的检验、养护、鉴定、流通加工等作业环节都需要诸如数学、物理、化学等学科的指导。

物流学科还与其他许多学科有关，比如哲学、法学等，但就物流学科整体而言，它是具有以上四种属性的新型交叉学科。

第二节　物流管理学基本理论框架

一、物流学科理论体系

组成物流学科的要素很多，国内外过去几十年的深入研究实际上已经涉及了所有这些要素，但是，为什么还是没有形成物流学科体系呢？其中最主要的原因是，目前的研究缺少对物流学科体系的全面研究。为了深入探讨物流学科体系的建立问题，这里提出了一套物流学科体系模型和理论体系，如图 2-1 所示。

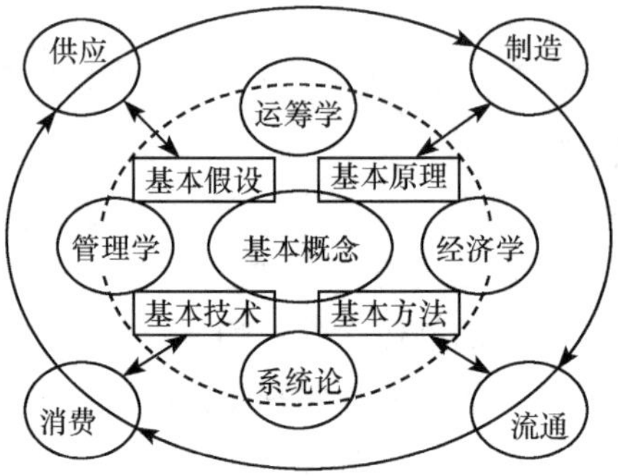

图 2-1　物流学科体系框架

图 2-1 中所表示的物流学科体系框架分为四个层次：

第一层：物流学科体系的核心。物流学科体系的核心是物流系统的基本概念，这是由一组最关键的核心概念组成的。这些概念可能还需要经过很长一段时间才能完善，但是它们是存在的，比如物流、配送、物流中心、配送中心等。要理解物流，必须借助于这些概念，物流学科体系的所有其他组成部分都是通过这些概念来表现并且由此而展开的。

第二层：物流学科体系的四大支柱。即物流学科体系的基本假设、基本原理、基本技术和基本方法。物流的核心概念和这四大支柱组成了物流学科体系的主要理论，这一层次是物流学科体系的基本内涵。

第三层：物流学科体系的理论基础。物流学科的建立，本身依赖于其他已经成熟的学科作为自己的理论基础，物流理论就是在这些理论的基础上发展起来的，这也是物流与其他相关学科联系的具体反映。不过，与物流相联系的学科很多，与物流学科构成最紧密联系的理论主要有四类：系统论、运筹学、经济学与管理学。系统论提供了物流学科最根本的思维方法和逻辑；运筹学提供实现物流系统优化的技术与工具，它是系统论在物流中应用的具体方法；经济学提供物流系统资源配置的基本理论，物流系统的资源配置服从经济学的假设、原理和规律；管理学提供物流系统具体运作的基本假设、原理和规律。

第四层：物流学科体系的相关学科。现代物流的运作和管理都依赖于现代化的技术手段和条件，研究这些技术或手段的学科就成为物流学科体系的相关学科。

二、物流管理学的内容

物流管理学是专门研究物流管理的科学。所谓物流管理，就是对物流活动的计划、组织、指挥、协调和控制。

最基本物流活动的可以分成以下六大类：第一，运输、配送活动；第二，储存、保管活动；第三，包装活动；第四，装卸、搬运活动；第五，加工活动，包括生产加工活动和流通加工活动；第六，物流信息活动。但是实际的物流活动则往往是不同类别活动的不同方式的组合，往往形成一个项目，或一个工程。对这样的物流活动，需要进行很好的计划、组织、指挥、协调和控制，这就是物流管理。

在物流管理五大职能中，最重要的是计划。计划，就是规划、策划。要对整个物流活动进行全面的规划和策划，确定物流活动搞一些什么？怎么搞？物流活动，特别是物流数量大、物流时间长的物流活动，一般要动用较多的资源、涉及较多的人、车、库和较多的部门单位，一般是一个系统工程。所以一定要做好事前的规划和策划，选取最好的方案实施，这就是计划的过程。计划过程比较多地要用到物流管理学的一些知识、理论、技术与方法。例如，生产企业制订物料需求计划，就要用到 MRP 技术；制订产品分销计划，要用到 DRP 技术；企业进行生产库存控制，就要用到库存控技术；企业要进行采购，就要用到订货点技术、JIT 技术、供应链理论等。制订出计划以后，就要组织实施。这就需要进行组织、指挥、协调和控制。物流企业，特别是第三方物流企业，是物流活动的策划者，也是物流活动的具体承担者和操作者，要面对企业、或物流市场、或供应链系统众多企业，甚至面对电子商务环境条件，具体承担运输、配送、储存、保管、包装、装卸、搬运、流通加工、物流信息等各种物流活动，要对各种物流活动实行专业化的管理和综合管理。

因此，以上内容构成了物流管理学的主要方面。而其中的重点又放在物流活动的规划、策划上，也就是制订物流活动的计划和方案上。至于计划方案的组织实施、指挥、协调和控制，与一般管理学相同，因此不作为本书讨论的重点。

三、物流管理学的特点

物流管理学相对于其他学科，有一些特点，主要表现如下。

1. 系统性

物流管理学把物流系统看成是一个系统，从系统的观点来研究各种物流活动。即总是从各个单元之间的相互联系、相互协调上去看待问题和处理问题，以系统的整体最优化为目标去选择方案、制定政策。而且这些方案政策本身，也要考虑多种资源、多种因素协调配合，组成一个有效率的管理系统。这些都说明物流管理学具有很强的系统性。

2. 综合性

物流管理学是由多个学科综合而成的一门综合性学科。由于物流管理牵涉的面很广，从不同的专业、到企业、到市场、到社会，从生产到流通、从经济到管理、到技术，应有尽有，而且有的还有一定的深度，所以需要讨论的问题面就广，需要运用的学科就要多。首先它要考虑费用、成本、经济效益等问题，因此它要应用经济学的理论与方法；其次，它要用到运筹学、管理决策、企业管理的理论和方法；最后，它要用到系统科学、计算机科学、信息技术等工程学的理论与方法。因此可以说它是一门综合性的科学。

3. 工程性

物流管理的对象，都是由多个因素构成的系统，而且管理本身也是一个系统，也是由多个因素构成的。所以物流管理学基本上都是和系统打交道，进行系统处理。而系统的处理，都是一个系统工程，要运用系统工程的思想、观点、技术和方法，而这种方法本质上都是一种工程方法，即系统的开发、设计、制造、改造和运行、调试、控制等一整套工程方法。

另一方面，物流管理学还直接研究大量工业工程系统，例如生产系统、运输系统、仓储系统、搬运系统等。它们本身就有很多工程技术问题，需要用到一些工程学的知识。

正因为这样，所以在物流管理学中，经常要用到系统分析或者工程分析、建立数学模型，利用计算机进行工程计算、编写或应用计算机软件解决系统的或工程的问题。这也就说明了物流管理学的工程性。

4. 应用性

物流管理学的另一个特点，就是结合具体的应用对象来讨论问题和解决问题。各种对象不同，解决问题的方法也不同。对于给定的对象，讨论问题、解决问题，可以达到实用的程度。因此，物流管理学所讨论的问题，都可以运用于具体的实际，甚至具有可操作性。所以，物流管理学具有很强的应用性。

5. 管理性

物流管理学的又一个特点，就是它的管理性。物流管理学从根本上来说，它是一门管理学，是研究如何对物流活动进行管理，具有一般管理学的一些基本理论、观点和方法。这也是它区别于一般工程学的特点。

6. 全局性

物流管理学纵览了各种专业物流活动，探讨了各种专业物流活动所具有的共同的、具有普遍物流意义的内容。它总是站在物流的全局来认识和处理各种具体的物流活动。

第三节　物流管理学的研究目的

（一）促进物流学科的发展

物流学科从提出到基本建立学科体系，再到学科的完善，要经过很长的历程。目前物流学的研究才刚刚起步，大量的问题还没有研究清楚，物流学科需要大力发展。

（二）促进物流学科的人才培养

研究成果传播的最佳办法就是培养人才，物流学科的发展必然要有人才培养作为手段，中国的高级物流管理人才在 21 世纪的上半叶将会十分稀缺。因此，建立物流学科，大力培养物流专业人才，使物流研究与物流人才培养互相促进，是中国经济发展的客观需要。

（三）促进物流产业的发展和竞争力的提高

具体而言，物流学科研究对物流产业可以起到以下作用：提高物流系统的服务水平；降低物流系统的服务成本；充分利用物流系统的资源；实现企业、社会的长远发展目标；促进物流产业宏观管理水平的提高，进而促进物流产业的竞争力的提高，为中国在加入WTO后国民经济的快速发展提供良好的物流支持。

第四节　物流管理学的研究方法

物流学的研究方法集经济学、管理学、工学、理学的研究方法之大成，研究方法依研究的内容而定。与物流学科相关的学科采用的方法可能各有侧重。唯物辩证法、分析与综合、归纳与演绎、数据采集与分析、优化方法等是各个学科都要采用的研究方法。另外，物流学科将以系统科学的基本原理作为贯穿始终的方法论之一。

第五节　物流管理学的基本理论

一、商物分流学说

商物分离是物流科学赖以存在的先决条件。所谓商物分离，是指流通中两个组成部分商业流通和实物流通各自按照自己的规律和渠道独立运动。

第二次世界大战之后，流通过程中“实际流通”和“所有权转让”两种不同形式出现了明显的分离，逐渐变成了两个有一定独立运动能力的不同运动过程，这就是所谓的“商物分离”。“商”，指“商流”，即商业性交易，实际是商品价值运动，是商品所有权的转让，流动的是“商品所有权证书”，是通过货币实现的；“物”，即“物流”，是商品实体的流通。

商物分离形式如图2-2所示。

商流和物流也有其不同的物质基础和不同的社会形态。从马克思主义政治经济学角度看，在流通这一统一体中，商流明显偏重于经济关系、分配关系、权力关系，因而属于生产关系范畴。而物流明显偏重于工具、装备、设施及技术，因而属于生产力范畴。

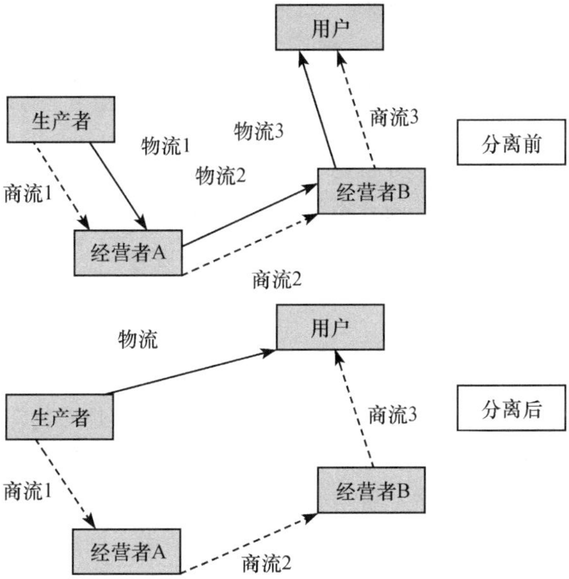

图 2-2　商物分离示意图

所以，商物分离实际是流通总体中的专业分工，职能分工，是通过这种分工实现大生产式的社会再生产的产物。这是物流科学中重要的新观念。

物流科学正是在商物分离基础上才得以对物流进行独立的考察，进而形成的科学。

二、黑大陆和物流冰山学说

著名的管理学权威 P. F. 德鲁克曾经讲过："流通是经济领域里的黑暗大陆。"德鲁克泛指的是流通，但是，由于流通领域中物流活动的模糊性尤其突出，是流通领域中人们更认识不清的领域，所以，"黑大陆"说法现在转向主要针对物流而言。

"黑大陆"说法主要是指尚未认识、尚未了解的领域，在黑大陆中，如果理论研究和实践探索照亮了这块黑大陆，那么摆在人们面前的可能是一片不毛之地，也可能是一片宝藏之地。在某种意义上来看，"黑大陆"说是一种未来学的研究结论，是战略分析的结论；带有很强的哲学的抽象性，这一学说对于研究这一领域起到了启迪和动员作用。

物流冰山说是日本早稻田大学西泽修教授提出来的，他在专门研究物流成本时发现，现行的财务会计制度和会计核算方法都不可能掌握物流费用的实际情况，因而人们对物流费用的了解是一片空白，甚至有很大的虚假性，他把这种情况比做“物流冰山”。冰山的特点，是大部分沉在水面之下，而露出水面的仅是冰山的一角。物流便是一座冰山，其中沉在水面以下的是我们看不到的黑色区域，而我们看到的不过是物流的一部分。

西泽修用物流成本的具体分析论证了德鲁克的“黑大陆”说，事实证明，物流领域的方方面面对我们而言还是不清楚的，黑大陆和冰山的水下部分正是物流尚待开发的领域，正是物流的潜力所在。

三、第三利润源学说

第三利润源的说法主要出自日本。“第三利润源”，是对物流潜力及效益的描述。从历史发展来看，人类历史上曾经有过两个大量提供利润的领域。第一个是资源领域，第二个是人力领域。资源领域起初是依靠廉价原材料、燃料的掠夺或获得，其后则是依靠科技进步、节约消耗、综合利用、回收利用乃至大量人工合成资源而获取高额利润，习惯称之为“第一利润源”。人力领域最初是依靠廉价劳动，其后则是依靠科技进步提高劳动生产率，降低人力消耗或采用机械化、自动化来降低劳动耗用从而降低成本，增加利润，这个领域习惯称做“第二利润源”。

在前两个利润源潜力越来越小，利润开拓越来越困难情况下，物流领域的潜力被人所重视，按时间序列排为“第三利润源”。

第三利润源的理论最初认识是基于两个前提条件：第一，物流可以完全从流通中分化出来，自成一体，独立运行，有自身目标和管理，因而能对其进行独立的总体判断；第二，物流和其他独立的经营活动一样，它不是总体的成本构成因素，而是单独盈利因素，物流可以成为“利润中心”型的独立系统。

四、效益背反学说

效益背反是指物流的若干功能要素之间存在着损益的矛盾，即在某一个功能要素的优化和利益发生的同时，必然会存在另一个或另几个功能要素的利益损失。反之亦然。这是一种此涨彼消，此盈彼亏的现象，虽然在许多领域中这种现象都是存在着的，但物流领域中，这个问题似乎尤其严重。

效益背反说有许多有力的实证予以支持，例如，包装问题，假定其他成本因素也不变，包装越省，则利润越高。但是，一旦商品进入流通之后，如果节省的包装降低了产品的防护效果，就会造成储存、装卸、运输功能要素的工作劣化和效益大减，显然，包装活动的效益是以其他的损失为代价的，我国流通领域每年因包装不善出现的上百亿的商品损失，就是这种效益背反的实证。

在认识效益背反的规律之后，物流科学迈出了认识物流功能要素这一步，而寻求解决和克服各功能要素效益背反现象。将包装、运输、保管等功能要素的有机联系寻找出来，成为一个整体来认识物流，进而有效解决效益背反，追求总体的效果（图 2-3），这是物流科学的一大发展。

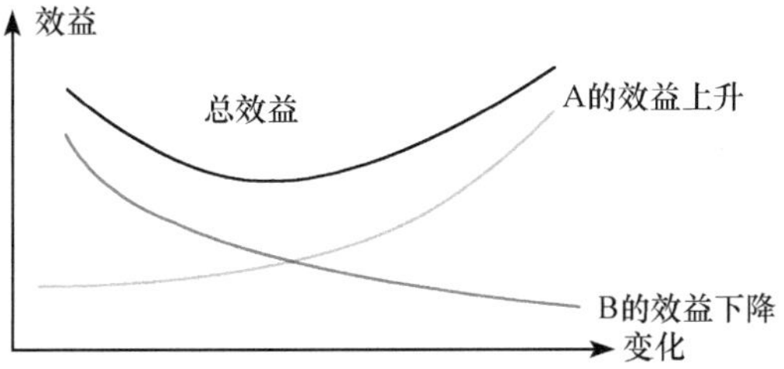

图 2-3　效益背反和总体效益

五、成本中心说学说

成本中心的含义，是物流在整个企业战略中，只对企业营销活动的成本发生影响，物流是企业成本的重要的产生点，因而，解决物流的问题，并不主要是为了搞合理化、现代化，不主要在于支持、保障其他活动，而主要是通过物流管理和物流的一系列活动降低成本。

显然，成本中心的考虑没有将物流放在主要位置，尤其没有放在企业发展战略的主角地位，改进物流如果目标只是在于降低成本，这势必也会影响物流本身的战略发展。

本 章 小 结

本章介绍了物流学的学科性质是属于经济学、管理学、工学和理学等互相交叉的新兴学科，提出了物流学的基本理论框架的四个层次，并指出研究物流学的目的与方法，最后介绍了物流学中商物分离、黑大陆、物流冰山说、第三利润源说、效益背反说和物流的整体观念、成本中心等学说和观念。

本章思考题

1. 物流管理学的学科性质是什么？

2. 物流管理学的研究目的是什么?

3. 物流管理学的研究方法是什么?

4. 物流管理学的基本理论框架是什么?

5. 物流管理学的基本理论有哪些?

第三章　物流系统化管理原理

本章学习目标

通过本章学习，理解物流系统的基本理论概念，掌握物流系统的组成要素和结构特征，了解物流系统运行的基本原理。

第一节　物流系统的基本概念

一、物流系统定义

所谓物流系统，是由多个互相区别又互相联系的单元结合起来，以物资为工作对象，为完成物资物质实体流动为目的的有机结合体。最基本的物流系统由包装、装卸、运输、储存、加工及信息处理等子系统中的一个或几个有机地结合而成。每个子系统又分成若干的子系统。物流系统本身又处在更大的系统之中。这个概念包含以下内容：

(1)“多个互相区别又互相联系的单元”，即有多个单元，它们互相区别又互相联系。这是构成系统的基本的和必要的条件。这里所谓单元，可以是单位组织、可以是空间、可以是职能、功能、可以是时间、也可以是其他因素。它们都是能够独立完成某一个或大或小的功能任务的独立体。大可以大到很大的系统，小可以小到一个人、一台设备、一台车，一个工作。

(2)“以物资为工作对象，为完成物资物质实体流动为目的”，这是物流系统的功能或目的。任何系统都有一个特定的功能、或者目的，这是构成系统的又一个条件。物流系统既然也是一个系统，当然应有一个特定的功能，就是它是以物资为工作对象，为完成物资物质实体流动为目的系统。这个特定功能强调二层意思：一是以物资作为工作对象，因为物流就是处理物资的。二是强调物资物质实体流动，这是物流的本质意义。是一切物流活动所共同具有的本质特征。

(3)“有机结合体”。这也是一般系统的基本特征和基本条件，物流系统也具有这个基本特征和基本条件。

(4)“最基本的物流系统由包装、装卸、运输、储存、加工及信息处理等子系统中的一个或几个有机地结合而成”。这是讲的物流系统的子系统的构成。如前所说，子系统可以按空间、或时间、或功能职能、或其他因素为依据进行划分而构成。但是别的因素都是可以有、也可以没有的，而以包装、装卸、运输、储存、加工及信息处理这些子系统是起码要有的，这是最基本的物流系统的基本条件。没有这些最基本的物流活动，当然也就不是物流系统了。

(5)“每个子系统又可以往下分成更小的子系统”。这是说明物流系统的子系统可以往下再分，构成一个等级层次结构。这也是一般系统的基本特征和条件。

(6)“物流系统本身又处在更大的系统之中”。这是说明物流系统往上可以再合，可以和同等级的其他系统再结合成一个更大的系统。这也是一般系统的基本特征和条件。物流系统也具有这样的特征和条件。物流系统处在这个更大的系统之中，这个更大的系统又是这个物流系统的环境。物流系统也必须适应这个环境才能够生存和发展。

二、实例说明

下面对物流系统的结构、性质和特征等做些说明。为简单起见，我们就以一个能全面说明物流系统特征的分销物流系统为例来说明一般物流系统的结构、性质和特征。图 3-1 给出了一个由第三方物流公司操作的分销物流系统的示意图。第三方物流公司由一个物流中心（或储运仓库）和一个信息指挥中心构成。它从生产厂进货，并且通过储、运等物流方式，把货物送到用户或零售店的手中。这个物流系统的目的就是要把生产厂的产品转移到它的客户或零售店手中去，因此它是一个典型的分销物流系统。从这个系统可以看出：

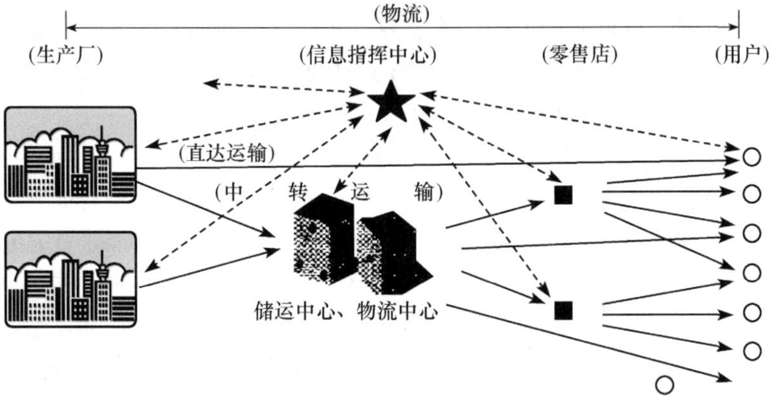

图 3-1　物流系统示意图

1. 物流系统

分为物流作业系统和物流信息系统，二者可分别独立运行，但又紧密联系，互相依赖，不可分割。物流作业系统的中心在物流中心（或储运仓库、或配送中心）；物流信息系统的中心在公司信息中心（或公司）。物流用粗实线、单向箭头表示，箭头方向表示物流的方向；信息流用细虚线、双向箭头表示，双向箭头表示信息的传输是相互的。

2. 物流作业系统

由运输、储存、包装、装卸、加工五个子系统中的一个或几个有机地结合而成，每个子系统又可以按空间和时间分成更小的子系统。

3. 运输

可以分为直达运输和中转运输。

直达运输是指由生产厂直到用户（或配送中心）的运输，一般是长距离、大批量的快速运输，追求提高运输效率，一般用火车、轮船等大型运输工具。中转运输是指由生产厂经配送中心再到用户或零售店的运输。它按运输性质可以分为两种：一是输送，二是配送。

4. 物流信息系统

由各物流网点之间的物流信息的产生、制作、加工、储存和传递而构成的系统。所有的物流网点同时又是物流信息网点，再加上公司或信息中心，就构成了物流信息系统网络。信息的传递是相互的。

5. 物流系统区别于一般系统的特点

是它的特定功能或系统的目的，即以物资为工作对象，为完成物资物质实体流动为目的。任何一个系统，只要它是以物资为工作对象，为完成物资实体流动为目的，则都是一个物流系统。

6. 物流系统的环境

物流系统的环境是指物流系统所处的更大的系统。它是物流系统处理的外部条件。物流系统与其环境之间的相互作用具体表现为物流系统的输入、输出、约束和干扰，如图 3-2 所示。

物流系统的输入，是指环境对物流系统的输入，它是环境对系统的直接的输入，是作为物流系统处理的对象而输入物流系统的。输入的具体内容，一是物资，二是信息。物流系统的输出，是指物流系统对环境的输出，它是物

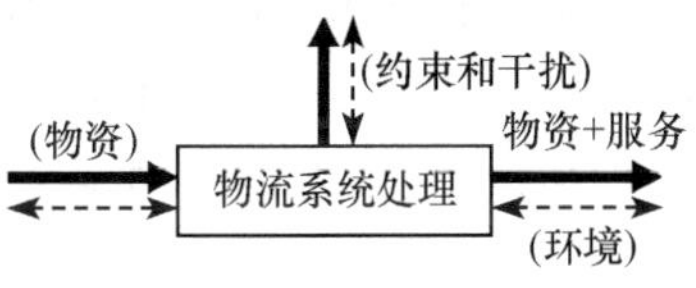

图 3-2 物流系统的模式

流系统对环境的直接输出，是物流系统处理的结果的输出。输出的具体内容，也是物资和信息，但是输出的物资与输入的物资是不同的，是加进了物流服务的物资。物流系统的约束，是指环境对物流系统的输入，它是一种间接的输入，是物流系统处理的外部条件和约束条件。包括物资、信息、能源和政治、经济、文化、地理、气候等软件、硬件条件等，它们的具体体现，也是一些物资和信息，但是这些物资是其他物资，不是输入和输出的那些物资。物流系统的干扰，则是一种偶然的约束，是突然发生的、意料之外的事故、灾害、特殊情况等。干扰，也是一种约束，只是它是一种意外的约束而已。物流系统的模式反映了系统和环境之间的关系和相互作用的模式。系统处理、输入、输出和约束称系统运行的四要素。

7. 物流系统的目标

(1) 服务好。物流系统是一个服务系统，它的所有活动都是服务活动，为生产服务、为流通服务、为客户服务。而这种服务的核心，就是满足客户的需求。而满足客户的需求表现在各个方面：最主要的是满足客户对于所需的物资的需求，不缺货。还要保质、保量、及时送货，安全可靠的运输、储存、包装、装卸、物流成本低、服务态度好、为客户提供信息支持、技术咨询、技术支持和售后服务等，几乎遍及物流活动各个方面、各个环节。因此，要服务好，实际上就是需要物流系统全面做好各个方面的工作。

(2) 费用省。费用省是指物流的总费用最省。物流系统是又多个单元构成的，物流活动又由多种类型、多个环节构成，因此各种物流方式、各个物流环节都会发生物流费用。一个物流系统所有的物流方式、物流环节所发生的物流费用的总和，就是这个物流系统的总费用。整个物流系统的第二个目标，就是要使得这个物流总费用最小。要做到物流总费用最小，则要求整个物流系统要优化，各个单元也要优化，要尽量利用各种物流优化技术、充分利用和努力节约资源、提高工作效率、降低物流成本。要做到物流总费用最小，还要求整个物流系统各个单元、各个环节都要协调配合，协调出生产力，协调可以提高工作效率、降低成本，能够达到一加一大于二的效果，这样就可以实现总费用最省。但是在物流系统的实际运行中，这两个目标往往是互相矛盾的：服务水平越高，则物流成本也就越高，服务水平高出一定程度以后，随着服务水平继续提高，则会造成物流成本的急剧上升。在这种情况下，则要注意学会协调和折中，选取一个既能使总费用较小、又能使服务水平较满意的方案。

以上就是关于物流系统的概念、特征、目标、模式等。物流系统是普遍存在的，物流管理学专门研究的就是物流系统运行规律。

第二节　物流系统的结构

物流系统的要素在时间和空间排序构成了物流系统的结构。因为这些要素都有特殊的使命，要素之间都要冲突或者协调的联系，要将它们组成一个整体达到物流系统的特定目的，所以要求这些要素在时间和空间的排列上形成一定的秩序。要素是凌乱的、无序的，但系统一定是要素的规则、有序排列。物流系统的目标是通过压缩完成的，但不是通过压缩独立完成的，而是将要素组织起来共同完成的。

一、物流系统的流动结构

物流系统具有五个流动要素：流体、载体、流向、流量和流程。不同的物流样本，这五个流动要素一个都不能少，只不过它们的流体不同、所用的载体不同、流向不同、流量和流程也不尽相同，但是每个物流样本的五个流动要素是相关的，流体的自然属性决定了载体的类型和规模，流体的社会属性决定了流向、流量和流程，流体、流向、流量和流程决定采用的载体的属性，载体对流向、流量和流程有制约作用，载体的状况对流体的自然属性和社会属性均会产生影响等。因此，应该根据流体的自然属性和社会属性、流向、流程的远近以及具体运行路线、流量的大小与结构来确定载体的类型与数量。

在物流过程中还存在卡车空驶、仓库空置、集装箱回空等情况，这是流体为空、流量为零的一种特殊但普遍存在的情况，虽然这是在一定条件下必然存在的现象，但毕竟是一种对物流资源的浪费，应尽量避免。

在网络型的物流系统中，一定的流体从一个点向另一个点转移时经常会发生载体的变换、流向的变更、流量的分解与合并、流程的调整等情况，如果这种调整和变更是必要的，那么也应该减少变换的时间、减少环节、降低变换的成本。

二、物流系统的功能结构

不同的物流系统需求进行的物流作业大同小异，从物流系统功能结构上分析没有太大差别。整个物流系统的基本功能要素包括：运输（含配送）、储存（含仓储管理和储存控制）、包装、装卸、流体加工和物流信息处理等。

一般而言，供应链各个阶段都要具备的功能首先是运输，然后是储存，装卸搬运功能伴随运输方式或者运输工具的变换、物流作业功能之间的转换而产生，物流中的包装功能、流通加工功能是流通过程中才发生的，但也不是每一个物流系统都需要进行的作业。一个物流系统的功能结构如何，取决于生产、流通模式。判断物流系统功能发挥得是否合理，不是看物流系统中进行了多少作业，而是看物流系统为生产和销售降低了多少成本。从生产和流通的角度看，物流作业进行得越少的物流系统才是好的物流系统，但是不是物流系统本身需要进行什么样的作业，而是生产和销售系统决定了物流系统应该进行什么样作业，所以，应该将物流系统与生产、销售系统进行集成，在保证生产和销售目标实现的前提下，尽量进行较少的物流作业，降低物流总作业成本。

三、物流系统的治理结构

物流系统的治理结构是指物流系统资源配置的管理和控制的机制和方法。Oliver Williamson从契约的角度深刻研究了经济领域的治理结构与交易特征的关系问题，提出了一套合同关系治理的模式。他将交易合同分为三种：一是古典合同，强调法律规则、正式文本和交易的自我了结。二是新古典合同，是对古典合同的一种修正，它承认“世界是负责的，协议是不完全的，除非双方对冲突机制有信心，否则某些合同将无法达成”。三是关系合同，对于需要大量关系性专用资产的交易采取的一种合同。

根据Oliver Williamson的理论，我们可以将物流系统的治理结构分为四类：多边治理、三边治理、双边治理和单边治理。多边治理也称市场治理、古典合同治理，即不过是谁想建立一个物流系统，所需的所有资源都能够从物流市场上通过交易购买得到。三边治理是指通过物流资源的需求方、供给方和第三方（法律）来共同治理的模式。这种模式适合于两类物流资源交易：一是偶尔进行的；二是交易的物流资源是高度专用化的。双边治理是指通过物流资源买卖双方共同治理的模式。它有三个适用条件：交易应该是重复发生的；交易需要的资产必须是高度专用的；交易是非标准化的。单边治理，也称一体化治理。采用它的条件是：①交易高度专用化，投资于这种交易的物流资源转移到其他用途上的价值趋近于零；②此项交易与企业的核心业务具有较强的相关性；③交易本身具备一定规模，使得投资人可以获得该投资的规模效益。

四、物流系统的网络结构

物流系统的组成要素是点和线，点和线之间的联系构成了物流系统的网络结构，由点和线组成的网络叫做图。根据结构复杂程度，物流系统中的图可以分为五类：①点状图。即由孤立的点组成的物流网络，这是物流系统网络结构的一种极端情况。②线状图。由点和连接这些点的线组成，且满足以下两个条件，即两个点之间只有一条线，线没有连成圈的简单网络。③圈状图。由至少包含一个连接成圈的线组成的物流网络，但同时至少有一点没有包含在圈中。④树状图。无圈但能够连通的网络。汽车物流基本上采取这种方式。⑤网状图。由点点相连的线组成的网络，最大优点是方便销售，最大缺点是物流效率低下。

五、物流系统的产业结构

物流是一个由多个行业组成的产业，物流产业是由多个部门组成的综合性、服务性、基础性产业。产业结构相当复杂，要明确地划分出物流产业的界限和范围，还要对行业的界限和范围进行界定，这项工作对物流而言是极不容易的，所以可以将物流产业从以下两方面进行划分。

1. 按照物流业务环节划分

运输业，也称交通运输业，是物流产业中最重要的部分之一，由各个利用各种运输工具、提供不同运输方式的运输服务的组织和个人组成；仓储业，是物流产业的重要组成部分之一；包装业；装卸业，有时也成为装卸搬运业，是附属于运输业和仓储业而产生的行业；流通加工业，是生产过程在流通过程的继续；邮政业，指由各种运输工具和运输方式及营业网点组成的专用邮政网络收寄、承运和投递包裹、信函、机要、特快、印刷品等的行业；物流信息业，包括三类：一是电信业；二是供应链信息在物流过程中的流动和停留；三是指进行物流过程本身产生的信息流。

2. 按照物流业务组织化程度划分

第一方物流、第二方物流和第三方物流。卖方、生产者或供应方组织的物流叫做第一方物流，核心业务是生产和供应商品，为了自身生产和销售业务需要而进行自身物流网络及设施设备的投资、经营与管理。买方、销售者或流通企业组织的物流叫做第二方物流，核心业务是采购并销售商品，为销售业务的需要而投资建设物流网络、物流设施和设备，并进行具体的物流业务运作和管理。第三方物流指由专业物流组织进行的物流，专业的物流组织是指以物流业务为核心业务的组织。

第三节　物流系统要素

一、物流系统的一般要素

和所有的系统一样，物流系统的一般基本要素由三方面构成：

（1）劳动者要素。它是所有系统的核心要素、第一要素。提高劳动者的素质，是建立一个合理化的物流系统并使它有效运转的根本。

（2）资金要素。交换是以货币为媒介。实现交换的物流过程，实际也是资金运动过程。同时，物流服务本身也是需要以货币为媒介，物流系统建设是资本投入的一大领域，离开资金这一要素，物流不可能实现。

（3）物的要素。物的要素包括物流系统的劳动对象，即各种实物。缺此，物流系统便成了无本之木。物的要素还包括劳动工具、劳动手段，如各种物流设施、工具、消耗材料（燃料、保护材料）等。

二、物流系统的功能要素

物流系统的功能要素指的是物流系统所具有的基本能力，这些基本能力有效地组合、联结在一起，便成了物流的总功能，便能合理、有效地实现物流系统的总目的。物流系统的功能要素一般认为有运输、储存保管、包装、装卸、搬运、流通加工、配送、物流信息等，如果从物流活动的实际工作环节来考查，物流由下述 7 项具体工作构成。换句话说，物流能实现以下 7 项功能。

（1）包装功能要素。包括产品的出厂包装，生产过程中在制品、半成品的包装以及在物流过程中换装、分装、再包装等活动。对包装活动的管理，要根据物流方式和销售要求来确定。以商业包装为主，还是以工业包装为主，要全面考虑包装对产品的保护作用、促进销售作用、提高装运率的作用、包拆装的便利性以及废包装的回收及处理等因素。包装管理还要根据全物流过程的经济效果，具体决定包装材料、强度、尺寸及包装方式。

（2）装卸功能要素。包括对输送、保管、包装、流通加工等物流活动进行衔接活动，以及在保管等活动中为进行检验、维护、保养所进行的装卸活动。伴随装卸活动的小搬运，一般也包括在这一活动中。在全物流活动中，装卸活动是频繁发生的，因而是产品损坏的重要原因。对装卸活动的管理，主要是确定最恰当的装卸方式，力求减少装卸次数，合理配置及使用装卸机具，以做到节能、省力、减少损失、加快速度，获得较好的经济效果。

（3）运输功能要素。包括供应及销售物流中的车、船、飞机等方式的运输，生产物流中的管道、传送带等方式的运输。对运输活动的管理，要求选择技术经济效果最好的运输方式及联运方式，合理确定运输路线，以实现安全、迅速、准时、价廉的要求。

（4）保管功能要素。包括堆存、保管、保养、维护等活动。对保管活动的管理，要求正确确定库存数量，明确仓库以流通为主还是以储备为主，合理确定保管制度和流程，对库存物品采取有区别管理方式，力求提高保管效率，降低损耗，加速物资和资金的周转。

（5）流通加工功能要素。又称流通过程的辅助加工活动。这种加工活动不仅存在于社会流通过程，也存在于企业内部的流通过程中。所以，实际上是在物流过程中进行的辅助加工活动。企业、物资部门、商业部门为了弥补生产过程中加工程度的不足，更有效地满足用户或本企业的需求，更好地衔接产需，往往需要进行这种加工活动。

（6）配送功能要素。是物流进入最终阶段，以配送、送货形式最终完成社会物流并最终实现资源配置的活动。配送活动一直被看成运输活动中的一个组成部分，看成是一种运输形式。所以，过去未将其独立作为物流系统实现的功能，未看成是独立的功能要素，而是将其作为运输中的末端运输对待。但是，配送作为一种现代流通方式，集经营、服务、社会集中库存、分拣、装卸搬运于一身，已不是单单一种送货运输能包含的，所以在本书中将其作为独立功能要素。

（7）物流情报功能要素。包括进行与上述各项活动有关的计划、预测、动态（运量、收、发、存数）的情报及有关的费用情报、生产情报、市场情报活动。对物流情报活动的管理，要求建立情报系统和情报渠道，正确选定情报科目和情报的收集、汇总、统计、使用方式，以保证其可靠性和及时性。

在上述功能要素中，运输及保管分别解决了供给者及需要者之间场所和时间的分离，分别是物流创造“场所效用”及“时间效用”的主要功能要素，因而在物流系统中处于主要功能要素的地位。

三、物流系统的支撑要素

物流系统的建立需要有许多支撑手段，尤其是处于复杂的社会经济系统中，要确定物流系统的地位，要协调与其他系统的关系，这些要素必不可少。主要包括：

（1）体制、制度。物流系统的体制、制度决定物流系统的结构、组织、领导、管理方式，国家对其控制、指挥，管理方式以及这个系统地位、范畴，是物流系统的重要保障。有了这个支撑条件，物流系统才能确立在国民经济中的地位。

（2）法律、规章。物流系统的运行，都不可避免地涉及企业或人的权益问题，法律、规章一方面限制和规范物流系统的活动，使之与更大系统协调，另一方面是给予保障。合同的执行，权益的划分，责任的确定都靠法律、规章维系。

（3）行政、命令。物流系统和一般系统不同之处在于，物流系统关系到国家军事、经济命脉，所以，行政、命令等手段也常常是支持物流系统正常运转的重要支持要素。

（4）标准化系统。是保证物流环节协调运行，保证物流系统与其他系统在技术上实现联结的重要支撑条件。

四、物流系统的物质基础要素

物流系统的建立和运行，需要有大量技术装备手段，这些手段的有机联系对物流系统的运行有决定意义。这些要素对实现物流和某一方面的功能也是必不可少的。要素主要有：

（1）物流设施。它是组织物流系统运行的基础物质条件，包括物流站、场，物流中心、仓库，物流线路，建筑、公路、铁路、港口等。

（2）物流装备。它是保证物流系统开动的条件，包括仓库货架、进出库设备、加工设备、运输设备、装卸机械等。

（3）物流工具。它是物流系统运行的物质条件，包括包装工具、维护、保养工具、办公设备等。

（4）信息技术及网络。它是掌握和传递物流信息的手段，根据所需信息水平不同，包括通信设备及线路、传真设备，计算机及网络设备等。

（5）组织及管理。它是物流网络的“软件”，起着联结、调运、运筹、协调、指挥其他各要素以保障物流系统目的的实现之作用。

第四节　物流系统功能

一、物流系统的基本功能

1. 运输功能

运输是物流的核心业务之一，也是物流系统的一个重要功能。选择何种运输手段对于物流效率具有十分重要的意义，在决定运输手段时，必须权衡运输系统要求的运输服务和运输成本，可以以运输机具的服务特性作判断的基准：运费，运输时间，频度，运输能力，货物的安全性，时间的准确性，适用性，伸缩性，网络性和信息等。

2. 仓储功能

在物流系统中，仓储和运输是同样重要的构成因素。仓储功能包括了对进入物流系统的货物进行堆存、管理、保管、保养、维护等一系列活动。仓储的作用主要表现在两个方面：一是完好地保证货物的使用价值和价值；二是为将货物配送给用户，在物流中心进行必要的加工活动而进行的保存。随着经济的发展，物流由少品种、大批量物流进入多品种、小批量或多批次、小批量物流时代，仓储功能从重视保管效率逐渐变为重视如何才能顺利地进行发货和配送作业。流通仓库作为物流仓储功能的服务据点，在流通作业中发挥着重要的作用，它将不再以储存保管为其主要目的。流通仓库包括拣选，配货，检验，分类等作业并具有多品种、小批量，多批次、小批量等收货配送功能以及附加标签，重新包装等流通加工功能。根据使用目的，仓库的形式可分为：配送中心（流通中心）型仓库，具有发货、配送和流通加工的功能；存储中心型仓库，以存储为主的仓库；物流中心性仓库，具有存储、发货、配送、流通加工功能的仓库。

物流系统现代化仓储功能的设置，以生产支持仓库的形式，为有关企业提供稳定的零部件和材料供给，将企业独自承担的安全储备逐步转为社会承担的公共储备，减少企业经营的风险，降低物流成本，促使企业逐步形成零库存的生产物资管理模式。

3. 包装功能

为使物流过程中的货物完好地运送到用户手中，并满足用户和服务对象的要求，需要对大多数商品进行不同方式、不同程度的包装。包装分工业包装和商品包装两种。工业包装的作用是按单位分开产品，便于运输，并保护在途货物。商品包装的目的是便于最后的销售。因此，包装的功能体现在保护商品、单位化、便利化和商品广告等几个方面。前三项属物流功能，最后一项属营销功能。

4. 装卸搬运功能

装卸搬运是随运输和保管而产生的必要物流活动，是对运输、保管、包装、流通加工等物流活动进行衔接的中间环节，以及在保管等活动中为进行检验、维护、保养所进行的装卸活动，如货物的装上卸下、移送、拣选、分类等。装卸作业的代表形式是集装箱化和托盘化，使用的装卸机械设备有吊车、叉车、传送带和各种台车等。在物流活动的全过程中，装卸搬运活动是频繁发生的。因而是产品损坏的重要原因之一。对装卸搬运的管理，主要是对装卸搬运方式、装卸搬运机械设备的选择和合理配置与使用以及装卸搬运合理化，尽可能减少装卸搬运次数，以节约物流费用，获得较好的经济效益。

5. 流通加工功能

流通加工功能是在物品从生产领域向消费领域流动的过程中，为了促进产品销售、维护产品质量和实现物流效率化，对物品进行加工处理，使物品发生物理或化学变化的功能。这种在流通过程中对商品进一步的辅助性加工，可以弥补企业、物资部门、商业部门生产过程中加工程度的不足，更有效地满足用户的需求，更好地衔接生产和需求环节，使流通过程更加合理化，是物流活动中的一项重要增值服务，也是现代物流发展的一个重要趋势。

流通加工的内容有装袋、定量化小包装、拴牌子、贴标签、配货、挑选、混装、刷标记等。流通加工功能其主要作用表现在：进行初级加工，方便用户；提高原材料利用率；提高加工效率及设备利用率；充分发挥各种运输手段的最高效率；改变品质，提高收益。

6. 配送功能

配送是物流中一种特殊的、综合的活动形式，是商流与物流的紧密结合。从物流来讲，配送几乎包括了所有的物流功能要素，是物流的一个缩影或在某小范围中物流全部活动的体现。一般的配送集装卸、包装、保管、运输于一身，通过这一系列活动完成将货物送达的目的。特殊的配送则还要以加工活动为支撑，所以包括的方面更广。但是，配送的主体活动与一般物流却有不同，一般物流是运输及保管，而配送则是运输及分拣配货，分拣配货是配送的独特要求，也是配送中有特点的活动，以送货为目的的运输则是最后实现配送的主要手段，从这一主要手段出发，常常将配送简化地看成运输中之一种。从商流来讲，配送和物流不同之处在于，物流是商物分离的产物而配送则是商物合一的产物，配送本身就是一种商业形式。虽然配送具体实施时，也有以商物分离形式实现的，但从配送的发展趋势看，商流与物流越来越紧密结合，是配送成功的重要保障。

配送功能的设置，可采取物流中心集中库存、共同配货的形式，使用户或服务对象实现零库存，依靠物流中心的准时配送，而无需保持自己的库存或只需保持少量的保险储备，减少物流成本的投入。配送是现代物流的一个最重要的特征。

7. 信息服务功能

现代物流是需要依靠信息技术来保证物流体系正常运作的。物流系统的信息服务功能，包括进行与上述各项功能有关的计划、预测、动态（运量、收、发、存数）的情报及有关的费用情报、生产情报、市场情报活动。财物流情报活动的管理，要求建立情报系统和情报渠道，正确选定情报科目和情报的收集、汇总、统计、使用方式，以保证其可靠性和及时性。

从信息的载体及服务对象来看，该功能还可分成物流信息服务功能和商流信息服务功能。商流信息主要包括进行交易的有关信息，如货源信息、物价信息、市场信息、资金信息、合同信息、付款结算信息等。商流中交易、合同等信息，不但提供了交易的结果，也提供了物流的依据，是两种信息流主要的交汇处；物流信息主要是物流数量、物流地区、物流费用等信息。物流信息中库存量信息、不但是物流的结果，也是商流的依据。

物流系统的信息服务功能必须建立在计算机网络技术和国际通用的 EDI 信

息技术基础之上，才能高效地实现物流活动一系列环节的准确对接，真正创造“场所效用”及“时间效用”。可以说，信息服务是物流活动的中枢神经，该功能在物流系统中处于不可或缺的重要地位。

信息服务功能的主要作用表现为：缩短从接受订货到发货的时间；库存适量化；提高搬运作业效率；提高运输效率；使接受订货和发出订货更为省力；提高订单处理的精度；防止发货，配送出现差错；调整需求和供给；提供信息咨询等。

二、物流系统的增值服务功能

物流的增值功能没有固定的组成要素，目前对于增值功能的界定还很模糊，只要是需要在物流过程中进行的，不属于基本功能的都归入增值功能，这就很容易造成物流的功能与商流或其他类型的经济活动的功能混淆。我们认为，增值服务是根据客户需要，为客户提供的超出常规服务范围的服务，或者采用超出常规的服务方法提供的服务。增值性的物流服务包括以下几个层次的含义和内容：

（1）增加便利性的服务。一切能够简化手续、简化操作的服务都是增值性服务。简化相对于消费者而言是指为了获取某种服务，以前需要消费者自己做的事情，现在由商品或服务提供者以各种方式代替消费者做，从而使消费者获得这种服务变得简单。

（2）加快反应速度的服务。快速反应已经成为物流发展的动力之一。

（3）降低成本的服务—发掘第三方物流的服务。成本同服务相比，成本的说服力更多，在保持现有服务水平的前提下降低成本，是所有生产、流通企业的共同需求，尤其是新型的生产和流通形式的需要。

（4）延伸服务—将供应链集成在一起的服务。在一条供应链中，物流服务提供商其服务范围可以根据需要进行延伸，而这种延伸服务是增值性物流服务。向上可以延伸到市场调查与预测、采购、订单处理，向下可以延伸到配送、物流咨询、物流方案的选择与规划、库存控制决策建议、贷款回收与结算、教育与培训、物流系统设计与规划方案的制作等。

以上这些延伸服务最具有增值性，但也是最难提供的服务，能否提供此类增值服务现在已经成为衡量一个物流企业是否真正具有竞争力的标准。

第五节 物流系统基本原理

一、物流系统目标化原理

物流目标系统化是按照物流系统整体最优的原则，对物流系统内部要素相互冲突或者虽然不冲突但需要互相配合的目标进行权衡、选择和协调，最后确定能够实现物流系统整体最优的物流系统整体目标和物流系统要素目标，以及实现这些目标的过程。物流目标系统化原理是物流系统的约束条件，是物流系统集成、运作、管理和评价的总出发点。

理解这一原理要抓住以下两个关键点：

(1) 物流目标系统化的目标。物流目标系统化本身的目标是要实现物流系统整体目标最优，而不是系统内部要素目标最优，因此，物流目标系统化就是要实现物流系统目标优化。

(2) 物流目标优化的对象。第一是物流系统的整体目标，第二是物流系统内部要素的目标。

物流系统的目标包含以下几个方面：物流系统的共同目标要求提供客户需要的服务，即在恰当的时间，将恰当数量、恰当质量的商品送到恰当的地点，要求提供系统所需的服务水平的同时使系统的总成本最小，要求要服从公司的总政策并最大限度地利用可用资源，使投资保持在合理水平，促进公司长期发展；物流系统的服务目标包括很多方面，从各个最底层的下级系统，一直到最顶层的上级系统，都有自己的服务目标，其中下级系统的服务由它的直接上级服务目标决定；物流系统的成本由物流系统中提供物流服务的功能要素的成本组成，主要有运输成本和仓储成本，另外还有装卸搬运成本、包装成本、流通加工成本、物流信息处理成本以及一些增值服务成本等。

二、物流要素集成化原理

物流要素集成化是指通过一定的制度安排，对物流系统功能、资源、信息、网络要素及流动要素等进行统一规划、管理和评价，通过要素之间的协调和配合使所有要素能够像一个整体在运作，从而实现物流系统要素之间的联系，达到物流系统整体优化的目的的过程。

该原理要表达的关键点有以下几个：

(1) 物流要素集成的目的是实现物流系统之间本来应该有的联系，但最终目的是为了实现系统整体最优。

(2) 物流要素都应该进行集成。物流系统的组成要素很多，为了实现系统整体最优，必须对所有的物流要素进行集成，而不是只对其中某些要素进行集成。

(3) 物流要素集成就是对要素进行统一规划、管理、评价。要素之间可以实现协调和配合。

(4) 物流要素集成要靠一定的制度安排作保证。物流系统要素集成可以采用许多种方式，这些方式就构成了物流系统要素集成的制度安排。

（5）集成需要成本，是有条件的、分层次的。不是谁都可以集成，也不是任何物流系统都可以集成，不是任何层次的物流系统都可以进行最高层次的集成。

三、物流组织网络化原理

物流组织网络化是指将物流经营管理机构、物流业务、物流资源和物流信息等要素的组织按照网络方式在一定市场区域内进行规划、设计和实施，以实现物流系统快速反应和最优总成本等要求的过程。

对这一描述的理解应包括以下几个关键点：

（1）物流组织是指对物流要素在空间和时间上排列顺序进行的规划和安排，它包括物流经营管理机构的组织、物流业务、物流资源组织和物流信息组织。

（2）以上物流要素的组织是在一定市场区域范围内进行的，组织过程与具体的地理位置相关联。

（3）物流组织工作主要包括对经营管理机构、物流业务、物流资源以及物流信息在市场区域范围内的分布进行规划、设计和具体实施。

（4）物流网络要有网点，网点之间必须通过共同的业务活动连接起来，只有这样才能使这些要素集成为一个整体。

（5）网络组织网络化的目标是使物流系统反应快速化和物流系统总成本最优化。

四、物流接口无缝化原理

物流接口无缝化是指按照物流目标系统化和物流要素集成化原理要求，对物流网络构成要素之间的流体、载体、流向、流量、流程五个流动要素，信息、资金、机构、人员等生产要素，技术标准、运作规范、管理制度等机制要素进行内部和外部连接，使系统要素之间、系统与系统之间成为无缝化连接的过程。该原理的核心主要有以下几点：

（1）物流接口无缝就是物流系统或者系统要素之间通过相同的接口进行对接，形成更大的系统平台，扩展系统的边界，放大系统的功能，其过程受物流目标系统化和物流要素集成化两个原理的指导。

（2）两个具有各自边界的要素要连接的内容很多，但可以从几个方面进行分析：从流动的角度看，物流的五要素都是连接的内容；从生产要素的角度看，要将要素的信息、资金、机构、人员等连接起来；从机制要素的角度看，要将不同要素的技术标准、运作规范、管理制度进行连接。

（3）连接的过程包括两个方面进行。一是本级系统内部下级系统之间的连接，在复杂、庞大的物流系统内，系统内部的接口设计与连接非常重要；二是本级系统与上级系统及同级系统的连接。

（4）物流接口无缝是一个相对的概念。物流要素在没有集成时都是独立的系统，缝隙就是它们之间的距离，无缝化就是消除这种缝隙的过程，但它并不表示要从产权、组织、运作、管理等各个方面都高度一致化，并非不允许系统要素差别和系统要素的独立特征存在。

（5）物流接口无缝化的目的是消除系统内和系统外在边界上的差异，提高系统集成度，使物流系统要素集成为一个完整的系统，以实现物流系统的整体目标。

五、物流反应快速化原理

物流反应快速化是指通过加快运输工具的速度、重新设计物流系统、物流作业流程优化以及建立供应链等办法使物流系统的订货处理周期和前置时间大大缩短的过程。

这一原理可以从以下几个方面理解：物流反应快速化的目的是缩短订单处理周期和前置时间。物流反应快速化不是一个环节的快速化，而是整个物流系统的快速化，最理想的状况是物流系统做到“即时”，这只能随着社会的进步、经济的进步、技术的革新等来逐步实现。物流反应快速化的方法有两大类：第一是绝对提高速度的方法，主要通过提高各种运输方式工具的绝对速度来实现。第二是相对提高物流反应速度，主要通过系统优化、流程重组、采用信息技术以及加强运作管理等方法来实现。

六、物流信息电子化原理

物流信息电子化是指采用数据库、信息网络以及电子和计算机技术，对经过物流过程以及在物流过程中产生和使用的各种信息进行收集、分类、传递、汇总、识别、跟踪、查询等处理，以达到加快物流速度、降低物流成本、增强物流系统透明度的作用的过程。

对这一原理的理解应该包括以下两个方面：

（1）物流信息都是可以电子化的，因为现代电子及信息技术几乎能够处理一切信息，对于物流信息或者经过物流领域的其他信息的处理也是一样。

（2）物流信息电子化的主要目的是加快物流速度、降低物流成本和增强物流系统透明度。

七、物流运作规范化原理

物流运作规范化是指根据现代物流的要求，对物流作业流程和具体的物流作业进行规范，并确立作业检查、评估标准，按此标准进行具体运作组织及管理，以提高物流作业质量、降低物流作业成本和损失的过程。

这一原理的理解可以从以下几个方面进行：

（1）物流作业是物流服务方提供物流服务的具体过程，对于物流服务需求方来讲是一种产品，产品需要有相对稳定的规格、外部特征和标准。

（2）现代物流需要对所有的系统要素围绕物流服务和物流成本的平衡进行系统优化，对物流服务的要求就是在提供规定的服务的同时使物流服务成本最低，或者在规定的物流服务成本预算下，使物流服务水平最高。

八、物流经营市场化原理

物流经营市场化原理是指根据物流系统运作对于资源配置的要求，主要利用市场配置物流资源，以实现物流服务和物流成本的最佳协调和配合的过程。

该原理的核心有以下几点：

（1）物流系统的运作依赖于物流资源的配置。

（2）物流市场是配置物流资源的一种手段，物流服务提供商可以利用，物流服务需求方也可以采用。

（3）利用物流市场的原因主要是减少物流服务需求方和物流服务提供商之间的物流服务交易成本，提供交易效率。

九、物流服务系列化原理

物流服务系列化原理是指根据客户的具体情况，设计和提供系列化、个性化的物流服务，从而增强企业竞争力的过程。

现代物流的这一原理强调如下几个要点：

（1）物流服务是指第三方物流企业对用户、企业内部物流服务部门对生产和营销等部门提供运输、仓储、包装、装卸、搬运、流体加工、物流信息处理以及增值服务。

（2）物流服务可以由物流服务需求方主动提出，也可以由物流服务提供方根据客户的具体情况和物流市场状况提出，前者需要专业化服务能力，后者需要创新能力。

(3) 任何物流服务提供方都不可能穷尽所有的物流服务项目，一方面要根据客户需求提供物流服务；另一方面要根据自身的能力、优势、专长、发展战略等因素决定自身所能提供的服务项目。

本章小结

本章分析了物流系统的结构、要素、功能和物流系统的基本原理。结构方面分析了物流系统的流动结构、功能结构、治理结构、网络结构和产业结构；要素方面分析了物流系统的一般要素、功能要素、支撑要素和物质基础要素；物流系统的功能方面介绍了物流系统的基本功能和增值服务功能；介绍了物流系统的目标系统化原理、要素集成化原理、组织网络化原理、接口无缝化原理、反应快速化原理、信息电子化原理、运作规范化原理、经营市场化原理和服务系列化原理。

本章关键词

第一方物流（first party logistics）
第二方物流（second party logistics）
第三方物流（third party logistics）
快速反应（quick response）
订单处理周期（order cycle time，OCT）
前置时间（lead time）

本章思考题

1. 简述物流系统的结构。
2. 物流系统的要素包含哪些组成部分？
3. 物流系统的功能是什么？
4. 物流系统的目标包含哪几个方面？
5. 什么是物流无缝接口？

中篇　物流运营

中篇包括第四—十一章，主要研究各个职能物流，包括仓储，库存，运输，采购与供应，包装、装卸搬运和流通加工，物流网点布局，生产物流和物流信息化管理。

第四章　仓 储 管 理

本章学习目标

通过本章学习，理解仓储管理的内容组成、类型及其功能，熟悉仓库的布局形式，了解仓储管理的决策方法，掌握仓储管理优化的方法。

第一节　仓 库 概 述

一、仓库

仓库，一般是指以库房、货场及其他设施、装置为劳动手段的对商品、货物、物资进行收进、整理、存储、保管和分发等工作的场所。一般使用建筑物体作为仓库，但也有使用车辆、船舶、集装箱等设备，甚至直接利用地面和水面作为仓库。传统意义上的仓库是指在物流系统中承担保管功能的场所，是物流网络中的结点。现代物流将仓库理解为区域分拨的基地，是区域内物流运作的中心。仓库的主要功能除了物品的储存保管功能之外，在物流系统中起着运输组合、产品组合、流通加工、服务、信用机构以及运输调节的作用，增加产品的附加值。

二、仓库的分类

仓库按不同的标准可划分为不同的类型。按用途、保管形态、结构和构造、仓库功能、仓库选址等方面划分如下。

（一）按用途分类

1. 自用仓库

自用仓库，是指企业自己所有主要从事内部物流业务的仓库。仓库的建设、物品的管理以及进出库业务均属本公司的管理范畴。采用自用仓库的一个重要因素就是固定成本。因为自用仓库的固定成本与仓库的使用无关，所以企业就必须拥有足够的存储量来分摊固定成本，从而使采用自用仓库的平均成本低于采用公共仓库的平均成本。采用自用仓库的另一个原因就是稳定的需求和市场的集中度以及企业对诸如安全、冷藏、客户服务方面的控制能力。

2. 营业仓库

营业仓库，是指按照相关管理条例取得营业许可，向一般企业提供保管服务的仓库。是一种社会化的仓库。它面向社会，以经营为手段，以盈利为目的。与自用仓库相比，营业仓库的使用效率较高。

3. 公共仓库

公共仓库，是指国家和公共团体为了公共利益而建设的仓库。公共仓库正成为一个非常有活力、不断变化的行业。尤其是那些大公司进行大宗购物时经常采用。公共仓库最大的客户是连锁零售店，因为这些连锁店的货流量非常大，并且他们还将仓储同其他一些诸如采购和分销的职能联系起来。

4. 保税仓库

保税仓库，是指根据关税法保管国外进口而未纳税的进出口货物的仓库。在一些特殊情况下，货物可能进口后再出口而没有进入“商流”。这时，如果仓库以契约形式存储这些货物，商家就能避免交关税了。另一个办法是在货物出口后申请退税。利用自由贸易区或自由港的情况也基本相同。

（二）按保管形态分类

1. 普通仓库

一般是指具有常温保管、自然通风、无特殊功能的仓库。

2. 冷藏仓库

一般指具有制冷设备，并有良好的保温、隔热性能以保持较低温度的仓库，是专门用来储存冷冻物资的仓库。

3. 恒温仓库

指具有保持一定温度和保湿功能的仓库。

4. 危险品仓库

指存放具有易燃性、易爆性、腐蚀性、有毒性和放射性等对人体或建筑有一定危险的物资的仓库。在库房结构及库内布局等方面有特殊要求，还必须远离工厂和居民区。

（三）按结构和构造分类

1. 平房仓库

平房仓库是指仓库建筑物是平房。结构简单，有效高度一般不超过 5～6 米的仓库。其建筑费用便宜，可以广泛采用。

2. 多层仓库（楼房仓库）

仓库为两层以上的建筑物，是钢筋混凝土建造的仓库。仓库楼房各层间依靠垂直运输机械联系，也有的楼层间以坡道相连，称坡道仓库。多层仓库，虽然有使货物上下移动进行作业的缺点，但在土地受到限制的港湾、都市等地，建造多层仓库可以扩大仓库实际使用面积。

3. 高层货架仓库（立体仓库）

是一种常用的自动化仓库形式，一般由四个部分（高层货架、巷道机、周围出入搬运系统和管理控制系统）构成，具有可以保管 10 层以上托盘的仓库棚。这是仓库中一种自动化程度较高、存货能力较强的仓库。

立体仓库是一种多层存放货物的高架仓库系统。采用高层货架配以货箱或托盘存储货物，用巷道堆垛起重机及其他机械进行作业的仓库，其货架的高度一般大于单层库房高度。立体仓库由计算机自动控制与管理系统、货架、堆砌机和出入库输送设备组成，能按指令自动完成货物的存取，并能对库存物资进行自动管理。立体仓库充分利用空间，集信息、存储、管理于一体，采用微电子技术，使它具有占地面积小、仓储作业迅速、准确的特点，在自动控制、故障判断、参数记录、报表打印等方面全部自动化。与平房仓库相比，自动化立体仓库可节约 70％的占地面积和 70％的劳动力。据美国 ADL 公司的调查显示：全世界自动化仓储和搬运设备的市场容量在 20 世纪末已达到 70 亿美元，未来自动化立体仓库的市场容量年增长率可望达到 65％，中国的市场容量增长率将超过 100％。

4. 散装仓库

是指专门保管散粒状或粉状物资的容器式仓库。如谷物、饲料、水泥等颗粒状、粉状货物。散装货物的进出效率很高，可以配备空气输送等特殊装置。此类仓库大多是混凝土结构。

5. 罐式仓库

是指以各种罐体为储存库的大型容器型仓库。

（四）按仓库功能分类

1. 生产仓库

为企业生产或经营储存原材料、燃料及产品的仓库，称生产仓库。也有的称为原料仓库或成品仓库。

2. 储备仓库

专门长期存放各种储备物资，以保证完成各项储备任务的仓库，称储备仓库。如战略物资储备、季节物资储备、备荒物资储备、流通调节储备等。

3. 集配型仓库

以组织物资、集货配送为主要目的的仓库，称集配型仓库。

4. 中转分货型仓库

中转分货型仓库以中转储备为主要目的，其中转作用类似配送型仓库中的单品种、大批量型仓库，其储备作用又类似于储备型仓库。

5. 加工型仓库

以流通加工为主要目的的仓库称为加工型仓库。一般的加工型仓库是集加工厂和仓库的两种职能，将商品的加工业务和仓储业务结合在一起。

6. 流通仓库（类似配送中心）

专门从事中转、代存等流通业务的仓库，称为流通仓库。这种仓库主要以物流中转为主要职能。在运输网点中，也以转运、换载为主要职能。

（五）按仓库选址分类

1. 港口仓库

为了保管进出口货物在海港、空港附近建立的仓库。

2. 内陆仓库

与港口仓库相对应，在内陆部分地区建造的仓库统称为内陆仓库。

3. 枢纽站仓库

货物枢纽站是运输的到发据点。为了发展现代化运输，把货物枢纽站和仓库集中在一起，在流通业务集散地建造的仓库称为枢纽站仓库。广义的枢纽站仓库包括港口仓库。

（六）其他

1. 虚拟仓库

是指建立在计算机和网络通讯基础上，进行物品的存储、保管和远程控制的物流设置，可实现不同状态、时间、空间、货主的有效调度和统一管理。凭借虚拟仓库，关于持有存货的信息可以在本地获得，同时存货目录的使用也可以有组织地得到远程存货信息，即使是库存项目的实体状态是在各地分散分布的。虚拟仓库有效地消除了空间、目录大小和产品多样化带来的限制，为大幅度提高库存效率制造了条件。

2. 网络仓库

借助先进通信设备可以随时调动所需物品的若干仓库的总和。网络仓库是与传统仓库在概念上完全不同的仓库形式，它不是一个可以看得见摸得着的特定的仓库；而是覆盖地域可以很大，根据订货的数量和距离，通过网络传递到网络中心进行处理，在最短的时间内作出决策，选择一个有足额库存并且距离需求地最近的仓库向需求地发货的仓库的集合。网络仓库提供者的形式有：仓储批发商、仓储协会综合物流企业和仓储企业联盟。

3. 自动化仓库

自动化仓库作为现代物流高水平仓储管理的代表，采用计算机管理，使得仓储管理、物资调动和作业的准确率大大提高。同时，物流速度也得到保证。大量的管理信息由计算机数据库系统存储，计算机控制自动设备连续作业，并由计算机的逻辑判断进行合理的货位选择，这些都保证了仓库管理的高效率。

自动化仓库管理的主要内容如下。

（1）仓库作业管理。

自动化仓库的作业管理，是负责合理安排出/入作业，有效完成立体仓库在生产线与平面仓库（或其他供料系统）之间运送物料的任务。其具体作业包括毛坯入库、毛坯出库、成品入库、成品出库等。

(2) 货位管理。

对自动化立体仓库的货位进行管理，是要合理地分配和使用货位。即考虑如何提高货位的利用率，又要保证出库效率。货位分配包含有两层意义：一是为出/入库的物料分配最佳货位（因为可能同时存在多个空闲的货位），即入库货位分配；二是要选择待出库物料的货位（因为同种物料可能同时存放在多个货位里）。

三、仓库的功能

过去，仓库被看成是一个无附加价值的成本中心，而现在仓库是附加价值过程的一部分，同时被看成是企业成功经营的关键因素之一。仓库是连接供方和需方的桥梁。从供方的角度来看，作为物流中心的仓库从事有效率的流通加工、库存管理、运输和配送等活动。从需求方的角度来看，作为流通中心的仓库以最大的灵活性和及时性满足各类顾客的需要。

20世纪80年代以来零库存管理、联盟以及供应链理论的出现，使仓库扮演的角色转变为以较短周转时间、较低存货率、较低的成本和良好的物流服务为内容的物流目标。如今的仓库不再是长期储存货物的设施，人们将注意力放到了产品在企业内的流动速度上，有些企业的产品在仓库中只储存几天或几小时。

仓库在物流系统中的作用包括以下几个方面。

1. 运输整合

企业有时会遇到不足整车的原料或成品的情形。一般长距离运输零担及拼箱货的费率比满载运输的费率要高得多。通过将零担及拼箱货物运入或运出距离相对较近的仓库，就能让公司将较小的货载整合为较大的货载，这样就大大降低了运输费用。

2. 产品组合

仓库可以按顾客的需要进行产品的混装。如果从颜色、大小、形状等考虑，公司推出的生产线常常包括了几千种“不同的”产品。在下达订单时，顾客要求的是生产线上多种产品的组合。一般各公司在不同区域生产产品，如果公司没有储存货物，它就不得不在各个地点去完成各个订单，这样容易造成货物到达时间及按要求进行组合的机会参差不齐。因此，必须利用能为多种产品生产线服务的仓库来高效地完成订单所要求的产品组合。另外，公司还可以将原料及半成品组合后整车地由供应仓库运往工厂。这一策略不仅因货物整合而降低了运输成本，还使公司避免了将工厂当作仓库使用。对采用 MRP、JIT 等成熟技术的公司而言，采用供应仓库的策略是必要的。

3. 交叉收货

交叉收货是一项使产品组合顺利进行的作业。在交叉收货作业中，来自不同供货的产品聚集到流通仓库，但这些货物并不是储存起来供以后进行分拣，而是直接穿过仓库，载入正在等待的货车，然后直接面对特定的顾客。例如，美国的 Melo 物流公司为 Office-Max 公司提供的转运作业，后者是一家办公用品零售商。为了完成某一定单，运入的货物在运货卡车上或临时存放点就被分拣装车，直接运到商店。整个作业流程几个小时就完成了。

4. 服务

为顾客提供服务也是仓库的基本功能之一。当顾客下达定单时就将货物按要求在仓库里准备好将使顾客感到满意，并由此提高将来的销售量，这在仓库距离顾客较近时尤为明显。

5. 防范偶发事件，保持平稳性

因运输延迟、运输损耗、缺货时有发生，仓库对这些偶发事件的防范功能表现出来。另外，仓库的功能表现在使生产过程中的作业流程以及后继阶段能平稳地进行。

总之，仓库管理和储存是物流过程的重要环节。将货物运输、配送与物资仓储业务集成化经营，可使运输等物流活动有较稳定的市场。同时，也可减少物流环节、货物停滞的时效损失和物流费用。储存及物流链管理的多种作用都是在仓库中实现的，因此，从事物流服务需要有必要的仓储面积和相关物流作业能力。

第二节 仓库作业原理

无论是手工作业的小仓库，还是拥有自动化设施的大仓库，都应考虑以下三个方面：一是仓库的设计标准；二是搬运技术；三是积载计划。

一、设计标准

仓库的设计标准体现了实际的仓库设施特征和储存产品运动。在设计过程中要考虑的三个因素分别为：设施中的楼层数、利用高度以及产品流程。

理想的仓库设计被限制在单一楼层，这样一来，储存产品就不必上下移动，因为利用电梯将储存产品从一个楼层搬到下一个楼层费时费力。此外，电梯往往也是产品流程中的一个瓶颈地带，因为有许多材料搬运机通常都会竞相利用数量有限的电梯。尽管这种可能性一般不大，尤其是在商业中心地区，那里的土地有限或昂贵，但无论仓库位于何处，仍应该限制在单一楼层。

不管仓库设施的规模如何，仓库设计应该利用每一楼层最大允许使用的高度，最大限度地利用有效的立体空间。尽管现代的自动化多层仓库设施可以利用的有效高度达100ft①，但大多数仓库的高度一般都在20～30ft。通过使用装货架或其他硬件设施，可以将产品存放到建筑物的最高限度。但是，仓库最大的有效高度受到诸如叉式升降机之类的材料搬运设备的安全升降能力的限制，以及由架空的喷水系统强制实施的防火安全规章的限制。

仓库设计的考虑储存产品的流程时，不论是否存放货物，都应该使产品能够直接在整个仓库设施中流动。一般说来，这种要求意味着仓储作业应在仓库建筑物的一端接收产品，将其存放在中间，然后在另一端进行装运。图 4-1 说明的就是这一流程的基本原理，即直线式的产品流程可以使仓库的拥塞和混乱降到最低程度。

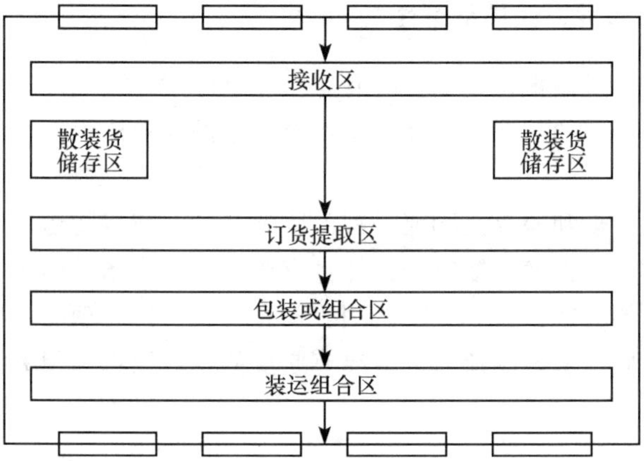

图 4-1　典型的仓库设计

二、搬运技术

仓库设计的第二条原理表现在材料搬运技术的效果和效率上，该原理的基本构成要素与移动连续性和移动规模经济有关。

---

① 1ft＝3.048×10⁻¹m。

移动连续性意味着同一辆材料搬运机或一部材料搬运设备进行更长时间的移动，比起用几辆搬运机对同样的移动作许多次单独的、短距离的分割移动来，将要好得多。可以想像，在搬运机之间交换产品，或者，将产品从一件设备转移到另一件设备上去，将会浪费作业时间和增加货物损坏的可能性。因此，一般说来，在仓库中首选的是次数更少但距离更长的移动。

三、积载计划

仓库设计应考虑产品特征，尤其是有关产品的流量、重量和积载因素。

在确定仓库的积载计划时，主要关心的问题是产品流量。一般说来，销售量高的或吞吐量大的产品应该安排在对它们进行移动时距离最短的位置，如在主通道附近，或在堆存量低的装货架上。这种位置可以使移动距离最短和所需升降的高度最小。相反，低流量的储存产品可以安排在离主通道较远的位置上，或在堆放架的更高堆层上。图 4-2 就是根据产品移动安排的积载计划。

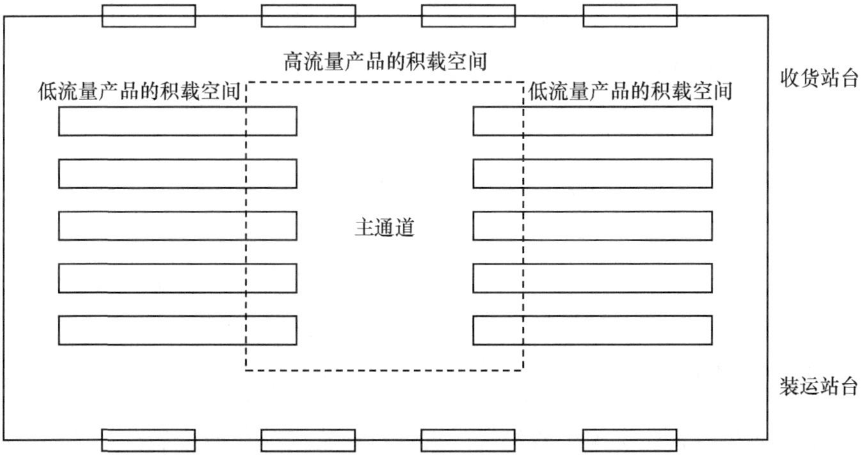

图 4-2 根据产品移动安排的积载计划

类似地，该计划还应包括具体的产品战略，它取决于储存产品的重量和积载特征。一般说来，相对较重的产品项目应安排在离地面较低的位置，以使升举重件货物的劳动强度和风险降低到最低程度；而散装产品或低密度的产品则需要广阔的积载场地，以便于有开阔的地面空间或高层的堆放架可供它们使用。另一方面，较小型的产品还需要利用货架或货柜来堆放，而综合的积载还必须考虑和关注每一种产品的具体特征。

第三节 仓储管理决策

在企业的仓储管理中，仓库的类型选择、数量决策、大小、选址、布局以及存货量等方面是最基本也是最重要的决策，它直接影响仓库资源的配置能力。

一、仓库选择

如何为存货安排仓储空间，大多数的企业在自用仓库、公共仓库和合同仓库中进行选择。其中自用仓库和公共仓库的特点已在仓库分类中介绍。合同仓库是从公共仓库中延伸出的一个分市场，提供自用仓库和公共仓库的两个方面好处。尽管仓库设施仍然需要最低限度的固定资产进行维持，但由于双方存在长期的关系和共担的风险，可以使合同仓库的成本低于典型的公共仓库。例如，Rich Product 公司是位于纽约布法罗的一家冷冻食品公司，自 1992 年以来，与一家冷藏仓库和一家配送公司 Christian Salvesen 公司，就有关在其位于纽约的仓库设施中进行储存、搬运和配送服务等达成了长期的承诺。Rich Product 公司得到保证，他将始终拥有储存空间来堆放其产品，而 Christian Salvesen 公司则无须担忧如何将其仓库的空间堆满货物，它只需把精力集中在服务上。而且，Rich Product 公司可以利用 Christian Salvesen 公司按照仓储合同提供更好的服务，使其能够了解 Rich Product 公司的业务需要，提供顾客定制化服务。

企业选择仓库类型时，应充分考虑市场状况以及自身的特点和条件，在综合考虑成本、形象协同作用、行业协同作用、作业灵活性、地点灵活性以及规模经济等因素后，作出合理的选择。

1. 形象协同作用

是指厂商在与企业有关联的建筑附近拥有存货而获得的市场营销利益。一般认为，当供应商能够在其设施附近保持有存货时，顾客的满意度会较高。从自用仓库到合同仓库所能提供的地方形象对产品和顾客有好处。

2. 行业协同作用

是指厂商与服务于同一行业的其他厂商驻扎在同一地点所产生的作业利益。例如，杂货行业中的厂商，当他们与服务于同一行业的其他供应商分享公共仓库设施时，降低运输成本是获得的主要利益，因为共同使用同一个公共仓库，可以频繁递送来自多家供应商的整合装载。由此可见，公共仓库和合同仓库可以提高行业协同作用的潜力。

3. 作业灵活性

是指仓库调整仓储策略和作业程序以满足产品和顾客需求的能力。

4. 地点灵活性

是指仓库迅速调整仓库地点和数目以适应季节性和永久性需求变化的能力。

5. 规模经济

是指通过先进技术的应用来降低材料搬运成本和储存成本的能力。高流量的仓库一般有更大的机会来实现这方面的利益，因为它们能够在更大的产品流量上分摊花费在技术上的固定成本。

二、仓库数量的决策

仓库数量对物流系统各项成本都有重要的影响。一般而言，随着物流系统仓库数量的增加，运输成本和丧失销售成本会减少，而存货成本和仓储成本将增加，在某一点总成本将达到低点。但是，当存货量和仓储成本的增长抵消了运输成本和丧失销售成本的降低时，总成本开始增长。总成本曲线和仓库数量的变化范围因公司经营目标不同而异。

物流成本与仓库数量的关系见图 4-3。

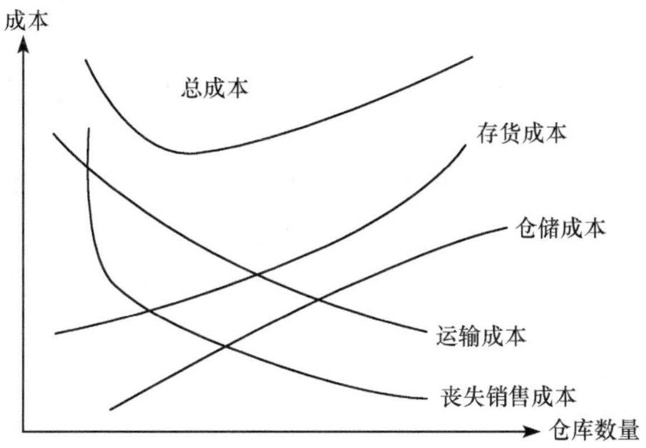

图 4-3 物流成本与仓库数量的关系

仓库数量决策需考虑运输方式的协同性。例如，一个或两个具有战略性选址的仓库结合空运就能在全国范围内提供快速服务，尽管空运成本相对较高，但却降低了仓储的库存成本。由于运输方式的多样性，再与其他仓储决策结合考虑，使得仓库数量决策变得非常复杂。

三、仓库的规模和选址

物流的中心是仓库，是联结原材料和成品的中心环节。原材料源源不断地从各地运至此地储存，而成品则源源不断地从这儿发送至各销售网点及其他目的地。与仓库数量决策紧密相关的是仓库的规模和选址的决策。

（一）仓库设置的一般原则

1. 规模的经济性

采用大规模处理货物的手段可以明显降低物流成本，但是在仓库设计时，一般不能仅仅根据规模经济性来选择仓库，而必须根据物流量、环境条件、运输条件等来确定其规模。

2. 数量的经济性及服务能力

在总规模明确的前提下，确定仓库的数量时要考虑以下因素：

（1）单个据点规模：单个据点规模越大，单位投资可降低，如果采用大规模处理货物的设备，物流成本也可以降低。

（2）服务成本：一般而言，据点越少，服务水平越低，据点越多，服务水平越高。

（3）物流成本：据点数量多，建设成本高，但仓库之外的配送成本将因距离较近而可望降低。

（4）先进技术的采用：采用何种先进技术，是否建立立体仓库、自动分拣等物流管理流程，要在经济、技术等方面进行改正。

（5）设计标准化：运输车辆、作业车辆、建筑模数等已形成标准化系列的装备和机械等，应成为设计的基础。仓库只是物流系统的一个环节，设计时须考虑与系统协调的因素。

（二）仓库规模的确定

仓库规模是指仓库能够容纳的货物的最大数量或总体积。直接影响仓库规模的因素是仓库的商品储存量。商品储存量越大，则仓库的规模也应越大。另外，商品储存的时间或商品周转的速度也影响仓库的规模，在储存量不变的前提下，周转速度越快，所需的仓库规模就越大。

（三）仓库的选址决策

仓库的选址对商品流转速度和流通费用产生直接的影响，并关系到企业对顾客的服务水平和服务质量，最终影响企业的销售量及利润。在仓库的实际选址中，一般综合考虑如下因素：

（1）客户条件：首先要考虑顾客的地理分布。如果顾客集中于某个地方或分布于其周围地区，在那里设立仓库必须能够达到理想的效果。其次也要考虑顾客需要及未来是否发生变化的情况。

（2）自然地理条件：该地区是否可能设置物流中心，有无特殊的阻碍及其建设的天文、地质、气候等自然条件。

（3）运输条件：现有的交通设施如何，交通工具是否便利，对各种运输方式是否许可。

（4）用地条件：地价或地租是否高昂，理想地区内是否有可以利用的旧厂家。

（5）法规、制度条件：是否符合当地法律规定，当地的税收制度。

显然，只有顾客密集分布、交通与装运条件方便、地价低廉等主要条件得到满足的地方，才是合适的仓库选址。仓库的选址可划分为以下三点：以市场定位的仓库、以制造定位的仓库和以中间定位的仓库。

1. 以市场定位的仓库

通常用来向客户提供库存补充。这种类型的仓库服务的市场区域的地理面积大小取决于被要求送货的速度、平均订货量以及单位运输成本。以市场定位的仓库一般是由零售商、制造商与批发商共同运作。他们共同向客户提供库存补充，从物流服务能力或物流活动的支持费用最低的角度评价都是较合理。

2. 以制造定位的仓库

通常坐落在邻近生产工厂，以作为装配与集运被生产的物件的地点，这些仓库存在的基本原因是便于向客户运输各类产品。物品从他们所生产的专业工厂被转移至仓库，再从仓库将全部种类的货品运往客户，坐落位置用来支持制造厂，可以集运费率将产品混合运往客户。这种产品分类的集运促进大量产品的购买。以制造定位的仓库优点在于它能跨越一个类别的全部产品而提供卓越的服务。最典型的公司是 General Mills，Tohnson & Tohnson，Kraft，Nabisco Foods。在 Nabisco Biscuit 部，运输仓库坐落在每个面包房附近，所有主要产品的库存在每一个分库中被保持着，以便为客户提供充分的运输服务。

3. 中间定位仓库

坐落在客户与制造厂之间的仓库是“中间定位”仓库，这些仓库与“以制造定位”的仓库类似，为广泛的库存品种提供集运，从而减少物流成本。

总之，只有当生产与客户之间存在着服务和成本的差别优势时，仓库才能进入物流系统。

四、仓库布局

仓库的布局涉及生产、流通各个方面的问题，需统筹考虑。仓库的布局决策是对仓库内部通道空间、货架位置、配备设备以及设施等实物布局进行决策，其目的是为了充分利用存储空间、提高存货的安全性、有效利用搬运设备、提高仓库运作效率和服务水平。

（一）仓库布局的模式

1. 辐射型仓库

指仓库位于许多用户的一个居中位置，产品由此中心向各个方向用户运送，形如辐射状。如图 4-4 所示。它适用于用户相对集中的经济区域，而辐射面所达用户只起吸引作用；或者适用于仓库是主干输送线路中的一个转运站时的情况。

2. 吸收型仓库

指仓库位于许多货主的某一居中位置，货物从各个产地向此中心运送，形成吸收，如图 4-5 所示。这种仓库大多在集货中心所处的位置，与各货主位置通行距离之和。

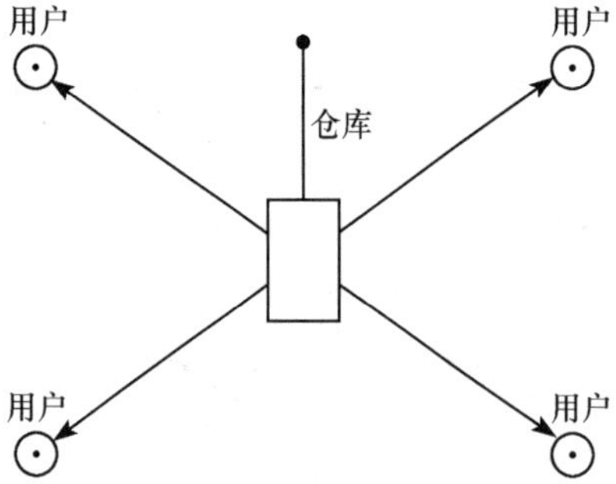

图 4-4　辐射状仓库

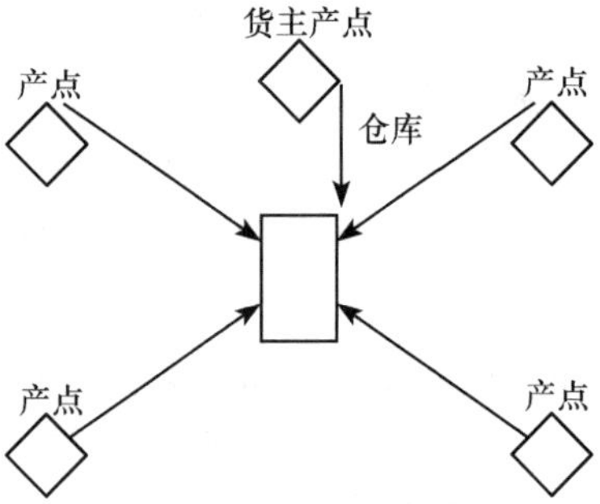

图 4-5　吸收状仓库

3. 聚集型仓库

类似于吸收型，但处于中心集团的不是仓库，而是一个生产企业聚集的经济区域，四周分散的是仓库，而不是货主和用户。如图 4-6 所示。这种仓库适用于经济区域中生产企业十分密集，不可能设置若干仓库的情况。

4. 扇形仓库

指产品从仓库向一个方向运送，这种单向辐射称为扇形仓库。辐射方向与干线上的运动方向一致（图 4-7）这种仓库布局适宜于在运输主干线上仓库距离较近，下一仓库的上风向区域，恰好是上一仓库合理运送区域时。

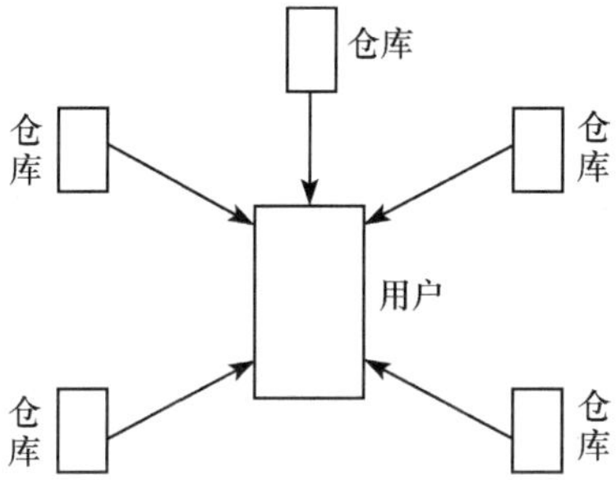

图 4-6 聚集状仓库

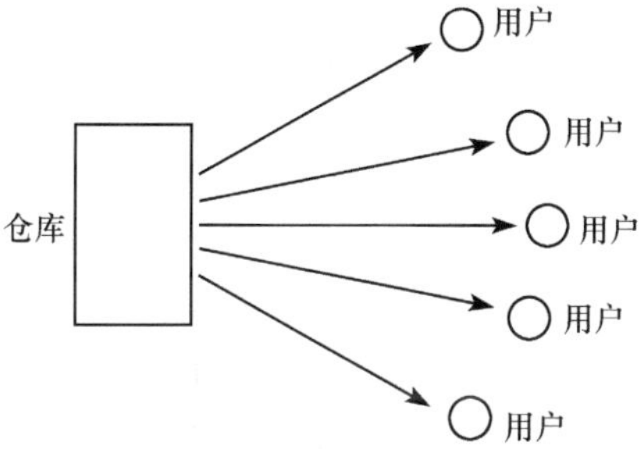

图 4-7 扇型仓库

（二）仓库布局的主要内容

1. 仓库结构类型的选择

主要根据仓库的功能和任务来确定。主要包括：

（1）仓库的主要功能，是单纯储存还是兼有分拣、流通加工、配送等作业功能；

（2）储存的对象，储存物品的性质、类型、数量、外形尺寸；

（3）仓库内外环境要求，是常温、冷藏，还是恒温条件，防盗、防火、防污染等条件；

（4）经济能力、投资额的大小、对经营成本的要求等。

2. 仓库设施、设备的配置

根据仓库的功能、存储对象、要求条件等确定主要设施、设备的配置，见表 4-1。

表 4-1　仓储功能与设备类型

功能要求	设备类型
存货、取货	货架、叉车、堆垛机械、起重运输机械等
分拣、配货	分拣机、托盘、搬运车、传输机械等
验货、养护	检验仪表、工具、养护设施等
防火、防盗	温度监视器、防火报警器、监视器、防盗报警设施等
流通加工	所需的作业机械、工具等
控制、管理	计算机及辅助设备等
配套设施	站台（货台）、轨道、道路、场地等

3. 仓储面积及参数的确定

（1）仓储面积。

仓储面积是反映仓库规模和仓储能力的重要因素。仓储面积，包括库区总面积和仓库建筑面积。仓库建筑面积包括三个不同的概念：

① 建筑面积，是指仓库建筑所占的平面面积，以建筑物勒脚以上外墙围水平截面计算，包括了使用面积、辅助面积和结构面积。多层的建筑物，其建筑面积为各层面积的总和。

② 使用面积，是指仓库建筑物内可供使用的净面积，一般是建筑面积扣除外墙、库内立柱、间隔墙等所剩余的面积。

③ 有效面积，是指仓库内实际存放物品所占的面积，包括货垛、货架等所占面积的总和。

确定仓库面积所要考虑的主要因素包括：

① 物资储备量，它决定了所需仓库的规模；

② 平均库存量，主要决定了所需仓库的面积；

③ 仓库吞吐量，反映了仓库实物作业量，与仓库面积成正比例关系；

④ 货物品种数，在货物总量一定的情况下，货物品种越多，所占货位越多，收发区越大，所需仓库面积也越多；

⑤ 仓库作业方式，机械化作业必须有相应的作业空间；

⑥ 仓库经营方式，实行配送制需要有配货区，进行流通加工需要有作业区。

（2）仓储参数。

仓库建筑物主要参数是指仓库建筑物的长宽比、高度、层数、占地面积、梁间距、容积、容许库容量、站台、库房门窗尺寸等。

① 仓库长度和宽度的确定。在库房面积一定的情况下，只要确定长度或宽度一个变量，另一变量随即确定。仓库库房的宽度一般用跨度表示，通常可根据储存货物堆码形式、库内道路、装卸方法、理货方法，以及是否需要中间柱等方面决定库房跨度。仓库库房的长宽比可在参考表 4-2 的基础上，按照《建

筑统一模数制》进行调整。《建筑统一模数制》是协调各种建筑尺寸的基本标准，以 M0 表示 100mm。同时根据需要又规定出扩大模数和分模数，构成模数数列。

当库房跨度≤18m 时，其跨度应采用 30M0（3m）的整数倍；当跨度>18m 时，应采用 60M0（6m）的整数倍。因此库房的跨度一般为 6m、9m、12m、15m、18m、24m、30m。库房的长度应为柱距的整数倍，库房的柱距应采用 60M0（6m）或其整数倍。

表 4-2　仓库建筑长宽比

仓库面积（m^2）	宽度：长度
<500	1：2～1：3
500～1 000	1：3～1：5
1 000～2 000	1：5～1：6

② 仓库层数的确定。当土地十分充裕的条件下，从建筑费用、装卸效率、地面利用率等方面衡量，以建筑平房仓库为最好；若土地不十分充裕时，则可采用二层或多层仓库。

③ 仓库高度（或层高、梁下高度）的确定。这取决于库房的类型，储存货物的品种和作业方式等因素。决定层高或梁下高度应根据托盘堆码高度、托盘货架高度、叉车及运输设备等扬程来研究决定。平房仓库高度一般应采用 3M0（300mm）的倍数；当库内安装桥式起重机时，其地面至走行轨道顶面的高度应为 6M0（600mm）的倍数。

4. 确定仓库主体构造

仓库主体构造分类包括：基础、地坪、骨架构成、立柱、墙体、屋盖、楼板、地面、窗、出入口、房檐、通风装置等。

5. 仓库附属设施、设备

（1）保管设备。在库内堆放要保管货物时，通常采用的方法有：地面散堆法、平托盘分层堆码法、框架托盘分层堆放法、货架散放法、托盘在货架放置法。其中，后两种放置法都需用货架。货架的种类很多，例如，普通货架就有货物直放货架、托盘货架。后者是将平托盘放在货架上，这种存货方法有利于仓库作业机械化。

（2）分拣装置、装卸搬运设备。在许多仓库中有机械化、电子化的货物分拣设置，以及进行机械化作业的各种叉车、专用设备和工具。因此，仓库设计、布置要与分拣装置、装卸搬运设备的配置、安装与作业方法及所需面积等相互协调。

第四节　仓储管理作业流程

商品入库、出库作业是商品进出仓库的两个关键环节、前者是仓储作业的开始，是商品保管工作的基础；后者是仓储作业的结束，是商品保管工作的实现和完成。商品入库、出库作业的内容有所不同，但它们的基本任务是：①审查凭证、核验出入库的商品；②移动、搬运出入库的商品；③办理出入库商品的入账、销账手续。

为了保证仓储作业的顺利进行和比较好地完成商品储存任务，对入库、出库作业有四项基本要求：①对出入库的单据、商品审核无误；②出入库作业及时、迅速；③商品出入库的账目清楚、准确；④商品的装卸搬运轻稳、安全。

一、商品入库作业

商品入库一般经过验单、接货、卸载、分类（分标记）、商品点验、签发入库凭证、商品入库堆码、登记入账等一系列作业环节。对这些作业活动要进行合理安排和组织。尤其要抓好以下几项工作。

1. 入库前的准备工作

做好入库前的准备，是保证商品入库做到快而不乱的重要条件。入库准备一般包括：①舱位准备：根据商品的性能、数量、体积、重量等确定商品堆放地点，并进行清理消毒等工作；②接货人员、设备等物质准备；③作业操作顺序的安排：根据商品入库的数量、时间、品种作好接货、验收、搬运、堆码等各环节的协调配合；④在机器操作条件下，要事先安排好定人、定机的作业序列。

2. 入库验收

入库验收是对入库的商品按规定的程序和手续进行数量和质量的检验。

（1）数量检验。商品运到后，收货人员要按商品入库单清点商品数量。商品数量的计量分计数与计重两种。

（2）质量检验。质量检验是鉴定商品的质量指标是否符合规定。

（3）商品检验方式。商品的检验方式有全验和抽验前种。全验，主要是数量的全验，在批量小、规格尺寸和包装不整齐以及严格验收质量时采用。抽验，是在批量大、规格尺寸和包装尺寸整齐、商品质量信誉校高以及验收条件有限的情况下，特别是进行商品的理化性能检验时，通常采用的方式。近年来随着商品质量的提高和数理统计学的发展，为抽验方式提供了物质条件和理论根据。现在商品检验方式，一般由供货方和接货方双方通过签订协议或合同加以规定。

（4）验收中发生问题的处理。为了准确划分存储单位、运输部门的职责和保证入库商品的质量，对验收中出现的问题要严格按照制度规定处理。

①商品入库凭证不齐或不符时，仓库有权拒收或要求重办入库凭证，将所到

商品另行堆放，暂作待验处理。

②当验收中发现商品质量不符合规定时，应立即会同交货单位或有关人员作出详细记录，将有问题商品单独存放，同时采取必要措施防止扩大损失，并迅速通知有关单位到现场查看，共同协商，及时作出处理。

③在数量检查中，计件商品一般不允许有短缺，对计重商品所发生的损益凡在规定标准以内的，仓库可按实际数量验收入库。超过规定时，也应会同交货人员做出记录，分清责任，及时处理。

④在验收中对定有索赔期的商品，应及时检验，发现问题时必须按照规定的手续，在规定的期限内，向有关部门提出索赔要求，否则责任部门对所形成的损失将不予受理。

二、商品出库作业

商品发货业务是根据业务部门开出的商品出库凭证，按其所列的商品编号、名称、规格、牌号、数量等项目组织商品出库。

1. 商品出库方式

送货与自提是两种基本的发货方式。此外，还有取样、移仓、过户等。送货制是存货方（或销售方）预先给仓库送来发货凭证，仓库按凭证备货，作好待运准备，然后运输部门持托运单到仓库提货。提货制是购货方持发货凭证自带运输工具到仓库提货。

2. 商品出库作业

商品出库作业包括两个内容，即发货前的经常性准备和发放商品出库。

发货前准备一般包括：原件商品的包装整理；零星商品的组配、备货和包装；待运商品机具用品、组装的场地准备、劳动力的组织安排等。商品出库作业流程的一般程序是：核单—记账—配货—复核—发货。

第五节　储存管理合理化

一、库区规划管理

库区规划是根据储存物资的种类、性质和数量及仓库现有的设备、人员等，对仓库生产作业区进行全面的、合理的布局和安排。库区规划管理具体包括总体规划、具体规划和规划调整等内容。

（一）总体规划

总体规划是将储运生产任务和仓库的现有储运能力进行平衡分析后，对整个库区作出全面的安排。具体应确定下列各项。

1. 库房、货场储放物资的品种

规划各个库房、货场储放什么物资时，必须注意各库房和货场的自然条件（温、湿度变化情况、周围环境等）对物资性能的影响，及各种物资之间的相互影响，应尽量满足物资的保管条件，同时，考虑作业方式和装卸机械与物资品种的配合。

2. 根据各种物资的堆码要求，确定物资的堆垛形状、占地面积、垛距、走道等

物资的堆码主要考虑二个因素，一是物资本身的性能特点；二是地坪的承压能力。在保证物资质量完好的条件下，确定物资的堆垛方式、单垛储存量、垛距等。一旦堆垛方式确定后，垛底要保持相对稳定，以便管理。

3. 确定各库房、货物的使用面积和仓容利用率；根据各种物资的仓容定额，确定每个库房、货场的物资储存量

在总体规划时，必须把每个库房、货场的面积确定下来。使用面积不能随着储存量的增减而变化，对某一个库房或货场来说，其使用面积应根据各方面的条件和物资堆码要求进行科学的计算得出。但也不是一成不变的，它将随着机械化作业程序的提高而提高。

在确定使用面积时，必须充分挖掘仓库的边角余地，尽量提高仓容利用率。

（二）具体规划

落实总体规划的要求和规定，具体确定每个库房、货场的货位，明确标志。在具体安排货位时，要保证使用面积指标的完成，根据物资品种、数量确定垛底的衬垫材料及用量等，安排货场、交通要道的平垫修整计划，定期疏通排水系统，经常保持货区整齐、清洁等。

（三）规划调整

由于进货计划的调整，或机械设备的革新改造，或由于作业方式的变革等原因，使原来的库区规划已不能适应，因此，需要进行调整。规划调整大致可分为局部调整和全面调整。

二、储存管理合理化

1. 储存合理化的概念

储存合理化是指用最经济的办法实现储存的功能。合理存储的实质是，在保证存储功能实现前提下的尽量少的投入。

2. 不合理储存主要表现

（1）储存时间过长。

储存时间与储存总效益之间有着复杂的关系，绝大多数物资，过长的储存时间都会影响总效益，因而都是属于不合理储存范畴。

（2）储存的数量过大。

储存数量影响储存这一功能要素的效果，要求储存数量有一个最佳的区域，超过这个数量区域的储存量，是不合理的储存。

储存数量对储存效果的影响是：一方面储存以一定数量形成保证供应、保证生产、保证消费的能力。一般而言，单就保证的技术能力而言，数量大可以有效提高这一能力，但是保证能力的提高不是与数量成比例，而是遵从“边际效用”的原理，每增加一单位储存数量，总能力虽会随之增加，但所增加的保证供应能力（边际效用）却逐渐降低。另一方面，储存的损失是随着储存数量的增加而基本上成比例地增加，储存量越大，损失量也越大；如果管理力量不能也按比例增加的话，甚至还可能出现储存量增加到一定程度，损失陡增的现象。

（3）储存数量过低。

储存数量过低，会严重降低储存对供应、生产、消费的保证能力，储存量越低，储存的各种损失也会越降低。

不合理储存所指的“数量过低”，是有前提条件的，即保证能力由数量决定而不是其他因素决定。

（4）储存条件不足或过剩。

储存条件也从两方面影响储存这一功能要素的效果，这两方面利弊消涨的结果，也决定了储存条件只能在恰当范围内，条件不足或过剩，都会使储存的总效益下降，因而是不合理的。

（5）储备结构失衡。

储备结构失衡包括几个方面：①储存物的品种、规格、花色失调。存在总量正常，但不同品种、规格、花色此有彼无的现象。②储存物不同品种、规格、花色的储存期失调、储存量失调。③储存物储存地域的失调。

3. 储存管理合理化的实现方法

（1）将静态储存变为动态储存。

①加快储存的周转速度。这有利于提高资本效益，降低货损，增加仓库吞吐能力，降低成本等。利用现代科技手段可以有效地支持库存周转的加快，例如，通过快速、及时的信息传递，掌握资源和需求，做到有效的衔接，而不完全通过库存数量提供保证，另外许多物流技术可以缩短操作时间，加快周转，诸如采用单元集装存储，建立快速分拣系统等。②从仓库储存放大到整个物流系统。在整个物流系统的运行过程中，许多物资动态地存在于运输车辆、搬运装卸的过程之中，也可以把它看成是一种动态的储存。只要有有效的信息管理技术支持，这些动态的储存完全可以起到一般储存的作用，取代静态的库存。③对静态的仓库实行动态的技术改造。

（2）实施重点管理。

储存是一个相当繁杂的经济活动。工业企业总是要处理上万种供应品和销售品的物流问题。在这么庞杂的体系中，储存对于企业供应、企业经营和企业销售的影响是不同的，对于企业经济效益的贡献也是不同的。实施重点管理，一般通过 ABC 分析来选择重点。

（3）采用有效的“先进先出”方式。

就物流系统而言，即使整个系统形成了有效的动态运转，也经常会出现一部分物资远低于动态平均水平的储存期过长的现象。保证每个被储物的储存期不致过长，“先进先出”的管理措施是一种有效的方式，也成了储存管理的准则之一。

有效的“先进先出”方式主要有：①采用计算机存取系统。这种计算机存取系统还能将先进先出和快进快出结合起来，即在保证一定先进先出前提下，将周转快的物资随机存放在便于存储之处，以加快周转，减少劳动消耗。②在仓库中采用技术流程的办法保证“先进先出”。最有效方法是仓库中的技术流程采用贯通式货架系统。利用货架的每层形成贯通的通道，从一端存入物品，从另一端取出物品，物品在通道中自行按先后顺序排队，不会出现越位等现象，提高仓库利用率。③“双仓法”储存。给每种被储物都准备两个仓位或货位，轮换进行存取，再配以必须在一个货位中取完才可补充的规定，则可以保证实现“先进先出”。这种方法在管理上比较简单，适合于资金占用量不大、经常使用又无需进行重点管理的物资采用。

（4）提高储存密度，提高仓容利用率。

主要目的是减少储存设施的投资，提高单位存储面积的利用率，以降低成本、减少土地占用，有三类方法：①采取高垛的方法，增加储存的高度。具体方法有：采用高层货架仓库、采用集装箱等都可比一般堆存方法大大增加储存高度。②缩小库内通道宽度以增加储存有效面积，采用窄巷道式货架，配以轨道装卸车辆，以减少车辆运行宽度要求，采用侧叉车、推拉式叉车，以减少叉车转弯所需的宽度。③减少库内通道数量以增加储存有效面积。

（5）采用有效的储存定位系统。

储存定位的含义是被储物位置的确定。如果定位系统有效，能大大节约寻找、存放、取出的时间，节约不少物化劳动及活劳动，而且能防止差错，减少空位的准备量，提高储存系统的利用率。

采取计算机储存定位系统，尤其对于存储品种多、数量大的大型仓库而言，已经成了必不可少的手段。

这种方式可以充分利用每一个货位，而不需专位待货，有利于提高仓库的储存能力，当吞吐量相同时，可比一般仓库减少建筑面积。

（6）采用有效的监测清点方式。

对储存物资数量和质量的监测是科学库存控制的重要内容。

（7）采用现代储存保养技术。

现代技术是防止储存损失，实现储存合理化的重要方面。

（8）采用集装箱、集装袋、托盘等运储装备一体化的方式。

这种方式通过物流活动的系统管理，将储存、运输、包装、装卸实现了一体化，不但能够使储存实现合理化，更重要的是促使整个物流系统的合理化。

（9）虚拟仓库和虚拟库存。

采用虚拟库存方式，可以防止实际库存带来的一切弊端，同时，可以有效实现储存的功能，实现储存对于社会生产、社会流通的保证作用。同时对于优化整个物流系统都有重大意义。

本章小结

本章从仓库的类型和基本功能入手，介绍了仓库作业的基本原理，从仓库的选择标准、数量决策、仓库布局以及仓库的规模决策等方面详细介绍了仓储管理决策的主要内容，最后讨论了仓库管理系统技术及仓库的基本作业流程以及储存合理化的方法。

本章关键词

仓储（storage）

仓储管理（storage management）
保税仓库（bonded warehouse）
虚拟仓库（dummy warehouse）
网络仓库（network warehouse）
自动化仓库（automatic warehouse）
产品组合（production combination）
规模经济（scale economy）
仓库布局（warehouse layout）
辐射型仓库（radioactive warehouse）
吸收型仓库（assimilative warehouse）
扇形仓库（sector warehouse）
仓库管理系统（warehouse management system）
库区规划管理（warehouse programming management）

本章思考题

1. 什么是仓库？仓库按用途可分为哪几类？
2. 仓库管理决策的主要内容有哪些？
3. 讨论并说明建立一个仓库在经济上的合理性。
4. 根据你所熟悉的某一个物流系统，讨论仓库应具备的功能有哪些？
5. 比较自用仓库、公共仓库、合同仓库、虚拟仓库、网络仓库的异同点。

本章案例　哈里-戴维森公司走向大众

对于任何一个组织来说，计划、建造和经营一个新的配送中心，意味着是一笔巨额的投资。因此，有许多公司把公共仓库看作一项可行性选择，以期获得管理上的专门知识和提高经营效率。公共仓库可以通过以下途径提供竞争优势：①减少企业管理费，可以使公司资金从其他的投资领域里解脱出来；②使公司把精力集中到具体的主业上去；③使投产公司和外国制造商毫不费力地进入美国市场；④使公司能够加强其产品品种，并获得优化的物流效率。

例如，早在20世纪80年代初，当哈里-戴维森公司（Harley-Davidson）把公共仓库作为一种物流选择时，它期望能提高现有设施的生产率。于是，简化手续并更有效率的作业方式、缩减生产时间以及JIT存货控制等手段已经改善了哈里-戴维森公司的竞争地位。如今，该公司控制了60%的摩托车重型货物（850cm^3以上）的市场份额，与1982年的20%的市场份额相比有了重大的增长。销售量的增长迫使该公司考虑各种可选方法来转移其在宾夕法尼亚纽约克工厂内的预售存货，以便增加其生产能力。在哈里-戴维森公司的个案中，预售存货（即产品已出售给顾客或经销商，但还没有交付，或顾客还没有要求交付）的储存期也许要高达几个月。这样一笔存货通常要包括 500～1 000 辆摩托车。

每辆摩托车都指定有一个具体的顾客，需要有详细的识别标签。以区分具体的顾客和按具体的要求进行速送。公共仓库有责任确保每一辆摩托车都能正确地托运到顾客手中。这就意味着每一辆摩托车都必须按如此要求进行储存，以便于能够让人轻易地看到它的识别标签。

总经理汤姆·索瓦兹说道："通过把我们的预售存货转移到公共仓库，我们有了额外能力。而且更重要的是，我们拥有了我们所需要的专门化存货管理。"此外，通过向公共仓库转移存货，还帮助了哈里-戴维森公司保持对劳动成本更加严密的控制。索瓦兹进一步评论道："即使在市场低迷时期，私有仓库的员工不得不维持现有状态，以弥补在销售量重新增长时的劳动力不足。公共仓储的优点是内在的，当你的公司需要时，你只需要为你所需要的空间支付费用。"

第五章　库存管理

本章学习目标

本章主要介绍库存的定义和分类、现代库存管理的基本模型和主要方法，要求掌握有效降低库存成本的主要理论和方法。

第一节　库存与库存管理的概念

一、库存与库存管理的定义

对“库存”的定义很多，常见的有：

——库存，是指处于储存状态的物品或商品。

——库存，即 inventory 和 stock，表示用于将来目的的资源暂时处于闲置状态。

——库存或存货，指企业在生产经营中为满足现在和将来需求而储存的物资。

从以上定义可以看出，库存是为保障生产、调节供需所必需的，同时又是一种闲置。所以库存管理的任务是要选择适宜的库存管理方法和模型，确定合理的库存量标准并掌握库存的变化动态，适时进行调整，以期达到库存成本最小化的目标。

二、库存的种类

按照不同的分类标准一般将库存分为这样几种。

（一）按照存货的拥有者来分

1. 生产库存

生产企业拥有的库存。

2. 商品库存

批发、零售商等非生产性企业拥有的库存。

（二）按库存物资的特性来分

（1）原材料库存（raw material inventory） 是企业已经买入但尚未投入生产的存货。

（2）在制品库存（work-in-process inventory） 指那些经过一定的加工过程，但尚未完成加工过程的半成品存货。

（3）维修库存（repair inventory） 为维护或维修设备所储备的零配件存货。

（4）制成品库存（finished goods inventory） 指已经完成制造过程，正在等待装运的存货。

（三）按库存所处状态来分

1. 在库库存或静态库存

在库库存或静态库存指存储在企业仓库中的库存，是存货的主要形式。由于是长期或暂时处于储存状态的库存，也被人们认为是一般意义上的库存概念。

2. 在途库存或动态库存

广义的库存还包括处于制造加工状态或运输状态的库存，即动态库存。其中处于运输状态的库存指在途库存（transit inventory），这些物资或者正在运载工具上，处于运输状态，或者在中途的临时储存地，暂处于待运状态。如果运输距离长，运输速度慢，在途库存甚至可能超过在库库存。随着企业物流管理水平的提高，一方面越来越多地采取小批量、多批次的订货方法，以减少在途货物对资金的占用，减少与其相关的不确定性，从而导致在途库存的减少；另一方面，随着货物跟踪技术、车辆定位技术等相关技术的发展，在途货物信息服务体系逐步完善，企业对在途货物的控制有所加强，因此也有一些企业对货物在途时间加以充分利用以在途库存替代部分在库库存。

（四）按存货的目的来分

1. 周转库存

周转库存（cycle stock）是为了满足两次进货期间市场的平均需求或生产经营的需要而储存的货物。存货量受到市场平均需求、生产批量、运输中的经济批量、资金和仓储空间限制、订货周期、货物特征等多种因素的影响。

2. 安全库存

安全库存（safety stock）指为防止需求波动或订货周期的不确定而储存的货物。安全库存与市场的需求特性、订货周期的稳定性密切相关，并与企业期望达到的客户服务水平有直接联系。市场需求波动越小或者说需求预测越准确，订货周期越确定，所需的安全库存越少。在理想状态下企业能对市场做出完全准确的预测，且订货周期固定，那么可以不必保有这部分库存。当前，物流管理者大多致力于降低安全库存，以减少存货总量。

3. 促销库存

在企业促销活动期间，一般会出现销售量一定幅度的增长，为满足这类预期需求而建立的库存，称作促销库存（promotional stock）。

4. 投机性库存

投机性库存（speculative stock）指以投机为目的而储存的物资。对一些原材料如铜、黄金等，企业购买他们的目的常常不是为经营需要，而是作价格投机。投机库存的管理不包括在物流管理内容之列。

（五）其他库存

除上述库存外，还有其他种类的库存。

1. 积压库存

积压库存又称为沉淀库存（obsolete，dead or shrinkage stock）。指因物品品质变坏不再有效用的库存或因没有市场销路而卖不出去的商品库存。有的存货有一定的质量保证期限，随着时间的推移，这些存货逐渐变质，超出有效期，则按规定无法再销售；有的时尚产品会逐渐落伍，有的产品会由于技术发展、产品升级换代而不再有销路。对高价值商品、易腐烂变质、有效期短、产品生命周期短的商品要尽量减少存货，避免因积压库存过大带来的损失。

2. 季节性库存

季节性库存（seasonal stock）以农产品加工企业（如水果罐头加工厂）为例，由于农产品的节令性特征，为满足全年生产的需要就要在农产品收获季节大量收购原材料，储存在仓库中，形成季节性库存。为满足市场的季节性需求（如夏天所需的空调）而建立的产成品库存也可归为此类。

三、库存的重要性

现代经济社会中生产与消费往往存在着一定程度的脱节，这种脱节不仅表现在生产地与销售地、消费地之间的地域分离，还表现在生产时间、销售时间与消费时间上的不同步（典型的服务行业除外）。为解决这一问题首先要发展运输业，但是由于运输本身也需要消耗一定的时间，也就是说从需求产生到产品生产、运送到所需的地区要经过一定的时间间隔，而需求产生后往往需要立即得到满足，否则就会转向其他供给者、或者转为消费其他替代品；供给与需求之间的时间间隔问题就需要企业保有一定量的库存来平衡供求之间的矛盾，满足预期的需求，同时将生产和销售过程分开，这也可以看作是仓储的时间效用。

库存的出现还有助于实现生产、采购和运输中的规模经济效益。

库存还有利于企业生产运作的平稳进行。生活中许许多多产品的生产或消费有一定的周期性，如果这种周期是以一年为一个循环周期，该产品就被称作季节性产品，农产品往往就带有很强的季节性。

库存的设置同时提高了产品的现货供应比例，满足客户越来越强烈的即时服务的要求，对提高客户服务水平有积极影响，同时为企业赢得市场奠定基础。

此外，储存在供应链各个环节上的库存还对缓解上下游企业间供需矛盾起一定作用。一定量的库存也可以提高企业应对价格波动；质量问题、自然灾害等突发事件的能力，使生产、销售受到的冲击降到最低。

总之，由于存在供求之间时间上的不同步，由于生产经营中存在不稳定因素，由于规模经济的存在，对于绝大多数的企业而言就需要库存来减缓这些因素对企业造成的消极影响，同时使企业享受规模经济带来的成本节约，提高客户的满意程度，最终提高企业的经济效益，提高企业竞争能力。

四、现代化的物流管理要求尽力减少库存

库存在起到积极作用的同时，也日益暴露出其消极的一面，主要包括如下两点：

（1）占用资金，降低了资产的流动性。

（2）库存掩盖了许多产品的质量缺陷。

第二节　库存管理模型

从管理理念上来讲，库存管理主要有两种模式，拉动式库存管理（pull

inventory control）和推动式库存管理（push inventory control）。根据这种分类，我们讨论库存管理模型时，也按照推动式库存管理模型和拉动式库存管理模型这两大类来分。推动式管理强调物流企业的总体安排，拉动式管理则完全以客户需求为动力带动整个供应链的运作。两种管理模式各有利弊，分别适合于不同的企业。

一、推动式库存管理模型

推动式库存管理，首先是对每个仓库的需求情况做出预测，制定总体生产或销售计划，随后根据生产或销售批量向各个仓库分配产品，送达最终用户。它适用于生产、采购或者运输环节存在明显规模经济效益，供给季节性较强或者供给不足的情况。

在推动式库存管理下，企业集中决策整个物流系统中各仓储地点的产品/商品储存计划，库存分配的依据是未来一段时间预期的总需求，各仓库现有条件，生产/销售批量等多方面因素，是一种较为传统的库存管理模式。

（一）步骤

（1）预测两个生产/销售批量之间的市场需求情况；
（2）统计每个存货点现有存货数量；
（3）确定安全库存水平；
（4）计算整个物流系统的需求；
（5）从总需求中剔除现有存货，得到净需求量；
（6）根据需求预测分配额外产品/商品；
（7）计算每个存货点应分配的产品/商品总量。

（二）应用举例

假设某企业由于受生产中规模经济的影响，每个月生产一次 A 产品，每次生产的批量为 1 000t。该企业现有两个仓库，分散在两个不同的地区。已知两地下月的需求预测分别为 500t 和 600t，预测误差分别是 50t 和 100t。另知两地仓库中现有存货分别是 150t、180t，该企业期望达到的现货供应比率为 90％。

根据已知条件，两地在下个月的预计平均需求为 500t 和 600t，预测误差（实际就是概率统计中需求分布的标准差）为 50t 和 100t。假设需求呈正态分布，则要达到 90%的客户服务水平（查正态分布表可知 90%的累计概率分布值为 1.28），所需要的安全库存量就是：

安全库存＝预测误差×z（累计概率分布值）

仓库 1：安全库存＝50×1.28＝64（t）

仓库 2：安全库存＝100×1.28＝128（t）

安全库存计算方法见图 5-1。

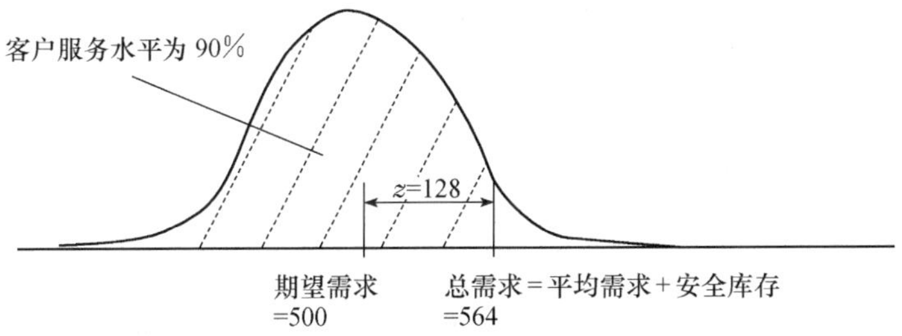

图 5-1　安全库存计算方法

同时，总需求＝平均需求＋安全库存

则两个仓库的分配方案如下：

仓库	总需求	现有存货	净需求	分配量	总分配量
仓库 1	564	150	414	17.3	431.3
仓库 2	728	180	548	20.7	568.7
合计	1 292	330	962	38	1 000

其中，生产批量超出需求的部分是按照两地预测的平均需求，按比例分配的。如果出现生产批量低于两地净需求和的情况，也可以按同样办法分配。当然，企业也可以参照以往的经营状况，在两地间平均分配产品，或者采用其他分配方式。

二、拉动式库存管理模型

拉动式库存管理模式认为各个仓库相对独立，因此作需求预测和补货决策时只考虑本地因素，不考虑各地不同层次、不同时间的需求对供货点经济批量的影响。在这种管理模式下，企业对客户现实的需求做出反应，先由各个仓库确定自己所需补进的货量，再通过逐级向上传导，拉动整个供应链的库存变动。所以拉动式管理模式适用于产品需求不稳，且难以预测，仓储能力有限或者仓储成本过高的情况。

拉动式库存管理模式对每个地点的库存控制是精确的，但与生产批量、订货批量、运输批量的协调不如推动式管理方法好。而且在拉动式库存管理模式中，一般库存水平维持较低水平，并伴随小批量、多批次的运输，对运输效率，运输服务稳定性要求高。拉动式库存管理还要求上游生产部门对下游销售部门的实际销售、需求预测状况有良好的把握，因此需要配套整体的物流信息系统，提高供应链的反应速度和灵活性，才能最大限度地享受拉动式库存管理方法带来的好处，否则会造成客户服务水平的下降。

（一）一次性订货——报童问题

对于容易腐烂变质或时效性非常强的产品/商品来讲，需求表现为不连贯性，此时就要面对一次性订货问题，即所谓的报童问题。

1. 基本假设

需求为一次性的。在正常销售时间内产品售价一定，期末未能售出的产品将以折价的方式销售或退回供应商。同时，企业没有资金、仓库容量、供给不足等条件的限制。

2. 模型

$$\text{最低销售 } n \text{ 件产品的累计概率} = \frac{\text{售出产品的单位利润}}{\text{售出产品的单位利润} + \text{未售出产品的单位损失}}$$

其中，

$$\text{售出产品的单位利润} = \text{产品售价} - \text{单位进货成本}$$

$$\text{未售出产品单位损失} = \text{单位进货成本} - \text{产品残值}$$

根据上述计算结果，反查累计概率分布表，就可以确定最佳订货量。

（二）多次订货模型

1. 库存管理模型体系

在拉动式库存管理模式下，制定合理的库存管理策略，要针对各种具体的经营模式，考虑各种具体情况和约束条件，求出使得经营总费用最省的库存管理方案。

通常，我们要考虑以下三个方面的问题：

(1) 需求者的需求类型分析。

需求者的需求类型包括：

① 它属于什么需求类别，是独立需求，还是相关需求？

② 它属于什么需求性质，是属于确定型，还是随机型？

③ 它属于什么需求分布，是正态分布，还是其他分布？

（2）经营者的经营方式分析。

在经营者的三种经营方式下，包括两种进货方式：

第一，瞬时到货方式，即将一次所订货物全部到货，并且订货过程不需要花时间（或可忽略）。

第二，持时到货，是指一次所订货物按一定的进货速度逐渐进货，整个订货进货过程要持续一段时间。

（3）选用合适的控制方法。

在独立需求情况下，最基本的库存控制方法有两种，即定量库存控制法和定期库存控制法。定量库存控制法是基于物资（产品/商品）数量的控制，而定期库存控制法则是基于时间的控制。关于这两种方法的介绍，我们将在本章第三节中说明。

这样，我们可以按照不同的需求对象、不同的经营方式和不同的物资资源配置方法，将独立需求的物资库存管理模型分成以下 20 个模型，如图 5-2 所示。

- A. 定量库存控制法
  - q. 确定型
    - 不允许缺货
      - 瞬时到货（Aq_1）
      - 持时到货（Aq_2）
    - 缺　货
      - 瞬时到货（Aq_3）
      - 持时到货（Aq_4）
    - 补　货
      - 瞬时到货（Aq_5）
      - 持时到货（Aq_6）
  - s. 随机型
    - 正态分布
      - 已知服务率（As_1）
      - 已知缺货率（As_2）
      - 已知补货率（As_3）
    - 其他分布（As_4）
- B. 定期库存控制法
  - q. 确定型
    - 不允许缺货
      - 瞬时到货（Bq_1）
      - 持时到货（Bq_2）
    - 缺　货
      - 瞬时到货（Bq_3）
      - 持时到货（Bq_4）
    - 补　货
      - 瞬时到货（Bq_5）
      - 持时到货（Bq_6）
  - s. 随机型
    - 正态分布
      - 已知服务率（Bs_1）
      - 已知缺货率（Bs_2）
      - 已知补货率（Bs_3）
    - 其他分布（Bs_4）

图 5-2　库存控制模型体系

关于上述库存控制模型体系中涉及的20种模型，在本书后有附录专门就定量控制法和定期控制法下的各种情形下的订货货量、订货点、订货周期、总库存费用等的公式进行说明。在这里，就不再详列了。只就比较常见的模型，如确定型下的不允许缺货、瞬时到货模型，即经济订货批量模型等作介绍。

2. 经济订货批量模型

如果需求持续、平稳，那么我们在库存模型中就要解决什么时间订货，订多少货这样两个最基本的问题，这主要靠平衡采购成本与库存持有成本来获得。比较有效的方法是美国人福特·哈里斯（Ford Harris）创立的经济订货批量（economic order quantity，EOQ）模型。该模型简单实用，至今仍被广泛用于各种领域，是其他更为复杂的库存管理模型的基础。

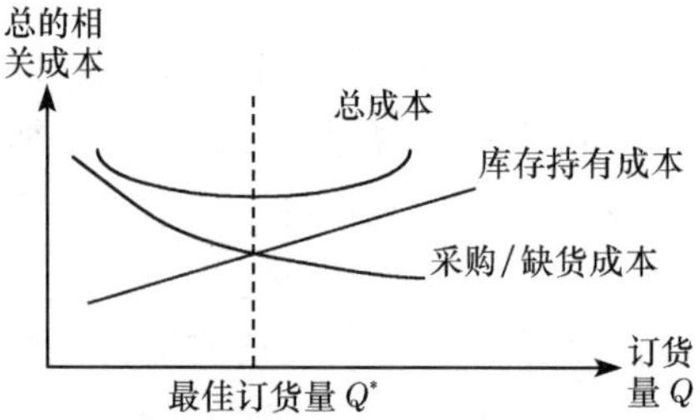

图 5-3 货物总库存成本

观察图5-3可以注意到，当选用最佳订货量订购时，总成本曲线达到最低点。同时，库存持有成本曲线与采购货成本曲线相交，即有库存持有成本等于采购成本。另外，总成本曲线在最佳订货量点附近非常平坦，所以该模型非常稳定，即使参数有一定偏差，对计算结果的影响，尤其是对总成本的影响也不会很大，说明该模型在实践中实用价值很大。

（1）基本假设。

① 市场需求连续、稳定，需求量确定并已知；

② 交货期，也就是从发出订单到收到所订购货物的时间确定；

③ 集中到货，而不是陆续入库，即瞬时到货；

④ 不存在缺货现象，所有需求都可以得到满足；

⑤ 没有在途存货；

⑥ 采购价格和运输费用确定并已知；

⑦ 没有资金限制。

（2）基本模型。

根据公式

总成本＝采购成本＋库存持有成本

即

$$TC = \frac{D}{Q} + \frac{ICQ}{2} \tag{5-1}$$

$$Q^* = \sqrt{\frac{2DS}{IC}} \tag{5-2}$$

式中，TC为库存总成本；D为每年的需求量（件）；Q为每批订货量（件）；S为采购成本（元/每订货批量）；C为在库产品的单位价值（元/件）；I为库存持有成本占产品价值的百分比（%）；Q^*为最佳订货量。

化简后可以得到总库存费用的计算公式为

$$\mathrm{TC} = \sqrt{2DSIC} \tag{5-3}$$

全年的订货次数就为

$$N^* = \frac{D}{Q^*} \tag{5-4}$$

EOQ模型（图5-4）能很好地解决什么时间订货，订多少货这两个基本问题。但由于模型本身有种种假设条件，所以仅适用于需求稳定且连续的情况。当订货周期有变化或非瞬时供货时，就需要进一步的模型来描述最佳订货量的变化。

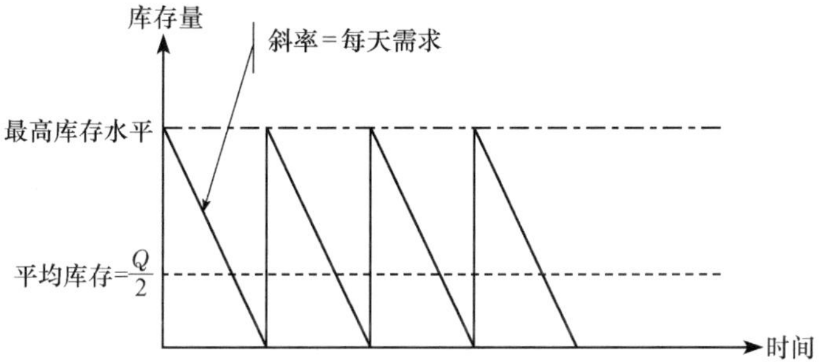

图5-4　EOQ模型

（3）应用举例。

某批发商预计某种商品的年销售量为10 000件，进货时每次订货费用为40元，每件产品的价值为1.0元，库存持有成本为每年20%，计算其经济定购批量。

解：根据公式（5-3）可计算出经济批量模型为

$$Q^* = \sqrt{\frac{2 \times 10000 \times 40}{1.0 \times 20\%}} = 2000(\text{件})$$

年总库存管理费用为

$$\mathrm{TC} = \sqrt{2 \times 10000 \times 40 \times 1.0 \times 20\%} = 400(\text{元})$$

每年订货次数

$$N^* = \frac{D}{Q^*} = \frac{10000}{2000} = 5(\text{次})$$

3. 货物非瞬时到达的经济订货批量

当每批所订货物数量较多时，供货单位往往将货物分为几天陆续到达，即存在交货期，且交货期一定（图 5-5）。此时，为保证企业库存管理目标，当库存达到一定水平时，通常称之为再订货点（re-order point，ROP），必须发出下一个订单。当交货期稳定时，再订货点为日均需求与交货期的乘积。

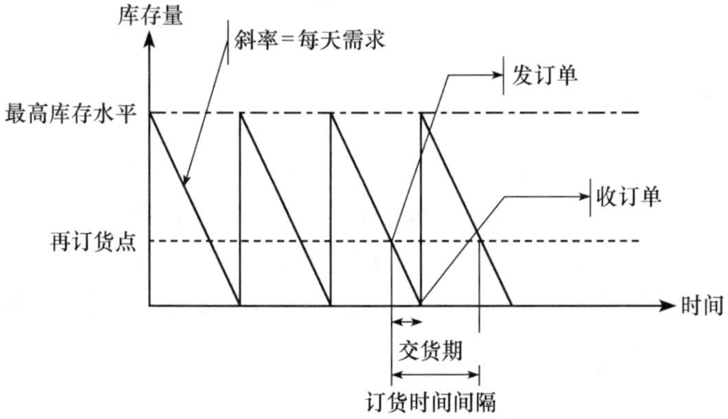

图 5-5 非瞬时供货模型

（1）基本模型。

假设每天的需求量为 d，每天的到货量为 p，那么平均库存量调整为

$$Q-d\,\frac{Q}{2p}$$

这样，在此情况下最佳订货量为

$$Q_p^* = \sqrt{\frac{2DS}{IC}}\sqrt{\frac{p}{p-d}} \tag{5-5}$$

此时，实际最大库存量 Q' 为

$$Q' = \frac{(p-d)\times Q^*}{p} \tag{5-6}$$

总库存费用 TC 为

$$\mathrm{TC} = \sqrt{2DSIC\left(1-\frac{d}{p}\right)} \tag{5-7}$$

（2）应用举例。

同上例，另假设每批订货的每天到货量为 100 件，该商品的每天需求量为 20 件，确定在此条件下的经济订货批量和总的库存费用。

解：根据公式（5-5）可计算出经济批量模型为

$$Q^* = \sqrt{\frac{2\times 10000\times 40}{1.0\times 20\%}}\sqrt{\frac{100}{100-20}} \approx 2236(\text{件})$$

年总库存管理费用为

$$\mathrm{TC} = \sqrt{2\times 10000\times 40\times 1.0\times 20\%\times\left(1-\frac{20}{100}\right)} = 357.7(\text{元})$$

第三节 库存管理方法

由于库存种类繁多，每个品种销售价格、市场需求千差万别，如何利用有限的资源，尤其是有限的库容、资金、人力、物力管理存货，同时提高企业经济效益，在实践上是有一定难度的，这就需要采用更科学的库存管理方法。

一、基本的库存管理方法——确定型模型管理方法

（一）定量库存控制法

1. 方法介绍

定量库存控制法也称为订购点法，是以固定订购点和订购批量为基础的一种库存量控制方法。它采用动态盘点（永续盘点）方法，对发生收发动态的物品随时进行盘点，当库存量等于或低于规定的订购点时就提出订购，每次购进固定数量的物品，而定购时间不固定。因此，实施定量库存控制的关键在于正确确定订购批量和订购点。订购批量一般采用经济订购批量。订购点的正确确定则取决于对备运时间的准确计算和对保险库存量（安全库存量）的合理查定。

$$\begin{aligned}\text{定购点} &= \text{备运时间需要量} + \text{保险库存量} \\ &= \text{平均备运天数} \times \text{平均每日需要量} + \text{保险库存量} \qquad (5\text{-}8)\end{aligned}$$

定量控制中的保险库存量，是为了应付备运时间需要量的变动而建立的，包括误期到货而增加的需要，也包括备运时间内需求率（物品消耗速度）加大而增加的需要。保险库存量一般用保险天数（安全天数）来表示。保险天数可通过查定平均到货误期天数或临时需要比例来确定。

定量库存控制法有一种简化形式是双堆法，也称分存控制法。它是将订购点物品数量从库存量中分出，单独存放或划以明显标志，当库存量的其余部分用完，只剩下订购点一堆时，即提出订购，每次订进固定数量的物品。也可将保险库存量再从订购点一堆中分出，称为三堆法。双堆法或三堆法简便易行，无须经常盘点，没有持续的库存记录，可以直观地识别订购点和及时组织订购。这种控制方法比较适于价值较低、备运时间短的物品。

2. 应用举例

企业某种均衡需用物品下年度采购总量 4 320 件，该物品每件每月储存费用 6 元，一次订购费用 30 元，保险库存天数 3 天。求该物品下年度的经常库存定

额、最高库存量和最低库存量。

解：

经常库存定额＝EOQ＝(2×4320×30/6×12)1/2(3600)1/2＝60（件）

最高库存量＝60＋4320/360×3＝60＋36＝96（件）

最低库存量＝保险库存定额＝36（件）

3. 优缺点及适用情况

定量库存控制法的优点是：①能经常掌握库存量动态，及时提出订购，不易出现缺货。②保险库存量较少。③每次订购量固定，能采用经济订购批量，也便于进货搬运和保管作业。④盘点和订购手续比较简便，尤其便于应用电子计算机来进行控制。

定量库存控制法的缺点主要是：①订购时间不定，难以编制严密的采购计划。②未能突出重点物品的管理。③不适应需要量变动大的情况，不能及时调整订购批量。④不能得到多种物品合并订购的好处。

定量库存控制法一般适用于下列物品：①单价较低的物品；②需要量比较稳定的物品；③缺货损失大的物品；④储存成本高的物品。

（二）定期库存控制法

1. 方法介绍

定期库存控制法是以固定订购间隔期（检查周期）为基础的一种库存量控制方法。它采取定期盘点，按固定订购间隔期检查库存量并随即提出订购，订购批量根据盘点时的实际库存量和下一个周期的预计需要量而定，其计算公式为

$$\begin{aligned}\text{定购批量} &= \text{定购周期需要量} + \text{备运时间需要量} + \text{保险库存量} \\ &\quad -(\text{现有存货} + \text{已订未到量}) \\ &= (\text{定购周期天数} + \text{平均备运天数}) \times \text{平均日需要量} \\ &\quad + \text{保险库存量} - (\text{现有存货} + \text{已订未到量})\end{aligned} \tag{5-9}$$

在定期库存控制中，关键问题在于正确规定订购间隔期。订购间隔期长短对订购批量和库存水平有决定性的影响。定购周期的长短主要取决于下列因素：备运时间，企业的库存条件，供货单位的条件等。

与求解经济订购批量道理相同，可求最低成本的经济订购间隔期 T_0（EOI）。公式为

$$T_0 = \sqrt{\frac{2S}{ICD}} \tag{5-10}$$

最低成本的年检查次数（吨）就是 T_0 的倒数，即

$$m_0 = \frac{1}{T_0} = \sqrt{\frac{ICD}{2S}} \tag{5-11}$$

式中，符号表示与 EOQ 公式相同，即 D 为某种物品的年采购总量；S 为一次订购费用；C 为物品单价；I 为年储存费率。

2. 应用举例

某种物品年采购总量 3 600 件，一次订购费用 60 元，年储存费率 12%，求经济订购间隔期 T_0 及年检查次数 m_0。

解： T_0＝(2×60/3600×40×12%)1/2＝0.0833（年）

0.0833×360＝30（天）

m_0＝1/0.0833＝12（次）

故该种物品的经济订购间隔期为 30 天，即每月订购一次，每年检查（盘点）12 次。

3. 特点和适用情况

与定量库存控制法比较，定期库存控制的保险库存要增大，而且盘点手续复杂。一般适用于：①需要量大、必须严格管理的重要物品，有保管期限制的物品；②需要量变化大但可以预测的物品；③发货繁杂、难以进行连续库存动态登记的物品，如超级市场、汽车零件供应商店等企业；④许多不同物品能从同一货源或中心仓库集中进行采购订货的情况。

二、不确定型库存管理方法——再订货点法和周期盘点法

在经典 EOQ 模型中，假定需求和交货期恒定、已知，这在现实基本生活中基本是不可能实现的。依次放开这些假设，同时保持其他假定不变，我们就可以分别得到需求不稳定条件和交货周期不稳定条件下的库存管理模型。由于需求或交货期不确定，所以每两次订货时间间隔不稳定，为达到预设的再订货点，每次的实际订货量也稍有差异，这样就可以运用生活中常用的两种库存管理方法：再订货点法和周期盘点法。

使用再订货点法时，要首先确定再订货点，并根据 EOQ 模型得出最佳订货量，一旦库存量降至再订货点时就启动再订货程序。使用该种方法通常需要很高的系统要求，因为需要掌握实时的库存信息，但这种方法可以有效控制库存，降低库存成本。

另一种针对不确定需求的库存管理方法是周期盘点法。使用时首先要求确定

最高的存货量，一般等于订货期和盘点周期的平均需求与安全存货的总和；其次，需要定期对仓库中存货进行盘点，掌握现有库存量；最后，根据最高库存量与现有库存量的差确定本次补货的数量。

周期盘点法不如再订货点法精确，也无法像再订货法那样实现接近于理论上最优点的最低成本值，但它对硬件设施要求少，使用简便，减低了管理成本。不仅如此，由于周期盘点法可同时用于多种货物的库存管理，订货时也往往多种货物一起订购，订货批量大，容易与供应商达成更优惠的价格，节约了采购成本，能够更充分地享受运输经济效益，这些优势在许多情况下抵消了由于平均库存量偏离经济库存量带来的库存持有成本的上涨，所以在许多领域，周期盘点法仍然在被广泛使用。

三、分类库存法

有效的管理需要合理的分类，ABC 分类法和关键因素分类法（critical value analysis，CVA）就是其中较常见的两种方法。

1. ABC 分类法

经济学家帕累托（Pareto）在研究财富的社会分配时曾得出一个重要结论，即 80％的收入掌握在 20％的人手中，或称少数人掌握着多数的社会财富，即所谓关键的少数和次要的多数规律。后来，人们发现这一现象普遍存在于经济社会的各个领域，就称之为帕累托现象（Pareto phenomenon）。帕累托现象也出现在企业经营管理中，表现为企业多数的利润由少数品种的产品贡献。因此，对这些少数产品管理的好坏就成为企业经营成败的关键，就有必要在实施库存管理时对各类产品分出主次，并根据不同情况分别对待，突出重点。

例如，在决定对各种类库存所投入的资金时，就可以应用 ABC 分类法，其中 A 类库存数量少，但对企业至关重要，就可以相对投入更多的资金，操作中就要重点管理，严格控制，预测的精度也要求更高一些。C 类库存数量众多，但价值和储存量都相对低，所需投资较少，就可以进行最简单的粗放式管理。B 类库存则界于上述两者之间，资金投入量居中。

2. 关键因素分析法

对有的企业来讲，ABC 分类法并不十分适合，因为虽然某些物资价值很低，被归为 C 类，如拉链、螺母之类，但却是生产过程中所不可缺少的一旦缺货将导致生产的停顿。此时，可以借用 CVA 分析法加以弥补。

与许多物流管理技术一样，CVA 分析法也是军事后勤管理中最早采用的。

它根据库存产品的重要性将其分为最高优先级、高优先级、中等优先级和低优先级四个级别，再分别制定不同的库存管理策略。其中，优先级别越高的产品，对生产经营的影响越大，缺货成本越高，要求的现货供应比率越高；优先级别越低的产品、缺货成本越低，相应的客户服务水平就可以略低。

四、系统化的库存管理方法

在“利用电脑的整合管理”时期，由于人们利用电脑提高了库存管理的速度与精度，提高了像订单处理、采购管理、日程管理、配送过程等作业的整合性和同步性，库存管理发展为销售、生产、库存作为综合系统的库存管理，如 MRP 和 MRPⅡ系统等。具体来说，这一时期的库存管理方法可以分为：

1. 整合化、集成化的系统库存管理方法

典型的是物料需求计划（MRP）、制造资源计划（MRPⅡ）等管理模式，从系统角度，将企业内部的供、产、销各环节形成“链”的关系，将各项活动集成化、协调化，把低的库存与高的顾客满意度结合起来。这种管理理念延伸到企业外部，通过企业资源计划系统，围绕满足客户需求，将上游、下游企业之间的竞争和合作关系整合起来，形成供应链管理（SCM），并开发了供方对批发商、零售商的连续库存补充计划（CRP）和上游企业对下游客户的供应商管理库存（vendor managed inventory，VMI）等系统。这些系统使企业库存管理发生了根本性的变化。

2. 准时化、同步化的库存及时控制制度

由于库存是浪费、消除库存就是消除浪费，可以推行准时、同步化，使各生产工序、各环节在生产供应数量上和时间上紧密衔接，消除过程中的不协调现象，减少乃至消除库存。其具体管理方法是由日本丰田汽车制造公司开发的看板管理方式，即准时生产方式。

JIT 方式可以运用到供应链的管理中，例如制造企业和供应商之间、供应商和分销商之间等都可以建立一种长期可靠的伙伴关系。供应商在需要的时间，提供需要的数量，实行小批量及时供货，使制造企业或分销商做到低库存、甚至零库存。

3. “零库存”新理念，全过程库存最小化

“零库存”是一种特殊的库存概念，是指以仓库储存形式的某种或某些物品的储存数量为零，即不保持库存。实现零库存可以免去仓库存货的一系列问题和

费用，简化了库存控制的工作量，如无须库存盘点、实物动态掌握等。

五、供应链管理环境下的库存管理方法

（一）VMI管理系统

VMI是一种在用户和供应商之间的合作性策略，以对双方来说都是最低的成本优化产品的可获性，在一个相互同意的目标框架下由供应商管理库存，并且经常性监督和修正该目标框架以形成一种连续改进的环境。

VMI的主要思想是供应商在用户的允许下设立库存，确定库存水平和补给策略，拥有库存控制权。

精心设计与开发的VMI系统，可以降低库存水平及其成本；可以降低存货过期的风险；与供应商合作改进产品性能，提高产品质量；可以通过需求合作关系的建立减少总采购量；可以减少供应商的数目；可以提高供应链的持续改进能力；可以降低采购订单、发票、付款、运输、收货等交易成本等。

对于用户来说，用户可以获得高水平的服务，改善资金流，与供应商共享需求变化的透明性和获得更高的用户信任度。

（二）联合库存管理

VMI是一种供应链集成化运作的决策代理模式，它把用户的库存决策权代理给供应商，由供应商代理分销商或批发商行使库存决策的权力。联合库存管理则是一种风险分担的库存管理模式。

联合库存管理是解决供应链系统中由于各节点企业的相互独立库存运做模式导致的需求放大现象，提高供应链的同步化程度的一种有效方法。联合库存管理和供应商管理用户库存不同，它强调双方同时参与，共同制定库存计划，使供应链过程中的每个库存管理者（供应商、制造商、分销商）都从相互之间的协调性考虑，保持供应链相邻的两个节点之间的库存管理者对需求的预期保持一致，从而消除了需求变异放大现象。任何相邻节点需求的确定都是供需双方协调的结果，库存管理不再是各自为政的独立运作过程，而是变成供需连接的纽带和协调中心。

第四节　物流成本管理

据世界银行分析，发达国家物流成本占GDP的10%左右，美国低于10%

(表5-1和表5-2，该表为美国和加拿大普通公司物流成本开支项目一览)，中国估计约为16.7%。“十五”期间，如果中国物流成本占GDP比重降到15%，每年将为全社会直接节约2 400多亿元物流成本，并为企业和社会带来极为可观的经济效益。所以研究物流成本及其节约将有重大意义。

表5-1 2000年美国和加拿大普通公司物流成本开支占销售额比例（单位：%）

项 目	美国	加拿大
运输	3.54	3.38
仓储	2.39	2.39
订单清关/客户服务	0.76	0.69
管理	0.85	0.73
库存搬运	2.03	2.09
物流总成本	9.44	9.02

资料来源：E Inc. Herbert W. Davis and Company。

表5-2 美国加拿大公司物流成本构成情况（单位：%）

成本内容	美国公司	加拿大公司
客房服务/订单清关	8	8
仓储	25	25
运输	37	36
管理	9	8
库存搬运	21	23

资料来源：AMR研究公司、ARC咨询集团、福里斯特研究公司、美林公司的数据综合而成。

一、企业物流成本包含的内容

成本是指人们为了从事某项活动或获得某项产品所需支付的一切费用的总和，也是物化劳动消耗和活劳动消耗的价值反映。现代物流成本是指从原材料供应开始一直囊括到将商品送达到消费者手上所发生的全部物流费用。对企业物流的分类可以看出其包含的主要内容。

（一）按照企业物流基本要素进行分类

（1）从事物流工作人员的工资、奖金及各种形式的补贴等；

（2）物流过程中的物资消耗，如包装材料、电力、燃料等消耗，固定资产的磨损等；

（3）物资在运输、保管等过程中的合理损耗；

（4）属于再分配项目的支出，如支付银行贷款的利息等；

（5）在组织物流的过程中发生的其他费用，如有关物流活动进行的差旅费、办公费等；

（6）在生产过程中一切由物品空间运动（包括静止）引起的费用支出，如原材料、燃料、半成品、在制品、产成品等的运输、装卸搬运、储存费用。

（二）按照物流功能进行成本分类

按照物流功能进行成本分类，大体可以分为实物流通费用、信息流通费用和物流管理费用三大类。

1. 实物流通费用

实物流通费用是指为完成商品、物资的物理性流通而发生的费用，还可进一步细分为包装费、运输费、保管费、装卸搬运费、流通加工费和配送费。

2. 信息流通费用

信息流通费用通常是指因处理、传输有关的物流信息而产生的费用，其中包括储存管理、订货管理、顾客服务有关的费用。

3. 物流管理费用

物流管理费用一般是指进行物流的计算、调整、控制所需要的费用。它既包括物流作业现场的管理费，也包括企业物流管理部门的管理费。

（三）按照物流的关键运作方式进行分类

为了对物流总成本进行分析，通常的做法是将库存和运输作为两个主要的因素。

就库存而言，总成本包括所有有关库存运行成本和客户订货的所有费用。库存运行费用包括税费、储存、资本、保险和折旧。订货的成本包括全部的库存控制费用、订货准备、交易、更新活动和管理监督。

运输总成本包括租用运输工具的费用和附加费用以及由各种不同的运输方式和运输法规引起的与风险有关的成本和有关的管理费用。

物流成本具有隐含性特征，即如日本早稻田大学的西泽修教授描述的“物流冰山”，所以很难计算物流成本，有些物流费用容易混入到其他企业管理成本中。西泽教授指出，盈亏计算书中的“销售费和一般管理费”，栏中记载的“外付运费”和“外付保管费”的现金金额，不过是冰山的一角（图 5-6）。要将混入其他费用科目的物流成本全部抽取出来，“让它浮出水面”，使人们能够清晰地看到潜藏在海平面下的物流成本的巨大部分，以便挖掘降低成本的宝库和开拓“第三利润源泉”。

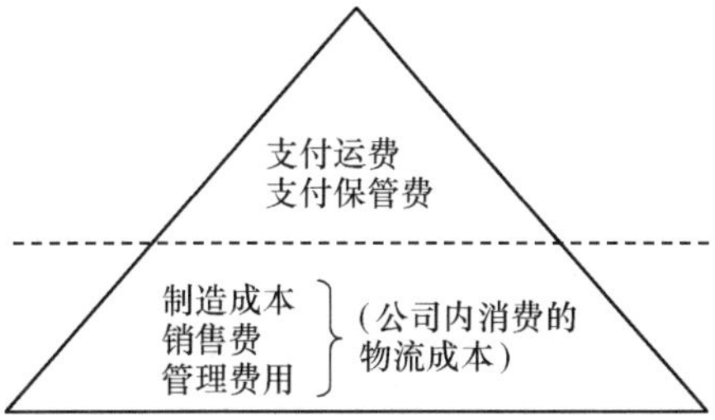

图 5-6　物流成本冰山说

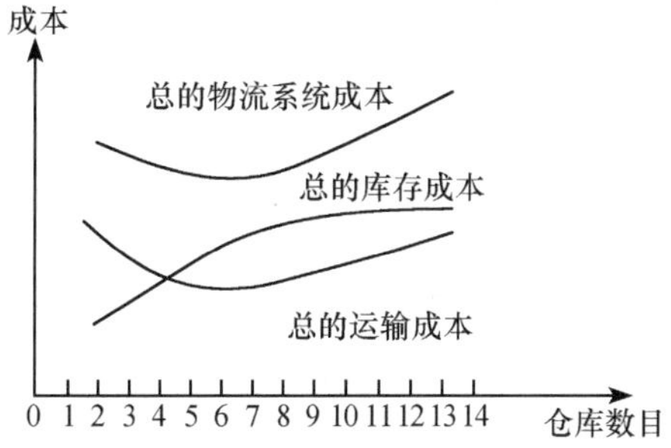

图 5-7　总成本物流网络

同时物流成本之间还存在着“交替损益”规律，即在物流功能之间，一种功能成本的削减会使另一种功能的成本增多。因为各种费用互相关联，必须考虑整体的最佳成本。例如，在库存与运输之间就存在着重要的成本“交替损益”（图 5-7）。

二、库存成本的组成

简单来讲，与库存相关的成本主要有：订货成本或采购成本、库存持有成本、缺货成本和相关的风险成本，这些成本之间有一定的收益背反（trade off）特征，如图 5-8 所示，当我们为享受采购、运输中的规模经济效益而大批量订购时，采购成本减少；但由于大量货物同时到达，库存压力加大，库存持有成本增加。相反，如果我们采取小批量订购，库存持有成本减少，但采购、运输成本又会增加，运输与库存持有成本之间的反向关系依然存在。类似关系也存在于库存持有成本与缺货成本、物流成本与缺货成本之间。因此确定企业合适的库存水平就是要平衡各项相关成本，平衡库存成本与其他物流成本，平衡总物流成本与企业收益以确定最佳点。

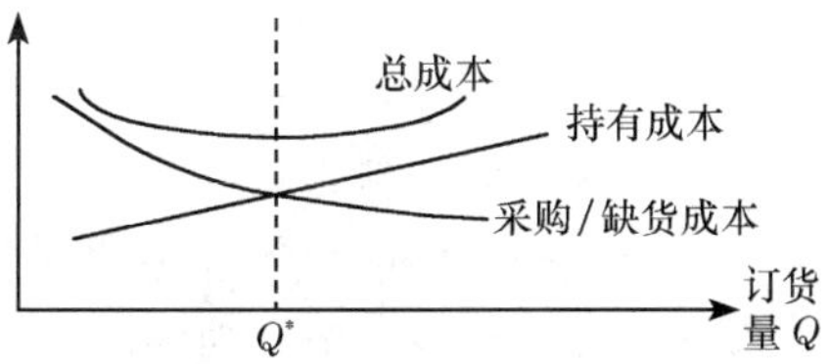

图 5-8　成本之间的收益背反规律

（一）订货成本或采购成本

采购成本（procurement cost）是指为补货而产生的各项成本。这些成本中有的可以记为 xx 元/订单，即成本只和订货次数有关，与订单的大小无关，如为进行采购而产生的差旅费、通信费用、订单传输成本等。随着电子商务的发展，网上订货、电子支付之类做法可以有效降低这部分订货成本。还有一些成本不仅与订货次数有关，还与每次订货的数量，即订单的大小有关，如采购价格，接货点所产生的装卸、搬运、检验、处理费用等等。

（二）库存持有成本

库存持有成本（inventory holding cost），顾名思义是指为保有存货所实际支出或应当支出的成本。库存持有成本分为固定成本和可变成本。其中固定成本与库存量的大小无关，可变成本与平均的库存水平成一定比例关系。库存持有成本主要由仓库占用成本、资金占用成本（如利息和机会成本）、相关服务成本（如保险）和库存风险成本（如积压和损耗）。

（三）缺货成本

理想状态下，企业不存在缺货现象，自然也就不会有缺货成本，但通常维持百分之百的现货供应水平所需要的成本过高，企业无力承担，所以就需要在维持一定的现货供应水平与允许一定程度的脱销之间寻找平衡。

脱销会产生几种不同的后果：顾客依旧订货，但交货时间推后；顾客购买替代产品；顾客暂不购买，会在将来某个时间再来购买；顾客暂不购买，将来也不购买。这些情形可以简单的划分为补交货（backorder）和失销（lost sales）两种结果。补交货与普通订货的订单处理、运输和搬运过程不同，会产生额外的成本，这些额外成本就构成缺货成本的一部分。失销则更复杂，因为失销后实际产生的后果不同，可能丧失了本能赚取的利润，更可能由此失去以前的客户，并给公司声誉造成消极影响，所以很难确切计算。

三、降低成本的方法——零库存

一般来说，以活动为基础的成本制定（ABC 法）被认为是确定和控制物流费用的有效方法。继本章第二节介绍的诸如 ABC 分类管理法、MRP、MRPⅡ、JIT、VMI 等管理方式后，目前较流行一种库存管理方式，它既能有效提高库存的管理效率，又能减少、消除库存成本，从而显著降低物流成本，这种方式就是零库存。

零库存（zero inventory）可以追溯到 20 世纪六七十年代，当时的日本丰田汽车实施准时制生产，在管理手段上采用看板管理、单元化生产等技术实行拉式生产（pull manufacturing），以实现在生产过程中基本上没有积压的原材料和半成品，这不仅大大降低了生产过程中的库存及资金的积压，而且在实施JIT的过程中，提高了相关生产活动的管理效率。此后，零库存不仅应用在生产过程中，而且延伸到原材料供应、物流配送、产成品销售等各个环节，例如，Dell计算机公司运用直销模式以实现产成品的零库存。

零库存存在于物流供应链系统发挥作用的主要环节，包括采购环节、生产环节、物流配送环节和销售环节等。实施零库存的优点、能够发挥的效益、执行过程中遇到的困难以及对成本的影响，表5-3可以说明。

表5-3　实施零库存管理对物流成本的影响

零库存实施的环节	优点和效益	难点和成本
采购环节（准时制采购）	将原材料库存降到最低甚至零，减少原材料库存占用资金和优化应付账款，库存管理成本的降低（包括仓库费用、人员费用、呆滞库存等）	• 能够实现企业准时制采购 • 小批量供应、运输或配送频率高，物流成本高 • 需和供应商即时信息交流，信息化投入大 • 采用供应商管理库存方式实现零库存，因企业计划、市场变化和产品更新等因素会造成供应商产品积压与报废，影响长久合作的关系
生产环节（准时制生产）	将生产环节中的在制品和半成品降到最低，减少在制品和半成品库存占用资金	• 生产设备柔性较大，且更新时投资成本较大 • 生产管理模式的改变（看板管理、轮动管理） • 生产作业软件管理系统的投入
物流配送环节（准时制配送和协同物流）	在物流和运输中做到一体化协同运作；减少中间仓储和搬运等环节，可将物流成本控制在最低水平	• 在物流和运输中做到一体化协同运作，减少中间仓储和搬运等环节，需要在各协作厂商间建立信息交换平台 • 物流和配送实际网络的配套和建设
销售环节（准时制销售）	按“真实的”订单生产，“消灭”成品库存；或销售预测准确，尽量降低成品库存甚至为零，从而减少其占用资金和优化应收账款回款；规避成品因市场变化和产品升级换代而产生的降价风险；库存管理成本的降低（包括仓库与人员费用、呆滞库存等）	• 按订单式生产的销售模式中，会造成客户等待、交货时间的延后，会丧失某些商业机会；其中直销模式需建立强大的订单处理和客户服务系统 • 按预测式生产的销售模式中，对销售终端（不是批发商等中间环节，而是零售商的门店等）的数据采集和分析要求极高，以求预测数据尽量接近实际，而这方面的技术和管理成本是巨大的 • 小批量、多频率销售，造成较高的运输或配送等物流成本

本章小结

库存管理是物流管理的核心内容之一。由于在许多企业中，库存成本与运输成本等在物流总成本占非常高的比例，因此改善物流管理的努力通常从加强库存管理开始。在本章中，首先介绍了库存的定义和种类，库存对企业的重要性，现代化的企业为什么要降低库存，和库存管理史的演变。其次，介绍了推动式库存管理和拉动式库存管理模型，其中重点介绍了拉动式条件下的库存控制与管理的模型体系，并重点介绍了基本的经济订货批量模型。再次，本章还介绍了库存管理的主要方法，物流管理涉及的诸项费用，特别是库存成本的问题。最后提出使用零库存方法来有效降低库存成本从而降低物流费用。

本章关键词

库存（inventory，stock）
零库存（zero inventory）
拉动式库存管理（pull inventory control）
推动式库存管理（push inventory control）
关键因素分类法（critical value analysis）
订货成本或采购成本（procurement cost）
库存持有成本（inventory holding cost）
拉式生产（pull manufacturing）

本章思考题

1. 库存对企业经营管理的重要意义是什么？为什么现代物流管理强调低库存战略？

2. 什么是 ABC 分类法，关键因素分析分类法？结合实例谈谈他们在库存管理中的应用。

3. 什么是推动式库存管理，如何应用？

4. 比较定量库存控制和定期库存控制的优缺点和适用范围。

5. 请比较再订货点法和周期盘点法。

6. 一般来讲，物流成本和库存成本都包括哪些内容？怎样才能有效地降低物流成本与库存成本？

本 章 习 题

1. 企业某种产品下年度采购总量 1 800t，厂需用比较均衡，储存费用每吨每月 30 元，订购费用一次 160 元，保险库存天数 4 天。求该种产品下年度的经常库存定额、最高库存量和最低库存量。

2. 某企业经销中档时装。时装一般有很强的季节性，根据以往经验本季度未能售出的时装一般只能以三折（零售价的 30%）甩卖，或者在仓库中堆放一年直至转年同一季；（因为仓储成本过高，所以该公司一般不选用此种做法）。现该公司准备订购一批夏装，进货价为每件 450 元，零售价为每件 998 元，据分析，该种时装的市场情况如表 5-4 所示。

表 5-4 时装的市场情况

预计销量	出现的概率	预计销量	出现的概率
100	0.2	250	0.2
150	0.2	300	0.2
200	0.3	350	0.1

请问：如果你是该公司经理，你会订购多少件该款式夏装？为什么？

3. 某企业经销电源插座。预计年需求量为 1 250 箱，每次的订购成本为每次 50 元，每箱插座的价值为 800 元，库存持有成本为每年 30%。

根据 EOQ 模型，最佳订货批量应该是多少箱？

本章案例 海信的零库存管理与物流理念*

海信电器股份有限公司汤业国总经理凭借“零库存管理”，获得首届营销人金鼎奖的中国杰出销售总经理奖。据他介绍，零库存管理的核心在于必须尽快地制造更好的产品，并有一个反应迅速的营销体系，以更迅速地把它们交到消费者手中，周期尽可能缩到最短，有效库存降到最低。这样可以大大提高了资金周转率，很好地降低了经营风险，并能及时提供给消费者高质量的“保鲜”产品。

海信的零库存管理是建立在整个企业数字化管理的基础上的。它每年都要事先做好下一年的年度计划，如年度的销售额，产量，市场占有率，销售网点，等等。而且，海信早在 1995 年就开始兴建有专人负责的销售网络，现在它的产品在市场上总共有 20 个型号，每个型号仓库里有多少台，分公司仓库里有多少台，以及分公司下辖的网点有多少台机器，都有准确的统计数据，而且通过海信投巨资兴建的遍布全国的完善的网络，每一天销售多少台机器都能一清二楚，这样使调配资源有充分的依据。同时，为确保各管理环节的落实，他们还实行百分制考核，包括市场销售人员，每个月都要打分，对每个人的任务的完成时间，完成程度都落到实处，绝不能有虚假。

举个例子：根据市场需求给某个厂家下 5 000 台的订单，比如说好至少要 5

* www.56net.com

天，那么一天 1 000 台，仓库中相应料的供应量就是 5 000，正好够生产车间干 5 天，然后接下一个订单。循环往复，每个生产周期衔接得恰到好处。

由于实施零库存管理，海信一直没有积压过时的高价产品，海信目前的库存只有 20 万元，它拿出来的都是新的，而新产品的价格和市场的价位水平是相匹配的，而这种价格对于其他企业已经形成库存的产品是有优势的。也正由于此，海信在价格战中根据市场环境及自身实力做出相应的调整。

【思考题】

海信是通过哪些手段来实现零库存的？你能结合本章内容谈谈它们的作用吗？

第六章 运 输 管 理

本章学习目标

运输是物流的二大支柱之一，传统的物流运输方式，由于部门分割、缺乏统一规划，已成为我国物流产业发展的瓶颈制约之一。改革现有物流运输方式，统一规划和协调，实现多种运输方式的合理统一，对优化物流运输环境，降低成本，实现现代物流运输的合理化，对于物流产业的长远发展意义重大。通过本章的学习，应该重点掌握物流管理过程中的运输管理问题，包括运输功能和原理、五种基本运输方式及其特点、集装箱运输与多式联运、运输合理化和科学的运输规划等。

第一节 运输功能和原理

一、运输的概念

运输，是指利用运输工具和运输设施，实现物资长距离空间位置转移的活动。这里，运输工具，主要是指“车”，如汽车、马车、火车、轮船、飞机等；运输设施主要是指“路”，如公路、铁路、水路、航空路线、土路等。“车”“路”和“长距离”“空间位置转移”构成了运输定义的四个关键词。

之所以要把“长距离”作为运输定义的关键词，主要是为了把运输和搬运区别开来：搬运也是一种空间位置转移的活动，但是它是短距离的空间位置转移。而运输是长距离的空间位置转移活动。

还要把运输和配送区别开来。配送也是利用运输工具运输设施进行长距离空间位置转移的活动。因此，配送也是一种运输，但是它是一种特殊的具体的运输方式，即是在局部范围内进行联合送货的运输活动。而一般的运输活动则包括多种多样的运输方式。

企业当中有很多的运输。主要包括原材料的购进运输和产成品的分销运输二种类型。购进运输是从供应商处把所采购的原材料、零配件、设备、工具等运进来，供应企业的生产和生活需要；分销运输是把企业的产成品运输出去，供应到社会的各个市场，满足社会企业和居民对于企业产成品的需要。

二、运输的功能

运输最基本的功能，就是通过运输手段将货物从供应地转移到需求地，实现物资的空间位置转移，从而满足需求地用户对物资的需求，创造物资的“空间效用”，保障需求地用户的生产或生活正常进行。

国外一经济学家哈努科夫在讨论运输与生产力布局的关系时指出“运输是社会生产力的组成部分，同时也是物质资料生产的一般必要条件，它对生产配置和社会劳动生产率的水平有着巨大的影响。现代大生产要求按时的供应大量的原料、燃料和材料，并从生产地输出成品到消费区去。为了完成这个任务，就必须要有发达的运输”。我国运输经济学家方举也曾指出“交通运输是社会生产必具的一般条件，是整个经济的主要基础。生产、分配、交换和消费，必须通过运输的纽带才能得到有机的结合。生产的社会化程度越高，商品经济越发达，生产对流通的依赖性愈大，运输在再生产中的作用愈重要。”可以说运输是物流的核心业务，是物流运作与管理不可缺少的一环。

企业需要运输。没有运输，原材料、零配件、设备、工具等就不能够从供应商储运进来，企业的生产就无法进行；没有运输，企业的产成品就运不出去，企业就不可能获得销售收入和利润，企业也就不可能进行再生产。居民需要运输。没有运输，生活用品就不能够从各地运进来，人们得不到生活用品，也无法生活。因此可以说，运输，是保障物资供应、保障人们生产和生活正常进行的前提条件。

运输还有一个辅助功能，就是对运输物资实现短时间的时间位置转移、创造物资的“时间效用”的功能。因为运输货物需要时间，特别是长途运输需要更长的时间，在这个过程中，运输工具就是货物的储存保管室，能够避免物品损坏或丢失，这实际上创造了物品的“时间效用”。在采购运输中，采购员往往利用这个时间效用，精心计算购进启运时间，使得购进到达时间正好是物品的需用时间，这样运到的物品直接上消费点，而避免了仓库和保管。

三、物流运输的基本原理

指导运输管理和营运的四条基本原理分别是规模经济、距离经济、客户服务和经营成本。

（一）规模经济原理

运输的规模经济，就是对同一单运输而言，运输量越大越经济。这个运输量，指运输的物资数量，也指运输的距离数量。运输数量越多，运输里程越长，就越经济、越有效益。其原因是：同一单运输的固定成本（车、路）是一定的，规模越大，固定成本就可以在更大的范围内分摊，使得单位物资单位里程分摊的固定成本越少，因而越经济；另外，规模越大，车辆的装载越多，车子的利用率越高，装卸搬运设备的利用率也越高、工作效率也越高，有的规模运输还可享受运价折扣，因而就越有效益。例如，整车运输的每单位成本低于零担货运。铁路或水路运输的单位物资成本要低于汽车和飞机。因此，运输管理一个很重要的原理，就是要尽量扩大运输规模，获取规模经济效益。

（二）距离经济原理

运输的距离经济，就是对一个有给定起迄点的运输任务而言，如果起迄点之间有多条路径，则选择的运输路径越短越经济。其原因是可变费用消耗量最小。因此运输管理另一个重要原理，就是尽量选择可变费用消耗量最小的路径。也叫做最短路径原理。

（三）客户服务原理

客户服务原理是指导运输营运的核心原理。任何企业的运输经营活动都是为有空间效应需求的客户提供服务。运输经营的目标，不仅在于提高装运规模和实现距离最大化，而更重要的在于满足客户的服务期望。提供怎样的服务，怎样提供服务和为谁提供服务成为运输经营的核心要求。

（四）经营成本原理

经营成本原理是指导运输营运的关键原理。现代运输企业在致力于满足客户服务期望，赢得更高的客户满意和客户忠诚的同时，无疑会增加自身的运输成本。因此，企业开展运输经营，必须树立经营成本原理意识，加强运输成本控制，实现运输服务与运输成本的合理统一。

第二节　五种基本运输方式

不同运输方式的服务质量、技术性能、方便程度、管理水平，会影响不同层次物流系统对运输方式的选择。因此，物流管理者必须了解各种运输方式及其特点，才能作出正确的选择。

一、基本运输方式及各自的特点

各种运输服务都是围绕着五种基本的运输方式展开的，即公路运输、水路运输、铁路运输、航空运输和管道运输。它们各自有各自的特点。

（一）公路运输

公路运输（highway transportation）在所有的运输方式中是影响面最为广泛的一种运输方式，公路运输的优势在于：

（1）全运程速度快。公路运输可以实现“门到门”运输，可以减少旅客转换运输工具所需要的等待时间与步行时间，对于限时运送货物，或为适应市场临时急需货物，公路运输服务优于其他运输工具。特别是短途、高价值产品运输，其整个运输过程的速度，较任何其他运输工具都为迅速、方便。

（2）运用灵活。公路运输富于灵活性，可随时调拨，不受时间限制，可到处停靠，富于弹性及适应性，故运用灵活。

（3）受地形气候限制小。汽车的路上行驶，可以逢山过山，不受地形限制。遇恶劣气候，较飞机、船舶受影响小。

但是，公路运输并不是没有劣势，其表现主要有：

（1）载运量小。汽车载运量，从客运角度，小到三四人，大到数十人；从货运考虑，普通可载运 3～5t，即使使用全拖车，也不过数十吨，无法与铁路或轮船的庞大容量相比。

（2）安全性差。公路运输，由于车种复杂，路况不良，以及驾驶人员的疏忽等因素，交通事故较多，故安全性较差。

因此，公路运输适合于短距离、小批量的运输。

（二）铁路运输

铁路运输（railway transportation）具有一些其他运输工具不能取代的优点。主要有：

（1）运量大、运价低廉且运距长。铁路运输采用大功率机车牵引列车运行，可承担长距离、大运输量的运输服务，而且由于列车运行阻力小，能源消耗量低，所以系统价格低廉。

（2）行驶具有自动控制性。铁路运输具有专用路权，在列车行驶上具有高度导向性，可以采用列车自动控制方式控制列车运行，以达到车辆自动驾驶的目的。目前最先进的列车已经可以通过高科技电脑的控制，使列车的运行达到全面自动化，甚至无人驾驶的地步，从而可以大大提高运输安全，减轻司机劳动强度。

(3) 有效使用土地。铁路运输以客、货车组成的列车为基本单元，可以在有限的土地上做大量的运输，因此，较之公路可以节省大量的土地，使土地资源达到最有效地利用。

(4) 污染性较低。铁路的污染性较公路低。在噪音方面，铁路所带来的噪音污染，不仅比公路低，而且是间断性的，而城市道路则是持续性的高噪声污染；在空气落尘污染方面，据美国在1980年所作的测量，铁路每延吨英里的落尘量，约为公路的75%。

(5) 受气候限制小。铁路运输具有高度的导向性，只要行车设施无损坏，在任何气候条件下，如下雨、冰雪，列车均可安全行驶，受气候因素限制很小，所以铁路是营运最可靠性的运输方式。

但是铁路运输系统也有其缺点，如资本密集、固定资产庞大、设备不易维修，且战时容易遭破坏等。对于物流管理来说，其缺点主要表现在以下方面：

(1) 货损较高。铁路运输可能因为列车行驶时的振动与货物装卸不当，容易造成所承载货物的损坏，而且运输过程需要经多次中转，也容易导致货物损坏、遗失。铁路运输的货损比例远高于公路运输所产生的比例，所以一些货主不敢将高价值的货物交由铁路承运。

(2) 营运缺乏弹性。公路运输灵活，可以随货源或客源所在地而变更营运路线，但铁路不行，所以容易产生空车回送现象，从而造成营运成本的增加。

由于受现代公路运输的竞争，铁路运输不得不持续改革营运技术与管理方法，以求满足现代社会的运输需求。

(三) 水路运输

水路运输 (water transportation)，即利用船舶航行于水域，完成旅客与货物运送的经济活动。在各种运输方式中，水路运输是最便宜的运输方式，但运输速度最慢，其具体特征如下：

(1) 运输量大。船舶货舱的比例比其他运输工具都大。因此，可以供货物运输的舱位及其载重量比空运或陆运都大。以国际最大超巨型油轮而言，其每次载运原油的数量可以高达56万吨，而最大的集装箱船，每次可装载20ft集装箱4000TEU。

(2) 能源消耗低。据测量，运输1t货物至同样距离，水运所消耗的能源最小。

（3）单位运输成本低。水运的运输成本约为铁路运输的1/25～1/20，公路运输的1/100。因此，水运（尤其是海运）是最低廉的运输方式，适于运输费用负担能力较弱的原材料及大宗物资的运输。

（4）续航能力大。商船出航，所携带的燃料、粮食及淡水，可历时数十日，绝非其他运输方式可比。而且商船具有独立生活的种种设备，如发电、制造淡水、储藏大量粮食的粮仓、油槽等，能独立生活。

但是，水路运输受气候和商港限制，可及性低。商船航行于海上，遇暴风需及时躲避；遇大雾需按避碰章程办理，以防损害，这些都是气候对水路运输的限制。另外，商船到达商港，会因港湾水深或装卸设备的缺乏，而限制商船的入港与作业。再者，水路运输的可及性不高，往往需要地面运输系统的配合才能完成客、货运输过程。

（四）航空运输

航空运输（air transportation）的特征主要表现在以下几个方面：

（1）速度快。这是民航运输的最大优点和优势，现代喷气式客机，巡航速度为800～900km/h，比汽车、货车快5～10倍，比轮船快20～30倍，而且距离越长，航空运输所能节约的时间越快，快速的特点也越显著。

（2）不受地形限制，机动性大。飞机在空中飞行，受陆地地形因素限制很少，受航线条件限制的程度也远比汽车运输、铁路运输和水路运输小得多。它可以将地面上任何距离的两个地方连接起来，可以定期或不定期飞行。尤其对灾区的救援、供应、边远地区的急救等紧急任务，航空运输已成为必不可少的手段。

（3）舒适、安全。喷气式客机的巡航高度在10 000m左右，飞行不受低空气流的影响，平稳舒适。现代民航客机的客舱宽敞，噪声小，机内有供膳、视听等设施，旅客乘坐的舒适程度较高。由于科学技术的进步和民航客机适航性严格的要求，航空运输的安全性比以往已大大地提高。

（4）适用范围广泛、用途广。飞机，尤其是直升机，不但可供客货运输，而且还可以用于邮政、农业、渔业、林业、救济、工程、警务、气象、旅游观光和军事。因此，航空运输用途十分广泛。

（5）基本建设周期短、投资少。要发展航空运输，从设备条件上讲，只要添置飞机和修建机场就可基本满足。这与修建铁路和公路相比，一般说来建设周期短、占地少、投资省、收效快。据计算，在相距1 000km的两个城市间建立交通线，若载客能力相同，修建铁路的投资是开辟航线的1.6倍。铁路修建周期为5～7年，而开辟航线只需2年。

同时，航空运输也有其不利的方面：

(1) 航空运输具有国际性。航空事业属于环球多国籍的运输企业，具有跨国服务的特性，故需考虑提供国际化服务与合作关系。例如，天空开放和代码共享的出现。

(2) 航空运输载运量小、成本高。由于受飞机机舱容积制约，航空运输载运量小，因而运载成本和运价比地面运输高。

(3) 受气象条件限制。航空运输工具空中飞行，受气象条件限制较大，常影响飞机的航期和安全，且噪声污染也比较严重。

由于航空运输具有快速、机动的特点，可以为旅客节省大量时间，为货主加速资金周转。因此，在客运和进出口贸易中，尤其是在贵重物品、精密仪器、鲜活物资等方面，起着越来越大的作用。

(五) 管道运输

管道运输 (pipeline transportation) 是使用管道输送流体货物的一种运输方式，所输送的货物主要有油品（原油和成品油）、天然气（包括油田伴生气）、煤浆以及其他矿浆。管道运输是随着石油开发而兴起的，并随着石油、天然气等流体燃料需求量的增长而发展。

用管道运输，不同于用车、船舶、飞机等运输货物，管道是静止的，它通过输送设备（如泵、压缩机等）驱动货物，使之通过管道流向目的地。因此，管道的运输特性是：

(1) 运量大。一条管径 720mm 的管道，可年输易凝高粘原油 2 000 万吨以上，相当于一条铁路的运量；一条 1 220mm 的管道，年输量可达 1 亿吨以上。

(2) 永久性占用土地少，易选取捷径缩短运距。管道多埋于地下，埋入地下部分一般占管道总长度的 95%以上，永久占用土地少；管道可以从河流、湖泊乃至海洋的水下穿过；也可以翻越高山，横越沙漠，允许敷设坡度较铁路、公路大，易选取捷径缩短运距。

(3) 可长期稳定运行。由于受恶劣气候条件的影响较小，可以长期连续不断的稳定运行。

(4) 便于管理。便于运输管理，易于远程监控；维修量小，劳动生产率高。

(5) 损耗少，安全可靠。易燃的油、气密闭于管道中，既可减少挥发损耗，又较其他运输方式安全，且系统机械故障率低。

(6) 耗能低、运输费用低。输送每吨公里轻质原油的能耗只有铁路的 1/2～1/17。成品油运费仅为铁路的 1/6～1/3，接近于海运，且无需装卸、包装，无空车回程问题。

(7) 沿途无噪声、漏失污染少。管道运输不仅沿途无噪声，且据近 10 年西欧石油管道的统计，漏失污染量仅为输送量的 4%。

但是管道运输不如其他运输方式灵活，承运的货物比较单一，货源减少时不能改变路线，当输量降低较多并超出其合理运行范围时，优越性就难以发挥。因此只适于定点、量大、单向的流体运输。

二、五种运输方式的比较

以上是五种运输方式的发展与特点的简介，这些特点是物流企业在选择运输方式时的参考指标。对我国物流企业来说，在选择运输服务方式时最关注的就是运输成本问题，各种运输方式的成本结构比较如表 6-1 所示。

表 6-1 各种运输方式成本结构的比较

运输方式	固定成本	变动成本
铁路	高（车辆及轨道）	低
公路	高（车辆及修路）	适中（燃料、维修）
水路	适中（船舶、设备）	低
航空	低（飞机、机场）	高（燃料、维修）
管道	最高（铺设管道）	最低

而各种运输方式中对运输成本影响显著的营运特性主要就是运价、运输时间（速度）、货物的灭损情况（安全可靠性）、运输方式的灵活性（运输方式服务于任何给定的两个地点间的能力）和能力（一种运输方式能满足如运输批量等需求的能力）。对于这几个运输特性后面我们会作专门讨论，这里为了清晰可见，特将五种运输方式的这几种营运特性按照每种指标排序，并赋予权重，权重从 1～5，权重越大指标性能越差，最后得出合计的权重数据，数值越小的性能越好。归纳汇总如表 6-2 所示。

表 6-2 各种运输方式相关的营运特征

营运特性	铁路	公路	水路	航空	管道
运价	3	2	5	1	4
速度	3	2	4	1	5
灵活性	2	1	4	3	5
可靠性	3	2	4	5	1
能力	2	3	1	4	5
合计	13	10	18	14	20

注：排名分别按照由大到小、由高到低的顺序。

可以看出，公路运输的权重最低，说明公路运输的综合特征最好，其次是铁路运输、水路运输、航空运输和管道运输。需要说明的是，这种排列顺序是假定在同等的运输条件下每种运输方案都可以采用的情况。如果改变条件，这个排列顺序可能发生变化。

第三节　集装箱运输与多式联运

一、集装箱运输

（一）集装箱

集装箱，英文名词为“container”，意思是“容器”，也称“货柜”、“货箱”，是一种具有一定规格强度的、专为周转货物使用的容器。根据国际标准化组织的定义，作为一种运输工具的货物集装箱的基本条件有：①具有耐久性，其坚固程度足以能反复使用；②中途转运不须移动箱内货物，可以直接换装；③设有便于快速装卸和搬运的装置，特别是从一种运输方式转移到另一种运输方式时；④便于货物装满和卸空；⑤具有 1 立方米（35.32 立方英尺）以上的容积。

集装箱实际上是一种流动的货舱，属于一种现代化的装卸运输工具。集装箱在运输领域的应用不仅局限在海运，在公路、铁路运输中也得到了广泛的应用。

集装箱的优缺点都很明显，其优点主要表现在以下方面：

（1）因为箱体强度高，保护、防护货物的能力强，因而货损较小。

（2）集装箱本身是一个小型储存仓库，所以使用集装箱可以不再配置仓库、库房。

（3）集装箱具备标准化装备的一系列优点，如尺寸、形状有一定的规定，便于对装运货物和承运设备做出规划、计划。是可以统一装卸、运输的工具，简化装卸工艺，通用性、互换性强。

集装箱也有一些缺点，因而也限制集装箱在更广的范围中应用：

（1）自重大，因而无效运输、无效装卸的比重大。在物流过程中，许多劳动消耗于箱体本身，增加了货物对运费的承担。

（2）集装箱本身造价高，在每次物流中分摊成本较高。

（3）集装箱返空困难，如果空箱返回则浪费很大。

（二）集装箱运输

集装箱货物运输（container transport）是以集装箱作为运输单位进行货物

运输的一种现代化的运输方式。1965 年 4 月，美国海陆运输公司（SEALAND）将一艘 T-Z 型油轮试航，试航三个月获得了极大的经济效益，装卸速度提高了两倍，节省了装卸费用，加速了货运周转，得到了货主的好评。这是海上集装箱运输的开始。从此以后，世界各国纷纷仿效，进行改装，在甲板上设置了一个可供装载 16 个 35 尺的集装箱的平台，集装箱运输因此得到了广泛的发展。从 20 世纪 70 年代以来，国际海上集装箱运输发展尤为迅速，迄今已形成了一个世界性的集装箱运输体系。目前，集装箱海运已经成为国际主要班轮航线上占有支配地位的运输方式。集装箱运输的产生和发展，不仅使运输方式、货运比例发生了巨大的变化，同时也使运输有关部门发生了深刻的变化，被称为“20 世纪运输领域的一次革命”。

1. 集装箱运输的关系方

集装箱运输的管理方法和工作体系与传统运输方式不同，其主要的关系方有集装箱运输经营人、无船承运人（NVOCC）、实际承运人、集装箱租赁公司、集装箱专用码头（堆场）和货运站。

2. 集装箱运输方式的分类

集装箱运输方式根据货物装箱数量和方式可分为整箱和拼箱两种。

(1) 整箱（full container load，FCL）。整箱是指货主将货物装满整箱后，以箱为单位托运的集装箱。一般做法是由承运人将空箱运到工厂或仓库后，货主把货装入箱内、加封、铅封后交承运人，并取得站场收据（dock receipt），最后凭站场收据换取提单。

(2) 拼箱（less than contain load，LCL）。拼箱是指承运人或代理人接受货主托运的数量不足以整箱的小票货物后，根据货类性质和目的地进行分类、整理、集中、装箱、交货等工作均在承运人码头集装箱货运站（CFS）或内陆集装箱运转站进行。

3. 集装箱运输的特点

集装箱运输之所以得以迅速发展，是因为同传统件杂货运输方式相比，它能显著提高件杂货的运输和装卸效率。经过几十年来的努力，集装箱运输已经成为软件、硬件日趋完善的现代化运输方式。集装箱运输具有以下 6 个典型的特点：

(1) 运输效率高。集装箱运输的各个环节都使用专用设施和设备，大大提高了件杂货的装卸效率，提高了车站、港口的吞吐能力，加速了车辆、船舶的周转和港口的疏港。因此，集装箱运输是实现全部机械化作业的高效率的运输方式。

（2）运输质量高。集装箱容器的封闭性和坚固性保证了运输过程中货物的安全，减少了偷盗、损毁等意外风险发生的几率；同时，集装箱运输可以减少货物装卸次数，因此在减少货损货差，提高运输服务质量方面，是非常显著的。

（3）运输成本低。集装箱运输的成本节约效应体现在两个方面，一方面在中转装卸环节，可以降低作业费等相关成本；另一方面，由于集装箱具有保护货物的作用，对货物的包装要求不如传统运输那样严格，可大大节省包装成本。

（4）运输要求高。集装箱运输是比较复杂的综合运输系统工程，它要求车辆、船舶周转快，车站、港口装卸效率高，集疏运网络健全，单证流转科学简捷，信息传递及时准确等，只有各个方面、各个环节的协调配合，才能发挥其优越性。

（5）运输投入高。开展集装箱运输必须进行巨额的前期固定资产投资，包括集装箱、集装箱运输工具、集装箱装卸设备等，这些都需要耗费大量的资金。同时，要保证集装箱运输系统快速、高效的运行，还要配备具有较高业务素质的管理人员、技术人员和业务人员。

（6）有利于多式联运的开展。在集装箱运输中，作为运输基本单元的是集装箱而非货物本身的包装单位，当集装箱在不同的运输方式间转换时，交接的是集装箱，而集装箱内的货物不需移动，这就大大简化了交接工作，提高了交接效率。因此，集装箱运输是最适合开展多式联运的运输方式。

二、多式联运

（一）多式联运的概念

多式联运（multi-modal transportation）是指综合利用某一区间中各种不同运输方式的优势，进行不同运输方式的协作，它能使货主按统一的运输规章或制度，使用统一的运输凭证，享受不同运输方式的综合优势。联运的最低要求是两种不同运输方式进行两程的衔接运输。根据以上描述，构成多式联运应具备以下几个条件：

（1）要有一个多式联运合同，明确规定多式联运经营人（承运人）和托运人之间的权利、义务责任、豁免的合同关系和多式联运的性质。

（2）必须使用一份全程多式联运单据，即证明多式联运经营人已接管货物并负责按照合同条款交付货物所签发的单据。

（3）必须有至少两种不同运输方式的连贯运输。这是确定一票货运是否属于多式联运的重要特征。为了履行单一方式运输合同而进行的该合同所规定的货物接送业务则不应视为多式联运，如航空运输中从仓库到机场的这种陆空组合则不属于多式联运。

(4) 必须由一个多式联运经营人对全程的运输负总的责任。这是多式联运的一个重要特征。由多式联运经营人指派分段承运人，实现分段的运输。

(5) 必须是全程单一运费费率。多式联运经营人在对货主负全程责任的基础上，制订一个货物发运地至目的地的全程单一费率，并以包干形式一次向货主收取。

多式联运具有如下特点：

(1) 手续简单。多式联运是由多式联运经营人对托运人签订的一个运输合同，实行运输全程一次托运、一单到底、一次收费、统一理赔、全程负责的运输组织形式，是一种方便托运人和货主的运输组织形式。

(2) 便于实现“门到门”运输。多式联运能够发挥各种运输方式的优势，实现商品的“门到门”运输。

(3) 运费低廉。多式联运采用一单到底，单一运费率，比分段运输的运费低廉。多式联运必须与集装箱运输结合起来才能真正发挥其优越性。

多式联运的主要特点是在不同运输方式间自由变化运输工具，以最合理、最有效的方式实现货物运输过程。例如，将卡车上的集装箱装上飞机，或铁路车厢被拖上船等等。

(二) 多式联运的组合方式

多式联运的组合方法有很多，但在实际中，这些组合并不都是实用的，一般的，只有铁路与公路联运、公路或铁路与水路联运得到较为广泛的采用。比较典型的有：

(1) 铁路与公路联运，即公铁联运，或称驼背运输，是指在铁路平板车上载运卡车拖车，通常运距比正常的卡车运输长。它综合了卡车运输的方便、灵活与铁路长距离运输经济的特点，运费通常比单纯的卡车运输要低。这样，卡车运输公司可以延伸其服务范围，而铁路部门也能够分享到某些一般只由卡车公司单独运输的业务，同时托运人也可以在合理价格下享受到长距离门到门服务的便捷。因此，驼背运输，即铁路公路联运成为最受欢迎的多式联运方式。

(2) 公路或铁路与水路联运，也称鱼背运输，即将卡车拖车、铁路车或集装箱转载驳船或船舶上做长途运输。这种使用水路进行长途运输的方式，是最便宜的运输方式之一，在国际多式联运中应用广泛。

(3) 航空与公路联运，即将航空货运与卡车运输结合起来，这种方式所提供的服务和灵活性可与公路直达运输相比拟。

由于两种以上运输方式的连接所具有的经济潜力，所以多式联运吸引了托运人和承运人。多式联运的发展对物流计划者具有很大的利益，这种发展增加了系统设计中可选方案，从而可以降低物流成本、改善服务。

第四节 运输合理化

一、不合理运输

不合理运输是指不注重经济效果，造成运力浪费、运费增加、货物流通速度降低、货物损耗增加等问题的运输形式。目前我国存在的主要不合理运输形式分析如下。

（一）与运输方向有关的不合理运输

1. 对流运输

对流运输亦称“相向运输”、“交错运输”，指同一种货物或彼此间可以互相代用而又不影响管理、技术及效益的货物，在同一线路上或不同运输方式的平行线路上作相对方向的运送，而与对方运程的全部或一部分发生重迭交错的运输称对流运输。对流运输是最突出的不合理运输，会造成运输能力的巨大浪费。它主要有三类：

（1）明显的对流运输。即在同一运输路线上的对流。

（2）隐含的对流运输。即违反近产近销原则，在平行路线上朝着相对方向的运输。见图 6-1。

图 6-1 对于同一种货物，甲发 50 吨货物至乙，丙发 50 吨货物至丁，总运输量是 3 000 吨千米，甲发 50 吨货物至丁，丙发 50 吨至乙，总运输量 2 000 吨千米，隐含运输浪费 1 000 吨千米。

（3）隐蔽的对流运输。有一些不很明显的隐蔽对流运输，例如不同时间的相向运输，从发生运输的那个时间看，并无出现对流，可能做出错误的判断，所以要注意隐蔽的对流运输。

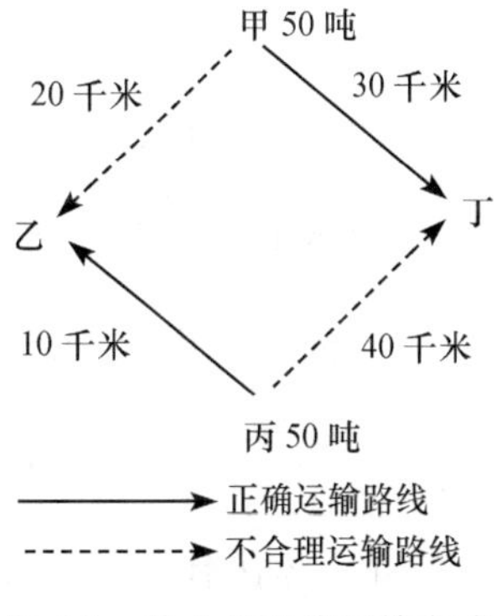

图 6-1 隐含的对流运输方式

2. 倒流运输

倒流运输是指货物从销地或中转地向产地或起运地回流的一种运输现象

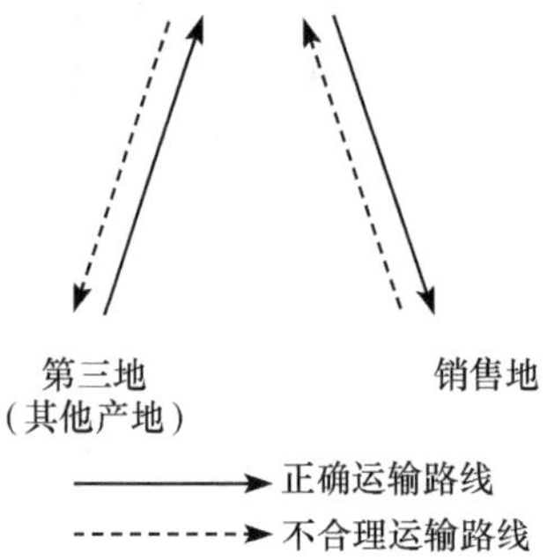

图 6-2　倒流运输方式

(图 6-2)。其不合理程度要甚于对流运输，其原因在于，往返两程的运输都是不必要的，形成了双程的浪费。倒流运输也可以看成是隐蔽对流的一种特殊形式。

3. 返程或起程空载运输

空车无货载行驶，可以说是不合理运输的最严重形式。在实际运输组织中，有时候必须调运空车，从管理上不能将其看成不合理运输。但是，因调运不当，货源计划不周，不采用运输社会化而形成的空驶，是不合理运输的表现。造成空载的不合理运输主要有以下几种原因：

(1) 能利用社会化的运输体系而不利用，却依靠自备车送货提货，这往往出现单程重车，单程空驶的不合理运输。

(2) 由于工作失误或计划不周，造成货源不实，车辆空去空回，形成双程空驶。

(3) 由于车辆过分专用，无法搭运回程货，只能单程实车，单程回空周转。

(二) 与运输距离有关的不合理运输

1. 过远运输

过远运输是指调运物资舍近求远，近处有资源不调而从远处调，这就造成可采取近程运输而未采取，拉长了货物运距的浪费现象。过远运输占用运力时间长、运输工具周转慢、物资占压资金时间长，远距离自然条件相差大。又易出现货损，增加了费用支出。见图 6-3。

2. 迂回运输

迂回运输是指物资不走最短路径的绕道运输。由于增加了运输路线、延长了货物在途中时间，造成了运力的浪费，见图 6-4。图 6-4 中捷径路径是甲→丙，迂回路线是甲→乙→丙，乙是中途多余的装卸点。

迂回运输有一定复杂性，不能简单处之，只有当计划不周、地理不熟、组织不当而发生的迂回，才属于不合理运输，如果最短距离有交通阻塞、道路情况不好或有对噪音、排气等特殊限制而不能使用时发生的迂回，不能称为不合理运输。

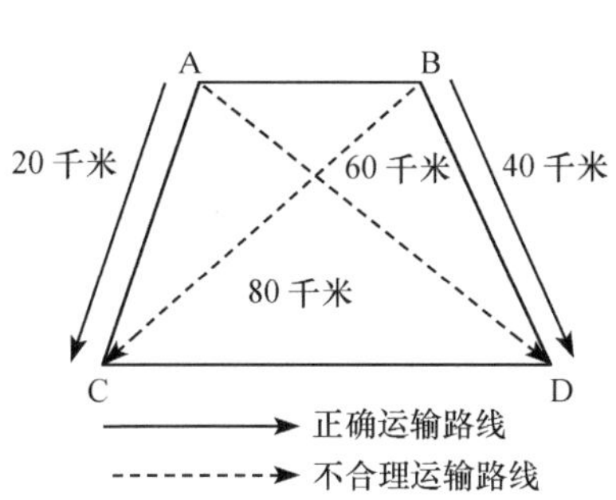

图 6-3 过远运输方式

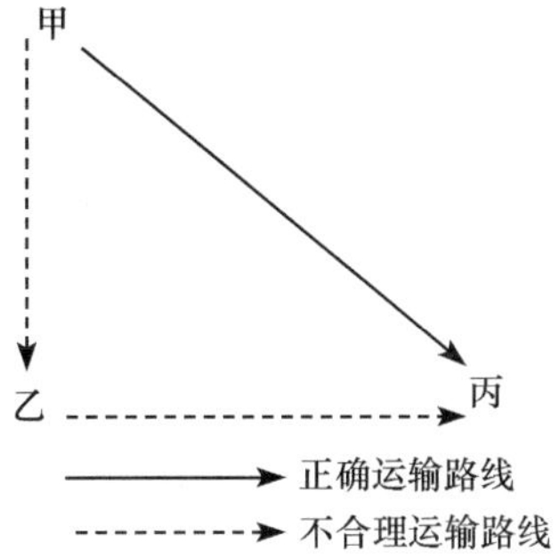

图 6-4 迂回运输方式

（三）与运量有关的不合理运输

1. 重复运输

本来可以直接将货物运到目的地，但是在未达目的地之处，或目的地之外的其他场所将货卸下，再重复装运送达目的地，这是重复运输的一种形式（图 6-5）。另一种形式是，同品种货物在同一地点一面运进，同时又向外运出。重复运输的最大弊端是增加了非必要的中间环节，这就延缓了流通速度，浪费了运力，增加了费用，增大了货损。

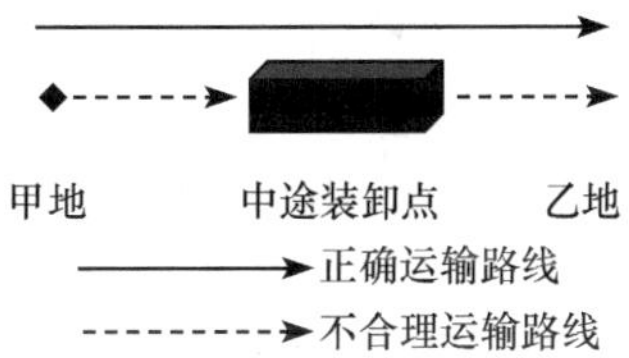

图 6-5 重复运输

2. 无效运输

凡装运的物资中有无使用价值的杂质（如煤炭中的矸石、原油中的水分、矿石中的泥土和沙石）含量过多或含量超过规定的标准的运输。

（四）运力选择不当的运输

未分析各种运输工具的优势而不正确地利用运输工具造成的不合理现象，常见有以下若干形式：

（1）弃水走陆。在同时可以利用水运及陆运时，不利用成本较低的水运或水陆联运，而选择成本较高的铁路运输或汽车运输，使水运优势不能发挥。

（2）铁路、大型船舶的过近运输。不是铁路及大型船舶的经济运行里程却利用这些运力进行运输的不合理做法。主要不合理之处在于火车及大型船舶起运及到达目的地的准备、装卸时间长，且机动灵活性不足，在过近距离中利用，发挥不了运速快的优势。相反，由于装卸时间长，反而会延长运输时间。另外，和小型运输设备比较，火车及大型船舶装卸难度大、费用也较高。

(3) 运输工具承载能力选择不当。不根据承运货物数量及重量选择，而盲目决定运输工具，造成过分超载、损坏车辆及货物不满载、浪费运力的现象。尤其是“大马拉小车”现象发生较多。由于装货量小，单位货物运输成本必然增加。

(五) 托运方式选择不当的不合理运输

对于货主而言，在可以选择最好托运方式而未选择，造成运力浪费及费用支出加大的一种不合理运输。

例如，应选择整车但未选择，反而采取零担托运，应当直达但选择了中转运输等都属于这一类型的不合理运输。

上述的各种不合理运输形式都是在特定条件下表现出来，在进行判断时必须注意其不合理的前提条件，否则就容易出现判断的失误。例如，如果同一种产品，商标不同，价格不同，所发生的对流，不能绝对看成不合理，因为其中存在着市场机制引导的竞争，优胜劣汰，如果强调因为表面的对流而不允许运输，就会起到保护落后、阻碍竞争甚至助长地区封锁的作用。类似的例子，在各种不合理运输形式中都可以举出一些。

另外，以上对不合理运输的描述，主要就其形式本身而言，是从微观观察得出的结论。在实践中，必须将其放在物流系统中做综合判断，在不做系统分析和综合判断时，很可能出现“效益背反”现象。单从一种情况来看，避免了不合理，做到了合理，但它的合理却使其他部分出现不合理。只有从系统角度，综合进行判断才能有效避免“效益背反”现象，从而优化物流系统。

二、运输合理化的影响因素

由于运输是物流中最重要的功能要素之一，物流合理化在很大程度上依赖于运输合理化。运输合理化的影响因素很多，起决定性作用的有五方面的因素，称做合理运输的“五要素”：

(1) 运输距离。在运输时，运输时间、运输货损、运费、车辆或船舶周转等运输的若干技术经济指标，都与运距有一定比例关系，运距长短是运输是否合理的一个最基本因素。缩短运输距离从宏观、微观看都会带来好处。

(2) 运输环节。每增加一次运输，不但会增加起运的运费和总运费，而且必须要增加运输的附属活动，如装卸、包装等，各项技术经济指标也会因此下降。所以，减少运输环节，尤其是同类运输工具的环节，对合理运输有促进作用。

（3）运输工具。各种运输工具都有其使用的优势领域，对运输工具进行优化选择，按运输工具特点进行装卸运输作业，最大发挥所用运输工具的作用，是运输合理化的重要一环。

（4）运输时间。运输是物流过程中需要花费较多时间的环节，尤其是远程运输，在全部物流时间中，运输时间占绝大部分，所以，运输时间的缩短对整个流通时间的缩短有决定性的作用。此外，运输时间短，有利于运输工具的加速周转，充分发挥运力的作用，有利于货主资金的周转，有利于运输线路通过能力的提高，对运输合理化有很大贡献。

（5）运输费用。运费在全部物流费中占很大比例，运费高低在很大程度决定整个物流系统的竞争能力。实际上，运输费用的降低，无论对货主企业来讲还是对物流经营企业来讲，都是运输合理化的一个重要目标。运费的判断，也是各种合理化实施是否行之有效的最终判断依据之一。

从上述五方面考虑运输合理化，就能取得预想的结果。

三、运输合理化的途径

为了克服不合理的运输现象，在物流运输管理过程中需要采取一些措施来组织合理的运输。运输合理化的常见途径如下。

（1）开展分区产销平衡合理运输。分区产销平衡合理运输就是在组织物流活动中，对某种货物使其由一定的生产区固定于一定的消费区。在产销平衡的基础上，按照近产近销的原则，使货物走最少的里程，组织运输活动。这种方式加强了产、供、运销的计划性，消除过远、迂回、对流等不合理运输，降低了物流费用、节约运输成本及运输耗费。在实际工作中，这种方式适用于品种单一、规格简单、生产集中、消费分散或生产分散、消费集中且调动量大的货物，如煤炭、木材、水泥、粮食、矿建材料等。

（2）发展社会化的运输体系。运输社会化的含义是发展运输的大生产优势，实行专业化分工，打破物流企业自成运输体系的状况。单个物流公司车辆自有，自我服务，不断形成规模，且运量需求有限，难于自我调剂，因而经常容易出现空缺，运力选择不当，不能满载等浪费现象，且配套的接、发货设施、装卸搬运设施也很难有效的运行，所以浪费颇大。实行运输社会化，可以统一安排运输工具，避免迂回、倒流、空驶，运力选择不当等多种不合理形式，不但可以追求组织效益而且可以追求规模效益，所以发展社会化的运输体系是运输合理化的非常重要的措施。

（3）尽量发展直达运输。直达运输是追求运输合理化的重要形式，其对合理化的追求要点是通过减少过载、换载，从而提高运输速度，省却装卸费用，降低中转货损。直达的优势，尤其是在一次运输批量和用户一次需求量达到了一整车时表现最为突出。但相对而言对企业各部门分工协作程度的要求较高，企业内部计划、财会、业务、仓库等各个机构应加强联系，建立相应的联系制度来满足其需求。直达运输通常适用于某些体积大、笨重的生产资料运输，如矿石等。对于出口货物也多采用直达运输方式。

特别需要一提的是，如同其他合理化措施一样，直达运输的合理性也是在一定条件下才会有所表现，不能绝对认为直达一定优于中转。这要根据用户的要求，从物流总体出发做综合判断。如果从用户需要量看，批量大到一定程度，直达是合理的，批量较小时中转是合理的。

（4）运用“四就”直拨运输。“四就”直拨运输就是就厂直拨，就车站、码头直拨，就库直拨，就车、船过载等，简称为“四就”直拨。它是减少中转运输环节，力求以最少的中转次数完成运输任务的一种形式。一般批量到站或到港的货物，首先要进分配部门或批发部门的仓库，然后再按程序分拨或销售给用户。这样一来，往往出现不合理运输。“四就”直拨，首先是由管理机构预先筹划，然后分别就厂或就站（码头）、就库、就车（船）将货物分送给用户，而勿需再入库了。

“四就”直拨和直达运输是两种不同的合理运输方式，它们既有联系又有区别。直达运输一般是货物运输里程较远，批量较大；而“四就”直拨运输一般是货物运输里程较近，批量较小，一般在大中城市批发站所在地办理直拨运输业务。在运输过程中将“四就”直拨运输与直达运输结合起来会收到更好的经济效果（表 6-3）。

表 6-3 “四就”直拨的主要形式

“四就”直拨的主要形式	含 义	具体方式
就厂直拨	物流部门从工厂收购产品，经厂验收后，不经过中间仓库和不必要的转运环节，直接调拨给销售部门或直接送到车站码头运往目的地的方式	厂际直拨、厂店直拨、厂批直拨、用工厂专用线、码头直接发运
就车站/码头直拨	物流部门对外地到达车站/码头的货物，在交通运输部门允许占用货位的时间内，经交接经验收后，直接分拨或运给各销售部门	直接运往市内各销售部门 直接运往外埠要货单位
就仓库直拨	在货物发货时越过逐级的层层调拨，省略不必要的中间环节，直接从仓库拨给销售部门	对需要储存保管的货物就仓库直拨 对需要更新库存的货物就仓库直拨 对常年生产、常年销售货物就仓库直拨 对季节生产、常年销售货物就仓库直拨
就车船过载	对外地用车、船运输的货物，经交接验收后，不在车站或码头停放，不入库保管，随即通过其他运输工具换装并直接运至销售部门	就火车直装汽车 就船直装火车或汽车 就大船过驳小船

（5）提高运输工具实载率。实载率的含义有两个：一是单车实际载重与运距之乘积和标定载重与行驶里程之乘积的比率，在安排单车、单船运输时它是判断装载合理与否的重要指标；二是车船的统计指标，即在一定时期内实际完成的货物周转量（吨公里）占载重吨位与行驶公里乘积的百分比。

提高实载率如进行配载运输等，可以充分利用运输工具的额定能力，减少空驶和不满载行驶的时间，减少浪费从而求得运输的合理化。当前，国内外开展的“配送”形式，优势之一就是将多家需要的货和一家需要的多种货实行配装，以达到容积和载重的充分合理运用，比起以往自家提货或一家送货车辆大部分空驶的状况，是运输合理化的一个进展。

（6）开展中短距离铁路公路分流，“以公代铁”的运输。这一措施的要点，是在公路运输经济里程范围内，应利用公路运输。这种运输合理化的表现主要有两点：一是对于比较紧张的铁路运输，用公路分流后，可以得到一定程度的缓解，从而加大这一区段的运输通过能力；二是充分利用公路从门到门和在中途运输中速度快且灵活机动的优势，实现铁路运输服务难以达到的水平。这种方式目前在杂货、日用百货运输及煤炭运输中较为普遍，公路运输经济里程一般在 200 公里以内，有时可达 700～1 000 公里。

（7）进行必要的流通加工。有不少产品，由于产品本身形态及特性问题，很难实现运输的合理化，如果进行适当加工，就能够有效解决合理运输问题，例如将造纸材在产地预先加工成干纸浆，然后压缩体积运输，就能解决造纸材运输不满载的问题。轻泡产品预先捆紧包装成规定尺寸，装车就容易提高装载量；水产品及肉类预先冷冻，就可提高车辆装载率并降低运输损耗。

第五节　运输规划

一、物资运输规划概述

物资运输规划，是物资运输计划和调度人员制订运输计划的科学方法。它的基本内容就是根据给定的运输任务确定如何从多个供应点通过运输网络将货物最经济地运输到多个用户。

（一）物资运输规划问题的一般模型

设要从 m 个源点分别将货物运输到 n 个汇点，从第 i 个源点运输到第 j 个汇点的运量 X_{ij} 既要满足供应厂的源量 a_i（$i=1, 2, \cdots, m$）的条件，又要满足用户汇量 b_j（$j=1, 2, \cdots, n$）的条件、并且要使得总运费 F 最省。物资运输规划问题的一般模型为：

$$\min F = \sum_{i=1}^{m}\sum_{j=1}^{n} C_{ij}X_{ij}$$

$$\sum_{i=1}^{m} X_{ij} = a_i \quad (i = 1,2,\cdots,m)$$

$$\sum_{j=1}^{n} X_{ij} = b_j \quad (j = 1,2,\cdots,n)$$

$$X_{ij} \geqslant 0$$

解题步骤：

(1) 建立初始运输表格：所谓初始运输表格就是包含所有源点和所有汇点、并且源汇点间的运价系数齐全、供需平衡的单纯型表格。当 $\sum_i a_i \neq \sum_j b_j$ 时，要设立虚源和虚汇，化为平衡模型。如果源点和汇点之间有多条路径，应该取其中的最短路径为运价系数。

(2) 用最小元素法求初始解：在初始运输表格中，依次优先从最小的运价系数的格开始，分配由源量和汇量允许的最大的调运量，直到所有的源量分配完毕、所有的汇量都得到满足为止。填上了解的这些格，我们叫做基本格，它们的个数应当有 $m+n-1$ 个。

(3) 对求出的解进行位势法检验：先由基本格根据 $c_{ij}=u_i+v_j$ 的关系，求行位势 u_i 和列位势 v_j，然后对非基本格判断单纯形系数 $z_{ij}=c_{ij}-u_i-v_j$ 是否大于等于零，如果所有的单纯形系数都大于等于零，则得到最优解，退出。否则，进入下一步。

(4) 对解进行回路法调整：以单纯形系数 z_{ij} 负得最多的基本格为起点，向左右前后前进，碰到基本格拐弯，构造出闭合回路，并在各顶点依次标注＋号和－号。然后从标注－号的各格中找最小的调运量作为调整量，并在回路中将所有带－号的格的调运量分别减去这个调整量（这时消除了一个基本格）、将所有带＋号的格的调运量依次加上这个调整量（这时添加了起点一个基本格），就得到一个改进解。转（3）。

例 6-1 多分支多闭合回路运输网络图如图 6-6 所示，求调运方案。

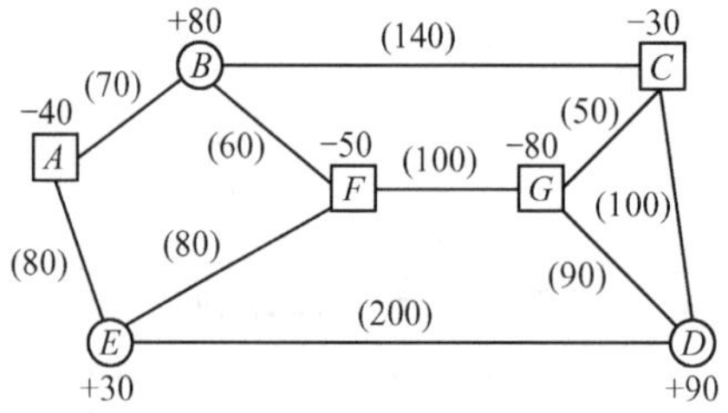

图 6-6 多闭合回路运输网络图

解：第一步，先根据运输网络图建立初始运输表格，如表 6-4 所示。其中，最左一列和最右一列分别是源点和对应的源量 a_i，最上一行和最下一行分别是汇点和对应的汇量 b_j，中间主体部分的每一格左上角上带半括弧的数字都是相应源点到相应汇点的运价系数 c_{ij}，并且，总源量等于总汇量，供需平衡。

表 6-4　初始运输表格

项　目	A	C	F	G	源量 a_i
B	(70)	(140)	(60)	(160)	80
D	(280)	(100)	(190)	(90)	90
E	(80)	(230)	(80)	(180)	30
汇量 b_j	40	30	50	80	

第二步，用最小元素法求初始解：

首先的最小元素为 60，对应由 B 到 F 的运量，对应的源量是 80，汇量是 50，所以允许分配的最大调运量是 50，填入该格中，得到一个基本格。这样，F 列已得到满足，后面不能够再填了。

接着，在剩下的各格中，找最小元素，为 70。对应由 B 运到 A，对应的源量还剩 30（虽然原来是 80，但已经分配 F 点 50），汇量 40，所以允许的最大调运量是 30。并且 B 行已得到满足，以后不能够再填了。同样，依次填上其他各个基本格，所有源量分配完，所有汇量都得到满足，共得到 $m+n-1=3+4-1=6$ 个，如表 6-5 所示。

表 6-5

项　目	A		C		F		G		源量 a_i
B	(70)	**30**	(140)		(60)	**50**	(160)		80
D	(280)		(100)	**10**	(190)		(90)	**80**	90
E	(80)	**10**	(230)	**20**	(80)		(180)		30
汇量 b_j	40		30		50		80		

第三步，位势法检验：

先由基本格根据 $c_{ij}=u_i+v_j$ 的关系，求行位势 u_i 和列位势 v_j。

先假设 $u_1=0$，由 $c_{11}=u_1+v_1=70$，得 $v_1=70$，由 $c_{13}=u_1+v_3=60$，得 $v_3=60$；

再由 $v_1=70$，由 $c_{31}=u_3+v_1=80$，得 $u_3=10$；

再由 $u_3=10$，由 $c_{32}=u_3+v_2=230$，得 $v_2=220$；

再由 $v_2=220$，由 $c_{22}=u_2+v_2=100$，得 $u_2=-120$；

再由 $u_2=-120$，由 $c_{24}=u_2+v_4=90$，得 $v_4=210$。

这样就求出了所有的行位势和列位势：

$$u_1=0,\quad u_2=-120,\quad u_3=10,\quad v_1=70,$$
$$v_2=220,\quad v_3=60,\quad v_4=210$$

再由行位势 u_i 和列位势 v_j 根据公式 $z_{ij}=c_{ij}-u_i-v_j$ 判断非基本格的单纯形系数 z_{ij} 是否大于等于 0。

因为：$z_{12}=c_{12}-u_1-v_2=140-0-220=-80$；$z_{14}=c_{14}-u_1-v_4=160-0-210=-50$；$z_{21}=c_{21}-u_2-v_1=280+120-70=330$；$z_{23}=c_{23}-u_2-v_3=190+120-60=250$；$z_{33}=c_{33}-u_3-v_3=80-10-60=10$；$z_{34}=c_{34}-u_3-v_4=180-10-210=-40$。发现负得最多的是 z_{12}，对应 B 与 C 的交点格。

第四步，回路法调整：以负得最多的 B 与 C 交点格为起点，遇基本格拐弯构造闭合回路，并依次填上＋号和－号，如表 6-6 所示。以负顶角中最小的数字为调整量（20），在各个顶角分别加上或减去这个调整量。得到一个新的解，如表 6-7 所示。

表 6-6

项　目	A	C	F	G	源量 a_i
B	(70)　**30** －	(140)　＋	(60)　**50**	(160)	80
D	(280)	(100)　**10**	(190)	(90)　**80**	90
E	(80)　**10** ＋	(230)　**20** －	(80)	(180)	30
汇量 b_j	40	30	50	80	

表 6-7

项　目	A	C	F	G	源量 a_i
B	(70)　**10**	(140)　**20**	(60)　**50**	(160)	80
D	(280)	(100)　**10**	(190)	(90)　**80**	90
E	(80)　**30**	(230)	(80)	(180)	30
汇量 b_j	40	30	50	80	

再返回第三步检验。先求行位势和列位势，再求单纯型稀疏，发现所有的非基本格单纯型系数都大于等于 0，这个解就是满意解。即调运方案如下。

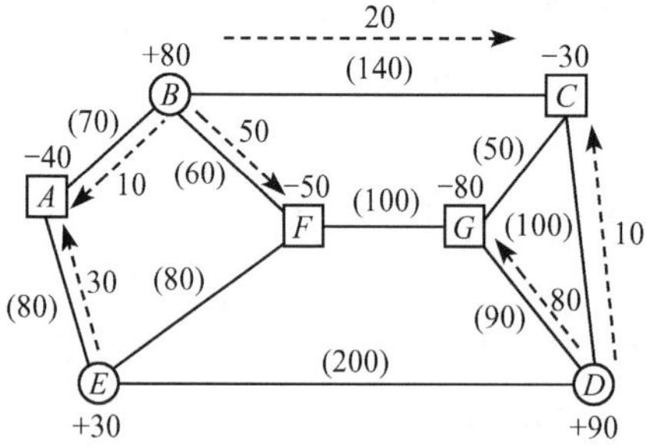

图 6-7　多闭合回路调运方案图

由 B 点发出 80：$X_{BA}=10$，$X_{BC}=20$，$X_{BF}=50$；由 D 点发出 90：$X_{DC}=10$，$X_{DG}=80$；由 E 点发出 30：$X_{EA}=30$；A 点总共收到 40：$X_{BA}=10$，$X_{EA}=30$；C 点总共收到 30：$X_{BC}=20$，$X_{DC}=10$；F 点总共收到 50：$X_{BF}=50$；G 点总共收到 80：$X_{DG}=80$，见图 6-7。

（二）调运约束

实际制订运输计划时，要考虑各种约束条件。这些约束条件如下。

（1）计划约束：指根据国家经济发展计划和供需矛盾情况而制定的物资分配计划。

（2）特殊调度约束：指为满足特殊用户需求量而进行的物资调度约束。这些特殊用户，一般是关系国计民生的重点项目、或者紧急项目等。

（3）用户质量要求的约束：用户根据产品质量需要，对供应厂商的选定。

（4）供需协作约束：供需双方已经结成了互惠互利的供需关系。

（5）订货发货起点约束：选订货起点和发货起点二者中较高者。

（6）运力约束：指运输路段上运输能力的限制条件。它具有方向性。

（三）调运问题的几点说明

（1）合理调运问题的解法，就是解有以上调运约束条件的运输问题。

（2）都是解单一品种，或者虽然不是同一品种，但可以转换成单一品种。

（3）资源量的确定：等于可供调运的数量，或者经过计划处理的量。

（4）需求量的确定：等于实际需求的数量，或者经过计划处理的量。

（5）源和汇数目的处理：为减少运算处理工作量，应尽量减少源和汇的数目。

（6）运价系数的确定：运价系数取为单位物资的全程运费，在同样的运输方式条件下，也可以取为运输路程或运输时间。

（四）调运模型分类

调运模型可以分成直达调运和中转调运二大类。中转调运又包括经中转仓库中转、经任意网点中转和运力约束三种小类。下面分别说明。

二、直达调运

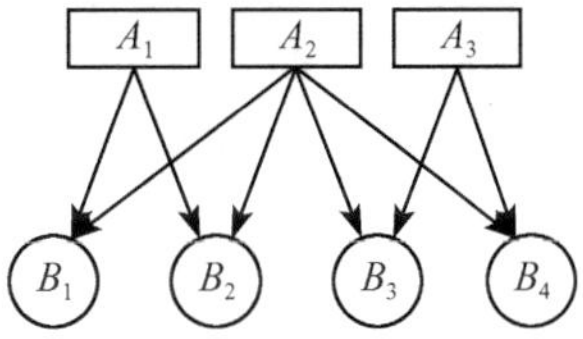

图 6-8 直达调运

直达调运就是生产厂直接运到用户的调运，如图 6-8 所示。直达调运问题一般是已知若干个物资供应点及其供应量，也已知若干个需求点及其需求量，要求把物资从各个供应点运送到各个需求点，求出能满足各种约束条件、并使总运费最省的运输方案。这些约束条件包括：

（1）供应量需求量约束；

（2）计划约束；

（3）特殊调度约束；

（4）用户质量要求约束；

（5）供需协作约束；

（6）运力约束等。

计划约束一般表现为：

① 对用户及其需求量的限定；

② 对供应点及其供应量的限定；

③ 对供需关系对的限定。

调运模型对计划约束的处理，一般体现为对源和汇的个数以及相应的供应量或需求量的限定处理。这时可能要设立虚源或虚汇。

特殊调度约束、供需协作约束一般体现为对供需关系对及其供需量的限定。

用户质量要求约束一般体现为用户对供应厂家的选择和供应量的限定。其中有两种常见情况：

① 用户限定从某供应厂家的进货不小于某个数量；

② 用户限定从某供应厂家的进货不大于某个数量。

对于前一种情况，一般把该用户 B_j 及其需求量 b_j 分成两部分：一部分用 B_j'表示，它是有质量要求的用户，其需求的数量 b_j'，它只从限定供应点进货（其相应运价系数取实际运价系数），不从其他供应点进货（其相应运价系数取 M）；另一部分用 B_j''表示，它是非质量要求的用户，其需求数量 $b_j''=b_j-b_j'$，它可以从包括限定供应点在内的所有供应点进货，它与各点的运价系数都取实际运价系数。

对于后一种情况，一般也把该用户 B_j 及其需求量分成 b_j 两部分：一部分用 B_j''表示，它是非质量要求的用户，其需求的数量 $b_j''=b_j-b_j'$，B_j''只从限定供应点以外的各点进货（它与限定点的运价系数取 M，而与其他各点的运价系数取实际运价系数）；另一部分用 B_j'表示，它是质量要求的用户，其需求数量 b_j'。B_j'从包括限定供应点在内的所有各点进货（其相应运价系数都取实际运价系数）。

例 6-2　山东水泥调运数据如表 6-8 所示，加上以下约束：

（1）计划约束：B_1 和 B_3 的需求量各减少 2。

（2）特殊调度约束：B_4 从 A_1 的进货不得少于 1。

（3）供需协作约束：B_1 应从 A_3 进货 1。

（4）用户质量要求约束：B_1 从 A_1 的进货不超过 3。

求合理调运方案。

表 6-8

项　目	B_1	B_2	B_3	B_4	a_i
A_1	(2)	(11)	(3)	(4)	6
A_2	(10)	(3)	(5)	(9)	5
A_3	(7)	(8)	(1)	(2)	2
b_j	8	2	5	2	

解：根据计划约束，B_1、B_3 的需求量各减少 2，此时总供应量等于 6+2+3+2=13，总需求量等于 6+5+2=13。供需平衡，不需要设立虚源虚汇。

根据特殊调度约束，B_4 从 A_1 的进货不得少于 1，则把 B_4 分成 B_4' 和 B_4'' 两部分，B_4' 只从 A_1 进货 $b_4'=1$，B_4'' 从包括 A_1 在内的所有供应厂家进货 $b_4''=b_4-b_4'=2-1=1$。

根据供需协作约束，B_1 应从 A_3 进货 1，也将 B_1 分成 B_1' 和 B_1'' 两部分，$b_1'=1$，只从 A_3 进货。$b_1''=b_1-b_1'=6-1=5$。

根据用户质量要求约束，B_1 从 A_1 进货不超过 3，这时只能把 B_1'' 分成 B_1'' 和 B_1''' 两部分，B_1'' 从 A_1 以外各厂进货，$b_1''=5-3=2$，$b_1'''=3$，B_1''' 从包括 A_1 在内的各厂进货 3。

这样得到如下的初始调运表格（表 6-9）。

表 6-9

	B_1'	B_1''	B_1'''	B_2	B_3	B_4'	B_4''	a_i
A_1	(M)	(M)	(2)　**3**	(11)	(3)　**1**	(4)　**1**	(4)　**1**	6
A_2	(M)	(10)　**2**	(10)	(3)　**2**	(5)　**1**	(9)	(M)	5
A_3	(7)　**1**	(7)	(7)	(8)	(1)　**1**	(2)	(M)	2
b_j	1	2	3	2	3	1	1	

三、中转调运

（一）经中转仓库中转

（1）概念：所谓中转调运，就是由供应点经过中转仓库到用户的运输（图 6-9）。

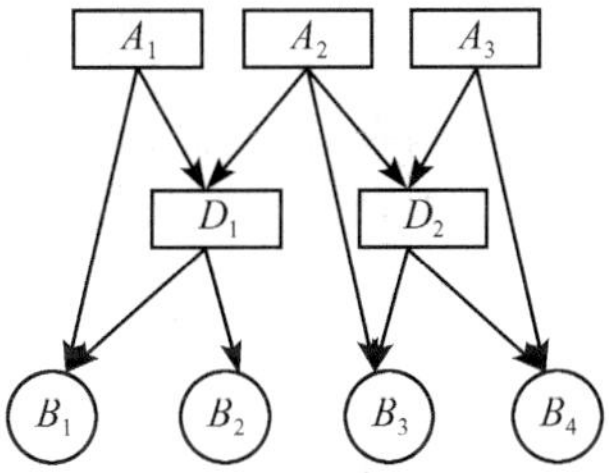

图 6-9　中转调运

（2）处理原理。中转调运问题的处理，就是要把中转仓库进行数学上的处理，达到把中转调运问题转化成直达调运问题求解的目的。

中转仓库可以进行如下的处理：

把中转仓库既看成是用户（因为它们也像一般

用户一样，也要由供应点进货），也看成是供应点（因为它们也像一般供应点一样，也向用户供应货物）。在初始调运表格中，它们占一行又一列。其行资源量等于其列资源量，等于该仓库的中转量 dk，等于仓库吞吐量的一半。

例 6-3 已知生产厂集 $\{A\}=\{A_1, A_2, A_3, A_4\}=\{200, 120, 140, 60\}$（万吨），用户集 $\{B\}=\{B_1, B_2, B_3, B_4\}=\{100, 120, 160, 140\}$（万吨），中转仓库集 $\{D\}=\{D_1, D_2\}=\{180, 120\}$（万吨）。要求 A_1 供给 B_4 的质量不低于 B_4 需求量的 50%，不允许仓库之间的转运，求合理调运方案。

解：与直达调运一样，要对调运约束进行处理：把 B_4 分成两部分 B_4' 和 B_4''，仓库之间运价系数取 M，中转仓库占一行又一列。得初始调运表格如表 6-10 所示。

表 6-10

	D_1	D_2	B_1	B_2	B_3	B_4'	B_4''	Ba_i
A_1	(7)	(9)	(16) **10**	(8) **120**	(29)	(24)	(24) **70**	200
A_2	(3.5) **0**	(5)	(13)	(40)	(10) **120**	(19)	(M)	120
A_3	(10)	(1) **100**	(14)	(11)	(23)	(12) **40**	(M)	140
A_4	(2)	(5) **20**	(24)	(28)	(16) **40**	(30)	(M)	60
D_1	(0) **180**	(M)	(17.5)	(7)	(18)	(14)	(M)	180
D_2	(M)	(0)	(8) **90**	(12)	(9)	(7) **30**	(M)	120
b_j	180	120	100	120	160	70	70	820

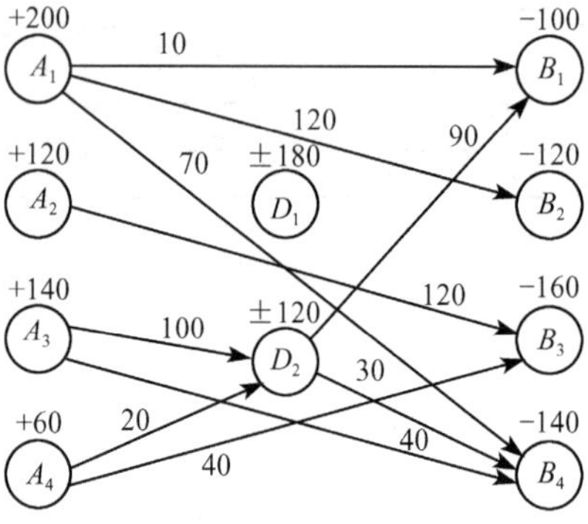

图 6-10 解的直观表示

解初始调运表格，可以得到最优解。其最优解可以直观地表示为图 6-10。

（二）经任意网点中转

（1）概念：一个运输网络是由若干网点构成的，物资运输可能经过其中任意网点中转。这些网点的性质可能有以下几种情况：

纯生产厂：提供资源，有出无进。

纯消费厂：需要资源，有进无出。

纯中转点：货物只是经过，有进有出，其出等于进。

中转兼生产：既中转又提供，有进有出，其出大于进。

中转兼消费：既中转又消费，有进有出，其出小于进。

（2）处理原理：这时把所有各网点根据情况视为供应点和用户，凡是有进货者都看成是汇点，在初始调运表格中占一列，其列需求量等于其进货量；凡是有出货物者都看成是源点，在初始调运表格中占一行，其行资源量等于其列需求量（如果有的话）加上其自身的供应量（如果有的话）或减去其自身的消费量（如果有的话）。构成直达调运初始表格进行求解。

具体来说可以分成四步：

① 为每个纯生产厂规定一行，其行资源量等于它所能提供的资源量；

② 为每个纯消费厂规定一列，其列资源量等于它所需要的资源量；

③ 为每个中转点（包括纯中转、中转兼生产、中转兼消费）规定一行又一列，其列需要量等于整个系统的总资源量，其行资源量等于其列需求量（加上其自身提供的资源量或减去其自身的消费量）；

④ 相关点的运价系数取实际值，无关点取 M，自身对自身取 0。

例 6-4　已知条件如图 6-11 所示，求调运方案。

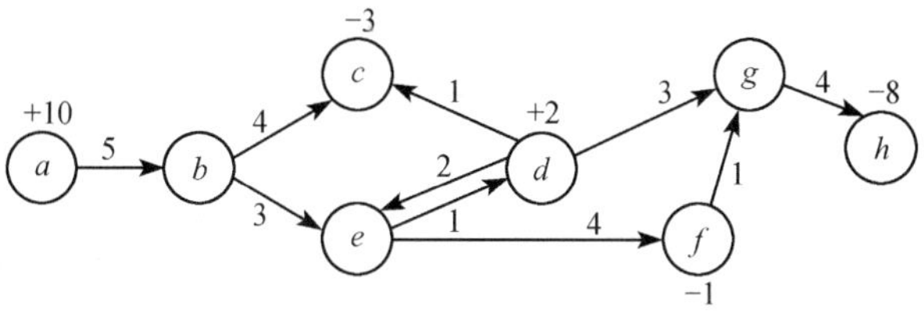

图 6-11

得解，见表 6-11。

表 6-11

	c		h		b		g		e		d		f		a_i
A					(5)	**10**									10
B	(4)	**3**			(0)	**2**			(3)	**7**					12
G			(4)	**8**			(0)	**4**							12
E									(0)	**5**	(1)	**6**	(4)	**1**	12
D							(3)	**8**			(0)	**6**			14
F													(0)	**11**	11
b_j	3		8		12		12		12		12		12		

（三）运力约束

1. 运力约束的概念

所谓运力约束，是交通网络路段上运输能力的限制，与路段的设计规模有

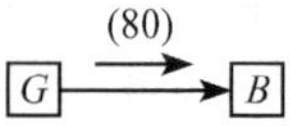

图 6-12

关，也与运输工具的品种数量有关，还与物资品种有关。

运力约束一般有方向性，即用箭头线表示，并且有起点和终点。但也可能是双向的，这时没有箭头，如图 6-12 所示。

2. 运力约束处理原理

在有运力约束的情况下，运力约束的处理就是要限制它所在的路段的起始端点。可以这样处理：将运力约束段的起始端点分成两部分。一部分专司运力约束，其资源量等于其需求量，其运价系数取实际运价系数；另一部分专司该点的其余功能，按一般原则设置其资源量和需求量，它在运力约束段的运价系数取 M，其余则取实际运价系数。用与前节经任意网点中转调运同样的方法建立起初调运表格求解。

3. 例题

有运输网络如图 6-13 所示。假设 G—B_1 路段上有运力约束，由 G 指向 B_1，运输通过量限制为 80，则其初始调运表格和最优解就如表 6-12 所示。

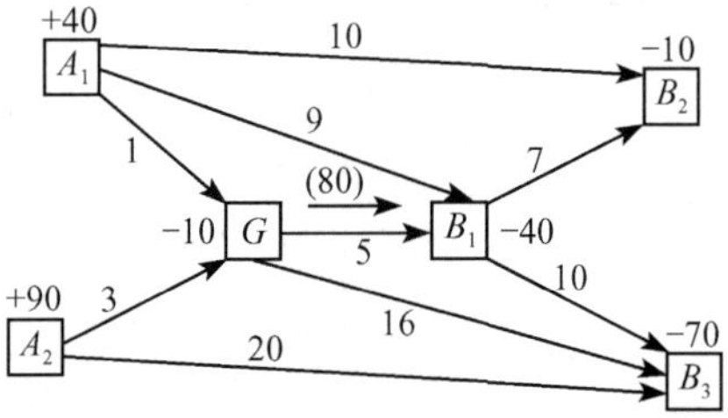

图 6-13

表 6-12

	G_1		G_2		B_1		B_2		B_3		A_i
A_1	(1)		(1)	**30**	(9)		(10)	**10**			40
A_2	(3)	**80**	(3)	**10**					(20)		90
G_1	(0)		(0)		(5)	**80**			(16)		80
G_2	(0)		(0)	**90**	(M)				(16)	**30**	120
B_1					(0)	**50**	(7)		(10)	**40**	90
b_j	80		130		130		10		70		340

本 章 小 结

本章首先考察了运输管理的重要功能，介绍了运输管理的规模经济、距离经济、客户服务和经营成本原理。其次，比较了我国五种基本运输方式的特点，介绍了新兴的集装箱运输和多式联运方式。然后，探讨了运输合理化的问题，包括不合理运输的现象、运输合理化的影响因素和运输合理化的途径等。最后简要地讨论了运输规划问题，其中主要讨论了运输规划的概述、直达调运和中转调运的有关模型和运算方法。

本章关键词

规模经济（scale economy）
公路运输（highway transportation）
管道运输（pipeline transportation）
航空运输（air transportation）
水路运输（water transportation）
铁路运输（railway transportation）
集装箱（container）
集装箱货物运输（container transport）
多式联运（multi-modal transportation）

本章思考题

1. 请结合实例说明运输在物流系统中发挥着什么样的功能？
2. 如何理解运输管理的四个基本原理？这些原理对运输实践有何指导意义？
3. 物流运输有哪些方式？试比较各种运输方式的优缺点，并指出其适用范围。
4. 开展集装箱运输需具备什么基本条件？
5. 哪些因素会导致不合理运输？试举例说明。
6. 简述运输合理化的途径。

本 章 习 题

某地区有两个钢厂 $A=\{A_1, A_2\}=\{400, 1\,000\}$ 吨，全部经两个中转仓库 $D=\{D_1, D_2\}$ 中转供应给三个用户 $B=\{B_1, B_2, B_3\}=\{200, 400, 800\}$ 吨。议定 A_1 的钢材全部由 D_1 中转，且 B_1 从 D_1 的进货不多于 150 吨，仓库间不许转运，仓库规模不受限制，各点距离如表 6-13，求调运方案。

表 6-13

	D_1	D_2	B_1	B_2	B_3	a_i
A_1	3	5	1	7	4	400
A_2	4	4	2	3	1	1 000
D_1	0	7	3	4	5	
D_2	7	0	7	2	3	
b_j			200	400	800	

第七章　采购与供应管理

本章学习目标

通过学习本章，理解采购的分类，流程以及现代采购与传统采购的区别，熟悉采购管理的基本原理，掌握 JIT 采购的原理以及供应商管理基本内容。

第一节　采 购 概 述

作为生产企业而言，为销售而生产，为生产而采购是一个环环相扣的物料输入输出的动态过程，依顺序构成采购物流，生产物流，销售物流，其中采购物流是整个企业物流的龙头，是企业正常生产的先决条件和保障条件，直接关系企业的生产效率、生产成本和经济效益。

一、采购概述

（一）采购定义

所谓采购，就是通过交易从资源市场获取资源的过程。企业生产经营所需要的各种物资，包括原材料、机器设备、工具、办公用品等，都是通过采购从资源市场获得的。企业采购，一般由各个车间部门提出采购申请，采购部门汇总需求，制订采购计划，报领导批准。然后由采购部门，根据采购计划，实施采购，包括选好供应商，与供应商谈判商定价格，交货时间以及其他相关条件，签订合同、收货付款和运输进货的过程。

（二）采购的基本要求

第一，保证供应，不缺货。采购的根本任务就是要满足企业生产所需的各种物资需要，保证供应。不做到这一点，采购部门的存在就失去了意义。

第二，就是保证质量、控制成本。产品质量是企业的生命线。产品质量取决于所采购回来的原材料和设备工具的质量。采购来的物品质量不行，会造成对企业的极大的损害。控制成本，就是要做到适价、适时、适量、适地，也就是要进行库存控制。适价，就是要多方打探市场行情，分析各供应商提供材料的性能、规格、品质、要求、用量，以此建立比价标准，根据底价的资料市场的行情、供应商用料的不同、采购量的大小、付款期的长短等等与供应商议定出一个令双方都能满意的价格。适时、适量，就是要根据库存控制制订的订货点、订货量、订货准期、最高库存、安全库存等标准进行采购进货。适地，既包括供应商离自己公司的远近（可以降低采购进货成本），也包括把采购进货送到所需要的地点。

第三，掌握资源市场信息、进行供应链操作和供应商管理。采购部门是企业与资源市场的接口，直接和供应商打交道，建立起一个有效的供应链并进行供应链管理，应当是他们必须承担的职责。

二、采购分类

物资采购按采购方法分，可以分成传统采购和科学采购两大类。科学采购又包括订货点采购技术、MRP 采购技术、JIT 采购技术、供应链采购和电子商务采购技术等。

企业的传统采购，一般模式是，每个月的月末，企业各个单位报下个月的采购申请单，报下个月需要采购的物资的品种数量，然后采购科把这些表汇总，制订出统一的采购计划，并于下个月实行采购实施。采购回来的物资存放于企业的仓库中，满足下个月对各个单位的物资供应。这种采购，以各个单位的采购申请单为依据，以填充库存为目的，管理比较简单、粗糙，市场响应不灵敏、库存量大，资金积压多、库存风险大。

订货点采购，则是紧密根据需求的变化和订货提前期的大小，精确确定订货点、订货批量或订货周期、最高库存水准等，建立起连续的订货启动、操作机制和库存控制机制，达到既满足需求又使得库存总成本最小的目的。这种采购模式以需求分析为依据，以填充库存为目的，采用一些科学方法、兼顾满足需求和库存成本控制，原理比较科学，操作比较简单。但是由于市场的随机因素多，使得该方法同样具有库存量大、市场响应不灵敏的缺陷。

MRP 采购，主要应用于生产企业。它是生产企业根据主生产计划和主产品的结构以及库存情况逐步推导出生产主产品所需要的零部件、原材料等的生产计划和采购计划的过程。这个采购计划规定了采购的品种、数量、采购时间和采购回来的时间。计划比较精细、严格。它也是以需求分析为依据、以满足库存为目的。它的市场响应灵敏度及库存水平都比以上方法有所进步。

JIT 采购，也称准时化采购，是一种完全以满足需求为依据的采购方法。它对采购的要求，就是要供应商恰好在用户需要的时候、将合适的品种、合适的数量送到用户需求的地点。它是以需求为依据、改造采购过程和采购方式，使它们完全适合于需求的品种、需求的时间和需求的数量，做到既灵敏响应需求的变化，又使得库存向零库存趋近。这是一种比较科学、比较理想的采购模式。

供应链采购，准确地说，是一种供应链机制下的采购模式。在供应链机制下，采购不再由采购者操作，而是由供应商操作了。采购者只需要把自己的需求规律信息即库存信息向供应商连续及时传递，供应商自己根据自己产品的消耗情况不断及时连续小批量补充库存，保证采购者既满足需要又使总库存量最小。供应链采购对信息系统、供应商操作要求都比较高。它也是一种科学的、理想的采购模式。

电子商务采购，也就是网上采购，是在电子商务环境下的采购模式。它的基本特点，是在网上寻找供应商、寻找品种、网上洽谈贸易、网上订货甚至在网上支付货款，但是在网下送货进货。这种模式的好处，扩大了采购市场的范围、缩短了供需距离，简化了采购手续、减少了采购时间，减少了采购成本，提高了工作效率。是一种很有前途的采购模式。但是它要依赖于电子商务的发展和物流配送水平的提高。

三、采购的流程

采购流程是指有生产需求的企业购买生产所需的各种原材料、零部件等物料的全过程。采购流程的基本步骤如图 7-1 所示。

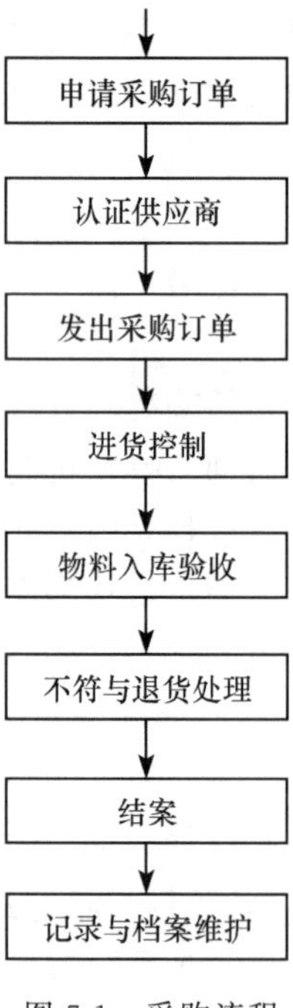

图 7-1　采购流程

（一）申请采购订单

一般物料均由使用单位开出请购单，但是属于存量管制的物料则由仓储单位请购；物料管理电脑化时，则依据物料需求计划及存量管制水准，直接由电脑打印请购单，但须经物料管制单位签核。此外，工厂进行扩建计划时，所有请购单由扩建专案小组开发；制式用品则由管理部门统筹各单位需求集中请购。开发请购单时，工程案须附施工说明书，包括工程规范及材料明细表、图样等。大宗物料案须附分期使用数量表。为配合电脑化作业及验收、付款的便捷，以一张请购单填写一物料为原则。料号、规格、需要日期、用途等栏位，必须写清楚。所有请购单必须依照核签流程，按照请购的内容或金额大小，送呈不同阶层主管审批。由工厂开发的请购单必须先经过仓储科登记编号，以便将来查询。另外，物料科应审查请购单是否依据程序申请及逐栏填写资料。

（二）认证供应商

报价厂商的资格是否符合规定是首先必须予以审查的。若企业已建立合格厂商名录，则此种审查工作非常简单。但是如果有时因采购工作的特殊要求，必须另加一些条件，就得重新审查。报价的审查，在实质上就是分析报价内容是否符合请购需求，并比较各报价厂商之间的优点和缺点，作为订购时的参考。有时由于报价内容比较复杂，采购人员难以分辨，或外购机件及工程发包等，为避免错误而发生严重损失，应将报价单送请申请单位予以确认。

（三）发出采购订单

议价、比价及决标的结果经核定后，由采购部门正式向厂商订购，给予订购单。若金额比较大，交货期比较长，而且确实有实际需要的，应由采购部门与供应商订定货合约或制造工程合约。究竟采用买方的订购单还是用卖方的销售合约，主要取决于下列因素：第一，买卖双方折中的结果，谁在谈判中占优势就应用谁的文件。第二，交易物品的特性，例如卖方的专利品应以采用卖方的销售合约为宜。但是金额很小的交易，买方的订购单位也可以接受。第三，交易的复杂程度愈高，则买方的简便的订购单便无法包括各种交涉的要件。合约应该经过双方签字及盖章，正本各执一份，副本可分送使用单位、财务单位、验收单位等存查。国外承售厂商接获订购单之后，应立即制发正式的报价单，供订购厂商向授权签证银行申请进口许可证。

（四）进货控制

大宗物料应由承售厂商自行运送到厂，小批量的采购则可送交仓库而后再转运到厂。订购后的稽催工作不可忽视，借以确保卖方能中期交货；尤其是针对交货期比较长，金额比较高的采购事务，必须时常查询进货，甚至需要派人前往考察。有时不惜以取消订单的方式向供应商施加压力，使其按时或提早交货。

（五）物料入库验收

一般物料由物料科负责验收，包括品质与数量。特殊机具及零件，则由使用单位、品管单位负责品质验收，物料科仅负责点收数量。品质如有不符，应立刻即予退回。

（六）不符与退货处理

凡厂商所交货品与合约规定不符而验收不合格者，应依据合约规定退货。并立即办理重购，予以结案。

（七）结案

凡验收合格付款，或验收不合格退货，均须办理结案手续，清查各项书面资料有无缺失，绩效好坏等，签报高级管理层或权责部门核阅批示。

（八）记录与档案维护

凡经结案批示后的采购案件，应列入档案登记编号分类，予以保管，以备参阅或事后发生问题的查考。档案应具有一定保管期限的规定。

四、传统采购流程与现代采购流程的比较

现在，许多企业已经采取供应链管理来完成采购流程，通过帮助供货商完善供货质量、降低成本、提高效率而建立最佳供货商组合，逐步实现供应价值链的最优化。传统采购与现代采购有各自的特点。

（一）传统流程的特点表现

第一，传统采购过程是典型的非信息对称博弈过程。在采购过程中，采购一方为了能够从多个竞争性的供应商中选择一个最佳的供应商，往往会保留私有信息，而供应商也在和其他的供应商竞争中隐瞒自己的信息。这就是非信息对称的博弈过程。第二，供需关系是临时的或短时期的合作关系，而且竞争多于合作。由于缺乏合作与协调，采购过程中相互抱怨和扯皮的事情比较多，很多时间消耗在解决日常问题上，没有更多的时间用来做长期预测的计划工作，导致采购过程中的不确定性。第三，对质量和交货期只能进行事后把关，采购方很难参与供应商的生产过程和有关质量控制过程，相互的工作是不透明的，因而需要通过各种有关标准如国际标准、国家标准等，进行检查验收。这样导致采购部门对采购物品质量控制的难度增大。第四，响应用户需求能力迟钝。由于供应与采购双方在信息的沟通方面缺乏及时的信息反馈，在市场需求发生变化的情况下，采购一方也不能改变供应一方已有的订货合同，因此采购一方在需求减少时库存增加，需

求增加时，出现供不应求。

（二）现代采购流程的特点

第一，电子化订货。利用电话、传真、EDI、电子邮件、电子商务网站、Web/Internet进行电子化订货。第二，基于需求的采购、基于订单而生产。与传统的基于库存的采购不同，采购不是为了补充库存，而是为了直接送到需求点满足需求。在供应链管理模式下，供应商的生产活动是以用户的采购订单来驱动的，由采购订单驱动供应商，供应商生产出来直接供应到需求点。这样可大大降低了库存成本，提高了物流的速度和库存周转率。第三，与供应商形成战略协作伙伴关系，实现信息共享、资源共享、责任共担、利益共享。第四，实施小批量多频次连续补充货物机制，向“零”库存进军。

第二节　采购管理基本原理

一、采购管理的概念

采购管理，就是指为保障企业物资供应而对企业采购进货活动进行的管理活动。采购管理是对整个企业采购活动的计划、组织、指挥、协调和控制活动，是管理活动，是面向整个企业的，不但面向企业全体采购员，而且也面向企业组织其他人员（进行有关采购的协调配合工作），一般由企业的采购科（部、处）长、或供应科（部、处）长、或企业副总来承担。其使命，就是要保证整个企业的物资供应，其权利，是可以调动整个企业的资源。

二、采购管理的职能和目标

（一）采购管理的职能

企业作为国民经济的一个基本细胞，承担着为社会提供产品或服务的功能。企业就是通过提供这种产品或服务而获得它在社会中的存在价值、从而得到社会的回报而生存和发展。

但是，企业为不断形成自己的产品和服务，除了企业自己的已有人力物力资源外，还需要不断地从市场获取各种资源，特别是各种原料、材料、设备、工具等，这就需要采购。或者叫做物资供应。而这一方面的工作就是由采购管理来承担的。因此，从这样的观点看，可以把企业的基本职能分解成三块：一是物资采购，二是物资生产，三是物资销售。则物资采购职能占整个企业基本职能的1/3。物资销售最重要，只有有了市场需要，再根据市场需要来设计产品或服务，才能进行物资生产。物资生产确定以后，才能根据物资生产的需要来设计策划物资采购。

就采购的具体职能来说，一方面，它要实现对整个企业的物资供应，另一方面，它是企业联系整个资源市场的纽带。

（二）采购管理的目标

采购管理有三个基本目标。

1. 适时适量

适时适量，这是采购管理非常重要的目标之一。货物进少了不行，生产需要的时候，没有货物供应，产生缺货，影响生产。但是货物进得过多，不但占用了较多的资金，而且还要增加仓储，增加保管费用，成本升高。货物进迟了不行，也会造成缺货，但进早了，就等于增加了存储时间，相当于增加了仓储、保管费用，同样升高了成本，这也是不行的。因此要求采购适时适量，就是要求采购做到既保证供应，又使成本最小。

2. 保证质量

保证质量，就是要保证采购的货物能够达到企业生产所需要的质量标准，保证企业用之生产出来的产品个个都是质量合格的产品。保证质量，也要做到适度。质量太低，当然不行，但是质量太高，一是没有必要，二是必然价格高、增加购买费用，也是不合算的。所以要求物资采购要在保证质量的前提下尽量采购价格低廉的物品。

3. 费用最省

费用最省，是采购要始终贯穿于方方面面的准绳。在物资采购中每个环节、每个方面都要发生各种各样的费用。购买时有购买费用，进货时有进货费用，检验入库时有检验费用、入库费用，搬运时有搬运费用、装卸费用，在仓库中储存保管时有保管费用，库存物资资金还需要付银行利息等。因此在物资采购的全过程中，企业要运用各种各样的采购策略，使总的采购费用最小。

（三）采购管理的作用

物资采购要实现与资源市场的纽带作用，就要建立与资源市场的友好和有效的关系。

资源市场是企业的生命线之一。它不但是企业的物料来源，也是资源市场信息的来源。作为物料来源，它通过物资采购人员的采购活动为企业生产适时地提供原材料、设备和工具，保障企业生产得以顺利进行；作为信息来源，也是通过物资采购人员的采购活动，与资源市场广泛接触，了解资源市场的产品信息、技术水平信息、发展动态信息，运输信息等，这些信息对企业都是非常重要。

（1）对企业制定最优的采购策略本身提供支持，企业可以利用这些信息选择最好的供应商、最好的产品和最好的运输路线、运输方式，进行最有效率的采购。

（2）资源市场中资源的发展变化动态，技术动态信息等，对企业随时制定和调整产品策略、对企业生产决策提供有力的支持。

（3）有利于与供应商建立起一种比较友好的关系，为物资采购和企业生产提供一种比较宽松的、高效率的外部环境条件。现在出现的一种供应链思想，其核心就是要建立起企业与供应商之间的高效率的运作体系。

三、采购管理的内容与过程

企业采购管理的基本任务有三个：一是要保证企业所需的各种物资的供应；二是要从资源市场获取各种信息，为企业物资采购和生产决策提供信息支持；三是要与资源市场供应商建立起友好且有效的关系，为企业营造一个宽松有效的资源环境。其中，第一项是最重要、最基本的任务。如果这一项搞不好，就不能称之为采购管理。

为了实现采购管理的基本职能，采购管理需要有一系列的业务内容和业务模式。采购管理的基本内容和模式，如图 7-2 所示。

（一）采购管理组织

采购管理组织，是采购管理最基本的组成部分，为了搞好企业复杂繁多的采购管理工作，需要有一个合理的管理机制和一个精悍的管理组织机构，要有一些能干的管理人员和操作人员。

（二）需求分析

需求分析，就是要弄清楚企业需要采购一些什么品种、需要采购多少，什么时候需要什么品种、需要多少等问题。作为全企业的物资采购供应部门，应当掌握全企业的物资需求情况，制定物料需求计划，从而为制定出科学合理的采购订

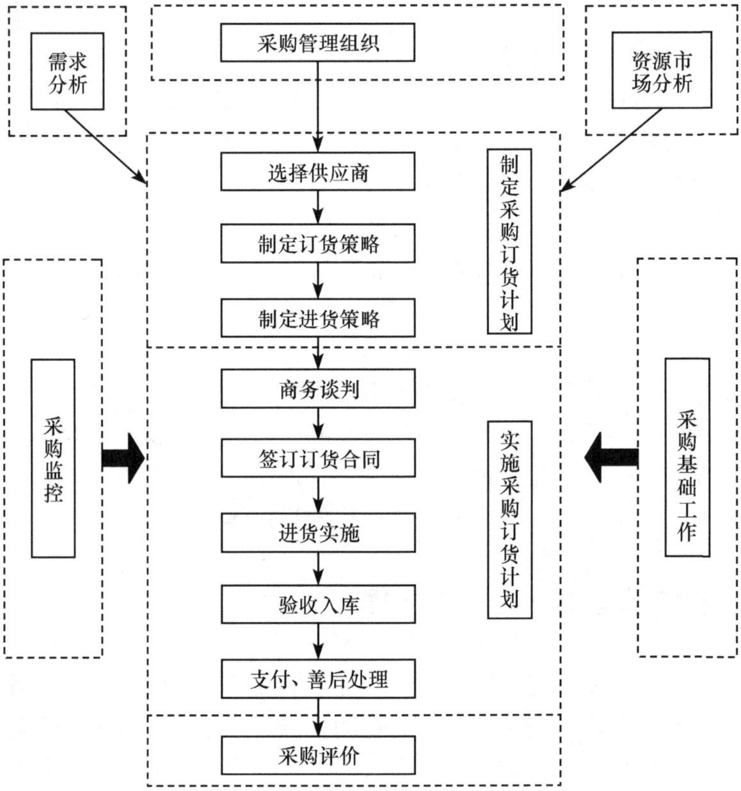

图 7-2　采购管理内容和模式

货计划做准备。

（三）资源市场分析

资源市场分析，就是根据我们企业所需求的物资品种，分析资源市场的情况，包括对资源分布情况、供应商情况、品种质量、价格情况、交通运输情况等。资源市场分析的重点是供应商分析和品种分析。分析的目的，是为我们制定采购订货计划做准备。

（四）制定采购订货计划

制定采购订货计划，是根据需求品种情况和供应商的情况，制定出切实可行的采购订货计划，包括选择供应商、供应品种、具体的订货策略、运输进货策略以及具体的实施进度计划等，具体地解决什么时候订货？订购什么？订多少？向谁订？怎样订？怎样进货？怎样支付等这样一些具体的计划问题。

（五）实施采购订货计划

实施采购订货计划，就是把上面制定的采购订货计划分配落实到人，根据既定的进度进行实施。具体包括去联系指定的供应商、进行贸易谈判、签订订货合同、运输进货、到货验收入库、支付货款以及善后处理等。

（六）采购评价

采购评估，就是在一次采购完成以后对这次采购的评估，或月末、季末、年末对一定时期内的采购活动的总结评估。主要在于评估采购活动的效果、总结经验教训、找出问题、提出改进方法等。通过总结评估，可以肯定成绩、发现问题、制定措施、改进工作，使我们不断提高采购管理水平。

（七）采购监控

采购监控，是指对采购活动进行的监控活动，包括对采购的有关人员、采购资金、采购事物活动的监控。

（八）采购基础工作

采购基础工作，是指为建立科学、有效的采购系统，需要建立的一些基础建设工作，包括管理基础工作、软件基础工作和硬件基础工作。

四、采购管理的重要性

采购管理的重要性表现在以下几个方面：

（1）物资采购为企业保障供应，维持正常生产，降低缺货风险创造条件。很显然，物资供应是物资生产的前提条件，生产所需要的原材料、设备和工具都要由物资采购来提供，没有采购就没有生产条件，没有物资供应就不可能进行生产。

（2）物资采购供应的物资的质量好坏直接决定着本企业产品质量的好坏。能不能生产出合格的产品，取决于物资采购所提供的原材料以及设备工具的质量的好坏。

（3）物资采购的成本构成了物资生产成本的主体部分，其中包括采购费用、购买费用、进货费用、仓储费用、流动资金占用费用以及管理费用等。物资采购的成本太高，将会大大降低物资生产的经济效益。

（4）物资采购是企业和资源市场的关系接口，是企业外部供应链的操作点。只有通过物资采购部门人员与供应商的接触和业务交流，才能把企业与供应商们联结起来，形成一种相互支持、相互配合的关系。

（5）物资采购是企业与市场的信息接口。物资采购人员虽然直接和资源市场打交道，但是资源市场和销售市场是交融混杂在一起的，都处在大市场之中。所以，物资采购人员也是和市场打交道的，对市场信息比较容易获得，是企业的市场信息接口，可以为企业及时提供各种各样的市场信息，供企业进行管理决策。

（6）物资采购是企业科学管理的开端。企业物资供应是直接和生产相联系的。物资供应模式往往会在很大程度上影响生产模式。例如如果实行准时采购制度，则企业的生产方式就会改成看板方式，则企业的生产流程、搬运方式都要做很大的变革。因此如果物资采购提供一种科学的物资采购供应模式，必然会要求生产方式、物料搬运方式都作相应的变动，合在一起共同构成一种科学管理模式。而且这种科学管理模式是从物资采购供应作为开端而运作起来的。

第三节 JIT 采 购

JIT 是即时战略的简称。JIT 战略根源于多品种小批量生产线的生产要求，是为了生产中消除库存和不必要的浪费而进行持续改进的结果，因此 JIT 采购指的是：企业和供应商建立起稳定的契约供需关系，由供应商进行多频次小批量的连续供货，实现在合适的时间、把合适的物品、按合适的数量、送到合适的地点的准时化供货机制。既不少、也不多，既不延迟、也不提前，把所需要的品种和数量，按照需要时间供应到需要的地点。这种方法与传统的订购方法形成鲜明对比。JIT 采购策略通过建立供需双方稳定的互利关系，加深彼此之间的信任和信息交流，使供应方可以及时了解采购方的生产与库存计划，以提供灵活可靠的交货。即时采购的核心要素是：建立伙伴关系，减少批量、频繁而可靠地交货，始终保持采购品的高质量。

一、JIT 采购的特点

从供应商来讲：有很少的供应商；选择较近的供应商；尽量长期从同一供应商处进货；积极采取措施保持其所供产品的价格竞争力。

从交货数量来讲：双方签订长期供货合同；双方存在小批量多批次交货；每

次发货量有了变化但整个合同是固定的；不允许超额送货，也不允许送货数量不足；鼓励供应商定量包装。

从质量上来讲：拒绝不合格品。JIT 采购与传统采购的区别见表 7-1。

表 7-1　JIT 采购与传统采购的区别

比较项目	JIT 采购	传统采购
供应商的选择	采用单源供应、关系稳定	采用多源供应、短期合作
供应商评价	合同履行能力，生产设计能力、物料配送能力、产品研发能力	合同履行能力
采购批量	小批量、送货频率高	大批量、送货频率低
进货检查	逐步减少、最终取消	函数统计、品质鉴定
运输	准时送货、运输次数多	配送频率低、运输次数相对少
包装	有一定要求	常规包装
信息交流	采购、供应双方高度共享准确实时信息、快速、可靠、易建立信任	信息不对外、容易暗箱操作

二、JIT 采购的实施步骤

组建 JIT 采购班组。参加的人员包括生产人员、产品技术人员、质量人员、物资人员、会计人员。并且，对这些人员进行 JIT 采购理论的讲解，使其熟悉 JIT 对物资采购的要求，并较深刻地理解 JIT 的思想。

制定采购实施计划。采购班组要制定出实施计划，明确未来的采购策略和具体的实施步骤。采购策略包括选择的采购方式，供应商的数量，选择供应商的标准，原材料和外购件的库存管理，对生产线的持续支持等内容。

同供应商建立伙伴关系。选择少数几个企业建立长期协作的关系，加强双方的业务往来，分享共同的利益。

选择某一生产线作为试点。JIT 采购是一项规模较大的活动。为了保证今后能顺利开展这一工作，必须进行试点，摸索经验。我们应以某一生产线的材料采购作为试点，并把采购改革试点与生产改革试点结合起来。

对供应商进行 JIT 采购培训。对已选定作为试点的供应商应进行 JIT 管理的培训，使其理解 JIT 采购的运行机制，为实施 JIT 采购运行做准备。

给供应商颁发产品的免检证书。在实施 JIT 采购策略时，核发免检证书是很重要的。颁发免检证书的供应商是其提供的产品是百分之百合格的产品。核发免检证书时要求供应商提供最新的，完整的产品质量文件，包括设计蓝图、规格、检验程序以及其他必要的内容。公司在核发免检证书的初期，只向单件产品发放，其后，只需对尚未获得免检证的新零件，新产品进行检查。当它们也达到免检要求时，就可以把所有采购的物资从卸货点直接运至生产线使用。

实施配合进度的交货方式。即交货进度与采购企业的生产线的节拍相适应。全面推广 JIT 采购策略，以确保整个公司实现 JIT 采购。

第四节　供应链采购管理

一、供应链采购管理概念

供应链采购是指供应链内部企业之间的采购。供应链内部的需求企业向供应商企业采购订货，供应商企业将货物供应给需求企业。

二、供应链采购管理的原理和特点

由于供应链各个企业之间是一种战略伙伴关系，采购是在一种非常友好合作的环境中进行，所以采购的观念和采购的操作都发生了很大变化，如表 7-2 所示。

表 7-2　供应链采购与传统采购的区别

项　　目	供应链采购	传统采购
基本性质	基于需求的采购 供应方主动型、需求方无采购操作的采购方式 合作型采购	基于库存的采购 需求方主动型、需求方全采购操作的采购方式 对抗型采购
采购环境	友好合作环境	对抗竞争环境
信息关系	信息传输、信息共享	信息不通、信息保密
库存关系	供应商掌握库存	需求方掌握库存
送货关系	需求方可以不设仓库、零库存 供应商小批量多频次连续补充货物	需求方设立仓库、高库存 大批量少频次进货
双方关系	供需双方关系友好 责任共担、利益共享、协调性配合	供需双方关系敌对 责任自负、利益独享、互斥性竞争
货检工作	免检	严格检查

由表 7-2 可以看出，供应链采购有以下特点。

（一）从采购性质看

1. 供应链采购是一种基于需求的采购

需要多少就采购多少，什么时候需要就什么时候采购。采购回来的货物直接送需求点进入消费。供应链采购在这一点上，与 JIT 采购相同，而与传统采购迥然不同。传统采购则是基于库存的采购，采购回来的货物直接进入库存，等待消费。

2. 供应链采购是一种供应商主动型采购

由于供应链的需求者的需求信息随时都传送给供应商，所以供应商能够随时掌握用户需求信息，所以能够根据需求状况、变化趋势，及时调整生产计划、及时补充货物，主动跟踪用户需求，主动适时适量地满足用户需要。对需求方来说，这是一种无采购操作的采购方式。而传统采购则必须靠用户自己主动承担全部采购任务，而供应商则完全出于一种被动、无关的地位。

3. 供应链采购是一种合作型采购

双方为了产品能在市场上占有一席之地、获得更大的经济效益，分别从不同的角度互相配合、各尽其力，所以在采购上也是互相协调配合，提高采购工作的效率、最大限度地降低采购成本、最好地保证供应。而传统采购是一种对抗性采购。由于双方是一种对抗性竞争关系，所以贸易双方互相保密，惟我主义、只顾自己获取利益、甚至还互相算计对方，因此贸易谈判、货物检验等都非常吃力。

（二）从采购环境看

供应链采购是一种友好合作的环境，而传统采购是一种利益互斥、对抗性竞争环境。这是两种采购制度的根本区别。供应链采购的根本特征就是有一种友好合作的供应链的采购环境。这是它根本的特点，也是它最大的优点。

（三）从信息情况看

供应链采购一个重要的特点就是供应链企业之间实现了信息连通、信息共享。供应商能随时掌握用户的需求信息，掌握了用户需求变化的情况。能够根据用户需求情况和需求变化情况，主动调整自己的生产计划和送货计划。供应链各个企业可以通过计算机网络进行信息沟通和业务活动。因此，供应链采购的基础就是要实现企业的信息化、企业间的信息共享，也就是要建立企业内部网络（Intranet）、企业外部网络（Extranet），并且和因特网（Internet）连通。并且建立起企业管理信息系统。

（四）从库存情况看

供应链采购是由供应商管理用户的库存。用户没有库存，即零库存，可以大大节省费用、降低成本，可以提高企业的经济效益，也可以提高供应链的整体效益。供应商掌握库存自主权，可以根据需求变动情况，适时地调整生产计划和送货计划，既避免盲目生产造成的浪费，也可以避免库存积压、库存过高所造成的浪费以及风险。而传统的采购由于卖方设置仓库、管理库存，很容易一方面造成库存过高积压，另一方面又可能缺货、不能保证供应，同时还造成精力分散、工作低效率。

（五）从送货情况看

供应链采购是由供应商负责送货，而且是连续小批量多频次地送货。这种送货机制可以大大降低库存，可以实现零库存，降低库存费用，要能保证需求。而传统采购是大批量少频次地订货进货，所以库存量大、费用高、风险大。

（六）从双方关系看

供应链采购活动中，买方企业和卖方企业是一种友好合作的战略伙伴关系，互相协调、互相配合、互相支持，所以有利于各个方面工作的顺利开展，提高工作效率、实现双赢。而传统采购中，买方与卖方是一种对抗性的买卖关系，一个赢，另一个必然输。

（七）从货检情况看

传统采购由于是一种对抗关系，货物会常常以次充好、低价高买、甚至伪劣假冒、缺斤少两，所以买方进行货检的力度大，工作量大，成本高。而供应链采购，由于供应商自己责任与利润相连，自我约束、保证质量，所以可以免检。这样大大节约了费用、降低了成本、保证了质量。

三、供应链采购管理的实施

（一）转变观念

从以上的分析可以看出，供应链采购确实是一种有魅力的采购方式。但是要实施供应链采购，却是一件不容易的事情。可以说，供应链采购，是对传统采购方式的一场革命，无论在观念上、还是在做法上都发生了革命性的变化。具体说来，要实现几个转变：

1. 从为库存而采购到为需要而采购

传统的采购是为库存而采购。要实现供应链采购就要转变为为需求而采购，采购回来的物资直接用来满足直接的需要，不是放到仓库里，而是放到消费点进行使用消费。这样做，采购回来的物资直接反应真实的需求，为了真实的需求而采购，最大地提高了采购的效率、最大地降低了库存、最大地实现了节约。还充分排除了生产活动、采购活动中的不合理性、浪费性和低效率的根基，使各个环节合理化、效率化。

2. 从采购管理向外部资源管理转变

传统的采购管理完全是企业内部的事情，立足于企业内部，千方百计使自己从采购中获取效益。供应链采购的实质，就是充分利用企业外部的资源、利用供应商自己的作用来实现企业采购的工作。让供应商自己对自己的产品负责，对物资的供应负责。实现无采购操作的采购，这样既降低了成本，又提高了效率，实现双赢。

3. 从一般买卖关系向战略伙伴关系转变

传统的采购活动中，买方和卖方是一种对抗性的买卖关系，相互封锁、信息保密，相互防备或坑害。现在实行供应链采购，要把与供应商的对抗关系转变成一种战略伙伴关系。

4. 从买方主动型向卖方主动型转变

传统的采购是买方主动型，实现供应链采购，需要转变成供应商主动型。由供应商主动替我们供应物资。卖方的主动不但为买方节省了采购业务，而且也为自己主动调整生产计划和送货计划而实现了最大的节约，真正实现了供需双方的“双赢”。

（二）基础建设

除此之外，为了实现供应链采购，还要做一些基础建设工作。具体如下。

1. 信息基础建设

企业要建立起企业内部网、企业外部网，并且和因特网相连；还要开发管理信息系统、建立自己的电子商务网站，建设信息传输系统；还要进行标准化、信息化的基础建设，例如，POS 系统、EDI 系统或其他数据传输系统、各种编码系统等。

2. 供应链系统基础建设

要通过扎实稳妥的工作，逐步建立起供应链系统。加强供应链企业的沟通，逐渐形成供应链各个企业的业务协调和紧密关系。要逐渐建设责任共担、利益共享机制。另外还要促进各个企业的内部基础建设，实现信息化、规范化、有关业务协调化，为建立一个完善的供应链做准备。

3. 物流基础建设

包括供应链各个企业内部和企业之间的物流基础建设，如仓库布点、仓库管理、运输通道、运输工具、搬运工具、货箱设计、物流网络等，还包括一些物流技术，如条码系统、自动识别、计量技术、标准化技术等。

4. 采购基础建设

如供应商管理库存、连续补充货物、数据共享机制、自动订货机制、准时化采购机制、付款机制、效益评估和利益分配机制、安全机制等。

通过所有这些基础建设，形成一定的规范，就可能建立起一个完善的供应链系统，实现供应链采购。

第五节 供应商管理

一、供应商选择考虑的主要因素

供应商选择是企业运作的首要工作，我们在选择时应该根据供应商信誉、过去与该供应商交往的经验，并考虑以下主要因素：

(1) 价格。物美价廉的商品是每个企业都想获得的。各个供应商提供的价格连同各种折扣是最明显的比较。虽然价格并不是最重要的，但是价格的高低是选择供应商的一个重要指标。

(2) 质量。这是一个非常重要的影响因素，有的企业愿意花大价钱购买高质量的商品，而有的企业只想购买廉价商品，质量的选择应根据实际情况而定，并不是质量最好的就是最适用的。

(3) 服务。选择供应商时，服务也是一个很重要的考虑因素。例如，换货退货、售后服务、促销支持等类似这样的一些服务可能会在选择供应商过程中正起到关键作用。

（4）位置。供应商所处的位置对送货时间、运输成本、紧急定货与加急服务的回应时间等都有影响。当地购买有助于发展地区经济，形成社区信誉以及良好的售后服务。

（5）供应商存货政策。如果供应商的存货政策要求自己随时持有备件存货，拥有安全库存则将有助于突发事故的解决。

（6）柔性。愿意并且能够回应需求改变、接受设计改变等的供应商，应予以重点考虑。

二、供应商选择的主要内容

（一）供应商的产品质量

供应商的产品质量水平对任何一个企业或任何一项购买都是至关重要的。我们选择供应商，虽然要求的是供应大量成批产品的质量，但这些与它的材料、样件、批量质量的认证有直接关系。只有所有质量认证都达到要求，这个供应商才能成为企业优先考虑的供应商。

1. 认证过程中的质量控制

认证过程的质量控制主要有四个方面内容：初选供应商的质量控制、样件试制认证的质量控制、中试认证的质量控制和批量认证的质量控制。

（1）初选供应商时的质量控制。初选供应商时，应该严把质量关，可以考虑以下几方面的内容：考察供应商的硬件（设备的先进性、环境配置是否完善等）、软件（人员技术水平、工艺流程、管理制度、合作意识等）；考察供应商是否通过 ISO 9000 系列的质量认证或是其他一些企业要求的质量认证，质量控制措施如何；考察该供应商是否为世界名牌厂商供货，如果有供货，是否和你将要采购物料类似等。

（2）样件试制认证的质量控制。样件试制认证是供应商提供样件并进行验证的过程。供应商提供样件有的是按照图纸或者特定的要求进行加工；有些是标准化的产品。

试制认证阶段的特定加工产品质量控制分两步走：

第一步，对供应商外协加工过程进行协调监控。当设计人员制定的技术规范和供应商实际过程有出入时应进行协调，协调内容包括：根据实际情况修正“技术规范”或者“图纸”，改善供应商的加工流程。这两项内容并不一定同时发生。但当问题出现时，至少要选择一项。

第二步，认证部门组织设计、工艺、质量管理部门等相关人员对供应商提供的样品及检测进行评审，目的是验证供应商的样品能否满足企业的技术和品质要求。

样品认证方法多种多样，有些样品企业本身就可以进行评审鉴定，有些样品需要花钱借助社会其他部门或企业协助鉴定。

（3）中试认证的质量控制。中试认证阶段的关注焦点是由单一样件向小批量过渡。作为认证人员应该牢牢记住：样品的质量符合要求，并不代表小批件的质量也能符合要求。

（4）批量认证的质量控制。批量认证阶段的质量控制有两个方面：一是控制新开发方案产品批量生产的物料供应质量的稳定性；二是控制新增供应商的批量物料供应质量的稳定性。

2. 质量的定位标准

要恰当地处理质量与成本、供应、服务等要素之间的关系。不同物料、不同应用场合其质量定位的标准不同，不能采取一刀切的方法。

质量与成本之间的关系最常用的是使用“性价比”来平衡。前面我们就已经提到过质量并不是越高好，质量过高会产生质量过剩，并使成本大大增加。作为认证人员应该严格掌握质量标准，在认证准备期间认真阅读“技术规范”等项目资料，在供应商试制，中试期间监控质量实施情况，慎重选择每一项物料。

质量与供应之间的关系也应恰当处理。对于大批量的供应来说，由于对质量的过高要求，可能会导致供应商加工周期过长，严重时可能会导致缺货。特别是对于自动化不连续的机械供应商，只要物料不影响产品质量，不要像精品一样逐个检验物料。

质量与售后服务之间的关系也较为密切，由于产品组成部件的质量问题导致故障频繁出现，不仅使产品在用户心目中的印象较差，而且给售后服务带来麻烦，增加服务成本。

（二）供应商的产品价格

供应商的产品价格情况是选择供应商的另一个重要方面。在采购过程中，供应商毫无例外地都会倾向于尽可能地隐瞒自己的成本结构和定价方法。因此，认证人员的第一个基本任务就是揭开供应商的定价方法及成本构成的面纱。企业可以对供应商所提供的价格进行综合认证，比较各家供应商的价格，针对不合理的成本消耗进行分析改进，从而选出价格性能比最佳的产品，达成有利于己方的合理的采购价格。

1. 产品的价格评估方法

物品的价值可以定义为物品拥有者的未来回现值，评估过程实际上是量化物品所产生的未来回报收益，然后计算其现在价值的过程。产品价值评估方法主要有：

（1）成本法：成本法是指计算物品的采购成本，主要是计算物品的成本价格和采购费用。

（2）收益法：收益法注重于一项新资产带来收益的能力，而不考虑它的取得或者建造成本。

（3）市场法：大多数物品或服务的价格是根据市场的需求状况来确定的。对这类物品或服务的采购成本评估只能采用市场法。

在采用这三种方法时，采购者应当充分考虑每项物品和资产的具体情况，从而确定使用的评估方法。有时需要几种方法并用才可以获得最佳的效果。

2. 影响供应商产品价格的因素

所谓供应价格是指供应商对自己产品提出的销售价格。影响供应价格的因素主要有成本结构和市场结构两个方面。成本结构是影响供应价格的内在因素，受生产要素成本如原材料、劳动力价格、产品技术要求、生产技术水平等因素的影响。而市场结构则是影响供应价格的外在因素，包括经济、社会政治及技术发展水平等。市场结构同时会强烈影响成本结构，而反过来供应商自己的成本结构却往往不会对市场结构产生影响。市场结构对供应价格的影响直接表现为供求关系。

3. 供应商的产品定价方法

供应商的定价方法主要有三种，即成本导向定价法、需求导向定价法和竞争导向定价法。成本导向定价法是以产品成本为基础确定供应价格，需求导向定价法则是随行就市的方法，即以市场价格作为自己产品的销售价格；而竞争导向定价法则是结合市场因素及成本因素一起考虑来确定自己产品的价格。其中尤以竞争导向定价法最为常见。

供应商在考虑其产品的供应定价时，通常还会考虑到供应市场的供求关系，具体主要有以下几项：

市场对其产品的需求估计：如果市场需求比较大，供应商一般会将价格定的高一些。反之，如果市场需求比较小，供应商就会将价格定的低一些；

供应市场中竞争对手的数量：任何供应商都会参考竞争对手的价位来确定自己的供应价格，除非供应商本身处于垄断地位；

对单位产品的价格预期：随着产品的生产规模扩大，单位产品的成本会降低，供应商在确定价格时会考虑这一影响因素；

客户的订单数量：对于长期的大宗客户，供应商一般会提供非常优惠的价格或者是价格折扣以保持长期的合作关系；

客户与供应商的关系：与供应商关系好的客户通常会得到供应商比较优惠的价格。

在考虑以上供应市场的因素之后，结合自己的成本结构，供应商的定价方法又可以细分为成本加成定价法、目标利润定价法、采购商理解价值定价法、竞争定价法以及投标定价法。

4. 供应商的产品成本控制

生产质量好而价格又合适的产品在市场上取得竞争优势，是每一个供应商都在努力追求的目标。为了实现这一目标，产品的成本控制显得尤为重要。供应商为了产品成本控制到最低，一般需要从以下四个方面做工作：采购物料项目、选择原材料供应商、采购批量和到货时间等。

（1）采购物料项目。供应商生产商品也需要采购物料。一个产品通常由许多物料组成。通过分解产品组成系统我们可以得到一系列所需采购的物料项目。需要特别注意的是：要对物料进行齐套性检查，任何采购物料项目的遗漏，即使是价格很低的物料，都会造成系统组装时的缺料，产生缺料成本。

（2）选择原材料供应商。对于采购商来讲，供应商选择什么样的原材料供应商对采购商的采购价格也会产生间接的影响。所以产品供应商在选择原材料供应商时，同产品采购商选择供应商一样，也要考虑原材料供应商的质量、价格，而且也要考虑供应商的实力，这种实力范围是指：技术水平，生产水平，供货期，服务能力，抗风险能力，可持续发展能力，资信等。

（3）采购批量和到货时间。这两个方面也是成本控制所必须要考虑的重要因素。

（三）供应商服务

服务认证作为认证供应商的一个必要条件，需要我们对它进行比较全面地描述。日常生活用品及企业物料项目的采购都涉及售前售后服务。产品说明、制造过程或材料规范、免费培训等，这就是售前服务。此项服务可增加采购人员关于所采购产品的专业知识，对将来的采购决定大有帮助，而且这种服务通常是由卖方免费提供的。售后服务则是指卖方提供机器、设备等的安装或维护，操作或使用方法的教育培训，运送及退换产品等。此项服务可使买方正确使用机器设备，有时甚至可以延长使用寿命。下面我们对供应商提供的几种售后服务分别作一下简单的介绍。

1. 安装服务

对于采购者来讲，安装服务是一大便利。通过安装服务，采购商可以缩短设备的投产时间或应用时间。供应商能否提供非常完善的安装服务是评价供应商好坏的一个重要指标，同时也是认证人员对供应商进行认证的重要依据。

2. 培训服务

对于采购者来讲，会不会使用所采购的物品决定着该采购过程是否结束。如果采购者对如何使用所采购物品不甚了解，供应商就有责任向采购者传授所卖产品的使用知识。供应商对产品卖前与卖后的培训工作情况，也会大大影响采购方对供应商的选择。

3. 维修服务

供应商对所售产品一般都会做出免费保修一段时间的保证。因产品质量问题而出现的使用难题都可以得到供应商的免费维修。免费维修是对买方利益的保护，同时也对供应商提供的产品提出了更高的质量要求。

4. 升级服务

这也是一种非常常见的售后服务形式，尤其对于现代信息时代的产品就更需要升级服务的支持。信息时代的产品更新换代非常快，各种新产品层出不穷，功能越来越强大，价格越来越低廉，供应商提供免费或者有偿的升级服务对采购者是一大诱惑，也是供应商竞争力的体现。

5. 技术支持服务

这是供应商寻求广泛合作的一种手段。采购者有时非常想了解在其产品系统中究竟什么样参数的器件最合适，有时浪费大量的时间和费用也不一定能够找到合适的解决办法。这时，如果供应商向采购者提供相应的技术支持，供应商在替采购者解决难题的同时也销售了自己的产品，这种双赢的合作方式是现代采购工作中经常采用的。

综上所述，无论供应商提供的是售前服务还是售后服务都会对用户产生很大的影响。能够提供良好服务的供应商也会是用户以后选择的重点考虑对象，因此服务情况如何是认证供应商的一个重要方面。

三、供应商评价

供应商评价是对现有供应商的日常表现进行定期监控和考核。传统上，一般都只是对重要供应商的来货质量进行定期检查，没有一整套的规范和程式。随着采购管理在企业中的地位越来越重要，供应商管理水平也在不断上升，原有的考评方法已不再适应企业管理需求。新的考评办法主要包括供应商考评范围与要求、考评标准以及考评的做法等。在这里，我们主要就如何确定供应商考评范围及考评标准进行介绍。

（一）确立供应商考评范围

1. 确立考评对象

供应商考评是对已经通过认证的、正为企业提供服务的供应商进行的绩效考核。其目的是了解供应商的表现、促进供应商提升供应水平，并为供应商奖惩提供依据。

2. 考评准备

供应商考评是一个十分繁琐，而又必须尽量公正、完备的事情。实施过程中要对供应商的表现如质量、交货、服务等进行监测记录，为考评提供量化依据。一般认为供应商考评的准备工作主要有以下几步：

设立考评准则，考评准则体现跨功能精神；设立考评指标，考评指标要明确、合理、与公司的大目标保持一致；确定考评的具体步骤并文件化；选择要进行考评的供应商，将考评做法、标准及要求同相应的供应商进行充分沟通；成立考评小组，小组成员要包括采购员、品质员、企划员、仓管员等。

3. 确立考评范围，主要包括

制定考评文件，文件内容应包括考评什么、何时考评、怎样考评、由谁考评；根据事先确定的考评指标和收集的数据通过信息系统自动计算考评结果；组织供应会议跟进相应改善行动；设定明确的改进目标。

（二）供应商考评指标

虽然供应商的考评指标很多，但是归纳起来也不过四大类：质量指标，供应指标，经济指标，支持、合作与服务指标。

1. 质量指标

质量是用来衡量供应商的最基本的指标。供应商质量指标主要包括产品批次合格率、产品抽检缺陷率、供应商产品免检率等，现分别叙述如下：

产品批次合格率＝(合格批次/总批次)×100％；

产品抽检缺陷率＝(抽检缺陷总数/抽检样品部数)×100％；

产品免检率＝(免检的各类产品数/该供应商供应的产品总种类数)×100％。

其中尤以产品批次合格率最为常用。此外，也有一些公司将供应商质量体系、供应商是否使用以及如何运用 SPC 于质量控制等也纳入考核。例如，如果供应商通过了 ISO 9002 质量体系认证或供应商的质量体系审核达到某一水平则为其加分，否则不加分。

2. 供应指标

在供应商的供应指标中，最主要的是准时交货率、交货周期、订单变化接受率等。

（1）准时交货率：准时交货率＝(按时按量交货的实际批次/订单确认的交货总批次)×100％。

（2）交货周期：交货周期是指自订单开出之日到收货之时的时间长度，一般以天数单位来计算。

（3）订单变化接受率：订单变化接受率是衡量供应商对订单变化反应灵敏度的一个指标，是指在双方确认的交货周期中供应可接受的订单增加或减少的比率。

订单变化接受率＝(订单增加或减少的交货数量/订单原定的交货数量)×100％。

值得我们注意的是，供应商能够接受的定单增加接受率与定单减少接受率往往并不相同。其原因在于前者取决于供应商生产能力的弹性、生产计划安排与反应快慢、库存大小与状态（原材料、半成品或成品）等，而后者则主要取决于供应商的反应、库存（包括原材料与在制品）大小以及因减少定单带来可能损失的承受力。

3. 经济指标

供应商考核的经济指标主要是考虑采购价格与成本，同质量与供应指标不同的是，质量与供应考核按月进行，两经济指标则常常按季度考核。下面我们就介绍经济指标的具体考核点。

（1）价格水平。企业可以将自己的采购价格同本公司所掌握的市场行情比较，也可以根据供应商的实际成本结构及利润率等进行主观判断。

（2）报价行为。主要包括报价是否及时、报价单是否客观、具体、透明（分解原材料费用、加工费用、包装费用、税金、利润以及相对应的交货与付款条件）。

（3）降低成本的态度与行动。供应商是否自觉自愿地配合本公司或主动地开展降低成本活动、制订成本改进计划、实施改进行动，是否定期与本公司审查价格等。

（4）分享降价成果。供应商是否将降低成本的利益与众分享（如本企业）。

（5）付款。供应商是否将积极配合响应本公司提出的付款条件、付款要求以及付款办法，供应商开出付款发票是否准确、及时、是否符合有关财税要求。

4. 支持、合作与服务指标

同经济类指标一样，考核供应商在支持、合作与服务方面的表现通常也都是定性的考核，一般来说可以每个季度一次。考核的内容主要有反应与沟通、合作态度、参与本公司的改进与开发项目、售后服务等。

（1）投诉灵敏度。供应商对订单、交货、质量投诉等反应是否及时、迅速，答复是否完整，对退货、挑选等要求是否及时处理。

（2）沟通。供应商是否派出合适的人员与本公司定期进行沟通，沟通手段是否符合本公司的要求（电话、传真、电子邮件以及文件书写所用软件与本公司的匹配程度等）。

（3）合作态度。供应商是否将本公司看成是其重要客户，供应商高层领导或关键人物是否重视本公司的要求，是否经常走访本公司，供应商内部沟通协作（如市场、生产、计划、工程、质量等部门）是否能整体理解并满足本公司的要求。

（4）共同改进。供应商是否积极参与或主动提出与本公司相关的质量、供应、成本等改进项目或活动，是否经常采用新的管理做法，是否积极组织参与本公司共同召开的供应商改进会议、配合本公司开展的质量体系审核等。

（5）售后服务。供应商是否主动征询顾客意见，是否主动走访本公司，是否主动解决或预防问题发生，是否及时安排技术人员对发生的问题进行处理。

（6）参与开发。供应商是否主动参与本公司的各种相关开发项目，如何参与本公司的产品或业务开发过程，表现如何？

（7）其他支持。供应商是否积极接纳本公司提出的有关参观、访问、实施调查等事宜，是否积极提供本公司要求的新产品报价与送样，是否妥善保存与本公司相关的机密文件等不予泄漏，是否保证不与影响到本公司切身利益的相关公司或单位进行合作等。

在实际工作中，我们常常根据供应商考评的结果对之进行分级管理，以此确定哪些为方便合理的供应商，哪些为好的供应商，哪些为优先供应商，哪些为特殊（或伙伴）供应商。

本章小结

本章对采购流程和销售流程进行了论述，首先介绍采购流程系统及采购管理基本原理，然后分别对 JIT 采购流程、供应链采购管理等科学化采购管理理论进行了介绍。

本章关键词

采购（procurement）
供应链采购（supply chain procurement）
采购管理（procurement management）
需求分析（demands analysis）
采购监控（procurement supervise）
采购评价（procurement estimate）
JIT 采购（just in time）

本章思考题

1. 请结合某一企业的采购过程来分析其采购属于哪一种采购方式，其采购过程有哪些特点？
2. 谈谈采购与采购管理的区别？
3. 如何理解 JIT 采购，JIT 采购具体实施步骤包括哪些内容？
4. 如何实施供应链采购？
5. 简述供应商管理的主要内容是什么？

本章案例　沃尔玛的供应链采购管理

沃尔玛公司是美国最大的零售公司，在全世界各国开设了 4 000 多家连锁店，遍及美国、加拿大、中国、德国、英国、韩国、墨西哥、波多黎各等国。沃尔玛公司从 20 世纪 80 年代中期开始进行供应链采购管理。他们的做法如下。

1. 首先进行信息系统建设，为供应链采购管理做一些基础工作

为了开展供应链采购，沃尔玛进行了一系列的信息系统建设，为实现信息传输、信息共享做准备。

（1）沃尔玛1983年开发POS系统，把销售信息用计算机管理起来。POS，即point of sale，销售时点系统，是在超级市场出口处设立的用读卡方式或者条形码识别的方式输入销售信息记录的系统，每个顾客的购买时间、购买品种、购买数量、购买金额一瞬间就能很顺利地输入计算机，并且所有的销售记录都存储在计算机磁盘中。

（2）沃尔玛1985年开始建立EDI系统，实现销售数据等信息的传递。EDI即electronic data interchange，电子数据交换，是一种早期的电子商务形式。这个系统可以把电子数据或电子票据变成标准格式的数据通过点对点方式或通过专用计算机网络传输到对方。

（3）为了实现用EDI系统传输商品信息，需要为每种商品编制标准化的识别码，同时还要编制各种商品数据的EDI传输数据格式。沃尔玛与行业内的其他商家一起成立VIGS委员会（Voluntary Inter Industry Communications Standards Committee）来协商确定行业统一的EDI标准和商品识别标准。VICS委员会制定了行业统一的EDI标准并确定商品识别标准采用UPC商品识别码。

2. 向供应商传送销售时点信息，实现销售信息共享

在信息系统建立起来以后，沃尔玛公司就利用基于行业统一标准设计出来的POS数据的输送格式，通过已经建立的EDI系统开始向供应商传送POS数据，让供应商随时掌握沃尔玛的销售情况。供应商根据沃尔玛传送来的POS信息，可及时了解沃尔玛的商品销售状况、商品的需求动向，因而可以及时调整自己的生产计划和材料采购计划。当销售情况呈增长趋势时，他们就增加生产，当商品销售呈下降趋势时，他们就减少生产。这样，真正做到了需要多少就生产多少，不少生产也不多生产，既满足了销售的需要，也最大地消除了浪费。不但在沃尔玛没有多的库存，供应商也没有多的库存。

沃尔玛把销售信息毫无保留地传送给供应商，实现信息透明、数据共享，也说明了沃尔玛与供应商建立起一种互相信任、互相依赖的特殊关系，无论在形式上、还是内容上，已经把供应商与沃尔玛联结形成了供应链系统。供应商关注沃尔玛的销售，形成了一种利益共同体的关系。

3. 供应商管理库存VMI

为了进一步加强供应链关系，实现资源优化配置、加强相互权利和责任、合理分配利润关系，沃尔玛又实行让供应商管理库存的 VMI 制度。VMI，即 vendor-management inventory，供应商管理库存。沃尔玛决定把商场里的库存，包括货架上所有没有卖出的商品都归于供应商所有。这样如果库存积压或者缺货，都由供应商承担损失。而只把销售出去的商品作为沃尔玛的销售收入，实行利润分成。这样，沃尔玛就完全不用管理库存，也不要为每一种货物的采购订货操心，实行一种无采购操作的采购方式。供应商主动、自觉、适时适量地补充库存，而且精心操作、主动实行库存控制。因为无论库存积压、还是缺货都会使供应商遭受损失。所以供应商为了避免损失、增加利润，精心地根据销售时点数据 POS 信息，认真研究销售变化动向，组织适时适量生产和供货，不少也不多，刚好满足销售，没有多的积压库存。

4. 供应商主动实行的连续补充货物的 CRP 供货方式

CRP，即 continuous replenishment program，连续补充货物程序。供应商为了实现自己的利润最大化、最大地消除浪费，实行小批量多频次地连续补充货物的供货方式。销售一点就补充一点。既满足需要，又库存最小，既降低了成本，又提高了效益。当然多频次地送货，可能增加送货费用，这时可以采取联合送货方式降低送货成本。

5. 快速响应 QR

这种连续补充货物的方式的另一个好处，就是能够灵敏地适应市场需求的变化。因为零售市场，市场需求变化，非常迅速。今日好销的商品，说不定明天就销不动了。实行小批量连续补充货物，由于基本上当天的货物当天销完，没有多的库存，所以明天市场需求变化，就不会使自己造成损失。如果明天需求增加，由于连续补充货物，供应商又可增加补充货物的数量和频次。使得用户需求由能够得到满足。这个又叫做快速响应 QR。所谓 QR，即 quick response，快速响应。它是一种灵敏地响应市场需求变化的管理技术。它与 JIT 技术的原理差不多，也是将需要的时间、将需要的品种、按所需要的数量、送到需要的地点，恰好满足用户的需要。基本上实现零库存，最大地消除了浪费。

沃尔玛与某休闲裤供应商和供应商的供应商某面料公司建立 QR 系统，实行供应链采购。供应商利用 EDI 系统在发货之前向沃尔玛传送预先发货清单 (advanced shipping notice，ASN)，预告即将发货的品种数量。这样，沃尔玛在收到这个发货清单 ASN 后，事前可以做好进货准备工作，同时可以省去货物数据的输入作业，使商品检验作业效率化。沃尔玛在接收货物时，用扫描读取机器读取包装箱上的物流条形码 SCM (shipping carton marking)，把扫描读取机器读取的信息与预先储存在计算机内的进货清单 ASN 进行核对，判断到货和发货清单是否一致，从而简化了检验作业。在此基础上，利用电子支付系统 E 盯向供应方支付货款。同时只要把 ASN 数据和 POS 数据比较，就能迅速知道商品库存的信息。这样做的结果使沃尔玛不仅节约了大量事务性作业成本，而且还能压缩库存，提高商品周转率。所以，沃尔玛通过实行这样的采购方式，大大减少了作业环节、减少了工作量，降低了运营成本，提高了经济效益。据统计，仅休闲裤这一项，销售额就增加 31%，商品周转率提高 30%。

在此基础上，沃尔玛公司开始把 QR 的应用范围扩大至其他商品和供应商。在各个供应商中全面推广进行供应链采购。

根据 Blackburn（1991）的研究结果，零售商在应用 QR 系统后，销售额大幅度增加，商品周转率大幅度提高，需求预测误差大幅度下降。应用 QR 系统后之所以有这样的效果，其原因是：

（1）销售额的大幅度增加。

应用 QR 系统之后：

① 可以降低经营成本，从而能降低销售价格，增加销售；

② 伴随着商品库存风险的减少，商品以低价位定价，增加销售；

③ 能避免缺货现象，从而避免销售的机会损失；

④ 易于确定畅销商品，能保证畅销品的品种齐全，连续供应，增加销售。

（2）商品周转率的大幅度提高。

应用 QR 系统可以减少商品库存量。并保证畅销商品的正常库存量，加快商品周转。

（3）需求预测误差大幅度减少。

根据库存周期长短和预测误差的关系可以看出，如果在季节开始之前的 26 周进货（即基于预测提前 26 周进货），则需求预测误差（缺货或积压）达 40%左右。如果在季节开始之前的 16 周进货，则需求预测误差为 20%左右。如果在很靠近季节开始的时候进货，需求预测误差只有 10%左右。应用 QR 系统可以及时获得销售信息，把握畅销商品和滞销商品，同时通过多频度小数量送货方式，实现实需型进货（零售店需要的时候才进货），这样使需求预测误差可减少到 10%左右。

随着竞争的全球化和企业经营的全球化，QR 系统管理迅速在各国企业界扩展。航空运输为国际间的快速供应提供了保证。现在，QR 方法成为零售商实现竞争优势的工具。同时随着零售商和供应商结成战略联盟，竞争方式也从企业与企业间的竞争转变为战略联盟与战略联盟之间的竞争。

【思考题】

沃尔玛实施供应链管理的特点是什么？

第八章　包装、装卸搬运和流通加工

本章学习目标

本章着重介绍了物流过程中流通加工、包装、装卸搬运等物流环节。通过基本概念，各功能特点、分类，相关的技术、方法，配套的装备及其使用，以及各项功能的合理性等方面的详细介绍，要求学生掌握这几项物流功能的重要性和作用，并能将之指导实践。

第一节　流通加工概述

一、流通加工的概念

流通加工是流通中的一种特殊形式。

商品流通是以货币为媒介的商品交换，它的重要职能是将生产及消费（或再生产）联系起来，起“桥梁和纽带”作用，完成商品所有权和实物形态的转移。因此，流通与流通对象的关系，一般不是改变其形态而创造价值，而是保持流通对象的已有形态，完成空间的位移，实现其“时间效用”及“场所效用”。

流通加工则与此有较大的区别。总的来讲，流通加工在流通中，仍然和流通总体一样起“桥梁和纽带”作用。但是，它却不是通过“保护”流通对象原有形态而实现这一作用的，它是和生产一样，通过改变或完善对象的原有形态来实现“桥梁和纽带”作用的。

流通加工是为了提高物流速度和物品的利用率，在物品进入流通领域后，按客户的要求进行的加工活动，即在物品从生产者向消费者流动的过程中，为了促进销售，维护产品质量，实现物流高效率所采取的使物品发生物理和化学变化的功能。

二、流通加工的类型

由于具有不同的目的和作用，因而流通加工的类型呈多样化。

（一）以保存产品为主要目的的流通加工

这种加工形式的目的是使产品的使用价值得到妥善的保存，延长产品在生产与使用间的时间距离。根据加工的对象不同，这种加工形式可表现为生活消费品的流通加工和生产资料的流通加工。生活消费品的流通加工是为了使生活资料消费者的消费对象在质量上保持满意为目的。如水产品、蛋产品、肉产品的保鲜、保质的冷冻加工、防腐加工等。丝、麻、棉织品的防虫、防霉加工等。生产资料的流通加工是为了保持生产资料的使用价值下降幅度最小为目的。如为防止金属材料的锈蚀而进行的喷漆、涂防锈油等措施和手段，运用手工、机械或化学方法除锈；木材的防腐朽、防干裂加工；水泥的防潮、防湿加工；煤炭的防高温自燃加工等等。

（二）为适应多样化需要的流通加工

生产部门为了实现高效率、大批量生产，其产品往往不能完全满足客户所需的要求。为了满足客户对产品多样化的需要，同时又保证高效率的社会化大生产，将生产出来的标准产品进行多样化的改制加工是流通加工中占有重要地位的一种加工形式。例如，对钢材卷板的舒展、剪切加工；平板玻璃按需要规格的开片加工；木材改制成枕木、方材、板材等加工。

（三）为了方便消费、省力的流通加工

这种流通加工形式与上述加工相类似，只是在加工的深度上更接近于消费，使消费者感到更加省力、省时，更加方便。如根据需要将钢材定尺、定型，按要求下料；将木材制成可直接投入使用的各种型材；将水泥制成混凝土拌合料，使用时只需稍加搅拌即可使用等。

（四）为提高产品利用率的流通加工

利用在流通领域的集中加工代替分散在各使用部门的分别加工，可以大大地提高物品的利用率，有明显的经济效益。集中加工形式可以减少原材料的消耗，提高加工质量。同时对于加工后副产品尚可使其得到充分的利用。例如，钢材的集中下料，可充分进行合理下料、搭配套裁、减少边角余料，从而达到加工效率高、加工费用低的目的。

（五）为提高物流效率、降低物流损失的流通加工

对于一些物品，由于自身的特殊形状，在运输、装卸作业中效率较低，极易发生损失的情况，则应进行适当的流通加工以弥补这些产品的物流缺陷。例如，自行车在消费地区的装配加工可防止整车运输的低效率和高损失；造纸用木材磨成木屑的流通加工，可极大提高运输工具的装载效率；“集中煅烧熟料，分散磨制水泥”的流通加工，可有效地防止水泥的运输损失，减少包装费用，也可以提高运输效率；石油气的液化加工，使很难输送的气态物转变为容易输送的液态物，亦可提高物流效率。

（六）为衔接不同输送方式，使物流更加合理的流通加工

由于现代社会生产的相对集中和消费的相对分散，流通过程中衔接生产的大批量、高效率的输送和衔接消费的多品种、少批量、多户头的输送之间，存在着很大的矛盾。某些流通加工形式可以较为有效地解决这个矛盾。以流通加工点为分界点，从生产部门至流通加工点可以形成大量的高效率的定点输送；从流通加工点至客户则可形成多品种、少批量、多户头的灵活输送。例如，散装水泥的中转仓库担负起散装水泥袋装的流通加工及将大规模散装化为小规模散装的任务，就属于这种流通加工形式。

（七）为实现配送进行的流通加工

配送中心为实现配送活动，满足客户对物品供应的数量，供应构成的要求，配送中心必将对物品进行各种加工活动，如拆整为零、定量备货、定时供应等。随着物流技术水平的不断提高，流通加工过程有时在配送过程中实现，如混凝土搅拌车。流通中心可根据客户的要求，把沙子、水泥、石子、水等各种不同材料按比例要求转入水泥搅拌车可旋转的罐中。在配送路途中，汽车边行驶边搅拌，到达施工现场后，混凝土已经均匀搅拌好，可直接投入使用。由于配送中心形式多样，配送业务千差万别，因而各配送中心的流通加工活动各具特征。

三、流通加工合理化

流通加工合理化的含义是实现流通加工的最优配置，不仅做到避免各种不合理，使流通加工有存在的价值，而且做到最优的选择。

实现流通加工合理化主要考虑以下几方面。

（一）加工和配送相结合

这是将流通加工设置在配送点中，一方面按配送的需要进行加工，另一方面加工又是配送业务流程中分货、拣货、配货之一环，加工后的产品直接投入配货作业，这就无需单独设置一个加工的中间环节，使流通加工有别于独立的生产，而使流通加工与中转流通巧妙结合在一起。同时，由于配送之前有加工，可使配送服务水平大大提高。这是当前流通加工合理化的重要形式，在煤炭、水泥等产品的流通中已表现出较大的优势。

（二）加工和配套相结合

在对配套要求较高的流通中，配套的主体来自各生产单位，但是，完全配套有时无法全部依靠现有的生产单位，进行适当的流通加工，可以有效促成配套，大大提高流通作为桥梁与纽带的能力。

（三）加工和合理运输相结合

流通加工能有效衔接干线运输与支线运输，促进两种运输形式的合理化。利用流通加工，在支线运输转干线运输或干线运输转支线运输，这本来就必须停顿的环节，不进行一般的支转干或干转支，而是按干线或支线运输合理要求进行适当加工，从而大大提高运输及运输转载水平。

（四）加工和合理商流相结合

通过加工有效促进销售，使商流合理化，也是流通加工合理化的考虑方向之一。加工和配送的结合，通过加工提高了配送水平，强化了销售，是加工与合理商流相结合的一个成功的例证。

此外，通过简单地改变包装加工，形成方便的购买量，通过组装加工解除用户使用前进行组装，调试的难处，都是有效地促进商流的例子。

（五）加工和节约相结合

节约能源、节约设备、节约人力、节约耗费是流通加工合理化重要的考虑因素，也是目前我国设置流通加工，考虑其合理化的较普通形式。

第二节　包装技术与包装标准化

一、包装概述

（一）包装的概念

包装是为在流通过程中保护产品、方便储运、促进销售而按一定的技术方法采用的容器、材料和辅助物等的总称。也指为达到上述目的而采用容器、材料和辅助物的过程中施加一定技术方法等的操作活动。

在生产和物流过程中，包装处于生产过程的末尾和物流过程的开头，既是生产的终点，又是物流的始点。作为生产的终点，包装必须根据产品性质、形状和生产工艺来进行，满足生产要求。作为物流的始点，包装完成之后，包装了的产品便可发挥对产品保护的作用和物流的作用，最后实现销售。现代物流研究认为，包装与物流的关系比之与生产的关系要密切得多，其作为物流始点的意义比之作为生产终点的意义要大得多。因此，包装应进入物流系统之中，这是现代物流的一个新观念。

（二）包装的功能

包装的功能主要有三个方面。

1. 保护功能

即保护物品不受损伤的功能，它体现了包装的主要目的。

（1）防止物品的破损变形。这就是要求包装能承受在装卸、运输、保管等过程中的各种冲击、振动、颠簸、压缩、摩擦等外力的作用，形成对外力的保护，而具有一定的强度。

（2）防止物品发生化学变化，即防止物品受潮、发霉、变质、生锈等化学变化，这就要求包装能在一定程度上起到阻隔水分，潮气、光线以及空气中各种有害气体的作用，避免外界不良因素的影响。

（3）防止有害生物对物品的影响。鼠、虫及其他有害生物对物品有很大的破坏性。包装封闭不严，会给细菌、虫类造成侵入之机，导致变质、腐败，特别是对食品危害性更大，鼠、白蚁等生物会直接吞蚀纸张、木材等物品。

（4）防止异物流入、污物污染、丢失、散失。

2. 便利功能

物品包装具有便利流通、方便消费的功能。在物流的全过程中，物品所经过的流转环节，合理的包装会大大提高物流作业的效率和效果。体现在以下方面：

（1）便利运输。包装的规格、形状、重量与物品运输关系密切。包装尺寸与运输车辆、船、飞机等运输工具箱，仓容积的吻合性，方便了运输，提高了运输效率。

（2）便利装卸。物品的包装便于各种装卸、搬运机械的使用，有利于提高装卸、搬运机械的生产效率。包装的规格尺寸标准化后为集合包装提供了条件，从而能极大地提高装载效率。

（3）便利储存。包装的规格、尺寸、重量、形态为仓库内的搬运、装卸作业提供了方便；包装也为物品的保管提供了方便条件，便于维护物品本身原有价值；包装物的名种标志，易于存取、易于盘点，有特殊保管要求的易引起注意，为仓库的管理提供了便利；易于开包，便于重新打包的包装方式为验收提供了方便性，包装的集合方法、定量性，为节约验收时间、加快验收速度也会起到十分重要的作用。

3. 促销功能

合理的包装有利于促进商品的销售。在商品交易中促进销售的手段很多，其中包装的装潢设计占有重要地位，精美的包装能唤起人们的购买欲望，包装的外部形态是商品很好的宣传品，对客户的购买有刺激作用。

（三）包装的种类

1. 按照包装在流通中的作用分类

（1）商业包装。也即销售包装，该包装将连同商品一起销售给消费者，这种包装的目的是美化商品、宣传商品、促进销售。因此要求使用的包装材料无论在性质、形态、式样等因素方面，既要保护商品，结构造型要便于流通，还要在图案、文字、色调、装潢上能吸引消费者，包装单位适于顾客的购买量以及商店陈设的要求。在流通过程中，商品越接近顾客，越要求包装有促进销售的效果。

（2）运输包装。是指强化输送、保护产品为目的的包装。即要便于装卸、储存和运输，以期将商品完好无损地送达目的地和消费领域。其主要考虑的问题是抵御在储运过程中温度、湿度、紫外线、雨雪等气候和自然条件因素对商品的侵害，减缓静压力、振动、冲击、摩擦等外力对商品的作用；防止商品散漏、溢泄、挥发而造成污染；便利流通环节中装卸、搬运、保管等各项作业；提高运载工具的载重力和容积；缩短各种作业时间和提高作业效率。

2. 按包装的适用广泛性分类

专用包装。根据被包装物特点进行专门设计、专门制造，只适用于某种专用产品的包装。

通用包装。不进行专门设计、制造，而根据标准系列尺寸制造的包装，用于包装各种标准尺寸的产品。

3. 按包装容器分类

按包装容器的抗变形能力分为硬包装和软包装两类。硬包装又称钢性包装，包装体有固定形状和一定强度；软包装又称柔性包装，包装体可有一定程度变形，具有弹性。

按包装容器形状分为包装袋、包装箱、包装盒、包装瓶、包装罐等。

按包装容器结构形式分固定式包装和拆卸折叠式包装二类。固定式包装尺寸、外形固定不变；可拆卸折叠式包装通过折叠拆卸在不需包装时缩减容积以便于管理及返运。

按包装容器使用次数分为一次性包装和多次周转包装二类。

4. 按包装技术分类

按包装层次及防护要求分为个装、内装、外装三类。

按包装的保护技术分为防潮包装、防锈包装、防虫包装、防腐包装、防震包装、危险品包装等。

二、包装技术

包装活动中所采用的硬技术与软技术的总称。主要有以下几种。

1. 防震保护技术

防震包装又称缓冲包装，在各种包装方法中占有重要的地位。产品从生产出来到开始使用要经过一系列的运输、保管、堆码和装卸过程，置于 ·定的环境之中。而在任何环境中都会有力作用在产品之上，并使产品发生机械性损坏。因此，为了防止产品遭受损坏，就要设法减小外力的影响。防震包装就是为减缓内装物受到冲击和振动，保护其免受损坏所采取的一定防护措施的包装。

防震包装主要有三种方法：

(1) 全面防震包装方法。内装物和外包装之间全部用防震材料填满进行防震的包装方法。

(2) 部分防震包装方法。对于整体性好的产品和有内装容器的产品，仅在产品或内包装的拐角或局部地方使用防震材料进行衬垫即可。所用包装材料主要有泡沫塑料防震垫、充气型塑料薄膜防震垫和橡胶弹簧等。

(3) 悬浮式防震包装方法。对于某些贵重易损的物品，为了有效地保证在流通过程中不被损坏，外包装容器比较坚固，然后用绳、带、弹簧等将被装物悬吊在包装容器内，在物流中，无论是什么操作环节，内装物都被稳定悬吊而不与包装容器发生碰撞，从而减少损坏。

2. 防破损保护技术

缓冲包装有较强的防破能力，因而是防破损包装技术中有效的一类。此外还可以采取以下几种防破损保护技术：

(1) 捆扎及裹紧技术。使杂货、散货形成一个牢固整体，以增加整体性，便于处理及防止散堆来减少破损。

(2) 集装技术。利用集装，减少与货体的接触，从而防止破损。

(3) 选择高强保护材料。通过外包装材料的高强度来防止内装物品受外力作用破损。

3. 防锈包装技术

主要有两类：

(1) 防锈油防锈蚀包装技术。大气锈蚀是空气中的氧、水蒸气及其他有害气体等作用于金属表面引起电化学作用的结果。如果使金属表面与引起大气锈蚀的各种因素隔绝（即将金属表面保护起来），就可以达到防止金属大气锈蚀的目的。防锈油包装技术就是根据这一原理将金属涂封防止锈蚀的。用防锈油封装金属制品，要求油层要有一定厚度，油层的连续性好，涂层完整；而且，不同类型的防锈油要采用不同的方法进行涂覆。

(2) 气相防锈包装技术。在密封包装容器中，使用气相缓蚀剂（挥发性缓蚀剂）对金属制品进行防锈处理的技术。气相缓蚀剂是一种能减慢或完全停止金属在侵蚀性介质中的破坏过程的物质，它在常温下即具有挥发性。在密封包装容器中，气相缓蚀剂在很短的时间内挥发或升华出的缓蚀气体就能充满整个容器的每个角落和缝隙，同时吸附在金属制品的表面上，从而起到抑制大气对金属锈蚀的作用。

4. 防霉腐包装技术

在装运食品和其他有机碳水化合物物品时，物品表面可能生长霉菌，在流通过程中如遇潮湿，霉菌生长繁殖极快，甚至伸延至物品内部，使其腐烂、发霉、变质，因此要采取特别防护措施。

包装防霉烂变质的措施，通常是采用冷冻包装、真空包装或高温灭菌方法。冷冻包装的原理是减慢细菌活动和化学变化的过程，以延长储存期，但不能完全消除食品的变质；高温杀菌法可消灭引起食品腐烂的微生物，因而在包装过程中可使用高温处理防霉。有些经干燥处理的食品包装，应防止水汽侵入以防霉腐，可选择防水汽和气密性好的包装材料，采取真空和充气包装。

真空包装法也称减压包装法或排气包装法，可阻挡外界的水汽进入包装容器内，也可防止在密闭着的防潮包装内部存有潮湿空气，在气温下降时结露。应该注意的是，采用真空包装法，要注意避免过高的真空度，以防损伤包装材料。

防止运输包装内货物发霉，还可使用防霉剂。防霉剂的种类甚多，用于食品时必须选用无毒防霉剂。

机电产品的大型封闭箱，可酌情开设通风孔或通风窗等相应的防霉措施。

5. 防虫包装技术

在包装中放入有一定毒性和嗅味的驱虫药物，利用药物在包装中挥发气体杀灭和驱除各种害虫。常用驱虫剂有萘、对位二氯化苯、樟脑精等。也可采用真空包装、充气包装、脱氧包装等技术，使害虫无生存环境，从而防止虫害。

6. 危险品包装技术

危险品有上千种，按其危险性质，交通运输及公安消防部门规定分为十大类，即爆炸性物品、氧化剂、压缩气体和液化气体、自燃物品、遇水燃烧物品、易燃液体、易燃固体、毒害品、腐蚀性物品、放射性物品等，有些物品同时具有两种以上危险性能。

对于有毒商品的包装要明显地标明有毒的标志。防毒的主要措施是包装严密不漏、不透气。例如重铬酸钾（红矾钾）和重铬酸钠（红矾钠），为红色带透明结晶，有毒，应用坚固铁桶包装，桶口要严密不漏，制桶的铁板厚度不能小于1.2毫米。

对有腐蚀性的商品，要注意商品和包装容器的材质发生化学变化。金属类的包装容器，要在容器壁涂上涂料，防止腐蚀性商品对容器的腐蚀。例如包装合成脂肪酸的铁桶内壁要涂有耐酸保护层，防止铁桶被商品腐蚀从而商品也随之变质。

对黄磷等易自燃商品的包装，宜将其装入壁厚不少于1毫米的铁桶中，桶内壁须涂耐酸保护层，桶内盛水，并使水面浸没商品，桶口严密封闭，每桶净重不超过50公斤。再如遇水会引起燃烧的物品如碳化钙，遇水即分解并产生易燃乙炔气，对其应用坚固的铁桶包装，桶内充入氮气。如果桶内不充氮气，则应装置放气活塞。

对于易燃、易爆商品，例如有强烈氧化性的，遇有微量不纯物或受热即急剧分解爆炸的产品。防爆炸包装的有效方法是采有塑料桶包装，然后将塑料桶装入铁桶或木箱中，每件净重不超过50公斤，并应有自动放气的安全阀，当桶内达到一定气压时，能自动放气。

7. 特种包装技术

（1）充气包装。采用二氧化碳或氮气等不活泼气体置换包装容器中空气的一种包装技术方法，也称为气体置换包装。这种包装方法是根据好氧性微生物需氧代谢的特性，在密封的包装容器中改变气体的组成部分，降低氧气的浓度，抑制微生物的生理活动、酶的活性和鲜活商品的呼吸强度，达到防霉、防腐和保鲜的目的。

（2）真空包装。将物品装入气密性容器后，在容器封口之前抽成真空，使密封后的容器内基本没有空气的一种包装方法。

一般的肉类商品、谷物加工商品以及某些容易氧化变质的商品都可以采用真空包装。这种包装不但可以避免或减少脂肪氧化，而且抑制了某些霉菌和细菌的生长。同时在对其进行加热杀菌时，由于容器内部气体已排除，因此加速了热量的传导，既提高了高温杀菌效率，也避免了加热杀菌时由于气体的膨胀而使包装容器破裂。

（3）收缩包装。用收缩薄膜裹包物品（或内包装件），然后对薄膜进行适当加热处理，使薄膜收缩而紧贴于物品（或内包装件）的包装技术方法。

收缩薄膜是一种经过特殊拉伸和冷却处理的聚乙烯薄膜，由于薄膜在定向拉伸时产生残余收缩应力，这种应力受到一定热量后便会消除，从而使其横向和纵向均发生急剧收缩，同时使薄膜的厚度增加，收缩率通常为30%～70%，收缩力在冷却阶段达到最大值，并能长期保持。

（4）拉伸包装。由收缩包装发展而来的，依靠机械装置在常温下将弹性薄膜围绕被包装件拉伸、紧裹，并在其末端进行封合的一种包装方法，于20世纪70年代开始采用。由于拉伸包装不需进行加热，所以消耗的能源只有收缩包装的1/20。

（5）脱氧包装。继真空包装和充气包装之后出现的一种新型除氧包装方法，是在密封的包装容器中，使用能与氧气起化学作用的脱氧剂与之反应，从而除去包装容器中的氧气，以达到保护内装物的目的。

脱氧包装方法适用于某些对氧化特别敏感的物品，使用于那些即使有微量氧气也会促使品质变坏的食品包装中。

三、包装标准化及合理化

（一）实行包装标准化的意义

包装标准化是对产品的包装类型、规格、容量、使用的包装材料，包装容器和结构造型，印刷标志及产品的盛入、衬垫、封装方式、名词术语、检验要求等加以统一规定，并贯彻实施的政策和技术措施。

1. 便于提高包装生产率

实行统一的包装标准，简化了包装的规格型号，使同种类产品的包装可以互相通用。从而使零星、分散的小批量的包装生产，可以转变为集中的、大批量的专业生产，有利于包装生产向机械化、自动化方向发展，便于提高包装生产率。

2. 便于识别、使用和计量

由于包装标准化，简化和统一了包装容器的规格和型号，所以在生产和流通过程中便于识别、使用和计量。

3. 节约包装材料，降低包装成本

由于包装标准化，使包装材料、包装结构、包装规格型号统一了标准，所以在包装设计制造时可以充分而有效地使用原材料，不仅可以大量节省包装材料，而且由于包装整齐化一，堆码容易排列组合，能够提高仓库的容量和运输工具的运载量。

4. 保证包装质量，保护产品安全

包装标准的制定，是从保护产品质量出发的。包装标准中对各项质量指标作了明确的规定，有利于保证与提高包装的质量，使产品在流通中免受损失。同时实现包装标准化，包装设计合理，规格尺寸统一，便于搬运和装卸，也为货物的堆码和储存提供了良好的条件。

5. 有利于产品走向国际市场

为了适应国际市场的需要，提高产品的竞争力，要求产品实行标准包装和国际包装标准，特别是集装运输和集合包装，采用国际标准包装系列，更有利于产品走向国际市场。

6. 有利于包装的回收复用

由于包装标准化，使包装规格型号统一，因此有利于包装容器的相互通用。所以产品到达地便于组织回收包装，在发送产品中组织回收利用，这样既能节省包装费用，又能够节省回送运输费用。

（二）包装合理化

包装合理化一方面包括包装总体的合理化，这种合理化往往用整体物流效益与微观包装效益的统一来衡量，另一方面也包括包装材料、包装技术、包装方式的合理组合及运用。

要做好包装合理化工作，应从以下三方面着手。

1. 防止包装不足

包装不足指的是以下几个方面：①包装强度不足，从而使包装防护性不足，造成被包装物的损失。②包装材料水平不足。由于包装材料选择不当，材料不能很好承担运输防护及促进销售作用。③包装容器的层次及容积不足。缺少必要层次与不足所需体积造成损失。④包装成本过低。不能保证有效的包装。

由于包装不足，造成的主要问题是在流通过程中的损失及降低促销能力。这一点不可忽视。我国曾经举行的全国包装大检查，经过统计分析，认定由于包装不足引起的损失，一年达100亿元以上。

2. 防止包装过剩

包装过剩指的是以下几方面：①包装物强度设计过高。如包装材料截面过大，包装方式大大超过强度要求等、从而使包装防护性过高。②包装材料选择不当，选择过高。如可以用纸板却不用而采用镀锌、镀锡材料等。③包装技术过高。包装层次过多，包装体积过大。④包装成本过高。一方面可能使包装成本支出大大超过减少损失可能获得的效益，另一方面，包装成本在商品成本中比重过高，损害了消费者利益。

包装过剩的浪费不可忽视，对于消费而言，购买的主要目的是内装物的使用价值，包装物大多作为废物甩弃，因而会形成浪费。此处过重、过大的包装，有时适得其反，反而会降低促销能力，所以也不可取。根据日本的调查，目前发达国家包装过剩问题很严重，约在20％以上。

在网络经济时代，由于现代物流技术，尤其是集装箱技术的广泛采用，包装不足问题已经不是主要问题，未来的主要问题是包装过剩问题，主要的缺点是占用了过多的物流成本。

3. 从物流管理角度，用科学方法确定最优包装

由于物流诸因素是可变的，因此，包装也是不断发生变化的。确定包装形式，选择包装方法，都要与物流诸因素的变化相适应。

对包装有影响的第一个因素是装卸搬运。在确定包装时，必须对该种产品的装卸搬运手段、方法有所了解，使包装形式、包装方法与之相适应。

对包装有影响的第二个因素是保管。在确定包装时，必须对保管的条件和方式有所了解。例如，采用高垛，就要求包装有很高的强度，否则就会压坏。如果采用低垛或料架保管，包装的强度就可以相应降低，以节约资源和费用。

对包装发生影响的第三个因素是输送。输送工具类型、输送距离长短、道路情况如何都对包装有影响，例如道路情况比较好的短距离汽车输送，就可以采用轻便的包装。同一种产品，如果进行长距离的车船联运，就要求严密厚实的包装。

第三节　装卸搬运组织设计

一、装卸搬运的概念

在同一地域范围内（如车站范围、工厂范围、仓库内部等）以改变“物”的存放、支承状态的活动称为装卸，以改变“物”的空间位置的活动称为搬运，两者全称装卸搬运。有时候或在特定场合，单称“装卸”或单称“搬运”也包含了“装卸搬运”的完整含义。

在习惯使用中，物流领域（如铁路运输）常将装卸搬运这一整体活动称作“货物装卸”；在生产领域中常将这一整体活动称作“物料搬运”。

在实际操作中，装卸与搬运是密不可分的，因此，在物流科学中并不过分强调两者差别而是作为一种活动来对待。

搬运的“运”与运输的“运”，区别之处在于，搬运是在同一地域的小范围内发生的，而运输则是在较大范围内发生的。

在物流过程中，装卸活动是不断出现和反复进行的，它出现的频率高于其他各项物流活动，每次装卸活动所消耗的人力也很多，所以装卸费用在物流成本中所占的比重也较高。以我国为例，铁路运输的始发和到达的装卸作业费大致占运费的20%左右，船运占40%左右。据我国统计，火车货运以500公里为分歧点，运距超过500公里，运输在途时间多于起止的装卸时间；运距低于500公里，装卸时间则超过实际运输时间。再例如，美国与日本之间的远洋船运，一个往返需25天，其中运输时间13天，装卸时间12天。

此外，进行装卸操作时往往需要接触货物，因此，这也是在物流过程中造成货物破损、散失、损耗、混合等损失的主要环节。因此，为提高物流速度、降低物流成本、减少物流过程损耗，我们应加强对装卸搬运的组织设计和搬运机械的使用操作管理。

二、装卸搬运方式

（一）按装卸搬运施行的物流设施、设备对象分类

以此可分为仓库装卸、铁路装卸、港口装卸、汽车装卸、飞机装卸等。

1. 仓库装卸

配合出库、入库、维护保养等活动进行，并且以堆垛、上架、取货等操作为主。

2. 铁路装卸

是对火车车皮的装进及卸出，特点是一次作业就需实现一车皮的装进或卸出，很少有像仓库装卸时出现的整装零卸或零装整卸的情况。

3. 港口装卸

包括码头前沿的装船，也包括后方的支持性装卸搬运，有的港口装卸还采用小船在码头与大船之间“过驳”的办法，因而其装卸的流程较为复杂，往往经过几次的装卸及搬运作业才能最后实现船与陆地之间货物过渡的目的。

4. 汽车装卸

一般一次装卸批量不大，由于汽车的灵活性，可以减少或根本减去搬运活动，而直接、单纯利用装卸作业达到车与物流设施之间货物过渡的目的。

（二）按装卸搬运的作业方式分类

1. 吊上吊下方式

采用各种起重机械从货物上部起吊，依靠起吊装置的垂直移动实现装卸，并在吊车运行的范围内或回转的范围内实现小搬运。由于吊起及放下属于垂直运动，这种装卸方式属垂直装卸。

2. 叉上叉下方式

采用叉车从货物底部托起货物，并依靠叉车的运动进行货物位移，搬运完全靠叉车本身，货物可不经中途落地直接放置到目的处。这种方式垂直运动不大而主要是水平运动，属水平装卸方式。

3. 滚上滚下方式（滚装方式）

主要指港口装卸的一种水平装卸方式。利用叉车或半挂车、汽车承载货物，连同车辆一起开上船，到达目的地后再从船上开下，称“滚上滚下”方式。利用叉车的滚上滚下方式，在船上卸货后，叉车必须离船，利用半挂车、平车或汽车，由拖车将半挂车、平车拖拉至船上后，拖车开下离船而载货车辆连同货物一起运到目的地，再原车开下或拖车上船拖拉半挂车、平车开下。滚上滚下方式需要有专门的船舶，对码头也有不同要求，这种专门的船舶称“滚装船”。

滚装方式在铁路运输领域也有采用，货运汽车或集装箱直接开上火车车皮，进行运输，到达目的地再从车皮上开下的方式，又称为驮背运输。

4. 移上移下方式

是在两车之间（如火车及汽车）进行靠接，然后利用各种方式，不使货物垂直运动，而靠水平移动从一个车辆上推移到另一车辆上，称移上移下方式。移上移下方式需要使两种车辆水平靠接，因此，对站台或车辆货台需进行改变，并配合移动工具实现这种装卸。

5. 散装散卸方式

对散装物进行装卸。一般从装点直到卸点，中间不再落地，这是集装卸与搬运于一体的装卸的方式。

（三）按被装物的主要运动形式分类

以此可分垂直装卸、水平装卸两种形式。

1. 垂直装卸

采取提升和降落的方式进行装卸，这种装卸需要消耗较大的能量。垂直装卸是采用比较多的一种装卸形式，所用的机具通用性较强，应用领域较广，如吊车、叉车等。

2. 水平装卸

对装卸物采取平移的方式实现装卸的目的。这种装卸方式不改变被装物的势能，因此比较节能，但是需要有专门的设施，例如和汽车水平接靠的高站台、汽车与火车车皮之间的平移工具等。

（四）按装卸搬运对象分类

以此可分成散装货物装卸、单件货物装卸、集装货物装卸等。

（五）按装卸搬运的作业特点分类

以此可分成连续装卸与间歇装卸两类。

1. 连续装卸

主要是同种大批量散装或小件杂货通过连续输送机械，连续不断地进行作业，中间无停顿，货间无间隔或少间隔。在装卸量较大，装卸对象固定、货物对象不易形成大包装的情况下适用采取这一方式。

2. 间歇装卸

有较强的机动性，装卸地点可在较大范围内变动，主要适用于货流不固定的各种货物，尤其适于包装货物、大件货物，散粒货物也可采取此种方式。

三、装卸搬运机械的使用及管理

（一）装卸搬运机械分类

物流活动中的货物，来源广，种类繁多，外形和特点各不相同，如箱装货物、袋装货物、桶装货物、散货、易燃易爆及剧毒品等。为了适应各类货物的装卸搬运和满足装卸搬运过程中各个不同环节的不同要求，各种装卸搬运机械应运而生。目前，装卸搬运机械的机型和种类已达数千种，而且各国仍在不断研制新机种、新机型。

装卸搬运机械种类很多，分类方法也很多，为了运用和管理方便，常按以下方法进行分类。

1. 按主要用途或结构特征进行分类

可分为起重机械、连续运输机械、装卸搬运车辆、专用装卸搬运机械。其中，专用装卸搬运机械是指带专用取物装置的装卸搬运机械，如托盘专用装卸搬运机械、集装箱专用装卸搬运机械、船舶专用装卸搬运机械、分拣专用机械等。

2. 按作业性质进行分类

可分为装卸机械、搬运机械及装卸搬运机械三类。有些装卸搬运机械功能比较单一，只满足装卸或搬运一个功能，这种单一作业功能的机械结构简单，专业化作业能力较强，因而作业效率高，作业成本低，但使用上受局限。不过由于其功能单一，作业前后需要繁琐的衔接，会降低整个系统的效率。单一装卸功能的机械有手动葫芦、固定式起重机等；单一搬运功能机械主要有各种搬运车、带式输送机等。装卸、搬运两种功能兼有的机械可将两种作业操作合二为一，因而有较好的效果。这种机械有叉车、跨运车、车站用的龙门起重机、气力装卸输送机械等。

3. 按装卸搬运货物的种类进行分类

（1）长大笨重货物的装卸搬运机械。长大笨重货物通常指大型机电设备、各种钢材、大型钢梁、原木、混凝土构件等，具有长、大、重、结构和形状复杂的特点。这类货物的装卸搬运作业通常采用轨行式起重机和自行式起重机两种，轨行式起重机有龙门式起重机、桥式起重机、轨道起重机；自行式起重机有汽车起重机、轮胎起重机、桥式起重机和履带起重机等。在长大笨重货物运量较大并且货流稳定的货场、仓库，一般配备轨行式起重机；在运量不大或作业地点经常变化时，一般配备自行式起重机。

（2）散装货物的装卸搬运机械。散装货物通常是指成堆搬运不计件的货物，如煤、焦炭、沙子、白灰、矿石等。散装货物一般采用抓斗起重机、装卸机、链斗装车机和输送机等进行机械装车；机械卸车主要用链斗式卸车机、螺旋式卸车机和抓斗起重机等。散装货物搬运主要用输送机。

（3）成件包装货物的装卸搬运机械。成件包装货物一般是指怕湿、怕晒、需要在仓库内存放并且多用棚车装运的货物，如日用百货、五金器材等。这种货物包装方式很多，主要有箱装、筐装、桶装、袋装、捆装等。该类货物一般采用叉车，并配以托盘进行装卸搬运作业，还可以使用牵引车和挂车、带式输送机等解决成件包装货物的搬运问题。

（4）集装箱货物装卸搬运机械。1t 集装箱一般选用 1t 内燃叉车或电瓶叉车作业。5t 及其以上集装箱采用龙门起重机或旋转起重机进行装卸作业，还可以采用叉车、集装箱跨运车、集装箱牵引车、集装箱搬运车等。

（二）装卸搬运机械的使用和管理

随着物流现代化的不断发展，装卸搬运机械将会得到更为广泛的应用。从装卸搬运机械发展趋势来看，发展多类型的装卸搬运机械、发展专用装卸搬运机械来适应货物的装卸搬运作业要求是今后装卸搬运机械的发展方向。为了科学使用好、管理好装卸搬运机械，实现装卸搬运机械作业，可采取如下措施：

（1）全面规划，合理布局，按需配置装卸搬运机械设备。

（2）建立一套行之有效的装卸搬运机械运用、维修和管理制度，并通过采用新技术、新材料、新设备，逐步实现装卸搬运机械的系列化、标准化、通用化。

（3）建立装卸搬运技术人员队伍，配备维修力量。

（4）积极发展集装化，增大装卸搬运机械作业范围，提高机械作业比重。

（5）做好各种装卸搬运机械的配套工作，实现一机多能。

四、装卸搬运合理化

（一）防止无效装卸

无效装卸含义是消耗于有用货物必要装卸劳动之外的多余装卸劳动。具体反映在以下几个方面。

1. 过多的装卸次数

物流过程中，货损发生的主要环节是装卸环节，而在整个物流过程中，装卸作业又是反复进行的，从发生频数来讲，超过任何其他活动，所以，过多的装卸次数必然导致损失的增加。从发生的费用来看，一次装卸的费用相当于几十公里的运输费用，因此，每增加一次装卸，费用就会有较大比例的增加。此外，装卸又会大大阻缓整个物流的速度，装卸又是降低物流速度的重要因素。

在物流过程中，如果对每一件货物都进行单件处理，也是形成多次反复装卸搬运的主要原因。

采用集装方式，进行多式联运，能够有效地避免对于单件货物的反复装卸搬运处理，是防止无效装卸的成功办法。

2. 过大的包装装卸

包装过大过重，在装卸时实际上反复在包装上消耗较大的劳动，这一消耗不是必须的，因而形成无效劳动。

3. 无效物质的装卸

进入物流过程的货物，有时混杂着没有使用价值或对用户来讲使用价值不对路的各种掺杂物，如煤炭中的矸石、矿石中的水分、石灰中的未烧熟石灰及过烧石灰等，在反复装卸时，实际对这些无效物质反复消耗劳动，因而形成无效装卸。

由此可见，装卸搬运如能防止上述无效装卸，则大大节约装卸劳动，使装卸合理化。

（二）充分利用重力和消除重力影响，进行少消耗的装卸

在装卸时考虑重力因素，可以利用货物本身的重量，进行有一定落差的装卸，以减少或根本不消耗装卸的动力，这是合理化装卸的重要方式。例如，从卡车、铁路货车卸物时，利用卡车与地面或小搬运车之间的高度差，使用溜槽、溜板之类的简单工具，可以依靠货物本身重量，从高处自动滑到低处，这就勿需消耗动力。

在装卸时尽量消除或消弱重力的影响，也会求得减轻体力劳动及其他劳动消耗的合理性。使货物平移，从甲工具转移到乙工具上，这就能有效消除重力影响，实现合理化。

在人力装卸时，负重行走，要持续抵抗重力的影响，同时还在行进，因而体力消耗很大，是出现疲劳的环节。所以，人力装卸时如果能配合简单机具，做到“持物不步行”，则可以大大减轻劳动量，做到合理化。

（三）充分利用机械，实现“规模装卸”

规模效益早已是大家所接受的。在装卸时也存在规模效益问题，主要表现在一次装卸量或连续装卸量要达到充分发挥机械最优效率的水准。为了更多降低单位装卸工作量的成本，对装卸机械来讲，也有“规模”问题，装卸机械的能力达到一定规模，才会有最优效果。追求规模效益的方法，主要是能过各种集装实现间断装卸时一次操作的最合理装卸量，从而使单位装卸成本降低，也通过散装实现连续装卸的规模效益。

（四）提高“物”的装卸搬运活性

装卸搬运活性是指装卸搬运的物质进行装卸搬运作业的方便性。对于待运物

品，应使之处在易于移动的状态。为提高搬运活性，应把它们整理成堆或是包装成单件放在托盘上，或是放在车上，放在输送机上。

由于装卸搬运是在物流过程中反复进行的活动，因而其速度可能决定整个物流速度，每次装卸搬运的时间缩短，多次装卸搬运的累计效果则十分可观。因此，提高装卸搬运活性对合理化是很重要的因素。

装卸搬运活性指数分为 0～4 共 5 个等级，如表 8-1 所示。

表 8-1　装卸搬运活性指数

搬运活性指数	货物状态描述
0 级	货物杂乱地堆放在仓库或配送中心地面
1 级	物质已被成捆地捆扎或集装起来
2 级	货物被置于箱内，下面放有枕木或衬垫，以便于叉车或其他机械进行装卸搬运
3 级	被放置于台车或起重机等装卸、搬运机械上，处于即可移动状态
4 级	已被起动，处于装卸、搬运的直接作业状态

第四节　集装单元化技术

一、概述

（一）集装单元化的概念

用集装器具或采用捆扎方法，把物品组成标准规格的单元货件，或将二个以上重量轻、体积小的同种或异种货物组成重量或外型都一致的组合体，以加快装卸、搬运、储存、运输等物流活动，称为集装单元化或成组化。

集装单元化的概念源于装卸搬运方式的演进，古已有之。近代，特别是 20 世纪 50 年代以来，运输业的迅速发展，运输工具的大型化、高速化，使高效运输与一件一件的低效率装卸，成为物流过程中的突出矛盾（严重失衡）。集装化是解决这一矛盾的最有效的途径，因而使其得到稳定、快速发展。目前世界各国大都采用了集装单元化技术进行物流活动。

（二）集装单元化条件

标准化和批量化是现代化生产的两项基本原则。前者是生产社会化和机械化、自动化的前提，后者是降低生产成本的主要途径。集装单元化是这两项基本原则在物流过程中的具体运用。在现代生产中，同一产品在本企业甚至全国范围内实现了标准化和批量化，但成千上万种产品同时进入物流系统，对物流系统来说，它们是非标准化、零星的。通过集装单元化手段，使物流实现标准化和批量化，物流也就可以像生产一样实现社会化、机械化和自动化，并降低物流成本。因此，现代的集装单元化应具备三个条件：

（1）通用化。即集装单元化要与物流全过程的设备与工艺相适应，不同形式的集装单元化方法之间、同一种集装单元化方法的不同规格的集装工具之间相协调，以便在物流全过程中畅通无阻。

（2）标准化。即从集装单元化术语的使用，集装工具的外形和重量，集装工具材质、性能、试验方法，装卸搬运加固规则一直到编号和标志，都必须标准化（包括国家标准和国际标准），以便进行全社会和国际间流通和交换。

（3）系统化。集装的概念不单纯指集装工具，而是包括集装工具在内的成套物流设施、设备、工艺和管理的总和，是一个联系生产与生产，生产与消费的动态系统。

随着物流管理技术的不断发展，集装单元化技术也在不断发展和完善，以进一步推进物流现代化。

二、集装单元化分类

目前，按集装单元化的具体方式分类，主要有：集装箱化、托盘化、货捆、网袋、框架、滑板、半挂车等 7 种。

（1）集装箱化。以集装箱作为货物单元的一种集装化形式。集装箱的出现可以追溯到 17 世纪产业革命的初期，1830 年英国最早应用集装箱于铁路运输。但集装箱的迅速发展和普及是在 20 世纪 50 年代以后的事情。集装箱的运用和发展被认为是运输业的一场革命，极大地促进了国际间的货物联运。

（2）托盘化。以托盘作为货物单元的一种集装化形式。托盘是一种结构比较简单，但能用于机械化装卸搬运和堆存货物的集装工具。典型的托盘结构，是由两层铺板中间夹以纵梁（留有装卸叉车的叉口）或单层铺板下设纵梁（或垫块、支腿）所组成。其材料可以用木材、金属、胶合板、塑料、合成材料等制作。托盘是叉车出现的产物。20 世纪 30 年代出现了叉车这一装卸工具，托盘随即作为其附属工具在工业部门应用，使货物装卸实现机械化。二次大战以后，随着西方国家的经济复苏和发展，以及叉车产量的逐年增长，托盘到得普及。从 40 年代起，美国、瑞典开始托盘流通和经营，到 60 年代推行到各主要工业国家。随着托盘的流通和经营，托盘从工厂的装卸搬运附属工具，发展成随同车船运动的运输工具，进而走上商店、柜台，发展成生活消费品的售货工具。这样，托盘被广泛应用于生产、流通、消费各个领域，成为一种应用最广泛、数量最大的物流工具。托盘化是实现物流合理化的一个重要条件。

（3）货捆化。主要适用于木材、钢材、建材等货物流通。比如，主要木材出口国的木材流通多采用货捆化方式。前苏联各国的木材在各种成捆设备上用半钢性吊索捆成货捆，在整个运输过程中不解捆。半钢性吊索由交通部门统一制造维修，归铁路所有，货主租用。美国采用"活捆"的方式，进行船舶装卸，解决了"死捆"降低舱容利用率的缺点。我国采取自货预垫和绳索预垫等简易方法，实现"三材"的货捆化。自货预垫是指装车前用货物本身（主要是木材、毛竹等）在车船底板和货层之间预垫，在车侧帮旁预隔（将货物与车帮隔开），以便卸车时套索。绳索预垫是装车前将带套扣的绳索预垫在货物下，卸车时吊钩吊住套扣即可将货物直接吊下。钢材、建材、金属制品可用瓦楞纸包覆，然后用金属钱捆成集装单元，也可直接捆成货捆。

（4）网袋化。各种袋装货物适于用天然、人造或合成纤维制成的网袋实现集装化；废钢铁等坚硬货物适于用钢丝制成的网袋集装化；散货适于用各种材质的集装袋来实现集装化。网袋与集装袋的自重和容积都很小，既不占运输工具的有效容积和载重量，又便于回送。所以，网袋化是一种应用普遍的集装化形式。

（5）框架化。管件等各种易碎建材产品适于用各种集装框实现集装化；玻璃等适于用各种集装架实现集装化。集装框、集装架多采取回送的办法实现流通。

（6）滑板化。滑板是与托盘尺寸一致的带翼板（勾舌、卷边）的平板，用以承放货物组成装卸单元。与其相匹配的装卸搬运机械是带推拉器的叉车。纸箱装食品、纺织品等包装一致、比重较小的货物可以通过滑板实现集装化。

滑板既具有托盘的优点，而且解决了托盘材料消耗大、流通周转繁杂、占用运载工具净载重、作业场地多等问题，但是与滑板匹配的带推拉器的叉车比较笨重，机动性差，作业麻烦，效率低，制约了其作用。

（7）半挂车。半挂车相当于一种带轮的大型集装箱，但按 ISO 定义，不属于集装箱的范畴。对铁路和水运来说，它是平板车和滚装船运输的一种集装化的货物，因而被列为集装化方式之一。但对道路运输来说，它是一种运输工具，即汽车列车或牵引货车。

三、集装单元装卸搬运机械的配置

（一）单元化货物装卸搬运机械的配置

单元化货物是指以托盘、捆扎和包装方式，形成便于机械装卸搬运的货物单元。对于这种货物的装卸可以采用效率较高、工作可靠的叉车，同时也可采用汽车起重机、汽车随车吊、托盘搬运车、皮带输送机、堆垛机等机械设备。不同的装卸搬运作业类型，配备时需采用不同的配置方案，如表 8-2 所示。

表 8-2　单元货物装卸搬运设备配置方案

装卸搬运作业类型	拟配装卸搬运设备	装卸搬运作业说明
库内托盘及单元货物拆码垛，箱内单元货物装卸	电瓶叉车 电动前移式叉车 三动力拆码垛机 手动拆码垛机 桥式起重机 移动式平衡起重机等	箱内小包装单元货物，可采用移动式皮带输送机进行装卸，条件受限或机械设备不足时，也可人力配以手铲车或其他简易机械进行装卸
库外汽车装卸 库外火车装卸 库外站台及其他 集散地拆码垛	内燃叉车 前移式叉车 汽车随车吊 汽车起重机	在库外汽车装卸时，可采用固定装卸货台辅助叉车装卸作业 在火车站台装卸，可采用搭接跳板进行火车棚车或平板车装卸
库内外单元货物搬运	电瓶牵引车 混合动力牵引车 平板拖车 电动托盘搬运车 手动托盘搬运车	牵引车或搬运车可搬运单元货物出入库或直至装卸地点

（二）集装箱货物装卸搬运设备的配置

集装箱货物的装卸是以整箱为装卸搬运单元的作业，具有装卸搬运中间环节和拆码垛作业量少的特点，有利于提高物流效率。

集装箱装卸搬运作业有库内外、车站、港口、码头、货场等作业类型，其装卸搬运设备配置方案，如表 8-3 所示。

表 8-3　集装箱货物装卸搬运设备配备方案

装卸搬运作业类型	拟配装卸搬运设备	装卸搬运作业说明
库内外装卸作业	库内桥式起重机 内燃集装箱专用叉车 汽车起重机 整体自装卸补给车	大型集装箱采用集装箱叉车或集装箱跨运车；小型集装箱采用叉车进行装卸；无专用集装箱设备，可采用相应吨位的汽车起重机辅以必要的吊具进行装卸搬运
火车站台 港口码头	龙门起重机 内燃叉车 集装箱叉车 集装箱正面吊车 整体装卸补给车	火车、汽车集装箱装卸可采用龙门起重机；无龙门起重机可配相应集装箱叉车、集装箱正面吊车，集装箱跨运车与大吨位轮式起重机并配备合适的吊具。小型集装箱可采用叉车装卸。港口码头集装箱船装卸可采用岸边集装箱装卸桥

续表

装卸搬运作业类型	拟配装卸搬运设备	装卸搬运作业说明
集装箱堆场	叉车 集装箱跨运车 双悬臂龙门起重机 运行式旋转起重机	5t以下集装箱堆场采用叉车装卸。5t及其以上集装箱堆场，当作业量较大，货流稳定，可采用起重能力大的双悬臂龙门起重机进行装卸；当作业量较小时，可采用运行式旋转起重机进行装卸。搬运、堆垛采用跨运车或叉车

本章小结

本章所介绍的物流通过程中包装、装卸搬运及流通加工各项功能，能更好地满足客户需求的多样化和个性化，对于增加物流附加价值，加快物流速度，降低物流成本，都有重要意义，对物流成功的影响越来越大。因此，通过学习，应树立正确的包装观念，使之符合规模经济与标准化等要求；装卸搬运必须进行具体的分类操作与适当的机械能力配置，以实现合理化；流通加工管理应立足于满足顾客各方面需求，提供完备的加工服务；并大力运用先进的集装单元化技术。只有这样才能更好地综合规划和有效改善包装、装卸搬运及流通加工等各项物流机能。

本章关键词

流通加工（distribution processing）
包装（package）
装卸搬运（handling and moving）
集装单元化技术（container-united technique）
托盘（pallet）
集装箱（container）
生产加工（production processing）
起重机（crane）
叉车（Rork Lift Truck）
跨运车（straddle carrier）

本章思考题

1. 为何企业物流管理中的辅助环节包装、装卸搬运和流通加工总是难以达到企业规模经济所要达到的目标，企业如何在这些环节中实现高效率的任务衔接？

2. 在你和你的同学（同事）的讨论中，对物流管理辅助环节分工的观念和对观念的理解和看法跟本章描述的有何差异？最主要区别在何处？

3. 学习本章后重新检查企业物流辅助环节的相关工作是否到位？从物流流程一体化操作考虑，找一找企业的这些辅助的功能部门、能力、相关技术应用、装备配置等方面存在哪些问题。

本 章 习 题

1. 流通加工的必要性及意义是什么？
2. 如何实现流通加工的合理化？
3. 为有效地支持企业的物流活动，包装作业应如何操作？
4. 搬运如何实现合理化与适当的管理，以便利其他物流作业？

本章案例　中储仓库拓展物流功能

随着社会主义市场经济的不断发展，改革开放的不断深化以及入世成功，我国物流业正面临着前所未有的发展机遇与竞争挑战。其中物流战线上的老兵——储运企业正积极转变观念，拓宽思路，积极寻找新的经济增长点，从传统储运企业向现代物流企业转变。

现代物流的主体功能是运输和仓储，其他功能如流通加工、包装、包卸搬运、配送、信息服务、货运代理等都是主体功能上的发展和深化。发达国家的许多现代物流企业都是在原有仓储运输企业的基础上，经过功能扩张而成长起来的。我国的传统储运业，也正在通过这条道路。向现代物流企业嬗变。中储股份有限公司下属的大部分大型仓库都在这方面进行了一些尝试，它们通过调整经营结构，拓展物流业务，特别通过增加流通加工业务，由加工带动仓储，形成一种以加工为基础的新格局。

中储股份上海分公司翔殷路仓库有一个从事塑料粒子、镀锌薄板等光缆原材料销售的货主企业。在走访过程中，他们得知该企业在上海西南地区购置土地，准备从事光缆制造业务，这样，原有的镀锌薄板就需纵切加工后再覆膜。为此，他们立即与该货协商，争取到了覆膜薄板的前道工序—— 薄板的纵加工项目。他们根据本仓库的实际情况，有针对性地进行了适当投资，增加了起重运作效率，更新了横切开平机械，改变了因起重能力不足使原有的热卷横切开平业务不能扩大规模的状况。该项目于 2000 年 9 月投产后，全年加工热卷开平 6 500 吨，比上年增加 2 300 吨，这样既满足了货主的需求，稳定了仓储资源，又为仓库增加了收入。

中储大连仓库的资源主要是粮食和饲料，储运经营受国内外市场影响很大。为了增强自身的竞争实力，它们深入了解未来客户的需求，通过延伸服务、经营细化、流通加工等，把客户吸引住。在2000年它们一方面自投资金近10万元购进饲草加工机及打草机，进行稻草加工，另一方面通过少量投资增加豆类加工设备，加工豆类近500吨，而且还开展集装箱拆装业务，全年装卸集装箱403箱，运用这些机械，对外承揽业务创收10万元，这种多元化的经销，结果引来了不少新客户，拓展了仓库的物流业务。

此由可见，在物流企业中进行流通功能的拓展，通过流通加工等业务的展开，既能弥补生产及需求在产品功能上的分离，更好地满足用户个性化的需求，也能提高效率降低成本，增加经济效益。

第九章　物流网点布局

本章学习目标

通过学习本章，理解物流网点布局的概念，内容和目标，了解物流网点布局的类型，掌握网点布局的方法。

第一节　物流网点布局概述

一、物流网点布局的概述

所谓物流网点，就是物流网络的结点。我们这一章讨论物流网点布局所关注的物流网点，主要指的是储运仓库、流通仓库、中转仓库等。

（一）物流网点

物流网点是大批量物资储运、集散的场所，是物流作业活动的种类和工作量集中的地方。大量物资在物流网点是集散的，要储存、要装卸、要搬运、要运进运出、要包装、要流通加工，要有信息处理等活动，所以几乎所有的物流活动都会在这里发生，而且工作量特别大。因此，往往有比较齐全的、比较专业化、技术化的物流设施、设备和器具，有专业化的物流队伍。

二、物流网点布局

所谓物流网点布局，是以物流系统和社会的经济效益为目标，用系统的理论和系统工程方法，综合考虑物资的供需状况、运输条件、自然环境等因素，对物流网点的数量、位置、规模、供货范围、直达供货和中转供货的比例等进行研究和设计，建立一个有效率的物流网络系统，达到费用低、服务好、效益高的目的。

物流网点布局的内容就是要综合考虑市场供需状况、运输条件、自然环境等因素，对物流网点的数量、位置、规模、供货范围等进行研究和设计、并合理确定直达供货和中转供货的比例。具体包括：

（1）区域内网点数目的设计；

（2）区域内网点位置的设计；

（3）区域内网点规模的设计；

（4）区域内各网点的供货范围的设计；

（5）区域内各网点的进货渠道和进货方式（中转直达）的设计。

物流网点布局是一个典型的物流系统工程，因此需要运用系统理论和系统工程方法。就是要达到物流系统的目标建立起一个有效率的物流系统。物流系统的主要目标如下。

1. 服务好

能够最大地满足社会各个企业的需要，为发展社会经济、提高社会经济效益提供贡献。因此，这就要求物流网点建设要符合国家的宏观生产力布局、符合国家经济发展规划，对各个企业具有优越的地理位置关系，能够方便有效地为企业服务。

2. 费用省

物流系统运作综合成本低，总费用最省。这里所谓总费用最省，是指网点生命周期总费用最省。网点生命周期费用包括网点设立费用和网点运行费用。网点设立费用，指网点从设计、到施工建设、到建成基础设施、购置机器设备、一直到能够投入运行为止的全过程所花的总费用，其中主要部分是施工建设的费用。运行费用，主要是网点投入运行以后，所花的人力物力等费用。例如人员的工资、福利、办公费用以及能源、设备、材料等的消耗费用。

3. 效益高

所谓效益高，既包括经济效益高，也包括社会效益高。在获得好的经济效益的同时，还要注意防止噪声、尾气、交通拥挤混乱等现象，做到保护自然生态环境，不污染环境，不骚扰居民生活，不增添交通负担等。

三、物流网点布局应考虑的因素

具体的物流网点布局，一般可以分为地区选择和地点选择两部分。地区选择，主要考虑宏观布局，确定网点应该设多少个、分别设在什么地区；地点选择，主要是确定在被选定的地区中，物流网点应该设几个、具体设在什么地方，这个时候主要考虑微观因素，例如地质、市场、交通、环境、能源等问题。具体如：

（1）符合国家的宏观生产力布局和经济发展规划；

（2）地区经济发展水平与市场前景良好，有比较充足的物流需求量；

（3）与大物流系统网络接轨配套；

（4）交通基础设施比较齐全、配套、运输方便；

（5）能源、信息、市场、法制等基础条件好；

（6）还要考虑竞争态势和自己的实力情况，如果在这些地区有很强的竞争对手，则要根据自己的实力来确定是勇敢挑战还是采取回避策略。

地点选择应考虑的主要因素有：

（1）符合当地经济发展规划和城市发展规划；

（2）周围有一大批企业可能成为自己的客户，市场前景良好，有比较充足的物流需求量；

（3）与大物流系统网络接轨配套；

（4）交通基础设施比较齐全、配套、运输方便；

（5）电力、煤气、水源、通信设施、安全设施、市场法制等基础条件好；

（6）地质条件好；

（7）地势平坦、土方量小，避免占用农田耕地；

（8）一般不在市中心区、不在居民区，不影响居民生活，不增添交通干道压力，缓解交通紧张状况。

四、物流网点布局的类型

物流网点布局按网点数目的多少可以分成两类：第一，一元网点布局：整个地区就只设立一个物流网点。这是一种最简单的情况，模型方法原理和计算都比较简单。第二，多元网点布局：在一个区域中要设立多个物流网点。这种情况比较复杂一些，建立的模型和计算过程都相对复杂一些。在实际生活中，这两种情况都是有的，像我们前面举的案例种，就是要建立三个物流网点。

五、物流网点布局的方法

（1）模拟法：主要通过模拟模型求解。模拟模型一般能够给出地理位置关系的概念，有些可能能够进行定量化的计算分析，有些则不能够进行定量化的计算分析，而是采取专家评分的方式来选定方案。

（2）解析法：解析法主要是一种数学方法，主要通过建立数学模型求解，其解一般可以得到一个比较精确的定量解。但是它一般是做了一些理想化的假设以后得出的结果，因为实际情况却是比较复杂，因此得出的结果还要根据实际情况做一些响应的调整才能够实施。

（3）实用性方法（启发式方法）：这是一种针对具体的实际情况，综合运用各种方法进行处理而形成的比较专用性的物流网点布局方法。

六、物流网点布局步骤

第一步：通过宏观经济和发展规划研究，选择网点布局的地区。这一步一般要根据本地区的经济发展状况和物资供需状况，走访有关经济计划部门和城市规划部门，根据整个物流系统的规划和长远发展规划，确定物流网点布局的被选地区、网点覆盖的范围和大致的规模。

第二步：在被选地区中，通过详细的调查分析，根据地质、市场、交通、环境、能源等因素确定一些可能设置为网点的备选地址。

第三步：以备选地址资料为依据，建立物流网点布局模型。这种模型可以是数学模型，也可以是模拟模型。模拟模型可以是物理模拟模型，也可以是几何模拟模型。而数学模型，一般是根据各个网点的位置、里程、物流量和单位运杂费以及一些约束条件等建立起来的一个总费用模型，求出使得总费用最省的物流网点布局方案。

第四步：根据模型分析、计算、逐步优化，求出最优的物流网点地址、规模、供货范围、直达供货和中转供货的比例等。从而确定了最优的网点布局方案。

第五步：将确定的物流网点布局方案写成可行性分析报告，交有关决策部门审批通过和实施。

第二节　一元网点布局

一元网点布局，就是在给定区域只寻找一个网点的网点布局方法。这是一种最简单的网点布局方法。注意，这是在给定的区域中，也就是说，选择地区的工作已经做完了。所以这一节的所有方法，我们都假设已经选定了地区，我们在给定的地区在来进行网点布局。

由于在一个区域中只设立一个网点，所以网点布局的问题只归结为寻找一个网点的最佳位置。因为仓库的规模、供货的范围已经自然确定了：仓库规模应该等于整个区域所有各个物流企业所能够提供的物流量；供货范围也就等于整个区域的各个企业。一元网点布局的方法有很多种，这一节我们介绍三种，即：模拟法、评分法、解析法。

一、模拟法

模拟法，是通过建立物理模型或几何模型来形成网点布局方案、寻找仓库设置点的方法。由于所用的模拟模型不同，模拟法也有很多方法。我们这里介绍两种方法：一种叫做物流位图法、一种叫做重心法。

（一）物流位图法

物流位图，是模拟地理或流体力学中的“位势”的概念。例如在地理学中，一座山丘，从侧面看，它是有一定高度一定形状的一座山。但是从山顶上方往下看，例如从飞机上往下看，就看不出其高度差别来。这时，如果需要表示出其高度，例如要在纸面上画出地形图，就要用到位图的概念。例如一座山的位图可以表示成如图 9-1 所示。

图 9-1 中，每一条封闭的线都是一条等位线，一条线上的每一点的高度都一样，例如都是 100 米。线的形状就是这座山具有同一高度的点连接起来的图样形状。山上不同高度的点连接起来就形成了不同的等位线，例如 200 米线、300 米线等。由外往里越来越高，把很多这样的等位线画出来，就可以从平面上很清楚地看出山的高度和形状。

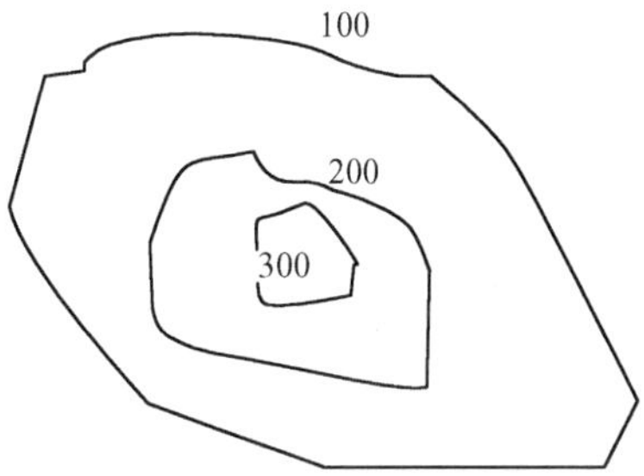

图 9-1　位图

流体力学当中，也用到了流位的概念。处在一个高坡上的一个水源，不断地冒出水来，沿着山坡往低处流。由于坡的各处的陡度不一样，所以水的流速、流量都不一样，所以经过相同的时间水所漫及的距离也就不一样。从同一个水源出发各自沿不同方向流动，经过相同时间这些水所漫及到达的点也构成一条流位线。这条流位线反映了山坡上各点对于水的流畅度。同一个水源的水，具有同样的势能，但是由于山坡各处的陡度不一样，对于水的阻力也不一样，因而同样势能的水流的距离也就不一样。所以水的这种等流位线，反映了山坡的不同陡度对水的阻力的程度，也可以看成是水流的等成本线、或者等效益线。

物流也可以看成是一种流体。它从同一个物资仓库“物流源”出发，流向周围各个地方。因为各处的路途地理条件不一样、途中的收费情况不一样（例如过桥费、过路费不一样，消耗的油料不一样、油的价格不一样等等），所以它用相同的成本所能够运行的里程、到达的地方不一样。这些以相同的成本所能够到达的点，就构成了一条等成本曲线（或者是一条等效益曲线，下同）。不同的成本就可以得到一条等成本曲线。每一个物流源都有多条等成本曲线，它们共同构成了这一个物流源对应于这个经济区域环境的一束等成本曲线。

每一个物流源对于这个经济区域环境都有一束等成本曲线。不同的物流源在同一个经济区域环境中的等成本曲线束必然相交（图 9-2）。在这无数的交点中，各点到各物流源的成本之和 F 是互不相同的：$F=F_A+F_B+F_C$。在其中选择总成本最小的点作为物流网点，在这个地方做一个仓库，则各个物流源到这个仓库存放物资的话，则必然储运总成本最小。所以这一点是作为物流网点最合适的点。例如，图 9-2 中的 P 点到各点的成本分别为：到 A 为 30，到 B 为 15，到 C 为 40，其总成本为：30＋15＋40＝85，总成本最小，可以作为物流网点的设置点。

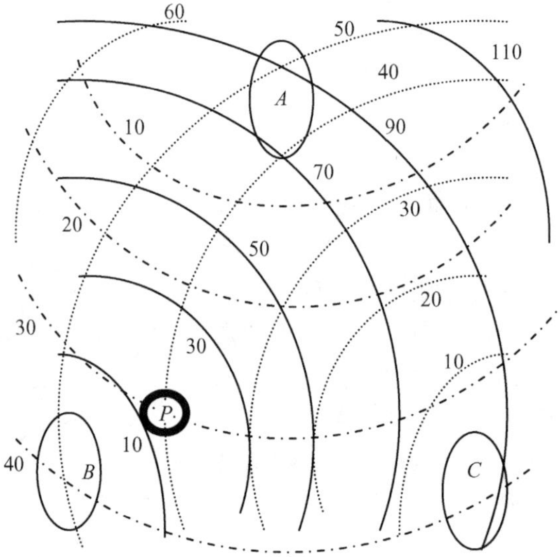

图 9-2　物流位图法

这一种物流源，可以是储运仓库、流通仓库，也可以是企业。它们可以不断生产物资输出。可以是“源”，也可以是“汇”，可以源源不断地接受物资。

这种物流位图分析法，只适用于对于同种运输方式的比较，特别是都是汽车运输最合适。如果是不同运输方式，则物流成本虽然也可以相加，但是，就没有可比性。所以不好运用。

这种方式如果要严格计算出来许多点的总成本值，也是很麻烦的。首先要求出物流位图的数学表达式，然后把各束位图的数学表达式联立求解，才能够得到精确的计算值。这当中，一是求位图的数学表达式很难，有的甚至求不出来；二是即使求出了数学表达式，联立求解出平面上无限多个点的对应值也是很麻烦的。

另外，这种方法也是假设平面上的无限多个点的坐标是已知的，这个也是不现实的。在实际生活中，我们也不必知道所有的点，我们只要关注几个点就行了。这几个点就是可能的物流网点备选地址。其他的绝大多数的点或者是没有市场、或者是没有交通，根本不可能构成为物流网点被选地址，所以不必去考虑。

因此，物流位图分析法的真正的用法，是运用模型提供一种思路，把定性和定量结合起来，以定性为主。定量分析的目的是为定性分析提供思路。定性分析的结果用定量分析去检验。例如，我们从图 9-2 的模型图中可以看出，物流网点应该靠近 B 点。如是我就在 B 点附近选几个可能点。分别计算这几个点到 A 点、B 点、C 点的成本的总和，看哪个点总成本最小，就把它选定为物流网点就可以了。这样做，既大大减少计算工作量，也具有实际意义。所以，一般不去进行严格的计算，也不需要求出非常精确的解。因为那些精确解的点，在实际生活中不一定可行、甚至不可能成为物流网点。

（二）重心法

重心法，是另外一种模拟法。它是运用力学原理来分析物流学问题。

我们知道，在力学中有个重心问题，任何物体都有质量，有质量的物体，必然有重量，有重量的物体必然有重心。由多个质点组成的一个系统也必然有它的重心。如果用一根杆子撑住这个重心，则这个质点系统所组成的平面就能够保持平衡。重心的特点，其质量等于所有各个质点质量的总和，其重力矩等于各个质点重力矩之和。

受此启发，我们也可以把一片经济区域中的多个企业，也可以看成是平面上的多个质点。而把质点系统的重心作为物流网点。于是我们可以建立起一个力学模型，如图 9-3 所示。

在图 9-3 中，设在平面上有 A、B、C、D、E 等 n 个企业，物流企业为了给这些企业配送物资，需要为这些企业建立一个配送中心。则要考虑在什么地方建设这个配送中心最合适的问题。

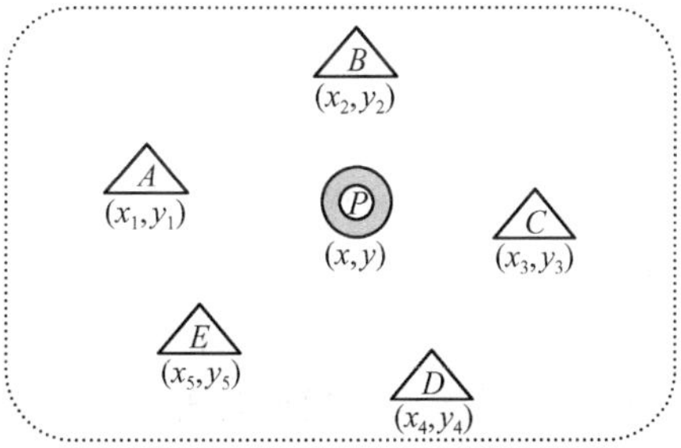

图 9-3　重心法模型

配送中心，就是物流网点。选择配送中心的地址，要考虑很多因素。这里如果只考虑物流费用最省，则可以用重心法求解。

设第 i 个企业的坐标是（x_i，y_i），（$i=1$，2，$\cdots$，n），它所具有的物流量为 w_i，单位物资的单位里程的运费为 c_i，设物流网点的坐标为（x，y），则根据重心的原理，有下面的等式存在：

$$\left.\begin{aligned} x \cdot \sum_{i=1}^{n} c_i w_i &= \sum_{i=1}^{n} c_i w_i x_i \\ y \cdot \sum_{i=1}^{n} c_i w_i &= \sum_{i=1}^{n} c_i w_i y_i \end{aligned}\right\} \tag{9-1}$$

由式（9-1）可以求出物流网点的坐标：

$$x=\frac{\sum_{i=1}^{n}c_iw_ix_i}{\sum_{i=1}^{n}c_iw_i},\quad y=\frac{\sum_{i=1}^{n}c_iw_iy_i}{\sum_{i=1}^{n}c_iw_i} \tag{9-2}$$

由式（9-2），如果知道每个企业点的坐标（x_i，y_i）、物流量 w_i 和单位物资单位里程的运费 c_i，就可以求出物流网点的坐标（x，y）。

这里要注意：

（1）物流量都是第 i 个企业在一定时间内的统计数（或者计划数），不是每一次的物流量。各个企业都在相同时间内进行统计，得出 w_i，统计时间一般是一年为好。如果不同企业的统计期间不一样，则没有可比性。不能够用这个公式。

（2）c_i 是第 i 个企业在统计期内的平均单位物资单位里程的运费。一个企业在一定时间阶段内的不同时间可能单位物资单位里程的运费不一样，要求出其平均值。各个企业的单位物资单位里程的运费可能不一样，也可能一样（这个时候取本地区的统一运价）。

（3）整个计算中都牵涉着坐标。每个点的坐标都应是在同一个坐标系表示的。坐标系取在哪里都可以，只要大家都统一就行了。坐标是二维坐标，有 x 和 y 两个方向。每个点在 x 和 y 两个方向上都应有数值，包括正数、负数和 0 都可以。

其实每个点都给出一个坐标，平面上的无数个点，也给出无数个坐标，这也是不现实的，也是不必要的。我们只关心有限几个点，只要求出它们的相对位置关系就行了，数值也不必那么精确。我们可以利用地图，大致测量得出各个点的坐标值。甚至我们就用自己画出的草图，从横竖两个方向标出各个企业之间的相对位置，就可以得到坐标图。

（4）计算的结果，x 和 y 都可能得到一个精确值。其实也不必要那么精确。一座建筑物的位置误差几十米、几百米，无关紧要。重要的是相互位置关系。位置坐标确定以后，实际施工时，可能还要对实际的位置进行调整。这种调整的结果也不至于对物流优化产生影响。

二、评分法

上面讨论的都是用物理模型进行模拟的方法。下面讨论一个评分法。

所谓评分法，就是通过专家评分来决定物流网点选址方案的方法。评分法带有较重的主观色彩，是靠专家的主观意识来决定选址方案的。但是这正好可以集中吸收各个专家的宝贵经验和知识。因此这可以说是这个方法的特点，也是它的优点之一。当然各个专家在评分时，他自己可能要进行一些计算、预测等等，因此也不一定完全是定性的分析，也会结合一些定量分析。评分法的另外一个优点，就是它可以综合考虑很多的因素，包括一些现实的、获得因素，有些因素一般是无法用数学模型来描述的。而人则可以把它纳入自己的考虑范围。这是评分法比一般的模拟法、解析法有突出优越性的地方。另外，评分法比较简单、比较现实。只要有人、进行几次调查、开几次会议，基本上就可以制定出来方案。而且这些方案一般都比较结合现实、比较实用。正因为如此，评分法在企业中有比较大的实用性。我们很多的选址工作，往往都是自觉或不自觉地采用这种方法的原理进行的。

实施评分法，最重要的是抓好以下几个环节：

（1）对于物流市场的了解。要对物流市场的情况做出充分调查，求出物流需求量及其发展前景预测，求出物流基础设施及其发展前景预测，并对物流市场的竞争者及其实力情况做充分的调查了解。要通过调查分析，认识市场的机遇和挑战。这些资料为制定物流网点决策提供重要的支持信息，由它可以确定要不要增建物流网点、要建什么样的物流网点、物流网点的选址和规模等。

（2）对于物流网点任务、目标的认识。要对物流企业建设物流网点所要达到的目标、任务、可能性进行充分的认识、了解和分析。物流企业希望这个配送中心要做多大，是一次到位、还是分阶段发展，物流功能达到什么程度，企业的实力如何。要通过调查分析，掌握项目的目标和任务、了解企业的优势和劣势。

（3）物色专家。为了做好选址工作，要聘请一定数量的专家。靠这些专家出主意、想办法、做决定。这些专家，需要包括各个方面的专家。例如：物流专家，在物流策划和规划、知识和技术方面能够提供信息支持和帮助；技术专家，在物流网点的设计建设方面提供信息支持和帮助；管理专家，例如政府主管部门和企业领导等，在宏观和微观管理方面提供信息支持和帮助；实际业务工作人员，例如仓库保管员、配送人员、市场运作人员等，他们根据实际业务的操作特点和市场特点能够对物流网点提供信息支持和帮助。这些人组成一个工作小组，或者叫专家小组。人数的多少根据情况而定。

（4）制定初步方案。在这个区域当中，根据对市场、交通、地质、环境条件等的深入调查，确定可能有哪几个地点可以作为考虑中的物流网点备选地址，把它们一一列出来。每一个点就是一个备选方案。每一个方案写出详细说明，什么地址、周围环境状况、特色、长处、短处、成本、效益、投资回收期等具体数据，最后在地图上详细标明。初步方案的制定，可以由专家小组制定；也可以由企业初定，叫专家小组审议确定；或者二者结合起来确定。在审定初步方案的过程中，对于一些有希望的方案、但是觉得还不太完善的地方，可以做一些修改、完善或改进的工作，使每一个方案本身都优化到比较满意的程度。

（5）确定评价指标体系。评价指标体系是作为评价方案好坏的判别标准。一定要根据需要认真制定。最主要的评价标准有：

① 有没有市场？即其周围有没有物流业务需求，业务需求量有多大？最好有调查统计数据。

② 有没有市场潜力？即在未来几年内，有没有进一步增长的物流业务需求，发展的前景、速度如何？

③ 符不符合政府发展规划或者城市发展规划？

④ 能不能较好地满足当地市场需求？

⑤ 有没有较好的交通运输条件和配套设施？

⑥ 有没有较好的能源和通信基础设施条件？

⑦ 有没有合适的地质地理条件？

⑧ 会不会妨碍居民生活、破坏生态环境、加剧交通紧张？

⑨ 设立费用有多大？

⑩ 要不要特别增加运行费用？要增加多少？

⑪ 预期投资多大？

⑫ 预期收益如何？预期投资回收期有多长？等等。

评价指标最好有一个量化标准。因为熟知的大小是最公平的，评价也是最方便的。有些指标本身就是量化的，例如物流业务需求量、设立成本、投资额、投资回收期等。有些指标是不好量化的，例如符合城市规划否、基础设施条件、地质地理条件等，这些指标也要尽量制定评价量化指标。例如符合条件得 1 分，不符合得 0 分等。评价指标体系的制定，由企业和专家小组共同协商制定。

这些评价指标并不是同等重要的。为了评价的方便，可以给每个评价指标设立一个权值。越重要的指标，权值越高。权值的确定，可以有多种方法。例如，

① 平均法：先每个专家自主给出权值，再把各个专家的权值进行平均。

② 正交矩阵法：把各个指标按顺序排列并标号，然后按标号顺序构成一个正交矩阵，在交叉点上进行对比，重要者给 2 分、不重要者给 0 分，同等重要给 1 分。这样求出每个指标得的分数之和，就是它的权值（WF）。如表 9-1 就给出了一个六个指标的正交矩阵。

表 9-1 六个指标的正交矩阵评价表

	1	2	3	4	5	6	WF
1. 现有物流量		0	2	0	1	1	4
2. 发展前景	2		2	2	2	2	10
3. 交通状况	0	0		1	0	1	2
4. 基础条件	1	0	1		2	1	5
5. 设立成本	1	0	2	0		1	4
6. 投资回收期	1	0	1	1	1		4

（6）用评价指标体系和给定的权值对各个初步方案进行评分。通常把方案的详细说明与评价指标体系的详细说明交给专家，把方案评分表也交给专家，要专家根据方案和评价指标填写方案评分表。例如，如表 9-2 所示。

表 9-2　方案评分表

	WF	方案 1		方案 2		方案 3		理由说明
		评分	得分	评分	得分	评分	得分	
1. 现有物流量	4	1	4	2	8	3	12	
2. 发展前景	10	1	10	2	20	3	30	
3. 交通状况	2	2	4	1	2	3	6	
4. 基础条件	5	2	10	1	5	3	15	
5. 设立成本	4	3	12	1	4	2	8	
6. 投资回收期	4	1	4	2	8	3	12	
方案得分合计		44		47		83		
特别说明：								

（7）统计分析，求出最佳选址方案。把各个专家的评分表收齐，进行统计，求出每个方案的平均分。对于最后所得到的平均分，进行分析。如果不满意，还可以进行补充说明，再发给各个专家重新评分。如果满意，则选其中得分最高的方案，就是最优方案。

三、解析法

解析法，主要是通过建立数学模型、进行计算、求出最优方案的方法。解析法根据所建立数学模型所关注的因素分，一般可以分为基于成本的模型和基于效益的模型。基于成本的模型，主要考虑总成本最小。基于效益的模型，主要考虑总效益最大。这两类在考虑的因素上不同，但在数学处理方法上没有本质上的差别。一般多以研究成本为主。解析法根据所用的数学方法来分，可以分为算术运算法、微分法和规划法。算术运算法，主要是用初等数学加减乘除的运算方法，微分法主要用高等数学微分积分的计算方法，规划法主要是运用运筹学线性规划、运输规划、非线性规划、动态规划、整数规划等运算方法。由于方法很多，这里不可能一一详细讨论，只讨论几种简单的方法。

（一）算术运算法

这是一种最简单、最常用的方法。它只要通过简单的加减乘除就够了。最主要用于总成本的计算比较来选择方案。

总成本可以分成几种情况，一般是用总费用表示。但是在有些情况下，可以用运输路程表示，可以用运输时间表示，也可以用与网点之间的距离表示。

用运输路程表示，就是求出各个备选地址运输到达各个客户企业单向最短路程之和。设在一个区域中，有 m 个物流网点备选地址。整个区域中有 n 个客户企业。从物流网点 A_i（$i=1$，2，…，m）到客户企业 B_j（$j=1$，2，…，n）的单项最短运输里程为 x_{ij}。则 A_i 区域中各个客户企业的最短运输里程的总和 S_i 为：

$$S_i = \sum_{j=1}^{n} x_{ij} \quad (i = 1,2,3,\cdots,m)$$

m 个方案就有 m 个 S 值。在这 m 个 S 中选择 S 最小的地址作为物流网点选址的最佳方案。

用运输路程表示成本的适用条件是：

（1）各个备选地址都在同一个地区、面对相同的客户群；

（2）都采用相同的运输方式，例如都是汽车运输；

（3）各个客户的物流量大致相等、或者差别不是特别大；

（4）同一地区内单位吨公里的运价一样。

这就是最短里程法。这个方法的好处是可以面对具体的交通道路来算出现实存在的真实运输里程，比较合理。

类似地，还有最短运输时间法和最小距离法。最短运输时间法，就是考虑物流网点到各个客户企业的最短运输时间之和，即网点到各个客户的总运输时间。同样可以用式（9-3）进行计算，不过这时 x 和 S 都是时间。谁的总运输时间最小，谁的方案就最好。最小距离法，是考虑物流网点到各个客户的直线距离之和。也就是考虑物流网点挨近客户群的程度。谁挨得最近，谁的位置就最优。同样可以用式（9-3）进行计算，不过这时 x 和 S 都是直线距离。

（二）微分法

$$S_i = \sum_{j=1}^{n} x_{ij} \quad (i = 1,2,\cdots,m) \qquad (9\text{-}3)$$

微分法，是一种运用高等数学的解析方法。它一般建立起一个数学模型，然后运用微分来求出使得总成本最小、或者总效益最大的物流网点方案。

例如，假设要在一个区域中设立一个物流配送中心 P，向周围 n 个企业送货。设第 i 个企业的坐标是（x_i，y_i），（$i=1$，2，…，n），它所具有的物流量为 W_i，单位物资的单位里程的运费为 c_i，设物流配送中心的坐标为（x，y），则物流配送中心的总物流费用 F 为：

$$F = \sum_{i=1}^{n} c_i w_i [(x - x_i)^2 + (y - y_i)^2]^{\frac{1}{2}} \qquad (9\text{-}4)$$

这就是一个总物流费用的数学模型。其中方括弧的二分之一次方部分就是物流配送中心到客户 i 的直线距离。求出使得总费用 F 最小的（x，y）的值，就求出了物流网点的最佳方案。为此，对式（9-4）求偏导数，并令偏导数等于 0，得

$$\begin{cases} \dfrac{\partial F}{\partial x} = \displaystyle\sum_{i=1}^{n} \dfrac{c_i w_i (x - x_i)}{[(x - x_i)^2 + (y - y_i)^2]^{\frac{1}{2}}} = 0 \\ \dfrac{\partial F}{\partial y} = \displaystyle\sum_{i=1}^{n} \dfrac{c_i w_i (y - y_i)}{[(x - x_i)^2 + (y - y_i)^2]^{\frac{1}{2}}} = 0 \end{cases} \tag{9-5}$$

解式（9-5），得出 x 和 y

$$x = \frac{\displaystyle\sum_{i=1}^{n} \frac{c_i w_i x_i}{[(x - x_i)^2 + (y - y_i)^2]^{\frac{1}{2}}}}{\displaystyle\sum_{i=1}^{n} \frac{c_i w_i}{[(x - x_i)^2 + (y - y_i)^2]^{\frac{1}{2}}}} \qquad y = \frac{\displaystyle\sum_{i=1}^{n} \frac{c_i w_i y_i}{[(x - x_i)^2 + (y - y_i)^2]^{\frac{1}{2}}}}{\displaystyle\sum_{i=1}^{n} \frac{c_i w_i}{[(x - x_i)^2 + (y - y_i)^2]^{\frac{1}{2}}}} \tag{9-6}$$

在式（9-6）中，等号二边都含待求变量 x 和 y，不太好直接求解出 x 和 y 的值。需要用迭代法来求。所谓迭代法，就是将 x 和 y 的任意一组可能值作为初始解（x_0，y_0）代入等号右边的 x 和 y，求出等号左边的 x 和 y 值，作为一级迭代解（x_1，y_1）。如果（x_1，y_1）不等于（x_0，y_0），则再把（x_1，y_1）代入等号右边的 x 和 y，求出等号左边的 x 和 y 值，作为二级迭代解（x_2，y_2）。…，依此类推。一直到最后（x_n，y_n）等于（x_{n-1}，y_{n-1}）为止，这个时候（x_n，y_n）就是物流配送中心的最佳位置值。

初始解的确定，原则上可以取任意可行值。不管取什么值，迭代到最后，总会收敛到一个相同的值。但是，初始值取得好坏，将直接影响迭代次数的多少。初始值选得好，迭代几次就可以求出收敛的最优解，初始值选得不好，迭代很多次还得不到收敛解。我们为了减少迭代次数，一般以前面所求出的重心坐标值作为初始解：

$$x^0 = \frac{\displaystyle\sum_{i=1}^{n} c_i w_i x_i}{\displaystyle\sum_{i=1}^{n} c_i w_i}, \quad y^0 = \frac{\displaystyle\sum_{i=1}^{n} c_i w_i y_i}{\displaystyle\sum_{i=1}^{n} c_i w_i} \tag{9-7}$$

这种迭代法的工作人工计算比较烦琐，但是若用计算机来算，则一点问题也没有。所以最好采用计算机来算。

以上就是微分法的思想原理，下面通过一个实例进行计算。

例如有一个区域中有五个企业 A、B、C、D 和 E，它们各自的坐标、物流

量和单位吨公里运价如表 9-3 所示。现在要在该区域设立一个配送中心，如果要求总物流费用最省，则配送中心应该建在何处为好？

表 9-3 五个客户的资料

	A	B	C	D	E
坐标（x_i，y_i）（公里）	（3，8）	（8，2）	（2，5）	（6，4）	（8，8）
物流量 w_i（吨）	2 000	3 000	2 500	1 000	1 500
运价 c_i（元/吨·公里）	0.5	0.5	0.75	0.75	0.75

因为要求总物流费用最省，所以可以用式（9-4）所表示的物流模型。因而最佳配送中心位置可以用式（9-6）求解。现在用迭代法求解。求出的各级迭代解如表 9-4 所示。由表 9-4 可以看出，第 30 次迭代解（4.91，5.06）与第 29 次迭代解（4.91，5.06）相等。因此，最优的配送中心地址坐标就是（4.91，5.06）。

$$\min F = \sum_{i=1}^{m}\sum_{j=1}^{n} C_{ij}X_{ij} + \sum_{i=1}^{m}\sum_{k=1}^{q} C_{ik}X_{ik} + \sum_{k=1}^{q}\sum_{j=1}^{n} C_{kj}X_{kj}$$

$$\left.\begin{array}{ll} \sum_{j=1}^{n} X_{ij} + \sum_{k=1}^{q} X_{ik} = a_i & (i = 1,2,\cdots,m) \\ \sum_{i=1}^{m} X_{ij} + \sum_{k=1}^{q} X_{kj} = b_j & (j = 1,2,\cdots,n) \\ \sum_{i=1}^{m} X_{ik} + \sum_{j=1}^{n} X_{kj} = 2d_k & (k = 1,2,\cdots,q) \end{array}\right\} \quad (9\text{-}8)$$

X_{ij}、X_{ik}、X_{kj} 均大于等于 0。

表 9-4 迭代求解结果

迭代次数	X^K	Y^K	总运费
0	5.16	5.18	215 000
1	5.04	5.06	214 310
2	4.99	5.03	214 270
3	4.97	5.03	214 260
4	4.95	5.04	214 250
⋮	⋮	⋮	⋮
29	4.91	5.06	214 250
30	4.91	5.06	214 250

注：X^K 和 Y^K 分别代表网点第 K 次迭代坐标值 X、Y。

第三节　多元网点布局

一、多元网点布局概述

多元网点布局，就是在一个区域中，设置几个物流网点，我们要寻找几个最佳的物流网点的设置方案。设置的基本目标，仍然是服务好、费用省和不破坏生态环境。设置的具体内容就是要确定几个物流网点的数量、位置、规模、供货范围。多元网点布局的方法，仍然有模拟法、评分法和解析法。这里为了不重复第二节已经讲过的方法，着重介绍一下规划法。不过这里只介绍一下比较简单又比较常用的运输规划法。这一节，我们也是假定选择地区的工作已经完成，我们只在已经选定的地区中，具体寻找几个物流网点的地址规模等。

二、运输规划法

1. 运输规划法原理

运输规划法的基本思想，就是在一片经济区域中，已知有多个生产厂商、有多个用户，也已经有了多个中转仓库（物流网点）的备选地址，并且知道了各个用户的需求量、各个生产厂商的供应量、以及供应点、中转点、需求点相互之间的运输成本。物流企业需要经过这些备选地址把生产厂商的供应物资调运到它们各自的用户。要求选择最合适的中转仓库的位置和规模，使得整个调运系统的总物流费用最省。

这样的问题一般要建立起一个运输规划模型来求解。假设这个经济区域中，有 A_1，A_2，…，A_m 等 m 个生产厂，每个厂的供应量为 a_i（$i=1$，2，…，m），有 B_1，B_2，…，B_n 等 n 个用户，每个用户的需求量为 b_j（$j=1$，2，…，n），有 D_1，D_2，…，D_q 等 q 个中转仓库备选点，每个中转仓库备选点的吞吐量为 $2d_k$（$k=1$，2，…，q），其中 d_k 是吞吐量的一半，即吞量（入库量），或吐量（出库量），一般，对于一个中转仓库来说，其吞量等于吐量，等于吞吐量的一半。我们用 A 代表这个区域中的生产厂集，用 B 代表这个区域中的用户集，用 D 代表这个区域中的中转仓库备选点集，用 C_{IJ}、C_{ih}、C_{kj} 分别表示从各个生产厂到各个用户、从各个生产厂到各个中转点、从各个中转点到各个用户单位物资的全程运价系数，用 X_{ij}、X_{ik}、X_{kj} 分别表示从各个生产厂到各个用户、从各个生产厂到各个中转点、从各个中转点到各个用户单位物资的运量。则可以建立起如下的运输规划模型：

这个模型中，第一个式子是目标函数，后几个式子是约束条件。目标函数中等号后面第一项是从生产厂直接运输到用户的直达运输费用之和，后二项是生产厂经过中转仓库再到用户的中转运输费用之和。约束条件中，第一个式子的意思是：对每一个生产厂来说，由它发到各个用户的运量之和加上由它发到各个中转点的运量之和应该等于该生产厂所提供的供应量。第二个式子的意思是：对每一个用户来说，由各个生产厂发到它的运量之和加上由各个中转点发到它的运量之和应该等于该用户的需求量。第三个式子的意思是：对每一个中转点来说，由各个生产厂发到它的运量之和加上由它发到各个用户的运量之和应该等于该中转点吞吐量（$2d_k$）。第四个式子的意思是，所有的运量不能够为负数。

运价系数 C_{IJ}、C_{ik}、C_{kj} 的含义是单位物资在两个企业之间的全程运杂费。单位是（元/吨）。如果在同一个地区、同样的运输方式，如果运价统一的话，则运价系数也可以用两个企业之间的运输里程或运输时间来代表。

解这个模型，就可以求出各个运量 X_{ij}，X_{ik}，X_{kj}。解模型的方法，最简单的一般是表上作业法。

2. 运输规划法步骤

表上作业化的步骤一般分成以下几步：

第一步，将约束条件进行处理，再根据已知条件建立起初始调运表格。所谓初始调运表格，就是包含所有生产厂、所有用户、所有中转点信息的、且满足约束条件、且满足供需平衡条件的单纯形运算表格。

第二步，求初始解。所谓初始解，就是能够满足约束条件的可行解，不一定是满足目标函数的最优解。求初始解的方法最常用的方法是最小元素法、西北角法和 Vogel's 法。

第三步，位势法检验。即由初始解的基本格求出行位势和列位势，再用行位势和列位势以及非基本个的运价系数堆肥基本格进行检验，看非基本格的单纯形系数（$C_{ij}-U_i-V_j$）是否小于 0。如果没有小于 0 的非基本格，则已经达到最优解，运算完毕，退出。如果有小于 0 的非基本格，则转下一步——检验。

第四步，回路法检验。选负的最多的非基本格作为调整对象，以它为一个顶点，从它出发，碰到基本格就拐弯，最后构成一个包含它在内的闭合回路。在闭合回路中，把相邻的基本格的运量（或者运量的一部分）调整到该非基本格，使它变为基本格，使回路中的另一个基本格变成非基本格，这样形成一个新的迭代解。转第三步。这样一直到最后，求出最优解。

3. 用运输规划法进行网点布局的步骤

用运输规划法进行物流网点布局通常可以采取以下几个步骤：

第一步，调查收集区域中有关的生产厂商、它们的用户的信息，包括供应量、需求量、运量、价格、里程、约束条件等。

第二步，调查收集区域中可能作为中转仓库的备选点，它们可能提供的吞吐量以及它和生产厂、用户等的位置关系。选择备选点的目的，是为了进行初步筛选，把其他大量明显不可能成为物流网点的地址筛选掉，大大减轻数学模型的计算量和增加模型的优化速度。

第三步，约束条件处理，建立运输规划模型初始调运表格。

第四步，解运输规划模型，求出最优值。

第五步，对最优解的结果进行分析，看看物流网点备选点是否合适？如果合适，最原来的备选点就是最优的网点地址，运行结束。如果不满意，转下一步。

第六步，对物流网点备选点进行调整改变，转第四步。

4. 用运输规划法进行网点布局的例子

例　设在一个区域中，有四个生产厂 A_1、A_2、A_3、A_4，它们能够提供的供应量分别为 200、120、140、60 万吨。也有四个用户 B_1、B_2、B_3、B_4，需求量分别为 100，120，160，140 万吨。为了调运方便，在这个区域内拟设两个中转仓库 D_1、D_2，吞吐量分别为 360 和 240 万吨。其间单位物资全程运价如表 9-5 所示。如果要求 A_1 供给 B_4 的量不低于 B_4 需求量的一半，不允许仓库之间转运，求合理调运方案。

表 9-5　运输规划求解表

	D_1		D_2		B_1		B_2		B_3		$B_{4'}$		$B_{4''}$		a_i
A_1	(7)		(9)		(16)	**10**	(8)	**120**	(29)		(24)	**70**	(24)		200
A_2	(3.5)		(5)		(13)		(40)		10	**120**	(M)		(19)		120
A_3	(10)	**0**	(1)	**100**	(14)		(11)		(23)		(M)		(12)	**40**	140
A_4	(2)		(5)	**20**	(24)		(28)		(16)	**40**	(M)		(30)		60
D_1	(0)	**180**	(M)		(17.5)		(7)		(18)		(M)		(14)		180
D_2	(M)		(0)		(8)	**90**	(12)		(9)		(M)		(7)	**30**	120
b_j	180		120		100		120		160		70		70		820

根据已知条件：

$$A = (A_1, A_2, A_3, A_4) = (200, 120, 140, 60)\text{ 万吨}$$

$$B = (B_1, B_2, B_3, B_4) = (100, 120, 160, 140)\text{ 万吨}$$

$$D = (D_1, D_2) = (180, 120)\text{ 万吨}$$

又进行约束条件处理，由于题目要求 A_1 供给 B_4 的量不低于 B_4 需求量的一半，所以将 B_4 的需求量分成二部分，一部分将一半（70 吨）直接从 A_1 进货，不从其他地方进货，用 $B_{4'}$ 来描述，另一半（70 吨）可以从包括 A_1 在内的所有地方进货，用用户 B_4 来描述，这样将 B_4 分成两个用户共同来描述。又由于题目要求不允许仓库之间转运，为此，将仓库之间的运价系数设成 M 就可以了。

根据约束条件处理的结果，又根据已知条件，就可以建立初始调运表格如表 9-5 所示。解这个运输规划模型，就得到最优解，如表 9-5 中黑体数字。系统的总成本等于：$10\times16+120\times8+70\times24+120\times10+0\times10+100\times1+40\times12+20\times5+40\times16+90\times8+30\times7+0\times180=6250$

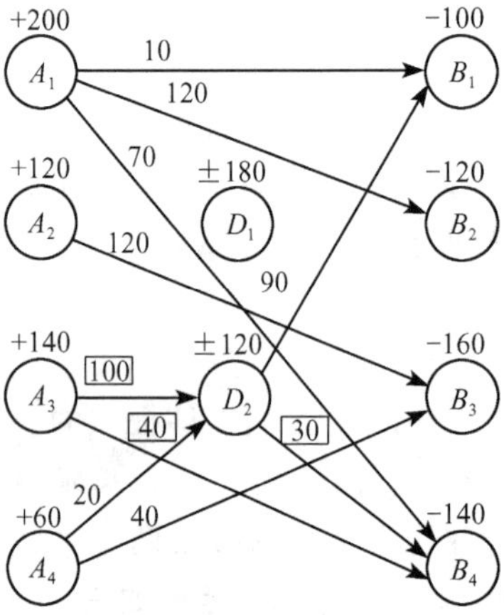

图 9-4　表 9-5 解的直观描述

为了进行网点布局分析，就要对表中的最优解进行分析。而为了分析方便，我们把解的实际结果画成如图 9-4 的直观形式。

由图 9-4 可以看出，各个生产厂的发出，和各个用户的到货都没有问题，都满足了供应量和需求量的约束条件，A_1 供给 B_4 的量为 70 吨，不低于 B_4 需求量的一半，仓库 D_1 和 D_2 之间没有转运，这些都符合约束条件，解的结果是正确的。

但是我们看到：

(1) 仓库 D_1 完全闲置。既没有调入，也没有发出。这说明这个仓库位置不合理、运输成本太高，所以分摊不到调运量。因此这个仓库没有用，应该删去。

(2) 仓库 D_2 已经充分利用。因为它的吞吐量设计为 240，而实际分配的结果，它调入 120($A_3$100、$A_4$20)，发出 120($B_1$90、$B_4$30)。因此这个仓库已经得到充分利用，而且已经达到了饱和吞吐量。

(3) 进一步分析还可以看出，仓库 D_2 由于规模限制，已经影响了物流优化的程度。为此我们研究从 A_3 到 B_4 的调运结果。从 A_3 到 B_4 的调运，有二笔：

① 直接从 A_3 到 B_4 的运输：直达运输 40 万吨。

② 从 A_3 经 D_2 到 B_4 的运输：中转运输 30 万吨。

由表 9-5 可以看出：从 A_3 到 B_4：直达运价系数 $C_{34}=12$，而经 D_2 的中转费用$=C_{32}+C_{24}=1+7=8$，明显中转运费比直达运费要低。为什么不能让 A_3 发出更多的运量经 D_2 中转运到 B_4 呢？就是因为 D_2 的吞吐量受限制的缘故。因此为了提高物流优化程度，D_2 的规模还应该扩大。

由以上分析，我们就得到了中转仓库地址改进的方案：

1) 删除 D_1；

2) 原址扩大 D_2。

那么 D_2 应该扩大到多大呢？为了得到 D_2 毫不受限制的正确规模，可以把

D_1 删除以后，让 D_2 的规模松弛到等于整个系统的总资源量，即等于 520(＝200＋120＋140＋60)，再进行一次运输规划计算，最后得出的有效调运量 200(＝90＋40＋70，松弛过多的 320 闲置在运价系数为 0 的格中，不影响调运结果)，就是 D_2 毫不受限制的正确规模。计算的结果见表 9-6。在新的设置下，系统的总成本等于：10×16＋120×8＋70×24＋120×10＋1×140＋60×5＋90×8＋40×9＋70×7＋0×320＝6010，比以前节省 240(＝6250－6010)（万元）。

表 9-6　网点地址规模改进运算表

	D_2		B_1		B_2		B_3		$B_{4'}$		$B_{4''}$		a_i
A_1	(9)		(16)	**10**	(8)	**120**	(29)		(24)	**70**	(24)		200
A_2	(5)		(13)		(40)		10	**120**	(M)		(19)		120
A_3	(1)	**140**	(14)		(11)		(23)		(M)		(12)		140
A_4	(5)	**60**	(24)		(28)		(16)		(M)		(30)		60
D_2	(0)	**320**	(8)	**90**	(12)		(9)	**40**	(M)		(7)	**70**	520
b_j	520		100		120		160		70		70		820

这样我们就得到了整个系统最佳的物流网点的选址方案。即整个系统最佳的选址方案就是，建一个仓库，地址取原 D_2 的备选地址，吞吐量取 400(＝2×200)。接受 A_3 和 A_4 的货物，送往 B_1、B_3 和 B_4。其直观描述如图 9-5 所示。新系统下的总运输成本 6 010 万元，比以前节省 240 万元。物流优化效果显著。

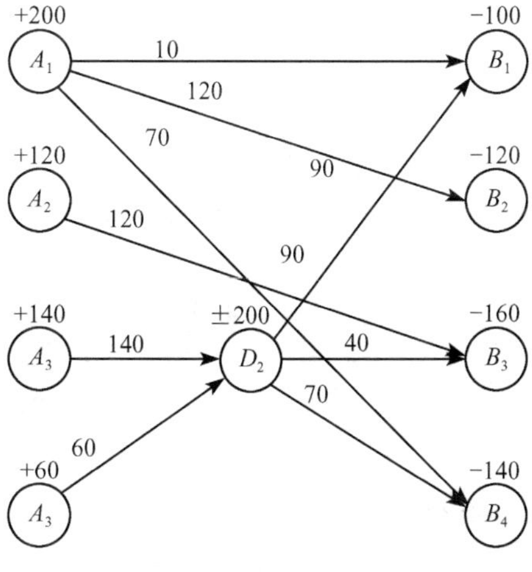

图 9-5　表 9-6 解的直观描述

本 章 小 结

本章研究了物流网点布局问题。物流网络的布局问题要考虑适合物流市场的结构、符合宏观生产力布局、交通方便、总的设立成本和运行成本小等因素。物流网点布局可以分为一元网点布局和多元网点布局问题，物流网点布局方法主要有解析法、模拟法等。

本章关键词

物流网点布局（logistic network layout）
一元网点（single network）
多元网点（multiple network）
模拟法（simulation method）
解析法（analytical method）
重心法（focus-law method）
评分法（score method）
运输规划法（transportation planning）

本章思考题

1. 说明网点布局的重要性。

2. 为什么网点布局要分为地区选择和地点选择二部分？地区选择应该考虑哪些因素？地点选择应该考虑哪些因素？

3. 有哪些网点布局方法？

4. 为什么评分法比较适用于企业进行网点布局？

5. 用运输规划法进行网点布局应该分为哪些步骤？

本 章 习 题

1. 如图 9-8 所示，生产厂 A 想在 11 个用户区选两个地点建立两个配送中心。

(1) 只考虑运输费用最省；

(2) 考虑运输费用、还考虑设立费用（每个设立费用都为 20 万元）；

(3) 考虑运输费用、且考虑仓储成本的非线性变化 $S_k = \mu_k \sqrt{d_k}$，$(k=1, 2)$，$\mu_k = \{15, 20\}$。

在以上三种情况下，选择最合适的配送中心选址方案。

2. 如果在图 9-8 的模型中，如果用评分法进行网点布局，你觉得应该怎么做，要考虑哪些因素？

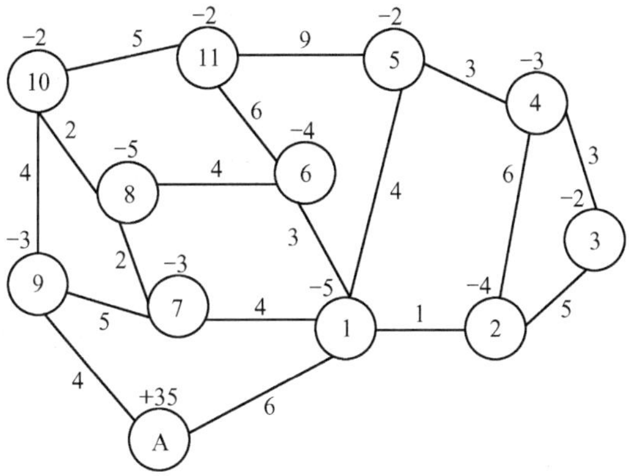

图 9-8

第十章　生产物流管理

本章学习目标

通过本章的学习，要求了解企业的生产系统是一个物流系统，并且熟悉该物流系统的内容、特点、职能和作用。重点掌握企业生产物流管理的关键技术——MRP技术和JIT技术。

第一节　企业生产物流系统

一、企业生产系统概述

企业生产系统是企业大系统中的一个子系统，是支撑企业生产过程运行的物质基础，生产系统由系统的硬件和软件两部分组成。生产系统的硬件通常是指生产机器设备、工具器具、生产场地、厂房、运输车辆、通信设施等。它构成生产系统的物质形式。生产系统的软件指的是生产组织形式、人员配备要求、工作制度、运行方式以及管理上的各种规章制度。

生产过程是一个通过劳动，把一定的资源转化为产品或服务的过程，这个过程同时也是价值增值的过程。生产过程的运行，除了需要生产系统的支撑外，同时还受社会环境的制约，特别是市场需求、社会经济发展水平、政府有关的政策法规等。需要指出的是，生产过程的输出，不仅指有形的实物产品，还包括无形的产品——服务。

狭义的生产过程指产品生产过程，是对原材料进行加工，使之转化为成品的一系列生产活动的运行过程。广义的生产过程是指企业生产过程和社会生产过程。企业生产过程包含基本生产、辅助生产、生产技术设备和生产服务等企业范围内各种生产活动协调配合的运行过程。社会生产过程是指从原材料开采，到冶炼、加工、运输、储存，在全社会范围内各行各业分工协作制造产品的运行过程。

产品生产过程由一系列生产环节所组成。一般包含加工制造过程、检验过程、运输过程和停歇过程等。产品生产过程是企业生产过程的核心部分。

二、企业生产系统也是一个物流系统

企业的生产系统实质上也是一个物流系统。企业的生产系统是用来支撑生产

过程的，而产品生产过程是企业生产系统的核心部分。产品的生产过程就是一个典型的物流过程，它是企业物流系统的主要组成部分，同时它也导致其他的企业物流，如供应物流、销售物流和回收、废弃物流等。

例如，汽车装配生产线（图 10-1），它是一个生产系统。这条生产线把车桥、发动机、车轮、变速箱、车厢等装配成一辆汽车，因此它是汽车的生产系统。但是，从物流的角度看，它又是一个物流系统。按着一定节拍运行前进的装配线传送带，载着汽车的骨架向前前进运行，逐个地经过发动机、车轮、变速箱、车厢等各个装配工序，依次装配上发动机、车轮、变速箱、车厢等各个部件，最后变成一辆完整的汽车，再下线，进入成品库暂存待售。

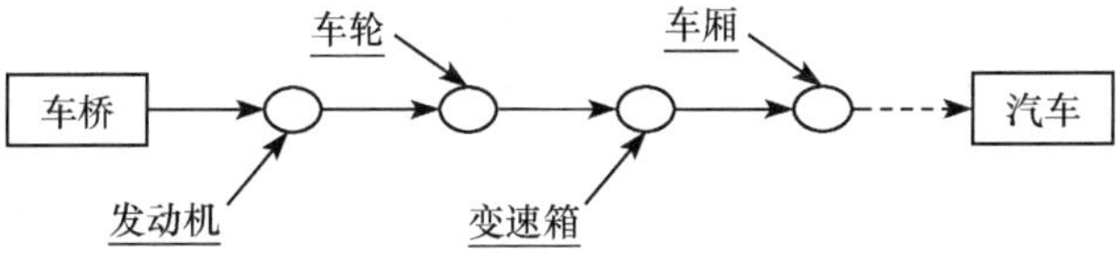

图 10-1 汽车装配线物流示意图

又例如各个车间，如发动机车间，也是一个物流系统（图 10-2）。加工发动机的机壳、主轴、齿轮等部件的各个生产流水线并行运作，都分别由原材料库输入原材料，然后沿各自的流水线一道一道工序地前进、依次进行加工，最后在流水线的末端，被加工成一个完整的部件。这些部件再装配成发动机。

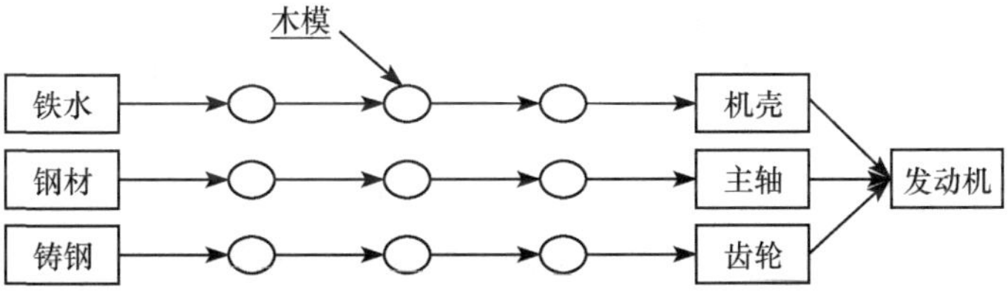

图 10-2 发动机车间物流示意图

这样可以看出，生产过程也就是一个物流过程，生产系统也就是一个物流系统。生产物流和生产流程同步，是从原材料购进开始直到产成品发送为止的全过程的物流活动。原材料、半成品等按照工艺流程在各个加工点之间不停地移动、转移，形成了生产物流。如生产物流中断，生产过程也将随之停顿。

生产物流最基本的职能，就是创造物资的形质效用。虽然生产物流也创造空间效用、时间效用，但是那是为生产服务的，是为保障生产顺利进行服务的。因此生产物流系统最突出、最本质的功能是创造物资的形质效用，创造为需求者所需要的物资的形状和性质，以满足需求者的需要。

企业内部的生产物流系统还导致了企业外部的供应物流系统和分销物流系

统。生产物流系统是分销物流系统的“源泉”，分销物流系统则是生产物流系统的延续。企业生产物流系统又是企业供应物流系统的“汇归”，也是企业供应物流系统在企业内的延续。而供应物流和分销物流都属于社会物流，因此可以说，企业生产物流系统是社会物流系统在企业内部的延续和表现形式。

生产过程需要有加工的原材料或者零部件，原材料只能通过采购获得，有些零部件也通过采购获得。这就形成了企业的供应物流。供应物流是企业生产系统正常运行的首要前提，“巧妇难为无米之炊”，没有供应物流，再完美的生产系统也成为无水之源。

生产过程的最终产品应当是满足社会需求的，所以最终产品必须销售给社会，这就形成了企业的销售物流。通过销售物流，企业得以回收资金，进行再生产的活动。销售物流的效果关系到企业的存在价值是否被社会承认，也是企业生产系统是否有必要性的体现。

生产过程除了直接导致供应物流和分销物流之外，还直接和间接导致废弃物物流和回收物流。在生产加工的过程中，总是会或多或少地产生一些废弃物，如边角料，包装材料等。这些废弃物如果不即时清理干净，给生产系统带来很多问题，甚至会引发安全事故。因此，必须根据实际需要进行收集、分类、加工、包装、搬运、储存，并分门别类地分送到专门的处理场所进行处理。这就是废弃物物流。此外，生产过程中不合格品的返修或者退货或者周转使用的包装容器从社会返回到企业就形成了回收物流。

由此可见，企业的生产系统也是一个物流系统。它是社会物流系统在企业内部的延续和表现形式。企业生产物流系统的基本功能是创造物资的形质效用，为社会物流提供具有用户所需要的物资的形状性质。

第二节　MRP 的原理与应用

在企业生产物流系统中，有很多的物流作业技术和物流管理技术。MRP（material requirement planning，物料需求计划；manufacturing resources planning，制造资源计划）技术是其中的一种，本节就专门研究这个 MRP 技术。

一、MRP 的产生过程

在 MRP 问世之前，库存计划通常采用订货点法。但是订货点法只能保证稳定均衡消耗情况下不出现短缺，不能保证消耗多变情况下不出现短缺，也无法起到降低库存的作用。1965 年美国的 J. A. 奥列基博士（Dr. Joseph A. Orlicky）提出独立需求和相关需求的概念，并指出订货点法只适用于独立需求物资。由于市场需求是经常变化的，对各种物料的需求也是时时在变化，这其中既有独立性的需求，也有相关性的需求。不出现短缺和降低库存是生产中遇到的两个互相矛盾的目标，而且增加库存并不一定就能保证所有物料不出现短缺。正是为了解决这个矛盾，美国生产管理和计算机应用专家 Oliver W. Wight 与 George W. Plosh 首先提出了物料需求计划 MRP。IBM 公司首先在计算机上实现了 MRP 处理。随后，MRP 经历了一个由基本 MRP、到闭环 MRP、再到 MRPII、再到 MRPIII 的发展过程。

二、基本 MRP 的原理

基本 MRP 的原理是，由主生产进度计划（Master Production Schedule，MPS）和主产品的层次结构逐层逐个地求出产品所有零部件的出产时间、出产数量。如果是自己加工，就形成了加工任务单。如果是向外采购，就形成了采购任务单。因此 MRP 的基本任务是：

（1）从最终产品的生产计划（独立需求）导出相关物料（原材料、零部件等）的需求量和需求时间（相关需求）；

（2）根据物料需求时间和生产（订货）周期确定其开始生产（订货）的时间。

MRP 的基本任务是编制零件的生产计划和采购计划。然而，要正确编制零件计划，首先必须落实产品的出产进度计划，用 MRPII 的术语就是主生产计划，这是 MRP 展开的依据。MRP 还需要知道产品的零件结构，即物料清单（bill of materials，BOM），才能把主生产计划展开成零件计划。同时，还必须知道所需物料的库存数量才能准确计算出零件的采购数量。

由此可见，基本 MRP 的依据是：主生产计划，物料清单，库存信息。它们之间的逻辑流程关系如图 10-3 所示。

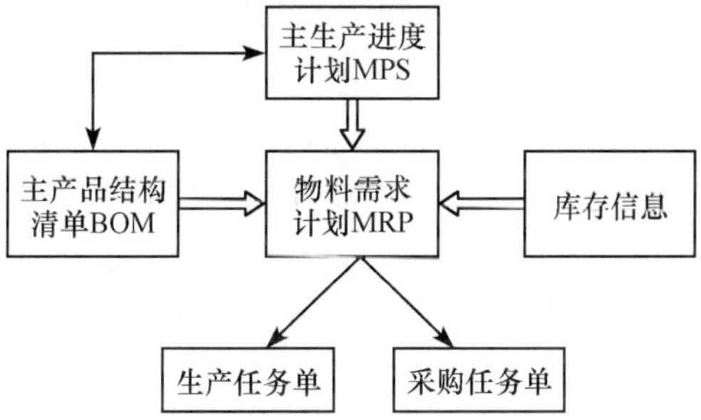

图 10-3 基本 MRP 逻辑图

主生产计划，是确定每一具体的最终产品在每一具体时间段内生产数量的计划。这里的最终产品是指对于企业来说最终完成、要出厂的完成品，它要具体到产品的品种、型号。这里的具体时间段，通常是以周为单位，在有些情况下，也可以是日、旬、月。主生产计划详细规定生产什么、什么时段应该产出，它是独立需求计划。主生产计划根据客户合同和市场预测，把经营计划或生产大纲中的产品系列具体化，使之成为展开物料需求计划的主要依据，起到了从综合计划向具体计划过渡的承上启下作用。主生产计划通常情况下就是主产品的独立需求计划，它是根据用户对主产品的订单所确定的需求时间、需求数量，确定主产品的出产时间、出产数量，例如表 10-1 就是主产品 A 的出产计划表。

表 10-1　主产品 A 的出产计划表 MPS

项目：A（0 级）	周次							
提前期：1	1	2	3	4	5	6	7	8
计划出产数量	25	15	20		60		15	

有了主产品出产计划，则我们下面的任务，就是要完成这个主产品的出产计划。但是主产品是由零部件装配而成的，所以，我们就必须弄清楚主产品有哪些零部件构成，哪些零部件要自制，哪些零部件要外购，自制时，生产提前期是多少（多长时间可以生产出来），外购时，采购提前期是多少（多长时间可以采购回来）。把这些资料表示出来的文件，就是主产品结构与物料清单文件，如图 10-4 所示。主产品 A 由 2 个 B 和 1 个 C 构成，而 1 个 B 由 1 个 D 和 1 个 C 构成。L 表示生产或采购提前期。例如，生产 1 个 A 要 1 周，采购零件 C 要 3 周。图中旁边标注的 n 为结构层次：主产品层次 $n=0$，主产品的一级零部件 $n=1$，二级零部件 $n=2$，以此类推。注意，如果一个零部件在几个层次中都出现，应该统一把它划到它所处的最下面一层。

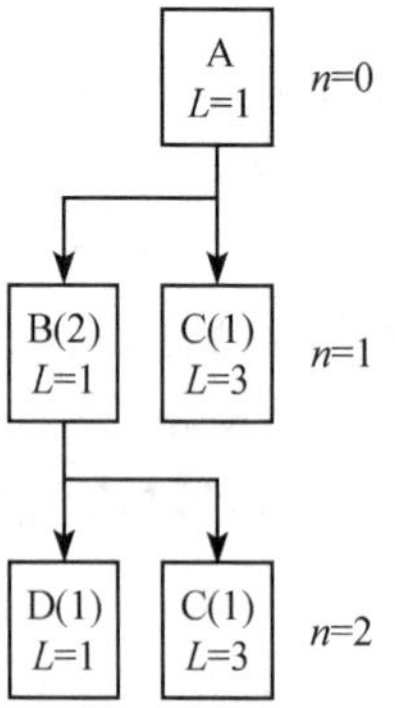

图 10-4　A 产品结构树

库存文件，也叫库存状态文件。它包括以下几项：

（1）期初库存量，也就是在制定新的 MRP 计划时在仓库中实际库存余额，即现有库存量，包括主产品，也包括零部件。它们将在本期计划中用于生产主产品。

（2）计划到货量，即在制定新的 MRP 计划时的购进在途（已经发出了采购，还没有采购回来，但是预计会在新计划期间到货）或者在生产中（已经投产，还没有生产完成，但是预计会在新计划期间生产完成）的物资数量，包括主产品，也包括零部件。主产品 A 及其零部件的库存文件如表 10-2 所示。

表 10-2　库存文件

品　　名	期初库存量 H_0	计划到货量 $S(t)$	
		到货时间	到货数量
A	20	1	10
		3	15
		5	40
		7	50
B	10	1	10
C		1	70
D	5	1	10

根据这三个文件，MRP 软件可以计算出各个零部件的投产计划和采购计划。

MRP 整个处理过程可以用图 10-5 表示。整个处理过程可以分成以下几步：

（1）准备：在运行 MRP 之前，要做好以下几个方面的准备工作：

① 确定计划期和时间单位。例如，计划期可以取 2 月（8 周）。

② 确认主产品出产进度计划 MPS，它被表示成主产品各周的出产量。如表 10-1 所示。

③ 确认主产品的结构文件 BOM，它被表示成具有层级结构的树形图。由主产品（0 级）开始，逐层分解成零部件，直到最后分解到最低层（设为 n 级）——初级原材料或外购零配件为止，如图 10-4 所示。

④ 准备好主产品及其所有零部件的库存文件，包括各自的期初库存量 H_0，计划到货量 $S(t)$，如表 10-2 所示。

（2）首先从层级码等于 0 的主产品开始，依次取各级层级码的各个零部件，进行如下处理：

① 输入提前期 L、期初库存量 H_0。（有些物资还要输入订货点 Q_k、订货批量 Q_0、安全库存量 Q_S 等。）

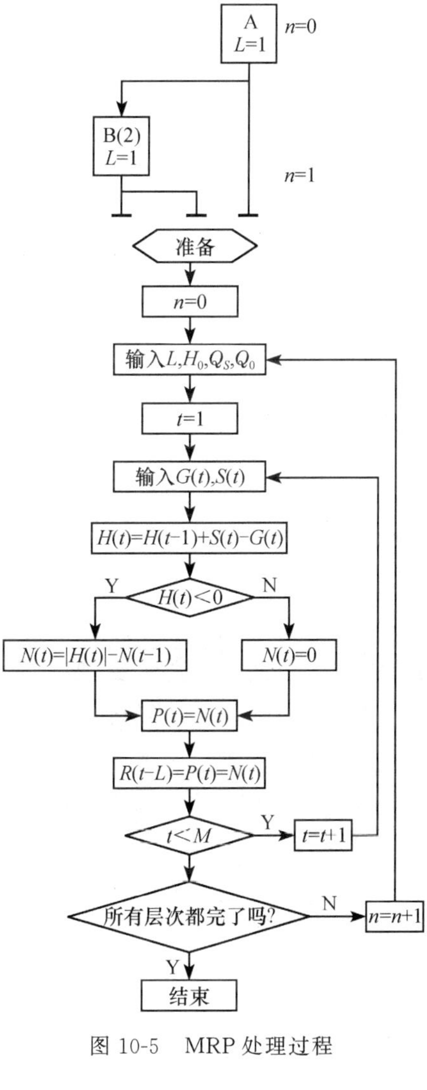

图 10-5　MRP 处理过程

② 对于每一个时间单位 t（周），输入或计算下列参数：

a. 输入或计算出产进度计划 $G(t)$；

b. 输入计划到货量 $S(t)$；

c. 计算计划库存量 $H(t)$：$H(t)=H(t-1)+S(t)-G(t)$；

d. 求出净需求量 $N(t)$：当 $H(t)<0$、而 $H(t-1)<0$ 时，$N(t)=|H(t)-H(t-1)|$；当 $H(t)<0$、而 $H(t-1)\geqslant 0$ 时，$N(t)=|H(t)|$；当 $H(t)\geqslant 0$ 时，$N(t)=0$。

e. 计算计划接受订货量 $P(t)$：$P(t)=N(t)$；

f. 计算并输出计划发出订货量 $R(t-L)$：$R(t-L)=P(t)$。

③ 输出计划发出订货量 $R(t-L)$。这是每一个零部件发出的订货单，包括订货数量、订货时间，包括交各车间加工制造的生产任务单，也包括交采购部门采购的采购订货单。它们按时间整理起来就是一个物料订货计划，也就是一个物料需求计划。

下面通过例子来说明。

例 主产品 A 的出产进度计划 MPS 如表 10-1 所示，结构文件 BOM 如图 10-4 所示，库存文件如表 10-2 所示，做未来 8 周的 MRP 物料需求计划。

先从层级码为 0 的主产品 A 算起。其提前期为 1 周，期初库存量为 20。根据其 $G(t)$、$S(t)$ 进行 MRP 运算的结果如表 10-3 所示。

表 10-3 主产品 A 的 0 级 MRP 处理表

项目：A（0 级）		周次							
提前期：1		1	2	3	4	5	6	7	8
总需要量 $G(t)$		25	15	20		60		15	
计划到货量 $S(t)$		10		15		40		50	
库存量 $H(t)$	20	5	−10	−15	−15	−35	−35	0	0
净需要量 $N(t)$		0	10	5	0	20	0	0	0
计划接受订货 $P(t)$			10	5		20			
计划发出订货 $R(t)$		10	5		20				

再算层级码为 1 的部件 B。一个主产品 A 由 2 个部件 B 和一个零件 C 构成。B 的期初库存量为 10，第 1 周计划到货 10。根据表 10-3，A 产品在第 1、2 和 4 周计划发出生产订货任务单，分别订 10、5、20 个 A 产品，也就是要在 1、2、4 周分别需要 20、10、40 个 B 部件。计算结果如表 10-4 所示。

表 10-4 B 产品的 MRP 运行结果

项目：B（1 级）	周次							
提前期：1	1	2	3	4	5	6	7	8
总需要量 $G(t)$	20	10		40				
计划到货量 $S(t)$	10							

续表

项目：B（1级）		周次							
提前期：1		1	2	3	4	5	6	7	8
库存量 $H(t)$	10	0	−10	−10	−50				
净需要量 $N(t)$			10		40				
计划接受订货 $P(t)$			10		40				
计划发出订货 $R(t)$		10		40					

算完第1级，再算第2级（层级码 $n=2$）。第二级有一个外购件D和一个零件C。一个B由一个D和一个C构成。D提前期为1周。期初库存量为5，第一周计划到货量10，同样计算得表10-5。第二周发出采购订货单35件。

表10-5 D产品的MRP运行结果

项目：D（2级）		周次							
提前期：1		1	2	3	4	5	6	7	8
总需要量 $G(t)$		10		40					
计划到货量 $S(t)$		10							
库存量 $H(t)$	5	5	5	−35	−35	−35	−35	−35	−35
净需要量 $N(t)$				35					
计划接受订货 $P(t)$				35					
计划发出订货 $R(t)$			35						

再算第二级的另一个零件C。其期初库存量为0、提前期为3周。第一周计划到货量70。一个A由一个C、一个B由一个C构成。由表10-4知，第1、3周分别需要B部件10件和40件，因此需要C也为10和40件。又由表10-3知，A产品1、2、4周分别发出订货10、5、20件，因而需要C也为10、5、20件。这样C的总需求量合起来为：第一周20，第二周5，第三周40，第四周20。同样计算的结果如表10-6所示。第一周就要发出C零件的生产订货任务单15件。

表10-6 C产品的MRP运行结果

项目：C（1级）		周次							
提前期：3		1	2	3	4	5	6	7	8
总需要量 $G(t)$		20	5	40	20				
计划到货量 $S(t)$		70							
库存量 $H(t)$	0	50	45	5	−15	−15	−15	−15	−15
净需要量 $N(t)$					15				
计划接受订货 $P(t)$					15				
计划发出订货 $R(t)$		15							

根据以上的运行，可以得出为按计划出产产品A而需要的物料订货计划，或者物料需求计划，如表10-7所示。

表 10-7 主产品 A 物料需求计划

物料	周次							
	1	2	3	4	5	6	7	8
B	10		40					
C	15							
D		35						

三、闭环 MRP 的原理

（一）闭环 MRP 的原理与结构

20 世纪 60 年代的基本 MRP 能根据有关数据计算出相关物料需求的准确时间与数量，但它还不够完善，其主要缺陷是没有考虑到生产企业现有的生产能力和采购有关条件的约束。因此，计算出来的物料需求有可能因设备和工时的不足而没有能力生产，或者因原料的不足而无法生产。MRP 系统的正常运行，需要有一个现实可行的主生产计划，它除了要反映市场需求和合同订单以外，还必须满足企业的生产能力约束条件。因此，除了要编制资源需求计划外，还要制定能力需求计划（capacity requirement planning，CRP），同各个工作中心的能力进行平衡。同时，基本 MRP 也缺乏根据计划实施情况的反馈信息对计划进行调整的功能。

正是为了解决以上问题，MRP 系统在 20 世纪 70 年代发展为闭环 MRP 系统。闭环 MRP 系统除了物料需求计划外，还将生产能力需求计划、车间作业计划和采购作业计划也全部纳入 MRP，形成一个封闭的系统，称为闭环 MRP，如图 10-6 所示。因此，闭环 MRP 则成为一个完整的生产计划与控制系统。

（二）能力需求计划

在闭环 MRP 系统中，把关键工作中心的负荷平衡称为资源需求计划，或称为粗能力计划，它的计划对象为独立需求件，主要面向的是主生产计划；把全部工作中心的负荷平衡称为能力需求计划，或称为详细能力计划，而它的计划对象为相关需求件，主要面向的是车间。由于 MRP 和 MPS 之间存在内在的联系，所以资源需求计划与能力需求计划之间也是一脉相承的，而后者正是在前者的基础上进行计算的。

能力需求计划的依据主要有以下几个因素：

（1）工作中心：它是各种生产或加工能力单元和成本计算单元的统称。对工

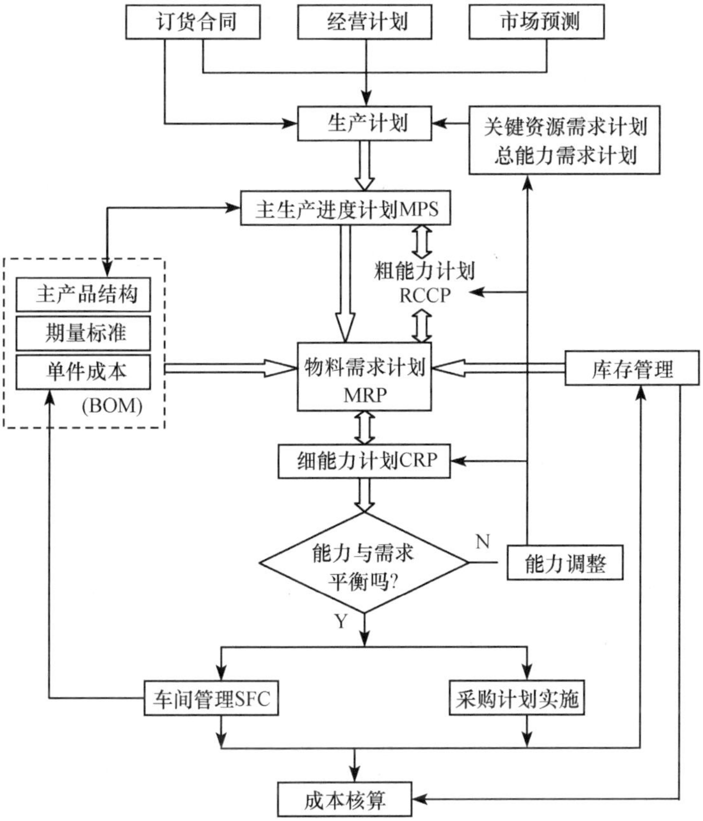

图 10-6　闭环 MRP 逻辑流程图

作中心，都统一用工时来量化其能力的大小。

(2) 工作日历：是用于编制计划的特殊形式的日历，它是由普通日历除去每周双休日、假日、停工和其他不生产的日子，并将日期表示为顺序形式而形成的。

(3) 工艺路线：是一种反映制造某项“物料”加工方法及加工次序的文件。它说明加工和装配的工序顺序，每道工序使用的工作中心，各项时间定额，外协工序的时间和费用等。

(4) 由 MRP 输出的零部件作业计划。

闭环 MRP 的基本目标是满足客户和市场的需求，因此在编制计划时，总是先不考虑能力约束而优先保证计划需求，然后再进行能力计划。经过多次反复运算，调整核实，才转入下一个阶段。能力需求计划的运算过程就是把物料需求计划定单换算成能力需求数量，生成能力需求报表。能力需求计划的计算逻辑过程可用图 10-7 来表示。

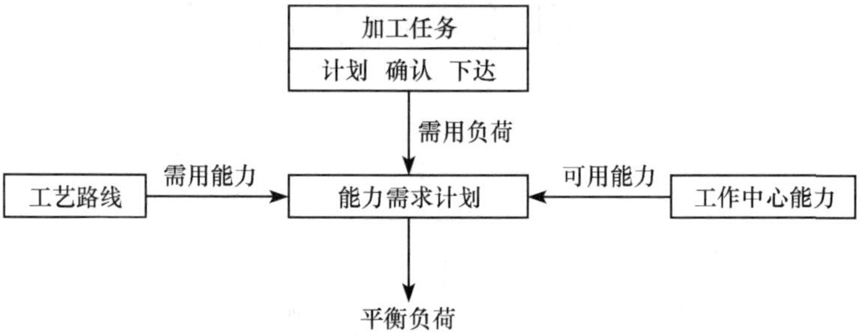

图 10-7 能力需求报表生成过程

在计划时段中也有可能出现能力需求超负荷或低负荷的情况。闭环 MRP 能力计划通常是通过报表的形式（直方图是常用工具）向计划人员报告，但是并不进行能力负荷的自动平衡，这个工作由计划人员人工完成。

各工作中心能力与负荷需求基本平衡后，接下来的一步就要集中解决如何具体地组织生产活动，使各种资源既能合理利用又能按期完成各项订单任务，并将客观生产活动进行的状况及时反馈到系统中，以便根据实际情况进行调整与控制，这就是现场作业控制。它的工作内容一般包括以下四个方面：

车间定单下达：定单下达是核实 MRP 生成的计划订单，并转换为下达定单。

作业排序：指从工作中心的角度控制加工工件的作业顺序或作业优先级。

投入产出控制：是一种监控作业流（正在作业的车间定单）通过工作中心的技术方法。利用投入/产出报告，可以分析生产中存在的问题，采取相应的措施。

作业信息反馈：它主要是跟踪作业定单在制造过程中的运动，收集各种资源消耗的实际数据，更新库存余额并完成 MRP 的闭环。

四、MRP II 的思想原理

闭环 MRP 系统的出现，使生产活动方面的各种子系统得到了统一。但这还不够，因为在企业的管理中，生产管理只是一个方面，它所涉及的仅仅是物流，而与物流密切相关的还有资金流。这在许多企业中是由财会人员另行管理的，这就造成了数据的重复录入与存贮，甚至造成数据的不一致性。生产系统是企业资金占用和成本的主体，这一部分不能反映出来，对企业的管理和决策都是很不方便的。系统是从主生产进度计划 MPS 开始的，但是主生产进度计划是由企业的年度生产计划来的，年度生产计划规定了企业在计划年度内应生产的品种、规格、数量和交货期限。而闭环 MRP 的主生产计划 MPS 没有和年度生产计划联系起来。

于是，在 20 世纪 80 年代，人们把生产、财务、销售、工程技术、采购等各个子系统集成为一个一体化的系统，并称为制造资源计划（manufacturing resource planning）系统，英文缩写也是 MRP，为了区别物料需求计划而记为 MRP II。

MRP II 的基本思想就是把企业作为一个有机整体，从整体最优的角度出发，通过运用科学方法对企业各种制造资源和产、供、销、财各个环节进行有效地计划、组织和控制，使它们得以协调发展，并充分地发挥作用。

MRP II 的逻辑流程图如图 10-8 所示。

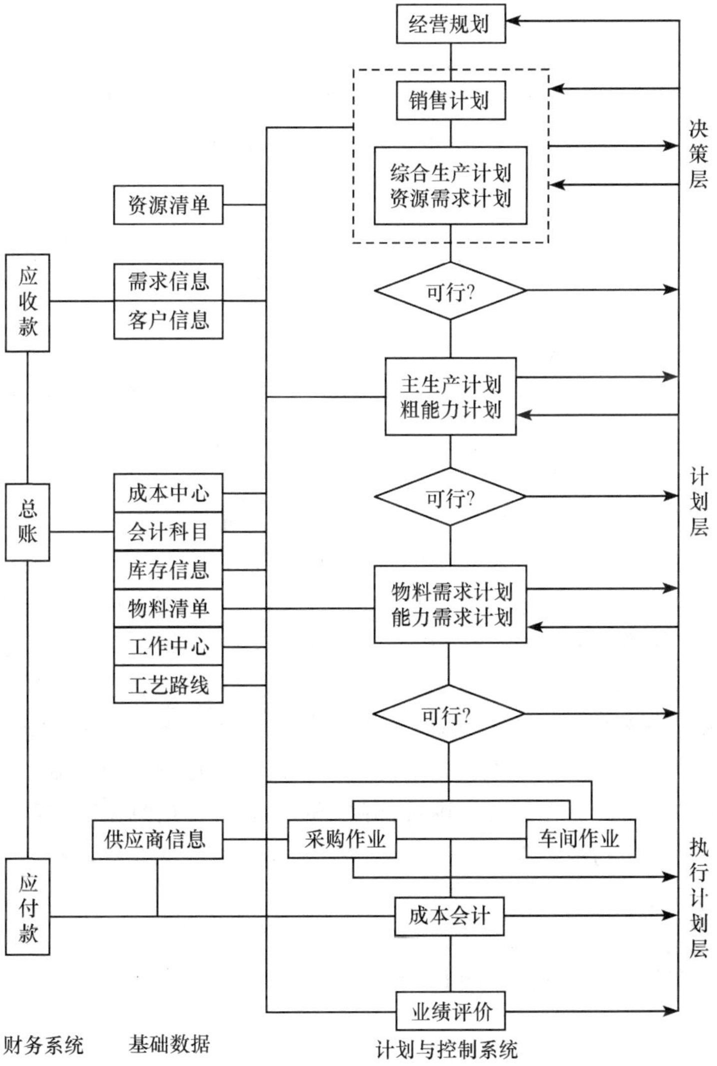

图 10-8　MRP II 逻辑流程图

MRP II 的特点可以从以下几个方面来说明，每一项特点都含有管理模式的变革和人员素质或行为变革两方面，这些特点是相辅相成的。

（1）计划的一贯性与可行性。MRP II 是一种计划主导型管理模式，计划层次从宏观到微观、从战略到技术、由粗到细逐层优化，但始终保证与企业经营战略目标一致。它把通常的三级计划管理统一起来，计划编制工作集中在厂级职能部门，车间班组只能执行计划、调度和反馈信息。计划下达前反复验证和平衡生产能力，并根据反馈信息及时调整，处理好供需矛盾，保证计划的一贯性、有效性和可执行性。

（2）管理的系统性。MRP II 是一项系统工程，它把企业所有与生产经营直接相关部门的工作联结成一个整体，各部门都从系统整体出发做好本职工作，每个员工都知道自己的工作质量同其他职能的关系。这只有在“一个计划”下才能成为系统，条块分割、各行其是的局面应被团队精神所取代。

（3）数据共享性。MRP II 是一种制造企业管理信息系统，企业各部门都依据同一数据信息进行管理，任何一种数据变动都能及时地反映给所有部门，做到数据共享。在统一的数据库支持下，按照规范化的处理程序进行管理和决策。改变了过去那种信息不通、情况不明、盲目决策、相互矛盾的现象。

（4）动态应变性。MRP II 是一个闭环系统，它要求跟踪、控制和反馈瞬息万变的实际情况，管理人员可随时根据企业内外环境条件的变化迅速作出响应，及时调整，保证生产正常进行。它可以及时掌握各种动态信息，保持较短的生产周期，因而有较强的应变能力。

（5）模拟预见性。MRP II 具有模拟功能。它可以解决“如果怎样……将会怎样”的问题，可以预见在相当长的计划期内可能发生的问题，事先采取措施消除隐患，而不是等问题已经发生了再花几倍的精力去处理。这将使管理人员从忙碌的事务堆里解脱出来，致力于实质性的分析研究，提供多个可行方案供领导决策。

（6）物流、资金流的统一。MRP II 包含了成本会计和财务功能，可以由生产活动直接产生财务数据，把实物形态的物料流动直接转换为价值形态的资金流动，保证生产和财务数据一致。财务部门及时得到资金信息用于控制成本，通过资金流动状况反映物料和经营情况，随时分析企业的经济效益，参与决策，指导和控制经营和生产活动。

五、MRP III 的思想原理

MRP III 是在 MRP II 的基础上，增加了准时生产、专家系统（ES）、并行工程（CE）等内容，使工程设计、工艺设计、工程管理、生产制造等功能有机地结合在一起的一种先进生产系统。MRP III 把生产计划技术 MRP II 和工艺流程设计、工程设计、智能决策等进一步集成起来，进一步加强了物资资源配置技术的功能和技术含量，登上了一个更高的台阶。

MRP III 是由 MRP II、JIT、ES、CE 及其管理人员组成。在该系统中，各部分在不同的生产阶段上发挥各自的特长：MRP II 用来执行长期计划编制；JIT 用来控制短期计划的实施，可支持混合方式的制造环境，可兼顾“多品种小批量生产”，和“大批量生产”两种生产类型，提高企业的应变能力和市场竞争水平；在拥有大量专家知识和经验的程序系统控制下，辅助决策一些有规可循的问题；而对随机可能发生的意外情况和战略性问题，通过人-机交互干预系统工作。采用先进的并行工程技术，是为了使工程设计、工艺设计、工程管理、生产制造等各个阶段都能按照工程组织的内部有机联系，恰当地相互配合，以求最大限度地压缩各阶段的提前期，从而使各方面的工作同时并进，大大缩短产品生产周期，提高生产效率、产品质量和服务水平，增强企业竞争优势。

第三节 JIT 的原理与应用

准时生产，又称作无库存生产（stockless production），零库存（zero inventories）。所谓准时生产，简单地说，就是在必要的时间将必要的原材料和零部件，以必要的数量和完美的质量送往必要的地点。

一、JIT 的原理

JIT 的出发点是不断消除浪费，进行永无止境的改进。JIT 的实质就是通过不断消除生产系统中的一切浪费，使生产系统能够准时的满足需求。

这里所说的浪费，比我们通常所说的浪费的概念要广泛得多、深刻得多。丰田公司的藤尾长认为浪费是“除对生产不可缺少的最小数量的设备、原材料、零部件和工人（工作时间）外的任何东西”。同时藤尾长还定义了七种可被消除的浪费，这七种浪费是：①过量生产的浪费；②等待时间的浪费；③运输的浪费；④库存的浪费；⑤过程（工序）浪费；⑥动作的浪费；⑦产品缺陷的浪费。对浪费这样的定义，没有为过量库存（或安全库存）留下一点存在的余地。

在 JIT 系统中是不允许安全库存存在的，否则就是一种浪费。事实上，JIT 认为库存是万恶之源，它不仅造成浪费，还将许多管理不善的问题掩盖起来，使问题得不到及时解决，就像水淹没了水中的石头一样。比如机器经常出故障、采购周期过长、设备能力不平衡、工人缺勤、技术服务不及时等问题，由于库存水平高，不易被发现。如图 10-9 所示。JIT 就是通过不断减少各种库存来暴露管理中的问题，由此不断消除浪费，进行永无休止的改进。与传统管理相反，JIT欢迎问题的出现，把问题看作是一种机会，认为只有不断地发现问题，解决问题，生产管理才能够不断地改进，生产效率才能不断地提高，生产成本才会不断地下降。

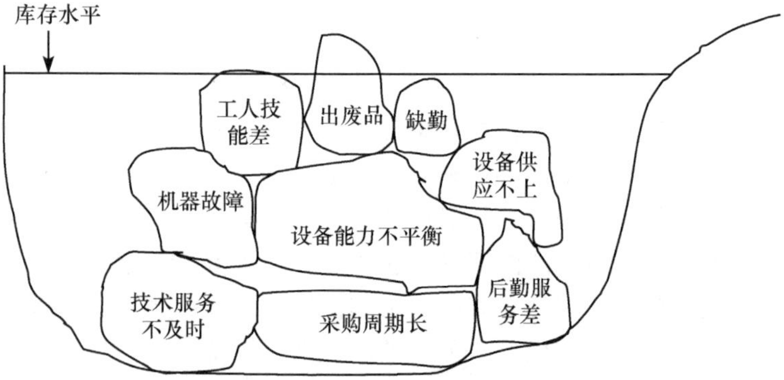

图 10-9 库存水平高掩盖很多管理问题

JIT 是一种理想的生产方式，一是因为它设置了一个最高标准，一种极限，就是“零”库存。实际生产可以无限地接近这个极限，但却永远不可能达到零库存。有了这个极限，才使得改进永无止境。二是因为它提供了一个不断改进的途径，即降低库存——暴露问题——解决问题——降低库存——……，这是一个无限循环的过程。JIT 的实践表明，只有消除了造成库存上升的根源，才能有效地降低库存。通过降低在制品库存，可能发现生产过程经常中断，原因是某些设备出了故障，来不及修理，工序间在制品少了，使后续工序得不到供给。要使生产不发生中断，可以采取两种不同的办法。一种是加大工序间在制品库存，提供足够的缓冲，使修理工人有足够的时间来修理设备；另一种办法是分析为什么来不及修理的原因，是备件采购问题还是修理效率问题？能否减少修理工作的时间？JIT 采取的是后一种办法。按 JIT 的思想，“宁可中断生产，决不掩盖矛盾”。找到了问题，就分析其原因，解决问题，使管理工作得到改善，达到一个新的水平。当生产进行得比较正常时，再进一步降低库存，使深层次问题得到暴露，解决新的问题，使管理水平得到进一步提高。因此，推行 JIT，是一个不断改进的动态过程，不是一朝一夕可以完成的。

单纯降低在制品库存，不改进生产过程，不消除在制品居高不下的根源，对企业来说无疑将是一场灾难。因此进行改进的途径，并不一定从“降低库存”开始。当管理中的问题很明显时，可以先解决这些问题，然后降低库存。如果现存的问题很多，而又不去解决它，还要降低库存，那就会使问题成灾，甚至使企业瘫痪。“降低库存”要逐步进行，不能一次降得太多，否则，也会造成问题成堆，解决问题无从下手。但是，很多问题往往隐藏得很深，尤其是当管理水平已达到较高水平时，就不大容易发现，在这种情况下通过降低库存来暴露问题仍是必要的。

二、JIT的应用

JIT的基本思想简单，容易理解。但是，实现JIT却不容易，因为JIT生产不仅仅是一种生产技术，更重要的是，它是一种全新的管理模式，是一个完整的系统，因此实施JIT生产，必然需要企业从各个方面都进行改进，实施JIT几乎要涉及企业的每一个部门，渗透到企业的每一项活动之中。JIT是一项综合的管理技术，它涉及产品的设计，生产计划的编制，机器的改造，设备的重新布置，工序的同期化，设备的预防维修，生产组织和劳动组织的调整，人员的再培训等各方面的工作。任何一个环节不改进，JIT就推行不下去。

（一）降低在制品库存

生产中在制品的形成很大程度上是因为作业更换时间太长，作业更换时间是一种生产能力的损失，因此通常用加大批量的方法来弥补和分摊这种损失的成本，这样就产生了大量的周转在制品。一般认为，缩短作业更换时间是一个技术问题，其实不尽然。JIT的实践表明，至少50%的作业更换时间的节省，是采用管理方法而不是技术方法。下面是几条常用的原则：

（1）区分内部更换作业和外部更换作业。所谓内部更换作业，是指必须使机器停下来进行调整、装卸的作业更换工作，而外部更换作业是无需使机器停止的作业更换准备工作，如机加工中的磨刀工作。这是一种最基本的区分，越是能够更多地区分出外部更换作业工作，缩短作业更换时间的效果就越显著。

（2）将内部更换作业转化为外部更换作业。这方面也有许多潜力可挖，例如，必要时用增加并列设备的方法，在并列的设备上进行作业更换准备工作，然后在两台设备间进行切换，从而将内部更换作业完全转化为外部更换作业。

（3）省去调整环节。理想的状态是只安装、不调整。在机械加工中，调整夹具、定位往往占去许多时间，而采用模具，就可将大部分调整时间省去，还能确保加工质量。

（4）实现自动化。如在关键工作中心采用数控机床和数控加工中心，自动完成定位、换刀和加工程序的转换。

JIT的实践表明，缩短作业更换时间，是实现小批量以至单件流水线生产的关键。

在制品除了周转在制品外，另外很大的一部分是安全在制品。安全在制品又称为缓冲在制品，它是为防止前后工作的加工时间变异性和不匹配可能造成的生产中断而设立的，其作用是使生产过程均衡稳定。显然，要降低安全在制品库存，就要消除变异性，也就是消除不确定性。通常变异性是由多种原因造成的，最主要的有：工作缺乏标准化；设备故障率高；工人生产情绪不稳定；废品率和返修率高等。要消除变异性，一个重要的措施就是推行作业标准化。

（二）生产过程的同步化

即使减小了批量，缩短了作业更换时间，仍可能产生在制品库存过高的问题，原因在于工作中心的能力不平衡，生产过程缺乏同步化。所谓生产同步化，就是生产过程中各个工作中心的生产能力与负荷是基本平衡的，能够按照产品生产的速度进行成比例的同步调的加工。从直观上看，就是不存在瓶颈环节，不存在在制品的积压环节，不存在工作中心之间忙闲不均的现象。其最终的标准是实现“将必要的材料和零部件，以必要的数量，在必要的时间，送达必要的地点”的 JIT 生产哲理。

制定合理的生产作业计划是消除瓶颈环节的主要措施，主要包括：

（1）加强能力计划工作。在编制主生产计划时，加强能力计划工作。根据产品的订货结构和产品加工的主要生产资源清单，检查每一个关键工作中心的负荷超限情况，然后调整主生产作业计划，使之切实可行。

（2）加强需求管理。合理地确定顾客交货期，尽可能错开交货期。当然，前提条件是生产周期尽可能短，生产周期越短，需求管理的灵活性就越大。

（3）创造条件，实现基于日生产率的生产作业计划，使材料消耗和主要生产资源的生产率趋于均衡。实践表明，产出的非均衡化将导致生产资源利用和材料供应需求更严重的非均衡化。而后者又会反作用于产出，使之更难以实现均衡化。

使生产同步化就要稳定日产出率。流水生产是以接近恒定的生产率进行生产的，因此比较容易发现和消除瓶颈环节，实现生产同步化。在多品种和需求不均衡条件下实现日生产率均衡的目标，从根本上说，要推行成组技术；从改进产品的设计和工艺入手，提高零部件的通用化和标准化水平；改造生产过程组织，实行成组加工单元布置和成组加工生产方式。多品种的生产，如果是基于单个零件，由于每个零件的工艺路线不同，故很容易发生瓶颈作业，生产的同步化必然较差。如果是基于成组零件（一类相似零件的代表零件或象征零件），则工艺路线按成组零件的加工需要设计，其不同种类数量大大减少，加上成组加工单元的设备配置有一定的柔性，故使得瓶颈作业和瓶颈环节的数量大大减少，管理瓶颈作业和环节的计划工作量大大简化和减轻。这些都可为实现生产的同步化创造条件。

使生产过程同步化，关键是发现和克服瓶颈环节。问题的困难在于，对于多品种的订货生产方式，瓶颈环节是一个动态概念，随产品结构的改变而变化。这对 JIT 是一个严峻的挑战。这个问题的解决，根本上要靠提高制造系统的柔性，主要是提高工艺路线柔性、加工批量柔性和产品结构柔性。

（三）建立 JIT 制造单元

实施 JIT 的第一步是“把库房搬到厂房里”。大大小小的入口存放处和出口存放处，就像大大小小的库房。“把库房搬到厂房里”的目的在于使问题明显化。工人看到他们加工的零件还没有为下道工序所使用时，就不会盲目地生产；也只有看到哪种零件即将使用完时，才会自觉地生产。第二步是不断减少工序间的在制品库存，“使库房逐渐消失在厂房中”，实现准时生产。

为了推行 JIT，需要对车间进行重新布置与整理，实行定置管理。要依据所生产的产品和零件的种类，将设备重新排列，使每个零件从投料、加工到完工都有一条明确的流动路线。零件存放到车间会带来一些问题。如果零件杂乱无章地堆放，需要时难以找到，就会造成生产中断，甚至引起安全事故。因此，所有零件必须放在确定的位置上，并要用不同的颜色作出明显的标记。要及时消除一切不需要的东西，创造一个整洁的环境。

对车间重新布置的一个重要内容就是要建立 JIT 制造单元。JIT 制造单元是按产品对象布置的。一个制造单元配备有各种不同的机床，可以完成一组相似零件的加工。JIT 制造单元有两个明显的特征：一是在该制造单元内，零件是一个一个地经过各种机床加工的，而不是像一般制造单元那样一批一批地在机床间移动。在单元内，工人随着零件走，从零件进入单元到加工完离开单元，始终是一个工人操作。工人不是固定在某台设备上，而是依次操作多台不同的机器，这与一般的多机床操作不同。一般多机床操作通常是由一个工人操作多台相同的机器。二是 JIT 制造单元具有很大的柔性，它可以通过调整单元内的工人数使单元的生产率与整个生产系统保持一致。

JIT 制造单元一般采用“U”型布置，如图 10-10 所示。“U”型布置使工人能集中在一起，增加了工人之间接触的机会，形成一个集体，也使工人在转换机器时行走路线较短。如果采用直线布置，工人从机器 1 到机器 9 将行走较长距离。而采用“U”型布置，转过身来就行了。

可以把 JIT 制造单元看作是一个同时可供多个工人进行多道工序加工的机器，一个单元只需设置一个入口存放处和一个出口存放处，不必为每台机器单独

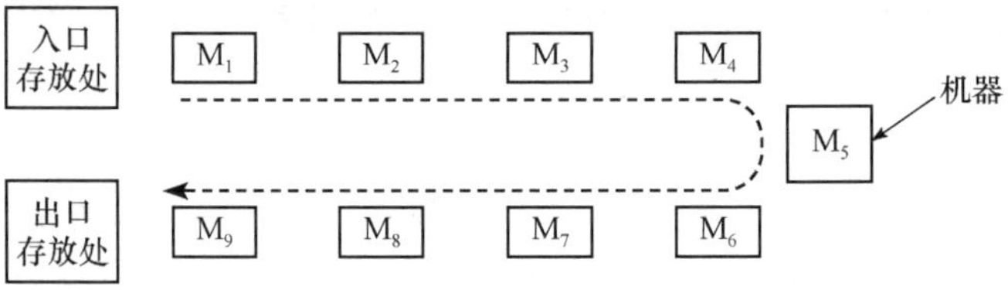

图 10-10 采用“U”型布置的制造单元

设置入口存放处和出口存放处。

为了维持制造单元的生产率与产品装配的生产率一致，保证同步生产，要使制造单元的固定生产能力有富余，机器设备数按最高负荷配置。当生产率改变时，只要调整制造单元的工人数量就可以满足需要。JIT 有一条重要的原则，认为工人是最重要的资源，劳动力的闲置是最大的浪费。因此，每当生产节拍改变，都要调整工人的数量，使每个工人都有较满的工作负荷。调整工人人数比改变机床数要容易得多，也迅速得多，这使得制造单元具有很大的柔性。由于工人具有多种操作技能，一个制造单元的多余工人可以安排到另一个任务较重的制造单元中去工作，从而使劳动力得到合理而充分的利用。

（四）从根源上保证质量，实施全面质量管理

质量是实行 JIT 的保证，不从根本上保证质量，不可能成功地实施 JIT。当需要一件才生产一件时，如果某道工序出了废品，则后续工序将没有输入，会立即停工。所有的上游工序都必须补充生产一件，这样就完全打乱了生产节拍。要实施 JIT，必须消除不合格品。

与传统质量管理不同，全面质量管理强调事前预防不合格品的发生，从操作者、机器、工具、材料和工艺过程等方面保证不出现不合格品。全面质量管理一个很重要的信条就是：质量是制造出来的，而不是检验出来的。全面质量管理强调从根源上保证质量。

JIT 和全面质量管理无论在理论上还是在实践上都已经紧密地结合在一起。全面质量管理是将质量要求加入到过程运作的实践中，而并不通过检查来确认质量。它也是假定员工对其自身工作负责的理论。当员工对其工作质量负责时，JIT 的运行状态最佳，因为只有高质量的产品在系统中流动。当所有产品都合格时则不需要有额外库存存在，因此，企业能获得高质量和高生产效率。通过使用统计质量管理方法和对员工培训来保证质量，因此，检验工作可以减少到只对第一个和最后一个生产单元。如果这些单元都非常好的话，则可假定这些单元间的其他产品也同样好。

（五）尊重员工，推行“以人为中心”的管理

一般认为，对JIT来说，最困难的问题是如何管理人，即如何充分调动工人的积极性和发挥其创造性，并使之具有高度的责任感。

操作者在生产与作业管理中的地位和作用，取决于生产与作业的目的和性质。在传统的流水生产中，作业在细致分工的基础上高度专业化和简化了。作业的性质要求工人遵循流水线的节拍，按标准化的操作程序在规定的时间里完成规定的作业，工人是被动的，只需要尽可能熟练准确地重复简单的操作，对操作质量负责，不需要发挥什么创造性，工作本身不能构成工人的激励和满足。

在JIT生产方式中，设备是按成组加工单元形式布置的，在一个加工单元中往往包括多种工艺设备，如车、铣、钻、磨等。工人以小组形式承担全部零件的加工任务和质量责任、交货期责任以及成本责任。此外，像安排零件在加工单元中加工次序，决定零件加工的工艺路线，甚至设备预防维修等管理工作，也被下放到加工单元。因此，JIT客观上要求操作工人承担更多的责任，从而就必须授予他们更多的作业管理决策权。

不仅如此，JIT还要求不断地和持之以恒地改进生产过程，缩短作业更换时间，减小批量和确保100%的合格品，这就必须充分发挥工人的主动性、创造性和参与管理的热情，并使之熟练掌握多种技能。这使得开展交叉培训成为推行JIT的一项基本任务。

（六）与供应商合作，建立良好的合作伙伴关系

正如顾客和员工是JIT系统的关键组成部件一样，供应商对过程也同样十分重要。如果企业与供应商分享需求计划，则企业将会拥有一幅关于需求的远景蓝图，并将其作用于生产和销售系统中，以指导这些部门的工作。供应商与顾客被联系到了一起，共享生产计划和输入必要的数据，这就保证了企业可以建立起均衡化生产系统。对供应商供货能力充满信心使得企业可以减少库存缓冲数量。在JIT中保留低库存数量，要求必须每天频繁运送必要的零件。有些供应商甚至将产品送到生产线中某个指定地点而不仅仅是送到接货料场。当供应商的产品质量可以完全保证时，对其供应产品的验收检查程序甚至可以取消。

本章小结

本章讲述了企业的生产系统其实也是一个物流系统，在第二节详细介绍了

MRP的发展、原理及其应用，在第三节介绍了JIT生产的原理及其应用。一般认为，MRP比较适合大中型企业，JIT适合各种类型的企业，但在中小企业应用效果比较好。在重复生产的企业里，JIT系统和MRP系统往往被结合起来，JIT系统将主生产系统作为其拉动力，而不是采用MRP生成的计划。

本章关键词

物流系统（logistics system）
物料需求计划（material requirement planning，MRP）
制造资源计划（manufacturing resources planning，MRP II）
主生产计划（master production schedule，MPS）
能力需求计划（capacity requirement planning，CRP）
无库存生产（stockless production）
准时生产（just in time，JIT）
并行工程（concurrent engineering）

本章思考题

1. 为什么说，企业生产系统是一个物流系统？
2. 生产物流的基本功能是什么？
3. 什么叫做MRP，它有哪些表现形式？
4. 基本MRP的原理是什么？
5. MRP II的原理是什么，它和基本MRP有什么区别和联系？
6. MRP主要用在哪些地方，怎样才能运用MRP？
7. 什么叫做JIT，它的基本思想原理是什么？它有哪些应用？
8. 怎样才能够运用JIT生产？
9. 什么叫推进式计划方法？什么叫拉动式计划方法？它们有什么区别？哪些是拉动式计划方法？哪些是推进式计划方法？
10. 怎样把MRP和JIT结合起来使用？

本 章 习 题

1. 为什么说企业内部物流是社会物流在企业内部的延续和表现形式？它们各自有什么特点和功能？

2. 有一个产品A的出产计划表如表10-8所示，产品A的结构组成如图

10-11。A 产品期初库存量 20，预计第 1、3、5、7 周计划到货分别为 10、15、40 和 70；B 产品期初库存量为 10，预计第 1 周计划到货为 10；C 产品期初库存量为 0，预计第 1 周计划到货为 70；D 产品期初库存量为 10，预计第 1 周计划到货为 10。试根据这些数据制定未来 8 周的投产计划和采购计划。

表 10-8　产品 A 的出产进度表

时期（周）	1	2	3	4	5	6	7	8
产量（件/周）	25	15	20		60		15	

3. 神龙公司的汽车装配线上需要装配汽车座椅。现在拟采用 JIT 采购向附近一家座椅厂定购座椅，想通过看板由座椅厂直接将座椅直接向装配点实行连续补充货物，实现零库存生产，见图 10-12。

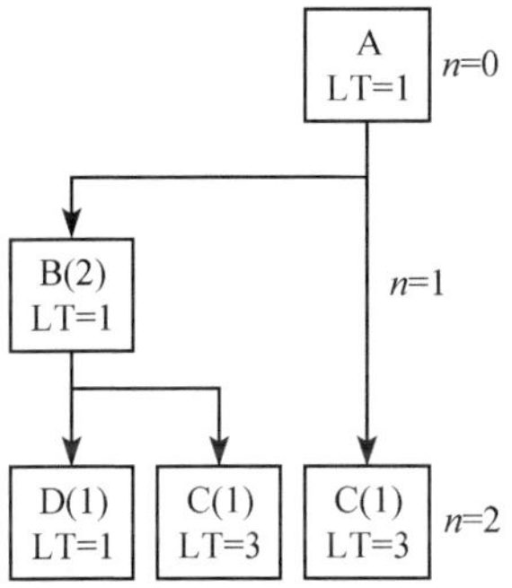

图 10-11　A 产品结构树调整

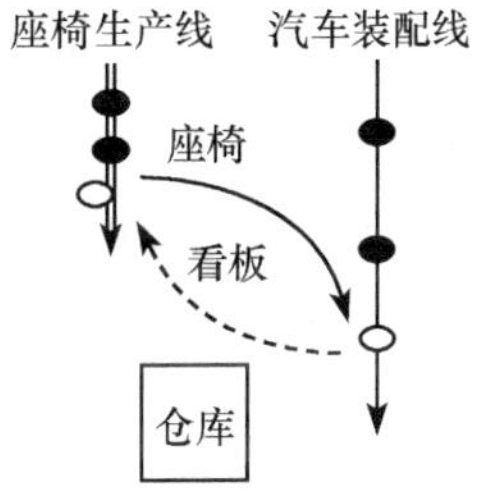

图 10-12　JIT 采购

请你设计一下它们应该如何实现这种模式。并初步测算一下这样做会有哪些好处，为实现这种模式，对神龙公司和座椅厂都应当有一些什么要求。

4. 试分析一下 MRP 和 JIT 的特点，把 MRP 和 JIT 结合起来运用有什么好处。

本章案例　神龙汽车有限公司看板系统

神龙汽车有限公司（以下简称神龙公司）是东风汽车公司和法国雪铁龙汽车公司合资兴建的大型轿车生产企业，1992 年 5 月 18 日在武汉市成立。建设规模为年产 30 万辆轿车和 40 万台发动机，一次规划，分两期建设。武汉总厂占地面积 126 万平方米，下设冲压、焊装、油漆、总装等四个分厂，现生产能力为年产 15 万辆整车。襄樊总厂占地面积 49 万平方米，下设发动机、车桥分厂、变速箱分厂，生产 TU3、TU5 发动机、MA 型变速箱和前后桥总成。经过七年多的建设与发展，神龙公司现已成为我国汽车行业中一个崭新基地，成为东风公司第三次创业的主战场。1999 年被美国《财富》杂志评为在中国整体最受赞赏的 55 家外资企业中排位第 37 名。

神龙公司总厂引进了 MRP 管理系统，用 MRP 系统制定生产计划和采购计划。是一种推进式的计划方法，即汽车的出产计划，推进算出各种部件、零件的生产计划，由于零部件品种规格很多，计算起来非常复杂，而且灵活机动性很差，某个部件某个环节一有变动，则整个计划就得大变动。因此 1998 年以后又开始研究看板系统，用看板系统制定计划，指挥生产。开始时在企业内部，随后又扩大到企业外部采购。

看板系统，实际上就是 JIT 的一种操作形式。它是一种拉动式的计划方法。从生产线的末端的需求计划，往前拉动供应生产计划。这样一级一级往前拉动各个生产供应环节，就自然做出了切合现实实际需要的生产计划和采购计划。

例如，汽车装配的各种零部件，有很多是在外地供应商生产的，他们通常把零部件运到武汉以后，就存于外协件仓库。汽车装配时，需要什么零部件，就用看板（上面标明了品种规格数量、需要的时间地点）通知外协件仓库（连同空箱，由叉车司机一起带走）。外协件仓库则根据看板上的品种规格数量备货，然后由叉车司机在规定的时间将它（连同看板）送到指定的地点，见图 10-13。

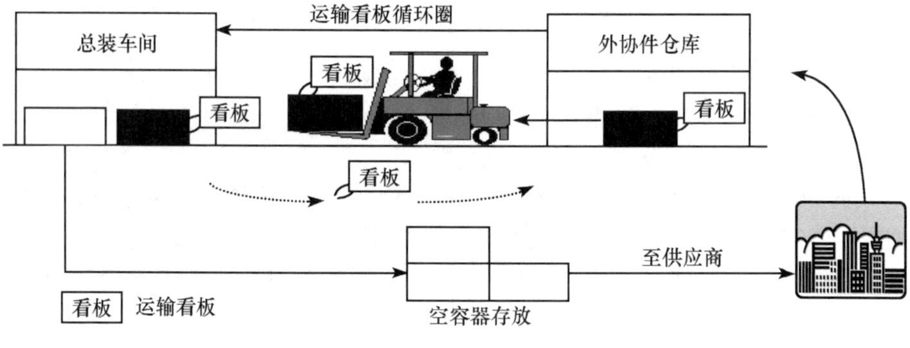

图 10-13　看板系统

现在企业的计划系统是把 MRP 和 JIT 结合起来运用。即在主要部件的计划上，采用 MRP 系统制作，而且用 MRP 系统只制作主产品和主要部件的计划，以节省计算工作量和增加灵活机动性。而各个车间各个工序的生产计划和采购计划，则主要用 JIT 计划，即由主要部件的生产线末端开始，用看板方式向前端各个工序发出指令，从而下达了各个班组、各个工序的生产计划和采购计划。JIT 计划有简便、实用、节省工作量的特点，MRP 则有精细、严密、工作量大的特点，二者结合起来，相辅相成，优势组合，构成一个有效率的计划系统。

第十一章　物流信息化管理

本章学习目标

通过本章学习，理解物流信息所包括的内容、特点、功能、组成以及物流信息系统的概念和类型，了解物流信息系统应用技术，电子商务与物流的关系，掌握物流管理信息系统的模式与开发步骤。

第一节　物流信息概述

一、数据

数据是指用有意义的、可以识别的符号对客观事物加以描述所得到的符号序列。它可以是字母、数字或其他符号，也可以是图像、声音或者味道，它表示的是客观事实，是一种真实存在。可以说，人们每时每刻都在接触数据，如：

王槐林　　男　　华中科技大学　　教授

需要说明的是，在进行符号化表示时，由于所用符号不同，其符号序列并不唯一。比如“男”可用符号“m”表示，“华中科技大学”可用“hust”表示，由此得到的符号序列则是：

王槐林　　m　　hust　　教授

数据的加工过程就是数据处理，它的目标是给数据赋予某种含义。数据处理的过程是对数据进行必要的控制或操作，这个过程有时十分复杂，有时又十分简单，没有一定的模式，但是目的是一致的，就是要给数据赋予某种意义。

二、信息

信息这一术语在不同的领域有着不同的含义。在管理科学领域，通常认为信息是加工处理之后的一种数据形式，是系统传输和处理的对象。信息是一种对事物不确定性的消除，能够提高人们对事物认识的深刻程度。

信息是数据所表达的内容，但这些内容有时需要经过解释才能确定。比如上例中的字母“m”只有解释为表示人的性别时、且表示男性时才有实际意义。

信息与数据是互相密切联系不可分割的。数据是信息的载体，信息不可能脱

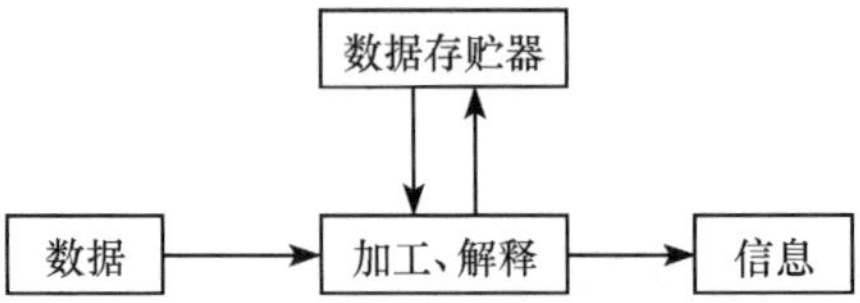

图 11-1　数据和信息

离载体而存在；信息是由数据产生的，是经过加工、解释以后的数据，是数据的灵魂，是进行决策的依据。因此，人们形象的将数据和信息的关系比喻成原材料和产品之间的关系。

在信息管理中，信息是一项极为重要的资源，它是有指导性的、有价值的情报。信息的产生过程如图 11-1 所示。

三、物流信息

（一）物流信息的内容

物流信息所包含的内容可从以下两个方面考察。

（1）物流系统内的信息。它是伴随物流活动而发生的信息，包括物料流转信息、物流作业信息、物流控制层信息和物流管理层信息。

在物流活动的管理与决策中，如运输工具的选择、运输路线的确定、仓库的有效利用、最佳库存数量、库存时间的确定、订单管理等，都需要详细和准确的物流信息。

（2）物流系统外的信息。它是在物流活动以外发生，但提供给物流活动使用的信息，包括政策信息、市场信息、商品交易信息、交通运输信息，还有来自企业内生产、财务等部门的与物流有关的信息。

市场信息是指与市场活动有关的信息，如消费者的需求信息、竞争者和竞争性商品的信息、销售促进活动信息等。商品交易信息是指与买卖双方的交易过程有关的信息，如销售和采购信息、订货和生产信息、货款支付信息等。在现代经营管理活动中，物流信息与市场信息、商品交易信息相互交叉、融合，有着密切的联系。

（二）物流信息的特点

与其他领域信息比较，物流信息的特殊性主要表现在以下几个方面：

（1）物流信息大。物流信息随着商品交易活动和物流活动的开展而大量发生。多品种少量生产和多频度少量配送使库存、运输等物流活动的信息大量增加。零售商广泛采用 POS 系统读取销售时的商品品种、价格、数量等即时销售信息，并对这些信息加工整理，通过 EDI 或 Internet 向相关企业传送。随着今后企业间合作倾向的增强和信息技术的发展，物流信息的信息量将会越来越大。

（2）物流信息动态性强、更新速度快。从信息的一般性来说，信息的价值衰减速度快，这就对信息管理的及时性提出了很高的要求；从物流信息的特殊性来讲，多品种少量生产、多频度少量配送和利用 POS 系统的即时销售使得各种作业活动频繁发生，从而要求物流信息不断更新，而且更新的速度将会越来越快。

（3）物流信息分布广、种类多。从上述物流信息的内容可以看出，物流信息不仅来源于物流自身系统内部的各个环节，而且还来源于其他与物流相关的生产系统、供应系统及运输系统等物流外部系统的信息。例如，物流活动往往利用道路、港湾、机场等基础设施，因此为了高效率地完成物流活动，必须掌握与这些基础设施相关的运输信息、报关信息等。

（三）物流信息的功能

物流系统是由多个子系统组成的复杂系统。它们通过物资实体的运动联系在一起，一个子系统的输出是另一个子系统的输入。合理组织物流活动，就是要使物流各个环节相互协调，根据总目标的需要适时、适量地调度系统内的基本资源。物流系统中的相互衔接是通过信息予以沟通，而且基本资源的调度也是通过信息的传递来实现的。因此，物流信息对物流活动具有整合、支持、保证的功能。

此外，把现代信息技术（如 EDI、EOS、POS、Internet、电子商务等）应用于物流活动中，能大大提高物流活动的效率。具体说就是利用物流信息对供应链上的各个企业的计划、协调、客户服务和控制活动进行更有效的管理，使之衔接更紧密，物流、信息流更畅通。

（四）物流信息的组成

物流信息从层次上可以分为三个组成部分：战略层、战术层和操作层

（1）战略层信息。战略层信息主要是用来辅助企业高层领导者制定中长期计划。如，采购中可供选择的供应商信息，生产中有助于决定产品范围的信息，库存中有助于决定库存持有方式的信息，仓储中有助于决定采用自营形式或利用第三方仓储服务的信息，运输中有助于决定自购车辆或租用车辆的信息等。

（2）战术层信息。战术层信息主要是用以辅助企业中层管理者制定中短期计划，如，采购中用于辅助定单安排的信息，生产中用于辅助生产周期决策的信息，库存中用于辅助决定存货水平的信息，仓储中用于有关所需资源水平的信息，运输中用于关于行程安排和调度及资源供应的信息等。

（3）操作层信息。操作层信息主要用以辅助企业第一线管理者和运作者进行

短期瞬间决策。如：采购中有助于决定何时向供应商下达订单的信息，生产中原材料的出库信息，库存中供应商定单计划，仓储中拣货清单，运输中出货清单等。

信息涉及企业的各个功能，每个层次上所需的信息都是相互关联的。

第二节　物流信息系统

一、物流信息系统概述

（一）物流信息系统的定义

物流信息系统是把物流活动和物流信息结合成一个有机的系统，用各种方式选择收集输入物流计划的、业务的、统计的等各种与管理有关的数据，根据管理工作的要求采用特定的计算机技术，对原始数据处理后输出对管理工作有用的信息的一种数据处理系统。

（二）物流信息系统的类型

物流信息系统根据分类的方法不同，可以分为不同类型的系统。

1. 按系统的结构分类

单功能系统，指只能完成一种职能的系统，如合同管理系统、物资分配系统、物流财务系统等。

多功能系统，指能够完成一个部门或一个企业所包括的物流管理的职能的系统，如仓储管理系统、经营管理决策系统等。

2. 按系统功能的性质分类

操作型系统，指为管理者处理日常事务的系统，只要进行记账、汇总、统计等数据处理。

决策型系统，指在处理日常事务的基础上运用现代化管理方法加工计算，为管理人员提供定量的依据或决策方案的系统。

3. 按系统所采用的设备和技术分类

单机系统，指仅使用一台计算机，通过一个或多个终端对数据采用批处理方式的系统。

网络系统，指使用多台计算机，相互间以通信网连接，实行资源共享的分布式结构的系统。

4. 按系统作用的对象分类

面向生产企业的物流信息系统，涉及的物流信息包括供应物流、原材料仓储、生产配送、产品仓储、配送、废弃物物流与回收物流等作业所产生的信息。

面向零售商、中间商、供应商的物流信息系统，涉及的物流信息包括订货采购、仓储与配货、销售送货等作业所产生的信息。

面向第三方物流企业的物流管理信息系统，涉及提供第三方物流服务的过程所产生的信息。

二、物流信息系统应用技术

（一）条形码技术（barcode）

现在，无论在超级市场还是在杂货店，当我们把选购的商品送到收款台时，收款员将每件商品上的条形码用收款机上扫描器扫过之后，收款机即刻就可打印出你的账单。免除了收款员繁琐的计算和顾客等待的烦躁，每一个去过商场的人都体验到了这小小的条码给我们带来的方便。

条形码技术是在计算机应用和实践中产生并发展起来的广泛应用于商业、邮政、图书管理、仓储、工业生产过程控制、交通等领域的一种自动识别技术，具有输入速度快、准确度高、成本低、可靠性强等优点，在当今的自动识别技术中占有重要的地位。

1. 条形码的概念

条形码是由一组规则排列的条、空以及对应的字符组成的标记，“条”指对光线反射率较低的部分，“空”指对光线反射率较高的部分，这些条和空组成的数据表达一定的信息，并能够用特定的设备识读，转换成与计算机兼容的二进制和十进制信息。目前使用的有两种条形码：

（1）一维条码（1D barcode），只是在一个方向（一般是水平方向）表达信息，而在垂直方向则不表达任何信息，其具有一定的高度通常是为了便于阅读器的对准。

（2）二维条码（2D barcode，英文标准名称 417 barcode），在水平和垂直方向的二维空间都存储有信息的条码，即是将一维条码存储信息的方式在二维空间上的扩展。

通常对于每一种物品，它的编码是唯一的，对于普通的一维条码来说，还要通过数据库建立条码与商品信息的对应关系，当条码的数据传到计算机上时，由计算机上的应用程序对数据进行操作和处理。因此，普通的一维条码在使用过程中仅作为识别信息，它的意义是通过在计算机系统的数据库中提取相应的信息而实现的。

2. 条形码的码制

码制即指条形码条和空的排列规则，常用的一维码的码制包括：EAN 码、39 码、交叉 25 码、UPC 码、128 码、93 码，及 Codabar（库德巴码）等。不同的码制有它们各自的应用领域：

（1）EAN 码：是国际通用的符号体系，是一种长度固定、无含义的条码，所表达的信息全部为数字，主要应用于商品标识。

（2）39 码和 128 码：为目前国内企业内部自定义码制，可以根据需要确定条码的长度和信息，它编码的信息可以是数字，也可以包含字母，主要应用于工业生产线领域、图书管理等。

（3）93 码：是一种类似于 39 码的条码，它的密度较高，能够替代 39 码。

（4）25 码：只应用于包装、运输以及国际航空系统的机票顺序编号等。

（5）Codabar 码：应用于血库、图书馆、包裹等的跟踪管理。

3. 条形码符号的组成

一个完整的条形码的组成次序依次为：静区（前）、起始符、数据符（中间分割符，主要用于 EAN 码）、（校验符）、终止符、静区（后），如图 11-2 所示。

图 11-2　条形码符号的组成

（1）静区，指条码符号的组成左右两端外侧与空的反射率相同的限定区域，它能使阅读器进入准备阅读的状态，当两个条码符号的组成相距距离较近时，静区则有助于对它们加以区分，静区的宽度通常应不小于 6mm（或 10 倍模块宽度）。

（2）起始/终止符，指位于条码开始和结束的若干条与空，标志条码的开始和结束，同时提供了码制识别信息和阅读方向的信息。

（3）数据符，位于条码中间的条、空结构，它包含条码所表达的特定信息。

构成条码的基本单位是模块，模块是指条码中最窄的条或空，模块的宽度通常以 mm 或 mil（千分之一英寸）为单位。构成条码的一个条或空称为一个单元，一个单元包含的模块数是由编码方式决定的，有些码制中，如 EAN 码，所有单元由一个或多个模块组成；而另一些码制，如 39 码中，所有单元只有两种宽度，即宽单元和窄单元，其中的窄单元即为一个模块。

4. 条形码阅读器

条形码阅读器是用于读取条形码所包含的信息的设备，它的结构通常为以下几部分：光源、接收装置、光电转换部件、译码电路、计算机接口。它的基本工作原理为：由光源发出的光线经过光学系统照射到条形码符号上面，被反射回来的光经过光学系统成像在光电转换器上，使之产生电信号，信号经过电路放大后产生一模拟电压，它与照射到条形码符号上被反射回来的光成正比，再经过滤波、整形，形成与模拟信号对应的方波信号，经译码器解释为计算机可以直接接收的数字信号。

普通的条码阅读器通常采用以下三种技术：光笔、CCD、激光，它们都有各自的优缺点，没有一种阅读器能够在所有方面都具有优势。

5. 条形码的应用

条形码技术在物流中有较为广泛的应用，主要用在以下几方面：

（1）销售信息系统（POS 系统）。在商品上贴上条码就能快速、准确地利用计算机进行销售和配送管理。其过程为：对销售商品进行结算时，通过光电扫描读取并将信息输入计算机，然后输进收款机，收款后开出收据，同时，通过计算机处理，掌握进、销、存的数据。

（2）库存系统。在库存物资上应用条码技术，尤其是规格包装、集装、托盘货物上，入库时自动扫描并输入计算机，由计算机处理后形成库存的信息，并输出入库区位、货架、货位的指令，出库程序则和 POS 系统条码应用一样。

（3）分货拣选系统。在配送方式和仓库出货时，采用分货、拣选方式，需要快速处理大量的货物，利用条码技术便可自动进行分货拣选，并实现有关的管理。其过程如下：一个配送中心接到若干个配送订货要求，将若干订货汇总，每一品种汇总成批后，按批发出所在条码的拣货标签，拣货人员到库中将标签贴于每件商品上并取出用自动分拣机分货，分货机始端的扫描器对处于运动状态分货机上货物扫描，一是确认所拣出货物是否正确，另一方面识读条码上的用户标记，指令商品在确定的分支分流，到达各用户的配送货位，完成分货拣选作业。

总之，条码技术的应用解决了数据录入和数据采集的“瓶颈”问题，为供应链管理提供了有力的技术支持。

（二）电子数据交换

1. EDI 简介

电子数据交换（EDI）是指按照统一规定的一套通用标准格式，将标准的经济信息通过通信网络的传输，在贸易伙伴的电子计算机系统之间进行数据交换和自动处理，俗称“无纸贸易”。以往世界每年花在制作文件的费用达 3 000 亿美元，所以“无纸化贸易”被誉为一场“结构性的商业革命”。

EDI 工作流程：一个典型的 EDI 工作过程及文件流程图如图 11-3 所示。

图 11-3　EDI 工作流程

（1）文件的结构化和标准化处理，就是用户将原始的纸面商业或行政文件，经计算机处理，形成具有标准格式的 EDI 数据文件。

（2）传输和交换，将标准的报文数据，经过 EDI 数据通信和交换网传送到对方用户的计算机系统。

（3）文件接收和自动处理，用户计算机接收到报文数据后，立即按特定的程序自动处理，还原出定单文件。

完整的 EDI 系统功能模型如图 11-4 所示。

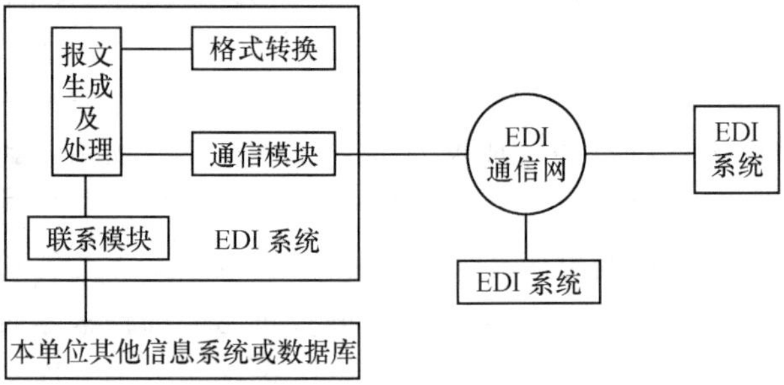

图 11-4　EDI 系统功能模型

2. EDI 系统要素

构成 EDI 系统的三个要素是 EDI 软件、硬件、通信网络以及数据标准化。

一个部门或企业若要实现 EDI，首先必须有一套计算机数据处理系统；其次，为使本企业内部数据比较容易地转换为 EDI 标准格式，必须采用 EDI 标准；另外，通信环境的优劣也是关系到 EDI 成败的重要因素之一。

3. 物流 EDI

物流 EDI 是指货主、承运业主以及其他相关的单位之间，通过 EDI 系统进行物流数据交换，并以此为基础实施物流活动的方法。

EDI 最初由美国企业应用在企业间的订货业务活动中，其后应用范围由订货业务向其他业务扩展，现在物流中广泛应用。物流 EDI 的框架结构如图 11-5 所示。

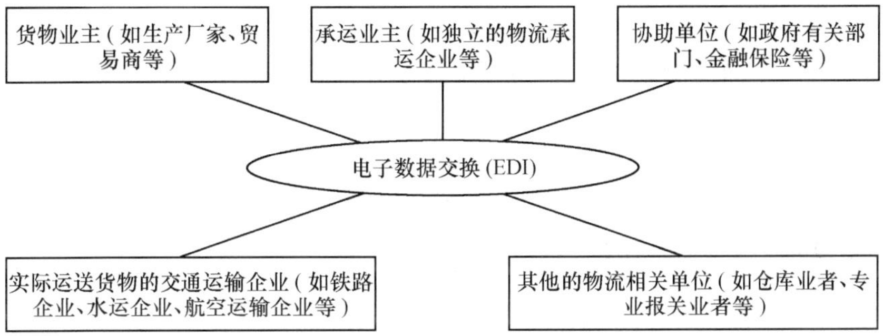

图 11-5　物流 EDI 的框架结构

物流 EDI 的参与单位有货主（生产厂商、贸易商、批发商、零售商等）、承运业主（如独立的物流承运企业等）、实际运送货物的交通运输企业（铁路企业、水运企业、航空企业、公路运输企业等）、协助单位（政府有关部门、金融企业等）和其他的物流相关单位（如仓库业者、专业报关业者等）。

物流 EDI 的优点在于供应链组成各方基于标准化的信息格式和处理方法通过 EDI 共同分享信息，提高物流效率，降低物流成本。例如，对零售商来说，应用 EDI 系统可以大大降低进货作业的出错率，节省进货商品检验的时间和成本，能迅速核对进货和到货的数据，易于发现差错。

（三）射频技术

射频技术是依据电磁理论，利用无线电波对记录媒体进行读写的一种技术。

（1）射频数据交换技术（RFDC），主要功能是对运动的或静止的标签进行不接触的识别，通过在物流对象上粘贴的标签，用射频技术进行电磁波扫描，就可以把物流对象的相关信息从标签上识别并进行直接读取，或经过计算机网络将信息传输到管理中心。这种技术一般应用在相对比较小的空间，进行双向的信息传递。

(2) 射频识别技术 (RFID)，是射频技术的另一种应用形式。工作原理：标签进入磁场后接收解读器发出的射频信号，凭借感应电流所获得的能量发送出存储在芯片中的产品信息，或者主动发送某一射频信号解读器读取信息并解码后，送到中央信息系统进行有关数据处理。

（四）全球卫星定位系统 GPS

全球卫星定位系统 (global positioning system，GPS)，是美国 1973 年 11 月开始研制的第二代星基被动式无线电导航系统，耗资 300 多亿美元，1994 年 7 月全部完成，美国政府宣布从 2000 年 5 月 1 日开始取消对 GPS 的保护政策，向全世界用户免费开放。GPS 由 24 颗高度为 2 万公里的卫星形成，位于 6 个轨道上，每个轨道上有 4 颗，其中 21 颗作为工作卫星，三颗作为备用卫星，连同设在美国本土的地面检测部分和采用伪随机码测跨技术的接收机。GPS 由空间卫星系统、地面监控系统和用户接收系统三大子系统构成。

（五）地理信息系统 GIS

地理信息系统 (geographic information system，GIS)，是指以地理空间数据为基础，采用地理模型分析方法，适时地提供多种空间的和动态的地理信息，是一种为地理研究和地理决策的计算机技术系统。地理信息系统主要用于物流分析，如建立物流系统的车辆路线模型、最短路径模型、网络物流模型、分配集合模型和物流系统站场设施定位模型等，主要应用在电子地图、网络规划设计、交通管理及军事应用四个领域。

（六）智能交通系统 ITS

智能交通系统 (intelligent transport system，ITS) 是指利用先讲的信息通信技术形成人-车-路三位一体的系统，从而大大提高道路交通的安全性、运输效率、行车的舒适性以及有利于环保的道路交通系统。ITS 由六个子系统组成：先进的交通管理系统 ATMS、先进的驾驶员信息系统 ADIS、先进的公共交通系统 APTS、营运车辆调度管理系统 CVOM、先进的车辆控制管理系统 AVCS 以及电子收费系统 ETC。

第三节　电子商务与物流

一、电子商务概述

（一）电子商务的概念

电子商务源于英文 electronic commerce，简写为 EC。其内容包含两个方面：一是电子方式；二是商务活动。电子商务指的是通过网络以电子数据流的方式在全世界范围内进行并完成的各种商务活动、交易活动、金融活动和相关的综合服务活动，就其本质而言仍然是“商务”，其核心仍然是商品的交换，与传统商务活动的差别主要体现在商务活动的形式和手段上。

电子商务可以通过多种电子通信方式来完成。现在所探讨的电子商务主要是指以 EDI（电子数据交换）和 Internet 来完成的商务活动。尤其是随着 Internet 技术的日益成熟，电子商务真正的发展将是建立在 Internet 技术上的。所以也有人把电子商务称为 IC（internet commerce）。

二、电子商务与物流的关系

（一）电子商务对物流活动的影响

1. 电子商务是现代化物流和信息技术发展的产物

电子商务概念的提出首先是在美国。由美国经济学家托马斯·马龙教授所定义。而美国的物流管理技术自 1915 年发展至今已有 80 多年的历史，通过利用各种机械化、自动化工具及计算机和网络通信设备，早已日臻完善。作为电子商务前身的电子数据交换技术（EDI）的产生是为了简化烦琐、耗时的定单等的处理过程，以加快物流的速度，提高物资的利用率。电子商务的提出最终是为了解决信息流、商流和资金流处理上的烦琐对现代化的物流过程的延缓，进一步提高现代化的物流速度。

2. 电子商务将改变人们传统的物流观念

电子商务作为一个新兴的商务活动，它为物流创造了一个虚拟性的运动空间。在电子商务的环境下，人们在进行物流活动时，物流的各种职能及功能可以通过虚拟化的方式表现出来，在这种虚拟化的过程中，人们可以通过各种的组合方式，寻求物流的合理化，使商品实体在实际的运动过程中，达到效率最高、费用最省、距离最短、时间最少的功能。

3. 电子商务将改变物流的运作方式

首先，电子商务可使物流实现网络的实时控制。传统的物流活动在其运作过程中，不管其是以生产为中心，还是以成本或利润为中心，其实质都是以商流为中心，从属于商流活动，因而物流的运动方式是紧紧伴随着商流来运动。而在电子商务环境下，物流的运作是以信息为中心的，信息不仅决定了物流的运动方向，而且也决定着物流的运作方式。在实际运作过程中，通过网络上的信息传递，可以有效地实现对物流的实时控制，实现物流的合理化。

其次，网络对物流的实时控制是以整体物流来进行的。在传统的物流活动中，虽然也有依据计算机对物流实时控制，但这种控制都是以单个的运作方式来进行的。比如，在实施计算机管理的物流中心或仓储企业中，所实施的计算机管理信息系统，大都是以企业自身为中心来管理物流的。而在电子商务时代，由于网络全球化的特点，可使物流在全球范围内实施整体的实时控制。

4. 电子商务将改变物流企业的经营形态

首先，电子商务将改变物流企业对物流的组织和管理。在传统经济条件下，物流往往是从某一企业来进行组织和管理的，而电子商务则要求物流以社会的角度来实行系统的组织和管理，以打破传统物流分散的状态。要求企业在组织物流的过程中，不仅考虑本企业的物流组织和管理，而且更重要的是考虑全社会的整体系统。

其次，电子商务将改变物流企业的竞争状态。在传统经济活动中，物流企业之间存在激烈的竞争，这种竞争往往是依靠本企业提供优质服务、降低物流费用等方面来进行的。在电子商务时代，这些竞争内容虽然依然存在，但有效性却大大降低了。原因在于电子商务需要一个全球性的物流系统来保证商品实体的合理流动，对于一个企业来说，即使它的规模再大，也是难以达到这一要求的。这就要求物流企业应相互联合起来，在竞争中形成一种协同竞争的状态，以实现物流高效化、合理化、系统化。

（二）物流对电子商务的影响

1. 物流是电子商务的重要组成部分

1999 年 9 月，中央电视台播出了一次 72 小时的网上生存大赛。选手们上网浏览，通过“点击”进行网上购物，填好订单，支付资金之后，所购货物迟迟不能送到手中，出现这种情况可能有3种原因：①Internet上传输信息丢失，或迟缓；②物流企业内部网Intranet的信息处理能力低下，需求信息不能及时被传送给配送系统；③物流配送科学化水平低，成本过高，效率低下。实际上，现在的科学技术、管理和实践都已经证实，网络安全问题、网上结算等问题都已能成功的解决。我国证券交易的二级市场上，每天几百亿人民币的网上交易和结算，已经成功运作很多年，这些技术已经发展得很成熟，所以问题在于③正是由于物流的落后，使得货物迟迟不能送到手中，使电子商务的跨时域优势丧失殆尽。此后的一次市场调查证实：在电子商务中，物流是人们最关注的热点问题。这也再次使人们认识到物流在电子商务中地位的重要性，认识到现代化的物流是进行电子商务不可或缺的组成部分。

2. 物流现代化是电子商务的基础

电子商务通过快捷、高效的信息处理手段可以较容易地解决信息流、商流和资金流的问题，可以将商品及时地配送到客户手中，即完成商品的空间转移，而物流效率的高低很大一部分取决于物流现代化的水平。

物流现代化中最重要的部分是物流信息化，而物流的信息化是电子商务物流的基本要求，是企业信息化的重要组成部分，表现为物流信息的商品化、物流信息收集的数据化和代码化、物流信息处理的电子化和计算机化、物流信息传递的标准化和实时化、物流信息存储的数字化等。物流信息化能更好地协调生产与销售、运输、储存等环节的联系，对优化供货程序、缩短物流时间及降低库存都有十分重要的意义。

3. 物流是实现电子商务的保证

首先，物流保障生产。无论在传统的贸易方式下，还是在电子商务下，生产都是商品流通之本，而生产的顺利进行需要各类物流活动支持。生产的全过程从原材料的采购开始，便要求有相应的供应物流活动，将所采购的材料到位，否则，生产就难以进行；在生产的各工艺流程之间，也需要原材料、半成品的物流过程，即所谓的生产物流，以实现生产的流动性；部分余料、可重复利用的物资的回收，就需要所谓的回收物流；废弃物的处理则需要废弃物物流。可见，整个生产过程实际上就是系列化的物流活动。企业合理化、现代化的物流，通过降低费用从而降低成本、优化库存结构、减少资金占压、缩短生产周期，保障了生产的顺利高效进行。相反，缺少现代化的物流，生产将难以顺利进行，无论电子商务是多么便捷的贸易形式，仍将是无米之炊。

其次，物流服务于商流。在商流活动中，商品所有权在购销合同签订的那一刻起，便由供方转移到需方，而商品实体并没有因此而移动。在传统的交易过程中，除了非实物交割的期货交易，一般的商流都必须伴随相应的物流活动，即按照需方（购方）的需求将商品实体由供方（卖方）以适当的方式、途径向需方（购方）转移。而在电子商务环境下，消费者通过上网点击购物，完成了商品所有权的交割过程，即商流过程。但电子商务的活动并未结束，只有商品和服务真正转移到消费者手中，商务活动才告以终结。在整个电子商务的交易过程中，物流实际上是以商流的后续者和服务者的姿态出现的。没有现代化的物流，任何商流活动都只能是一纸空文。

最后，物流是实现“以客户为中心”理念的根本保证。电子商务的出现，在最大程度上方便了最终消费者。他们不必再跑到拥挤的商业街，一家又一家地挑选自己所需的商品，而只要坐在家里，在 Internet 上搜索、查看、挑选，就可以完成他们的购物过程。但试想，如果他们所购的商品迟迟不能送到，或商家所送商品并非自己所购，那么消费者还会选择网上购物吗？

物流是电子商务中实现“以客户为中心”服务理念的最终保证，缺少了现代化的物流技术，电子商务给消费者带来的购物便捷等于零，消费者必然会转向他们认为更安全可靠的传统购物方式上，那么网上购物还有什么存在的必要？

三、电子商务环境下的物流管理

（一）电子商务下物流体系的目标模式

Internet 是建立在传统电信设施基础之上的网中之网，信息传播的速度快，不仅为消费者带来实际利益，也触动了传统配送公司业务模式。电子商务方便快捷的特性，使消费者与厂商之间的供求信息得到更快的传递与协调，产品不断改良以符合消费者的需求，资金也在货物加速传递过程中得以加快流转。这一过程带给物流产业的正是无数个生意机会。在原有供应链的基础上，大型制造企业的物流必须实现一体化和代理制；而电子商务网站必须与传统商务企业和零售业充分结合，互相取长补短，实现高效的物流配送。

电子商务的具体实施有多种模式可以选择。由于从事的专业不同，ISP、ICP 及其他信息服务提供商更多地从如何建立电子商务信息服务网络、如何提供更多的信息内容、如何保证网络的安全性、如何方便消费者接入、如何提高信息传输速度等方面考虑问题，至于电子商务在线服务背后的物流体系的建立问题则因为涉及另一个完全不同的领域，信息产业界对此疑问较多。实际上，电子商务应该完成商流、物流、信息流和资金流，在商流、信息流、资金流都可以在网上进行的情况下，物流体系的建立应该被看作是电子商务的核心业务之一，非常重要，应该加以研究。

（二）电子商务下企业的物流模式

物流可分为生产阶段的内部物流和采购、销售阶段的外部物流。外部物流是产品或服务从制造商到消费者的物流活动，即企业将产品或服务送达市场的过程。企业外部物流存在以下几种模式：

（1）自营物流。从历史的角度看，企业对物流服务的需求最初是以自我提供的方式实现的。自营物流是企业早期物流活动的重要特征。企业为了提高物流效率和服务水平，需要对物流进行管理，于是在经营管理中，物流管理成为一项重要内容。

自营物流有利于企业掌握对顾客的控制权，较可靠，但成本高。自营物流直接支配物流资产，控制物流职能，保证供货的准确和及时，保证顾客服务的质量，维护了企业和顾客间的长期关系。但此种物流模式需要投入大量的资金购买物流设备，建设仓库和信息网络之类的专业物流设施。这对于缺乏资金的企业。特别是中小企业来说是个沉重的负担。

鉴于物流业资金占用率高，回收周期长，完全寄希望于财政拨款或依靠企业自身力量来兴建并不现实。因此企业可考虑采取联合投资、共同兴办的策略，吸收民间资金向物流业分流，毕竟物流业的利润空间还是很大的。

（2）外协物流。与自营相对应的是外协物流。外协物流又称第三方物流或合同物流，它以签订合同的方式，在一定期限内将部分或全部物流活动委托给专业物流企业来完成。社会分工的细化促使这种专业物流企业出现，利用专业设施和物流运作的管理经验，为顾客定制物流需求计划。外协物流是物流专业化的重要形式，是物流社会化、合理化的有效途径。

企业选择外协物流往往出于以下原因：①自营物流并非合理选择。物流建设投资巨大，并有相当风险，自营物流若规模过小会降低物流效率。②物流技术手段有限，无法承担诸如集装箱运输、铁路运输及国际运输等活动。③对物流系统的高度化需求促使企业求助于专业物流代理企业。

外协物流具有以下作用：①简单交易。很明显，这种物流模式的存在大大简化了交易过程和结构。②企业能够专心于自己熟悉的业务，将资源配置在核心业务上，增加企业柔性。③减少固定资产投资，加速资本周转。④降低成本，提高效率，增强企业竞争力。物流企业从事物流工作有丰富的专业知识和经验，有助于降低货主企业的物流成本，实现规模经济所带来的高效率。⑤提高企业为顾客服务的水平，改进企业形象。外协物流能更好地满足消费者的物流需求，减少缺货，通过与营销有效的配合，提供更专业的服务。

外协物流也有不利之处。与自营物流比较，外协物流意味着企业放弃了对顾客的直接控制，放弃了物流专业技术的开发，具有一定程度的风险性和不确定性。物流公司能在多大程度上满足我们的要求，它可靠吗？这些都是货主企业需要反复权衡的因素。只有通过认真的成本利益分析，企业才能知道物流外协是否真有利。这一点解释了为什么即便在物流业发达的美国也只有很少的外协物流真正得以实施。

外协物流终归是当今物流业的发展趋势，它发展至今已有很大的变化。传统外协仅将部分物流功能，主要是物流作业活动如运输、保管交由物流企业去做，而库存管理、物流系统设计等管理活动，以及部分内部物流仍然保留在企业内。提供系统服务的物流企业，只是以推销本企业的经营业务，而不是以货主企业的物流合理化为目的设计物流系统。现代外协则是以电子信息技术为基础，站在货主的立场，以货主企业的物流合理化作为设计物流系统运营的目标，来提供全方位的物流服务。

(3) 物流联盟。物流联盟指货主企业选择少数稳定且有较多业务往来的物流公司形成长期互利的、全方位的合作关系。货主企业与物流企业优势互补，要素双向或多向流动，相互信任，共担风险，共享收益。物流联盟一方面有助于货主企业的产品迅速进入市场，提高竞争力；另一方面使物流企业有了稳定的资源。当然物流联盟的长期性、稳定性会使货主企业改变物流服务供应商的行为变得困难，货主企业必须对今后过度依赖于某个供应商的局面作周全考虑。

第四节　物流管理信息系统

一、物流管理信息系统概述

(一) 物流管理信息系统的定义

物流管理信息系统是一个以人为主导，利用计算机硬件、软件、网络通信设备以及其他办公设备，进行物流信息的收集、传输、加工、储存、更新和维护，以物流企业战略竞优、提高效益和效率为目的，支持物流企业高层决策、中层控制、基层运作的集成化的人机系统。

(二) 物流管理信息系统的功能

(1) 数据的收集和录入。物流管理信息系统首先要做的是用某种方式记录下物流系统内外的有关数据，集中起来并转化为物流信息系统能够接收的形式输入到系统中。

（2）信息的存储。数据进入系统之后，经过整理和加工，成为支持物流系统运行的物流信息，这些信息需要暂时存储和永久保存以供使用。

（3）信息的传播。物流信息来自物流系统内外，又为不同的物流职能所用，因而克服空间障碍的信息是物流信息系统的基本功能之一。

（4）信息的处理。物流信息系统的最基本目标，就是将输入数据加工处理成物流信息。信息处理可以是简单的查询、排序，也可以是复杂的模型求解和预测。信息处理能力的强弱是衡量物流信息系统能力的一个重要方面。

（5）信息的输出。物流信息系统的目的是为各级物流人员提供信息。为了便于人员的理解，系统输出的形式应力求易读易懂、直观醒目，这是评价物流信息系统的主要标准之一。

（三）物流管理信息系统的模式

物流管理功能在近几十年来发展演变很快。20 世纪 60 年代，刚形成的物流管理概念只涉及成品到客户的流通活动，如订货处理、发货运输、成品存储和库存管理等。70 年代初形成了物料管理的概念，涉及原材料的采购、进货运输、存储和库存管理以及在制品的存储和库存管理等。这两个概念在 70 年代开始演变为管理原材料、在制品和成品的一体化概念。90 年代后期，其管理向企业上下游延伸，形成了供应链一体化的概念。与之相适应，物流管理信息系统模式也经历了下列阶段。

（1）以作业为中心的管理模式。把控制成品运输和仓储管理等单个物流作业管理作为目标，对作业的改进往往是局部的，很少或没有进行整体系统分析。如成品运输管理系统、成品仓库管理系统等。

（2）以成品流通为中心的管理模式。将成品流通作为一个整体来进行计划和控制，通过平衡交替损益来寻找改进工作的机会。如成品流通管理系统。

（3）企业物流一体化管理模式。将原材料、在制品和成品的物流管理结合起来，形成企业物流一体化管理模式。从整个企业系统高度进行物流系统分析与设计，保证在整个系统内物流效益最佳、成本最低、服务最好。如 MRP、MRPⅡ系统等。

（4）供应链物流一体化管理模式。在企业物流一体化管理模式的基础上，管理功能向企业上下游延伸，形成了供应链物流一体化管理模式。

二、物流管理信息系统的开发步骤

（一）物流管理信息系统的系统分析

1. 业务流程调查

一般来说，一个新的管理系统的开发，总是建立在现行系统基础上的。因此，为了开发新系统，应对现行系统进行详细的业务流程调查。这一过程要全面、深入、细致的调查和掌握现行系统的运行情况，为下一步数据流程分析提供依据。调查的重点应该围绕人力、物力、财力和设备等资源的管理过程中所涉及的各种信息以及信息的流动情况等。具体内容包括：

（1）用户结构调查。即要弄清楚与完成系统任务有关的部门、个人及相互层次关系，画出用户结构图；

（2）业务流程调查。即对各职能单位的业务管理情况和业务处理流程的调查；

（3）信息流程调查。即对物流信息载体（传票、单据、报表、账册等）的种类、格式、用途及流程；弄清楚各个环节需要的信息、信息来源、流经去向、处理方法、计算方法、提供信息的时间和信息形态（报告、报单、屏幕显示等）；

（4）系统中的资源及其利用情况的调查等。

2. 数据流程分析

为了在物流管理信息系统中应用电子计算机，还要通过调查和分析进一步舍去物资流，抽象出信息流，绘制出数据流程图，并对各种数据的属性和各项处理功能进行详细的分析。

数据流程图是分析阶段所提供的重要技术之一，它反映了系统内部的数据传递关系，是对系统的一种抽象和概念化，只表示数据、功能之间的关系，不涉及如何实现的问题。图 11-6 是某公司机电库发货业务的数据流程图。

3. 构建新系统模型

在对原系统的数据流程、数据特性和功能关系等方面有了深入了解的基础上，就可以着手建立新系统模型。这一阶段的任务是：

（1）确定新系统的目标和范围；

（2）进行功能分析，划分子系统和功能模块；

（3）明确新系统的数据处理方式；

（4）进行可行性分析和经济效果评价。

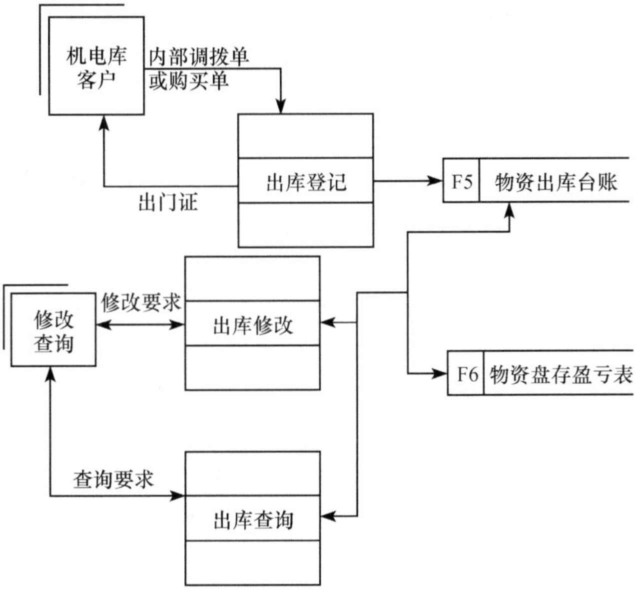

图 11-6 机电库发货业务数据流程

4. 系统分析报告

系统分析报告，也称系统说明书，是系统分析阶段工作的总结，也是进行系统设计的依据。系统分析报告要请领导审批和业务人员确认，批准后才可以开始进行系统的设计。系统分析报告：

（1）现行系统概述和分析。包括总况、管理业务流程图、各种输入凭证和输出报表、系统的环境。

（2）新系统的目标。在这个问题上要尽量详细、具体、准确、定量地进行全面描述。

（3）新系统的模型。

（4）新系统的可行性分析及初步评价。

（二）物流管理信息系统的系统设计

系统设计是信息系统开发过程中第二个重要阶段。在这一阶段中我们将根据前一阶段系统分析的结果，在已经获准的系统分析报告的基础上，进行新系统设计。

系统设计的指导思想是结构化的设计思想，就是用一组标准的准则和图表工具，确定系统由哪些模块、用什么方式联系在一起，从而构成最优的系统结构。

在这个基础上再进行各种输入、输出、处理和数据存储等的详细设计。

1. 总体设计

系统的总体设计，又称概要设计，根据系统分析报告确定的系统目标、功能和逻辑模型，为系统设计一个基本结构，从总体上解决如何在计算机系统上实现新系统的问题。总体设计不涉及物理设计细节，而是把着眼点放在系统结构和业务流程上。总体设计包括：

（1）确定系统的输出内容、输出方式以及介质等；

（2）根据系统输出内容，确定系统数据的发生、采集、介质和输入形式；

（3）根据系统的规模、数据量、性能要求和技术条件等，确定数据组织和存储形式、存储介质；

（4）运用结构化的设计方法，对新系统进行划分，即按功能划分子系统，明确子系统的子目标和子功能，按层次结构划分功能模块，画出系统结构图；

（5）根据系统的要求和资源条件，为信息选择计算机系统的硬件和软件；

（6）制定新系统的引进计划，用以确保系统详细设计和系统实施能按计划、有条不紊地进行。

2. 详细设计

详细设计，就是在系统总体设计的基础上，对系统的各个组成部分进行详细的、具体的物理设计，使系统总体设计阶段设计的蓝图逐步具体化，以便付诸实现。详细设计包括的内容是：

（1）代码设计：对被处理的各种数据进行统一的分类编码，确定代码对象及编码方式，并为代码化对象设置具体代码，编制代码表以及规定代码管理方法等；

（2）输入、输出详细设计；进一步研究和设计输入数据以什么样的形式记录在介质上，以及输入数据的校验，输出信息的输出方式、内容和输出格式的设计。另外，还有人机对话的设计等；

（3）数据存储详细设计：数据存储的设计，就是对文件（或数据库）的设计。对文件的设计，就是文件记录的格式、文件容量计算、物理空间的分配、文件的生成、维护以及管理等的设计；

（4）处理过程设计：就是对系统中各功能模块进行具体的物理设计。包括处理过程的描述，绘制处理流程图，与处理流程图相对应的输入、输出、文件的设计；

（5）编制程序设计说明书：程序设计说明书是程序员编写程序的依据，应当简明扼要、准确、规范化地表达处理过程的内容和要求。

程序设计说明书的内容包括：①程序说明：程序名称、所属系统名称、干系统名称、计算机硬件和软件配置、使用计算机语言、程序的功能、处理过程、处理方法等；②输入、输出数据和文件的定义：文件名称、数据项目规定、文件介质、输入输出设备、输入输出项目名称以及条件和要求、模块间的接口关系等；③处理概要：绘制概要流程图，编号处理的概要说明等。

三、物流管理信息系统的系统实施与管理

1. 系统开发实施

系统开发实施阶段的任务有两个方面，一是系统硬件设备的购置与安装；二是应用软件的程序设计。程序设计上根据系统设计阶段的成果，遵循一定的设计原则来进行的。其最终的阶段性成果是大量的程序清单及系统使用说明书。

2. 系统测试

一般在程序调试过程中使用的是一些试验数据。因此，在程序设计结束后必须选择一些实际管理信息加载到系统中进行测试。系统测试是从总体出发，测试系统应用软件的总体效益即系统各个组成部分的功能完成情况，测试系统的运行效率、系统的可靠性等。

3. 系统安装调试

系统测试工作的结束表明信息系统的开发已初具规模，此时必须投入大量的人力从事系统安装、数据加载等系统运行前的一些旧系统的转换工作。转换结束后就可以对计算机硬件和软件系统进行系统的联合调试。

4. 系统运行

做好管理人员的培训工作，制定一些管理规则和制度，一般还有一段时间用以对新系统的试运行来进一步对系统的各个方面进行测试。保证系统处于可用状态之后就可以进行各项运行操作，如系统的备份、数据库的恢复、运行日志的建立、系统功能的修改与增加、数据库操作权限的更改等。同时要定期对系统进行评审。

5. 系统维护

系统维护是在开发的新系统交付使用后和运行过程中，保持系统能正常工作并达到预期的目标而采取的一切活动，包括系统功能的改进，以及解决系统运行期间所发生的一切问题和错误。其主要内容包括：

(1) 程序的维护。修改程序，以适应新的要求；

(2) 数据的维护。对数据文件、数据库的修改、删除、更新等；

(3) 代码的维护。包括制定新的和修改者的代码体系；

(4) 硬件的维护。包括硬件设备的日常管理、维护和检修等。

系统维护工作是延长管理信息系统生命周期、尽量使之保持最佳运行状态的重要因素。据统计，世界上有90%的软件人员是在维护现存系统。因此管理信息系统是在不断维护活动中得以生存的。

6. 系统评价与更新

在系统投入运行之后，为了弄清楚系统是否能达到预期目的，需要对实际达到的性能和取得的经济效益进行鉴定，以便对整个系统的性能做出评价。评价工作应主要从以下几个方面考虑：

(1) 达到目标的情况。从小到大诸项检查目标的满足情况，并检查目标分解的合理性，从而为修改目标或系统作好准备。

(2) 系统运用的适应性。主要检查系统是否稳定可靠，使用、维护是否方便，用户和管理人员是否满意等。

(3) 系统的可扩展性。系统具有扩展能力，以保证在业务扩大时，能方便地扩展系统的功能。

(4) 系统的经济效果、开发费用和运行费用。包括系统投资回收期的估计，系统经济效益（直接的经济效益和间接的经济效益）的评价。

本 章 小 结

信息化是企业经营的必备核心竞争力要素之一，物流信息系统是现代物流系统的重要组成部分。本章全面介绍了信息、物流信息、物流信息系统、物流信息系统应用技术以及物流管理信息系统等内容。并涉及了电子商务，讨论了电子商务与物流的关系。

本章关键词

物流信息系统（logistics information system）

条形码（barcode）

电子数据交换（electronic data interchange，EDI）

射频数据交换技术（radio frequency date change，RFDC）

射频识别技术（radio frequency identification，RFID）

全球卫星定位系统（global positioning system，GPS）
地理信息系统（geographic information system，GIS）
智能交通系统（intelligent transport system，ITS）
电子商务（electronic commerce，EC）
物流管理信息系统（logistics management information system）
系统分析（system analysis）
数据流程图（date flow diagram）
系统设计（system design）

本章习题

1. 物流信息主要由哪些部分组成？
2. 建立物流信息系统的意义是什么？
3. 电子商务与物流的关系是什么？
4. 思考电子商务环境下的物流管理应抓住哪些重要的工作？
5. 试分析某一企业物流信息系统的实际情况，并提出新系统改进的方案。

本章案例　海尔物流管理信息系统

为了与国际接轨，建立起高效、迅速的现代物流系统，海尔采用了SAP公司的ERP系统和BBP（原材料网上采购）系统，对企业进行流程改造。经过几年的实施，海尔的现代物流管理系统不仅很好地提高了物流效率，而且将海尔的电子商务平台扩展到了包括客户和供应商在内的整个供应链管理，极大地推动了海尔电子商务的发展。

（一）需求分析

现代企业运作的驱动力只有一个：订单。没有订单企业就不可能运作。围绕订单而进行的采购、设计、制造、销售等一系列工作，最重要的一个流程就是物流。离开物流的支持，企业的采购与制造、销售等行为就会带有一定的盲目性和不可预知性。

建立高效、迅速的现代物流系统才能建立企业最核心的竞争力。海尔需要这样的一套信息系统，使其能够在物流方面一只手抓住用户的需求，另一只手抓住可以满足用户需求的全球供应链。海尔实施信息化管理的目的主要有两个方面：其一，现代物流区别于传统物流的主要特征是速度，而海尔物流信息化建设需要以订单信息流为中心，使供应链上的信息同步传递，能够实现以速度取胜；其二，海尔物流需要以信息技术为基础，能够向客户提供竞争对手所不能给予的增值服务，使海尔顺利从其一向物流企业转变。

（二）解决方案

海尔采用了 SAP 公司提供的 ERP 和 BBP 系统，组建自己的物流管理系统。

1. 系统构成

1）ERP 系统

海尔物流的 ERP 系统共包括五大模块：物料管理 MM、制造与计划 PP、销售与订单管理 SD、财务管理与成本管理 FI/CO。

ERP 实施后，企业打破了原有的“信息孤岛”，使信息同步而集成，提高了信息的实时性与准确性，加快了对供应链的响应速度。如原来订单由客户下达传递到供应商需要 10 天以上，而且准确率低，实施 ERP 后订单不但能 1 天内完成“客户-商流-工厂计划-仓库-采购-供应商”的过程，而且准确率极高。

另外，对于每笔收货，扫描系统能够自动检验采购订单，防止暗箱收货，而财务在收货的同时自动生产入库凭证，使财务人员从繁重的记账工作中解放出来，发挥真正的财务管理与财务监督的职能，而且效率与准确性大大提高。

2）BBP 系统

BBP 系统（原材料网上采购系统）主要是建立了与供应商之间基于因特网的业务和信息协同平台。该平台的主要功能：首先，通过业务协同功能，既可以通过因特网进行招投标，又可以通过因特网将所有与供应商有关的物流管理业务信息，如采购计划、采购订单、库存信息、供应商供货清单、配额以及采购价格和计划交货时间等分布给供应商，使供应商可以足不出户就全面了解与自己相关的物流管理信息。其次，对于非业务信息的协同，SAP 使用框架于 BBP 采用平台上的信息中心为海尔与供应商之间进行沟通和反馈提供集成环境。信息中心利用浏览器和互联网作为中介整合了海尔过去通过纸张、传真、电话和电子邮件等手段才能完成的信息交互方式，实现了非业务数据的集中存储和网上发布。

2. “一流三网”

实施和完善后的海尔物流管理系统可以用“一流三网”来概括。这充分体现了现代物流的特征：“一流”指以订单信息流为中心；“三网”分别是全球供应链资源网络、全球用户资源网络和计算机信息网络。整个系统围绕订单信息流这一中心，将海尔遍布全球的分支机构整合之后的物流平台使供应商和客户、企业内部信息网络这“三网”同步运行，为订单信息流的增值提供支持。

3. 经验总结

（1）海尔选择了SAP/R3成熟的ERP系统，而不是请软件公司根据海尔物流的现状进行开发，主要目的是借助于成熟的先进流程提升自己的管理水平。

（2）实施“一把手”工程与全员参与，有效推进信息系统的执行。海尔物流所有信息化的建设均是基于流程的优化，提高对客户的响应速度来进行的，所以应用面涉及海尔物流内部与外部很多部门，有时打破旧的管理办法推行新流程的阻力非常巨大。海尔物流的信息化建设一直都是部门一把手亲自抓的工作，亲自在现场发现问题，亲自推动，保证了信息化实施的效果。如在ERP上线初期，BOM与数据不准确是困扰系统正常运转的瓶颈，它牵扯到企业的基础管理工作与长期工作习惯的改变，物流推进本部部长发现问题后，亲自推动，制定出有效的管理模式，不但提高了系统的执行率，而且规范并提高了企业的基础管理，保证了信息系统的作业的发挥。

（3）培训工作同步进行，保证信息系统的实施效果。由于信息化工作的不断推进，原有的手工管理变为计算机操作，这对物流的基层工作者如保管员、司机、年纪较大的采购员均是挑战。在实施ERP信息系统时，海尔物流开展了全员培训，并对相关操作人员进行了严格的技能考试，考试通过后才能获得上岗证书。物流信息中心也开通了内部培训的网站，详细介绍系统的基础知识、业务操作指导书并对操作中的问题进行答疑，这些均保证了信息化使用的效果。

该系统“通过业务流程的再造，建立现代物流”以及利用MYSAP。COM协同化电子商务解决方案，成功地将海尔的电子商务平台扩展到客户和供应商在内的整个供应链管理，有效地提高了采购效率，大大降低了供应链的成本。

该系统是为订单采购设计的，其结果使采购成本降低，库存资金周转从30天降低到12天，呆滞物资降低73.8%，库存面积减少50%，节约资金7亿元，同比减少67%。整合了2 336家供货商，优化为840家，提高了国际化大集团组成的供货商的比例，达到71.3%。

系统是基于SAP系统基础上开发而成的，所开发的系统覆盖了集团原材料的集中采购、库存和立体仓库的管理、19个事业部的生产计划、事业部原料配送、成品下线的原料消耗以及物流本部零部件采购公司的财务等业务，建立了海尔集团的内部标准供应链。

海尔已经实现了即时采购、即时配送和即时分拨物流的同步流程。100%的采购订单由网上下达，提高了劳动效率，以信息代替库存商品。海尔的物流系统不仅实现了“零库存”、“零距离”和“零运营资本”，而且整合了内部，协同了供应商，提高了企业效益和生产力，方便了使用者。

下篇　物流规划

下篇包括第十二—十六章，主要包括第三方物流、配送中心的规划与管理、供应链物流管理、物流园区规划与管理、物流战略规划与管理。

第十二章　第三方物流

本章学习目标

通过学习本章，了解第三方物流概念、特征、熟悉第三方物流的优势，掌握第三方物流的选择过程、评价方法以及第三方物流的效益，并能在实际操作中运用相关原理和方法。

第一节　概　　述

一、第三方物流的概念

第三方物流（third party logistics）20 世纪 70 年代起源于欧洲，但第三方物流服务于 80 年代中期由美国正式首次应用。并且在 1988 年美国物流管理委员会的一项顾客服务调查中，首次提出“第三方物流提供者”的说法。但是至今，对“第三方物流”这个概念的仍然没有一个统一的定论。

（一）国外对于第三方物流的理解

在美国的有关专业著作中，将第三方物流提供者定义为“通过合同的方式确定回报，承担货主企业全部或一部分物流活动的企业。所提供的服务形态可以分为与运营的服务，与管理相关的服务以及两者兼而有之的服务三种类型。无论哪种形态都必须高于过去的公共运输业者和契约运输业者所提供的服务”。

那么国外一些著名学者是如何来解释这个概念的。Robert C. Lieb（1993）认为，第三方物流指的是用外部公司去完成传统上由组织内部完成的物流功能，这些功能包括全部物流功能或所选择的部分物流功能。J. Bonney（1993）提出的，“第三方物流是指利用外部企业为另一个企业提供全部或部分的物料管理或产品配送服务”。Coyle 等（1996）认为，第三方物流是对单一公司提供全部或部分物流功能的外部供应者。

Magnus Berglund（1999）等提出，第三方物流超越了传统基础物流一单对一单的服务内容，增加了一些新的特点，如长期性——一年以上的稳定关系，正轨性——通过合同确定双方关系，密切性——第三方从货主的角度管理物业务，以及服务的增值性——至少应该包括运输和仓储业务的管理和运作，并且涵盖相关的有管理性、分析性和设计性特点的增值服务内容。

David Simchi-Levi（2000）等认为，第三方物流就是利用一家外部的公司完成企业全部或部分物料管理和产品配送职能。第三方物流是真正的战略联盟，明显比传统的物流供应商关系更为复杂。

美国物流管理协会于 2002 年 10 月 1 日公布的《物流术语词条 2002 升级版》的解释是：第三方物流是将企业的全部或部分物流运作任务外包给专业公司称之为第三方物流提供商。它们的存在加速了原材料和零部件从供应商向制造商的顺畅流动，更为产成品从制造商向零售商的转移搭建了良好的平台。它们所提供的集成服务涵盖了包括运输、仓储、码头装卸、库存管理、包装以及货运代理在内的诸多业务。

（二）国内对第三方物流的理解

“第三方物流”这一术语于 20 世纪 90 年代中期传到我国，并且理论界和实际工作者也开始了对第三方物流的探索和研究。

2001 年 4 月 17 日由国家质量技术监督局发布、2001 年 8 月 1 日实施的国家标准《GB/T 18354—2001 物流术语》对第三方物流给出的定义是：第三方物流是由供方与需方以外的企业提供物流服务的业务模式。此定义概括性太强、囊括范围太广且没有针对胜，而且主要是从物流企业业务经营的角度来阐述，对企服务功能、第三方的确定都没有说明。随后其公布的《中华人民共和国国家标准—物流术语》为上述的修订版，其中提出“接受客户委托为其提供专项或全面的物流系统设计以及系统运营的物流服务模式”。其定义比先前的换了一个角度，从为客户增值的角度出发，为客户企业设计合理化物流系统，而不是简单的运输、仓储、配送等基础物流服务方面来描述。

（三）总结

上述种种观点的差异，实际上也是对现实中第三方物流形态多样性的一种反映。综上所述，就概念而言，第三方物流是指商品交易双方之外的第三方为商品交易双方提供部分或全部物流服务的物流运作模式。按照这个概念，运输、仓储、报关等单一环节物流服务和一体化综合性物流服务或多功能系列化物流服务，都属于第三方物流的范畴。它们之间是传统第三方物流服务与现代第三方物流服务的区别，是功能性第三方物流服务与综合性第三方物流服务的区别，是第三方物流企业规模和经营范围上的区别。

二、第三方物流企业的类型

按提供服务的种类划分，第三方物流企业有资产型、管理型和一体化型三种基本类型。

1. 资产基础型物流服务提供者

资产基础型物流服务提供者是指拥有或租赁资产的物流经营者，它通过为托运人提供卡车、仓库、集装箱等设施来提供物流服务。这些物流服务是其核心任务的延伸。比如，货运代理公司为托运人提供专用卡车、运输管理或信息服务；一个仓库经营者为托运人提供基本仓储服务以外的存货管理、最终组装或定单管理等服务。

2. 管理基础型物流提供者

管理基础型物流服务提供者通常不一定拥有或租赁实物资产，而是为托运人提供人力资源、信息系统及管理技术，常在托运人的仓库、进出口部门或销售部门派驻人员，与托运人的雇员一起工作。

3. 一体化物流服务提供者

一体化物流服务提供者通常从属于资产基础型公司，专门协调母公司内部、母公司与外部承包商之间或外部各承包商之间的物流管理服务与实体物流服务。一体化第三方物流提供者是以上两种基本类型的物流公司的综合体。凯特普里亚物流服务公司和埃克塞尔物流公司就是一体化物流服务提供者的典范。

三、第三方物流服务的提供者

在第三方领域，众多的提供者来自各行各业，一般情况下，从事此项经营的公司，其传统背景是公共仓储业、公共交通运输业、经纪业、货运代理业和银行业（由于对加快资金回笼的需要）等。

现代意义上的第三方物流企业，即使在西方也是一个相对年轻的行业，按照产品生命周期的理论来解释也基本上处于成长期。在欧美使用第三方物流服务的货主企业约为70%，而且这一比例还在不断增长。一般来说，第三方物流企业是从传统的“泛物流”业为起点发展起来的，如传统运输业、仓储业、货运代理业等。

例如：在国际上，以快递为主的 DHL. UPS. FedEx，TNT 等，从海运和普通空运发展起来的有马士基、Menl。等。国内同类的大企业有中邮物流、中远物流等。传统的运输、快递企业发展成第三方物流服务，主要优势来源于能充分利用现有运输资产，并在运输功能的基础上扩展其物流业务，提供综合配套服务。另外，大多数这类企业还具有不可多得的客户资源和密布世界范围的网络资源优势。他们近期的发展动向是除了保留原有的传统业务外，大力发展第三方物流的整合服务功能，例如，DHL 在全球范围内设立“全球大客户解决方案”部门。专门针对目标客户进行增值的第三方物流服务。另外，像我国的海尔物流和以美的集团为基础组建的安得物流，也是托运人从事第三方物流的典型。

目前，合同制物流服务最大的供应者来自仓储业，这些公司均提供一体化的物流服务，包括运输、仓储、EDI 信息处理等内容，以及其他许多增值服务，每个公司也都在美国市场占据重要地位，1992 年的经营收入均超过 2 亿美元。英国的 Exel 物流公司不仅在美国，而且在加拿大、墨西哥和欧洲大陆都开展了业务。随着经济和产业的发展，在这个服务领域的公司数量正不断增加。一些提供第三方物流服务的运输公司，在开发合同制关系和战略联盟上很积极，他们包括：Leaseway 运输公司、Menlo 物流公司、联邦快递公司、TNT 合同制物流公司等等，这些都是一些著名的供应者。运输业正在经历一场大的变革。

四、第三方物流的基本特征

（一）基于合同管理的契约服务

第三方物流和客户之间存在着契约关系，只有这样才能明确双方的责任和权利，对于第三方物流来讲还存在一种契约关系，那就是第三方物流和其下游，也就是供应商之间同样存在着契约关系。一般来讲，第三方物流会将客户的要求完整地延续到它的供应商，这样的契约关系大多是他们和客户之间契约的延伸，只有这样才能满足客户的需求。但是，这种契约关系有别于传统的外包，外包只限于一项或数项独立的物流功能，如运输公司提供运输服务，仓储公司提供仓储服务等。第三方物流公司则根据合同条款规定的要求，而不是临时需要，提供多功能，甚至全方位的物流服务。一般来说，第三方物流公司能提供仓库管理、运输管理、订单处理、产品回收、搬运装卸、物流信息系统、产品安装装配、运送、报送、运输谈判等近 30 种物流服务（表 12-1）。

表 12-1　最常用的第三方物流服务

物流功能	西欧/%	美国/%	物流功能	西欧/%	美国/%
仓库管理	74	54	物流信息系统	26	30
共同配送	56	49	运输谈判	13	16
车辆管理	51	30	产品安装装配	10	8
订单履行	51	24	订单处理	10	3
产品回收	39	3	库存补充	8	5
搬运装卸	26	19	客户零配件	3	3

（二）是个性化物流服务

第三方物流服务的对象一般都较少，只有一家或数家，但服务延续的时间较长，往往长达几年。这是因为需求方的业务流程不尽相同，而物流、信息流是随价值流流动的，因而要求第三方物流服务应按照客户的业务流程来定制。这也表明物流服务理论从“产品推销”发展到了“市场营销”阶段。第三方物流企业提供物流服务是从客户的角度考虑，为客户提供定制化的服务。从这个角度来看，第三方物流企业与其说是一个专业物流公司，不如说是客户的一个专职物流部门，只是这个“物流部门”更具有专业优势和管理经验。

（三）供需双方之间建立长期的战略合作伙伴关系

在西方的物流理论中，非常强调企业之间的“相互依赖”关系。也就是说，一个企业的迅速发展光靠自身的资源、力量是远远不够的，必须寻找战略合作伙伴，通过同盟的力量获得竞争优势。而第三方物流企业扮演的就是这种同盟者的角色，与客户形成的是相互依赖的市场共生关系。客户通过信息系统对物流全程进行管理和控制。物流服务企业则对客户的长期物流活动负责。

（四）以现代信息技术为基础

信息技术的发展是第三方物流出现和发展的必要条件。现代信息技术实现了数据的快速、准确传递，提高了仓库管理、装卸运输、采购订货、配送发运、订单处理的自动化水平，使订货、包装、保管、运输、流通加工实现一体化，客户企业可以更方便地使用信息技术与物流企业进行交流和协作，企业间的协调和合作有可能在短时间内迅速完成。同时，电脑软件的迅速发展，使得人们能够精确地计算出混杂在其他业务中的物流活动的成本，并能有效管理物流渠道中的商流，从而促使客户企业有可能把原来在内部完成的物流活动交由物流公司运作。

目前，常用于支撑第三方物流的信息技术有：实现信息快速交换的 EDI 技术、实现资金快速支付的 EFT 技术、实现信息快速输入的条形码技术和实现网上交易的电子商务技术等。

第二节 第三方物流运作原理

根据最新资料，第三方物流向财富 500 强提供的服务中，有三分之二是基本的运输服务（接近半数是仓储服务），不足 20％的合同包括了供应链的深层次服务，例如库存补充和产品装配。在 1997 年的一项调查中，174 家公司中有 58％的公司外包运输服务，46％的公司外包仓储，31％的公司外包物料搬运系统。国际仓储物流协会（IWLA）的成员仓储面积每年增加 15％～20％，而年收入每年增加 20％～25％，更多的收入来自增值服务，而不仅仅是存储费用。IWLA 中 90％的成员提供诸如货物合并、库存管理、条码标识、分类检签、提取和装箱、定货实现等服务。

有些第三方物流服务关系包括许多综合性的服务，而大部分第三方物流服务则是由少许的活动开始。企业习惯于使用由单一的第三方公司提供运输或仓储服务，使第三方公司成为提供更广泛服务范围的候选公司。有些企业选择将全套供应链外包给第三方。如 1995 年美国戴尔计算机公司（Dell Computer）将所有供应链活动外包给 Roadway Logistics Service 的做法，预示着第三方物流发展的新趋向。

一、第三方物流作业与传统作业的区别

一般而言，第三方物流作业与传统的作业有以下几方面的区别：

（1）第三方物流整合一个以上的物流功能。

（2）第三方物流服务商一般不保存存货。

（3）运输设备、仓库等虽然可以由两方中任一方拥有，但一般都由第三方控制。

（4）外部供应都可提供全部的劳动力与管理服务。

（5）可提供诸如存货管理、生产准备、组装与集运等方面的特殊服务。

二、第三方物流的优势

第三方物流是如何创造价值的？首先是因为第三方物流推动因素的作用结

果。由于供应链的全球化，物流活动变得越来越复杂，物流成本越来越高，资金密集度也越来越高。利用外包活动，公司可以节省物流成本，提高顾客服务水平。强调物流外包的重要原因是物流服务需求方可以减少对物流设施的投资，而将注意力转移到资产对利润的贡献方面，将资本集中在能产生高效益并取得竞争力的主要业务上。第三方物流的推动力，已成为物流研究的热点，其实，人们更关注第三方物流使用者可能获益的方面，主要表现在四个方面：①作业利益；②经济利益；③管理利益；④战略利益。如果所有的公司都可以提供同等水平的物流服务，不同公司之间的差别将取决于它们的物流资源运作的经济性。如果财务能力强的话，那么每一家公司都可以在公司内部获得并运用资源。因此物流服务提供者与他们的客户之间的差别就在于物流服务的可得性及其表现水平。其区别就在于，在物流公司内部资源是物流能力，而在客户公司里，物流仅仅是众多业务领域中的一小部分。这样，如果给定同样的资源，物流服务供应方就能够比客户公司更能够提供多种和高水平的服务，从而创造客户价值。总之，第三方物流的优势集中表现在以下方面：

（一）信息优势

第三方物流，尤其是非资产型第三方物流，它的运作主要靠信息的优势，才能比货主（外包物流服务人和收货人）更了解市场、了解物资资源的分布及流向、了解制度和政策方面。第三方物流的信息优势还来自于由他组织和运作的物流系统，这种优势主要是针对客户的变换需求，因为客户不会就每一次临时的物流需求来建立自己的有效的信息优势，因此，依靠第三方物流，有时是唯一的选择。

（二）客户运作整合的规模优势

第三方物流形成增值效应的做法就是引入多客户运作，或者说是在客户中分享资源，这对于不能形成规模优势的单独的客户而言，将业务外包后形成规模优势降低物流成本成为可能。例如，多客户整合的仓储或运输网络，客户运作可以利用相似的结合起来的资源。整合运作的规模效益成为能取得比其他资源更高的价值。

（三）高水平技能形成的专业优势

第三方物流企业的核心竞争，除了信息优势和规模优势以外，能为客户创造价值的重要途径就是拥有高水平的运作技能。这种技能是指将客户业务与整个物流系统综合起来进行分析、设计的能力。物流服务供应商应该使其员工在物流系统、方案与相关信息系统的开发、设计、重组等方面具有较高的技能。这种创造价值方法的目的不是通过内部发展，而是通过发展客户来获取价值。事实证明，绝大部分物流客户的核心竞争力都不是物流。对制造者而言，核心竞争力表现为企业借以在市场竞争中取得并扩大优势的决定性力量。如本田公司的引擎设计及制造能力，使他们在本行业及相关行业的竞争中立于不败之地。对于商业企业而言，核心竞争力的表现是营销能力，具体可通过市场竞争力和市场吸引力证明。能够将物流作为自己核心竞争力的，只有沃尔玛这样的超大型企业。所以，专业优势应该是第三方物流较之有物流服务需求的客户的一个重要的优势。

（四）服务优势

企业重视物流不仅仅是为了节约成本，而他们逐渐认识到物流对提高客户服务水平及企业获得竞争性战略优势的重要性。在第三方物流融入客户供应链后，它所提供物流服务的种类与水平需要根据客户的特点“度身定制”。第三方物流和客户之间的关系，不是竞争关系，而是合作关系，是共同利益的关系，这种共赢的观念，是服务伙伴建立的重要前提，也是形成服务优势的重要条件。近十年来，客户服务在全世界受到了普通的重视。客户服务是推动第三方物流成长的驱动力。将恰当的产品在恰当的时间以恰当的数量及无货损货差地送达客户是物流管理的重要内容。对客户订单的快速反应以及与客户接近已成为企业致胜的法宝。总之，服务优势是上述各种优势的综合体现。

三、第三方物流的选择及服务评价

（一）第三方物流的选择过程

第三方物流与企业的关系，体现在彼此合作的原则上，要成功地选择合适的第三方物流服务商，可归纳为以下五个步骤：

（1）物流外包需求分析，这是制定外包策略的基础。在决定是否选择第三方物流服务时，首先应该对企业本身的物流过程进行分析，以确定当前的优势和存在的问题，从而明确物流外包活动的必要性与可行性。

（2）确立物流外包目标。确立物流外包目标是选择第三方物流服务供应商的指南，首先应该根据企业的物流服务需求的特点确定选择的目标体系，并能有效地抓住几个关键目标，这也是后面企业对第三方物流服务供应商绩效考核的主要依据。

（3）制定物流服务供应商的评价准则。选择物流服务供应商，首先必须制定科学、合理的评估标准。目前企业在选择物流服务供应商时主要从物流服务的质量、成本、效率与可靠性等方面考虑。此外，由于第三方物流服务供应商与企业是长期的战略伙伴关系，因此，在考核第三方物流供应商时，企业也非常关注降低风险和提高服务能力的指标，如经营管理水平、财务状况、运作柔性、客户服务能力和发展能力。

（4）物流服务供应商的综合评价与选择。有效的评价方法是正确选择第三方物流服务供应商的前提，应该采用合理、有效的评价方法进行综合评价，才能保证选择结果的科学性。根据评价准则初步选出符合条件的候选供应商，然后采用科学、有效的方法，如层次分析法、模糊综合评判法、仿真等方法进行综合分析评价，通过这些评价方法可以确定两至三家分值靠前的供应商。要确定最终的第三方物流服务供应商，还需要注意企业与供应商的共同参与，以保证所获取数据及资料的正确性、可靠性，并对物流服务供应商进行实地考察。最后对各供应商提供的方案进行比较权衡，从而做出最终的选择。

（5）关系的实施。经过对供应商的考核评价，并做出选择后，双方应就有关方面起草并签订合同，建立长期的战略合作伙伴关系。

（二）第三方物流客户服务内容及衡量指标

现代市场竞争是产品的竞争、质量的竞争、服务的竞争。客户服务是企业和顾客直接交流的窗口，企业必须要认真对待，仔细分析客户的新需求，满足客户需要，才能超越竞争对手。对物流企业而言，客户服务是一个以成本有效性方式为供应链提供增值利益的过程。努力把握客户最关心的服务变量，以客户满意为标准，投入足够适当的资源使客户感觉到满意。因此，物流企业只有不断提高自身的服务能力，才能在激烈的市场竞争中保持自身的核心竞争能力，实现企业的经营目标。

物流是一个系统，它所肩负的使命是用物流成本与物流服务水平来衡量的，由于物流成本与物流服务水平之间存在着“二律背反”原理，就是说，在一般情况下，高质量的物流服务水平必须以牺牲较高的物流成本为代价，因此物流管理已从只注重分散的物流功能发展到越来越注重物流过程的整合。相应的，企业也将主要精力放在核心竞争力的培养上，而将对于自身属于非核心的业务（诸如仓储、运输等）部分或全部外包给专门的公司来完成，从而实现效益最大化。

第三方物流公司从一开始就是作为客户企业的战略联盟伙伴出现的，因此，第三方物流对客户企业必须具有一种互惠双赢、长期发展的战略性的客户服务职能，采用了第三方物流的合作形式，就意味着客户企业通过物流公司完成他们的客户服务工作，因此，第三方物流公司的客户服务具备两个含义，一个是代替客户企业做客户服务，另一个是针对客户企业的客户服务。为了对物流服务水平进行衡量，提出了第三方物流客户服务的 KPI（key performance indicator）指标。

第三方物流客户服务的 KPI 指标体系包括四个层面，即仓库管理层面、运输管理层面、国际物流管理层面、财务管理层面，每个层面分别用不同的指标来衡量（图 12-1）。

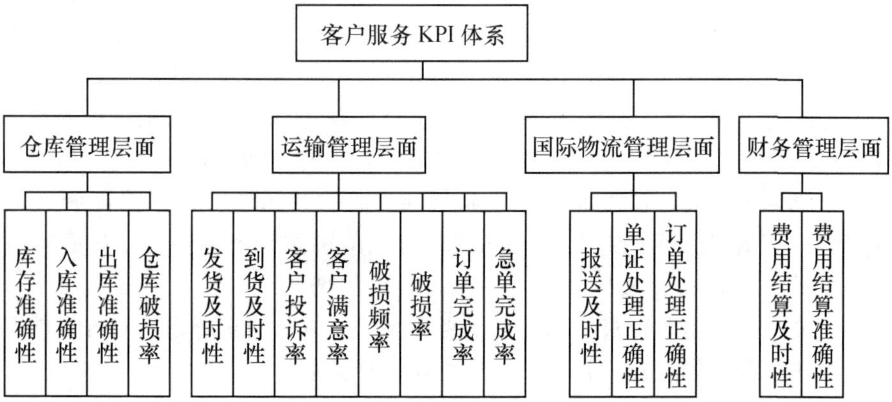

图 12-1　第三方物流客户服务的 KPI 体系

（1）仓库管理和操作指标体系，它是从仓库管理层面上反映第三方物流企业的客户服务水平。主要通过库存准确性、入库准确性、出库准确性、仓库破损率四个指标来描述。库存准确性反映的是账面库存同实际库存的差异情况，是衡量仓库管理水平的最重要的指标，它是综合考虑库存品种准确性、库位准确性、价值差错率等后作出的评价；入库准确性反映的是库存商品入库时在数量、库位等方面与实际情况的差异程度；出库准确性反映的是库存商品出库时在数量、时间等方面与实际情况的差异程度；仓库破损率反映的是库存商品由于保存温度和湿度、人为等原因造成破损程度的度量，是综合考虑破损数量、破损价值后作出的评价。

（2）运输服务指标体系，它是从运输管理层面上反映第三方物流企业的客户服务水平。主要通过发货及时性、到货及时性、客户投诉率、客户满意度、破损频率、破损率、订单完成率、急单完成率八个指标来描述。发货及时性反映的是接到发货通知后从运输计划安排到货物装载上路整个业务处理时间与供货方要求服务时间之间的差异情况；到货及时性反映的是货物运输时间与实际要求到达时间的差异情况；客户投诉率用客户投诉的人数与拥有客户人数之比来表示；客户满意度是基于客户满意度调查后所做出的综合评价；破损频率可以用货物发生破损情况的运输次数与运输的总次数之比来表示；破损率是在综合考虑破损货物的数量与运输总量之比以及破损货物的价值与运输总价值之比后作出的综合评价；订单完成率是用订单完成数量与定单总数之比来表示；急单完成率是用急单完成数量与急单总数之比来表示。

（3）进出口业务评价指标，它是从国际物流管理层面反映第三方物流公司的客户服务水平。主要通过报关及时性、单证处理及时性、订单处理正确性三个指标来描述，由于国际物流服务在业务操作上有别于国内物流，因此指标体系稍有区别。但指标的基本内容以及考核的角度与上述指标基本相同，这里不再详述。

（4）费用结算评价指标，它是从财务管理层面反映第三方物流公司的客户服务水平。主要通过费用结算及时性、费用结算准确性两个指标来描述。费用结算及时性包括第三方物流公司为供货方、收货方提供的服务费用以及代供货方向收货方收取的货物费用两方面的及时性，是根据公司财务记录所作的综合评价；费用结算准确性可以用费用结算错误次数与结算次数之比来表示，而且应该综合考虑费用结算错误的金额。

第三节　第三方物流及其效益分析

本节讨论第三方物流的效益原理，为比较方便，先讨论第一方物流（即供方物流）、第二方物流（即需方物流）的效益原理。

一、第一、二方物流及其效益原理

设供应厂商 i 与其需求厂商集 $J^{(i)}$ 发生有供需货物关系，则供应厂商 i 对其需求厂商集的总物流费用 C_i 为

$$C_i = \sum_{j=1}^{N} \omega_{ij} c_{ij}, j \in J^{(i)} \tag{12-1}$$

其中，ω_{ij} 为供应商 i 到其客户 j 的物流量，也就是客户 j 的需求量；c_{ij} 为供应商到用户 j 之间平均单位物资的物流费用，包括运输费用、仓储费用、包装费用、装卸费用、信息费用等。为了简化讨论而不失问题实质，我们这里主要指其运输费用，而用运输费用来代替物流费用。C_i 是总费用，但它也体现了公司的总任务量和总效益量。

这个公式表面上看不出效益，实际上，其效益就体现在总物流费用 C_i 的大小上。C_i 越小，效益越高。追求更小的 C_i 值，就是企业物流效益之所在。在 (12-1) 式中，ω_{ij} 是供应厂商 i 需要供给用户 j 的货物量，是给定值，取决于货物供需关系和用户的需求量。为了满足用户需要，这个量是不能变小的。而 c_{ij}

是供应厂商 i 供应给用户 j 的货物时发生的平均单位物资的全程运输费用。这个费用是可以变小的，特别是供应厂商发给各个用户的货物的总运输费用 C_i 可以变小。而且第一方物流的效益源泉在于使得这个总运输费最省。因此，也可以说，第一方物流的各种各样的理论、方法和技术，其实质归根结底，就是要千方百计是的这个总运输费用变得最节省。

由于 $c_{ij}=k_{ij}R_{ij}$，式中 k_{ij} 为平均单位里程运价，它一般是给定值，取决于市场价格，不能随意变小，而 R_{ij} 为路程长度，取决于地理位置，也不能随便变小。所以降低中物流费用 C_i 的途径只有两个：一是合理组织运输方案，使得运输总里程最小；二是提高技术水平，以提高运输效率、降低运输成本。这就构成了第一方物流的主要技术方法原理。其中主要的一些技术方法表现为：

（1）大量化，即对于大需求量用户尽量采用大型运输工具、大批量运输、快速直送方式。这样可以减少车次、减少费用；

（2）联合配送化，即对于需求量小的用户，总是采用联合配送的方法进行配送。这种联合配送又有多种联合方法：①单一品种多用户联合配送，即对于同一个品种的多个小需求量的需求用户实行一辆车多个用户循环送货，以减少车次、节省费用。②多品种多用户联合配送，即对于多个不同品种的多个小需求量的需求用户实行一辆车多个用户循环配送，以减少车次、节省费用。③多个企业联合向多个用户配送，即当本企业在某地区的多个用户的需求量的总和不够一辆车的载重时，可以顺便捎带别的供应商的货物为他们在同一地区的多个用户送货，或者把自己的货物委托他们去为该地区自己的用户送货。这样也可以减少车次、节省费用。

（3）短路化，即无论对于什么用户的运输，总是选择最短路径运输、以节省运费。

（4）科技化，即尽量采用先进的运输工具、装卸搬运手段、通讯方式等，以提高运输效率、节省时间、降低成本、提高效益。

（12-1）式就是第一方物流的原理。第一方物流实际上就是供方物流，或者叫做销售物流，是由供应厂商到其用户集中各个用户的物流。

第二方物流的原理与第一方物流基本是相同的，唯一不同的只是其概念。第二方物流实质上是需方物流，或者是购进物流，是用户企业从供应商市场购进各种物资而形成的物流，其原理可以写成：

$$C_i = \sum_{i=1}^{N} \omega_{ij} c_{ij}, i \in I^{(j)}$$

式中，$I^{(j)}$ 是用户 j 的供应厂商集；ω_{ij} 是供应商 i 到用户 j 的运输量，c_{ij} 是供应商 i 到用户 j 的物流费用。其效益原理与第一方物流没有本质区别，这里就不再深入讨论。

二、第三方物流的效益原理

所谓第三方物流，就是承包了多个供应商企业和多个用户企业的物流业务的专业化物流。第三方物流企业的基本特征是：

（1）专业化的物流公司，即是专门从事物流业务的；

（2）承包了多家企业的物流业务，这些企业可以是供方企业，也可以是需方物流企业。

第三方物流企业的业务原理模型可以用下面的公式描述：

$$C_i = \sum_{i=1}^{M} C_i = \sum_{i=1}^{M} \sum_{j=1}^{N_i} \omega_{ij} c_{ij}, i \in I^{(j)}, j = J^{(i)} \tag{12-2}$$

式中，假设第三方物流企业承包了 M 个企业（包括供方企业和需方企业）的物流业务，这 M 个企业就构成了第三方物流企业的客户集 I，它就是原来的供应厂商集，其中第 i 个供方企业的客户集为 $J^{(i)}$，其中有 N_i 个客户，需要将其货物运到每个用户，其运量分别为 ω_{ij}，单位物资全程费用为 c_{ij}。由于在这种情况下，供方物流和需方物流式同一个物流，所以只考虑供方物流就可以了。

从这个公式可以看出，当 $M=1$ 时，式（12-2）就变成了式（12-1），第三方物流就变成了第一方物流（或第二方物流），因此，第一、第二方物流是第三方物流的特殊情况，第三方物流包括第一、二方物流。

从这个公式可以分析出第三方物流企业的效益原理：

（1）第三方物流企业的规模效益源泉：第三方物流企业最基本的特征是集多家企业的物流业务于一身，物流业务的规模扩大了。物流业务规模的扩大，可以让企业的物流设施、人力、物力、财力等资源充分利用，发挥效益；有的还可以采用专用设备、设施，提高工作效率；有的甚至采用先进技术，跟高科技接轨、与全国甚至世界接轨，取得超级效益，这些都是规模扩大带来的利益。规模效益是第三方物流的一个最重要的效益源泉。没有规模就没有效益，这正是第一方物流或第二方物流的不足。规模效益也正是第三方物流比第一、二方物流优越的地方。

规模在式（12-2）中的具体体现，主要是所承包的供应商的数目 M、各个供应商所具有的客户集 N_i 的大小、发送货物量 ω_{ij} 的多少和运输距离 R_{ij} 的远近。因此，第三方物流企业要扩大规模，就要努力扩大物流市场的覆盖，增加客户数量，增加物流业务量。

规模越大，需要的运输车辆越多、越大，需要的装卸搬运设施越多、越先进，需要的仓储能力越大，吞吐能力越大，需要的通讯能力越强、技术越先进。总之，规模大，就会促进企业发展，大大提高企业效益。

（2）系统协调是第三方物流企业的第二个利润源泉。系统协调是指第三方物流公司在自己所占有的供应商群 i 及其各自的客户群 N_i 中进行的协调活动，这些协调活动包括：

① 联合调运活动打破各个供应商、各个客户之间的界限，在这些供应商、客户之间统一组织运输，这样不但可以节省车辆，还可以充分利用车辆。

② 打破各个客户群之间的界限，统一组织配送，即进行联合配送，这样将比在原来的各个客户群内部组织配送更为节省。

③ 因为掌握了众多的供应商和他们各自的客户群，其相互之间可能会有互为供需的关系，通过自己的协调，促使他们之间形成新的更合理的供需关系。这种新的供需关系不但可以帮助供应商开拓市场，而且也可以大大有利于第三方物流公司节省物流费用。

④ 统一批量化作业，例如订货、质检、报关、报审等，实行批量化作业可以节省时间、提高工作效率。

这种协调效益是第三方物流企业最主要的效益源泉。第三方物流企业要学会利用协调效益来提高自己的效益水平。要提高协调效益，就要努力做到：

① 要努力培养系统和系统工程的观点和思想方法。

② 努力学习掌握物流优化的理论与方法，提高物流管理水平。

③ 在客户的选择上，除了注意数量之外，还要注意加强客户之间的相关性，也就是式（12-2）中 N_i 之间的相关性。这种相关性，主要表现为例如是同一行业、同一地区、同一类物资甚至是同一种产品等。客户之间的相关性越强，则互为供需的可能性越大，系统协调的可能性越大。

（3）专业化效益，即通过专业化来提高企业的效益。在第三方物流企业当中，由于业务量大，所以多个物流作业可以实现专业化，例如运输、仓储、装卸、搬运、包装、信息处理等都可以实现专业化。专业化就可以导致科技化和信息化，从而导致经济效益的大幅度提高。专业化不但是指作业专业化、设备专业化，而且还指人的专业化。

（4）群体效益，即第三方物流企业不但能够提高自身的效益，而且也可提高自己的客户企业的效益。客户企业的物流业务交给第三方物流企业承包后，不但自己的物流任务可以完成得更好，而且还是自己甩开这些烦琐的物流事务活动，集中精力发展自己的核心竞争力，提高企业的优势，使企业取得更大的经济效益。因此，第三方物流企业能够使自己和客户群都增强各自的核心竞争力，使整个群体共赢共荣，获得很好的群体效益。

第三方物流企业的运作，除了本身的效益，客户的效益之外，还能够给社会环境带来好处；它能促进经济区域的发展；能够节省车次、缓解社会交通紧张的矛盾、减少运输噪声、汽车尾气等交通污染。

第四节　第三方物流的发展趋势

一、欧美第三方物流的发展状况

第三方物流企业正是在世界经济全球化和世界范围内的竞争日趋激烈的背景下应运而生的。作为物流业的新兴领域，第三方物流业在国外的物流市场上已经占据了相当大的比例。欧洲第三方物流发展非常快。德国总的物流市场是346亿美元，其中第三方物流企业的营业额为80多亿美元，占到德国总的物流市场份额的23.33%。法国的比例比它稍微高一点，为26.9%，英国达到34.48%，意大利占12.77%，西班牙18%，荷兰占25%，比利时占24.99%，奥地利占18%，瑞士占22%，丹麦占20%，芬兰占20%，爱尔兰占24%，葡萄牙占16%，希腊占11%，卢森堡占25%。算起来，欧共体国家第三方物流占整个物流市场的比重基本上在10%～35%。在美国则有57%的物流量是通过第三方业者完成的；而在社会化配送发展得最好的是日本，第三方物流业在整个物流市场的份额更是高达80%。这些数字说明在国外，第三方物流所占的比例是比较大的。

据调查显示，1993年到1998年近五年欧洲第三方物流市场发生了如下的变化。

1. 以合同形式采购物流服务的比例增加

运输与仓储服务传统上是以交易基础进行的。这些服务相当标准化，并能以最低价格购买。虽然公路运输行业的分散与竞争，使行业中拥有众多小型承运人提供低价服务，但是以这种方法购买运输服务有许多缺点，这就要求需要这种运输的人必须在日常工作中接触大量独立的承运人，这会增加交易成本，并使高质量送达服务遇到困难。公司有特殊要求时，需要一些定制的服务并对承运人的投资有部分参与时，它们必须准备签订长期合同。由此可见，物流服务采购中以合同形式采购的比例越来越大。

2. 降低交易成本

在欧洲的一些国家，许多国内公路运输是通过作为货运市场中间人的代理公司进行的。这样就大大减少了托运人与运输公司的直接交易。在美国，1980年实现运输自由化，货运中间人的数量激增。在英国，仅在国际物流中使用中间商，国内运输作业，仍按传统的作法，由客户直接与众多的运输公司进行交易。这样做，虽然可以使托运人得到较低的运价和平衡的采购运输服务的可能性，而没有从购买运输服务的总成本方面考虑。某些大的合同供应商，如Excel

Logistics 将代理客户的公路运输作业分包给较小的承运人。在美国，与此相类似的“一站式运输”服务也由许多第三方物流公司提供。近年来，在美国出现了公路运输服务的电子中间商，以电子交易中心形式在特定时间交易运输能力。它提供在线信用系统服务，以提供物流公司对潜在客户的最新财务状况，导致“虚拟市场”出现，许多物流资产可以在不同时期进行交易。

3. 标准服务

以合同为基础的公司采购物流服务时，只需雇用少数物流服务供应商。英国大约 39％的公司只雇用一个供应商，而另外 47％公司则雇用 1～5 个供应商。理由是考虑成本和服务。在欧洲，大多数外包物流是以国家划分给多个物流供应商的。对 68 个欧洲 500 强制造商的调查表明：59％的公司采用了这种策略。

4. 更严格的合同方的选择

过去许多公司选择运输方式或承运人时并不全面考虑所有选择的可能性。现在，公司已把许多与物流相关的服务外部化，这些服务的外部支出在公司预算中尤为重要，再加上对服务质量的重视，减少承运人及采用合同关系，使对承运人的选择变成一项重要的决策。

5. 合同方在设计物流系统中更紧密地参与

许多制造商正使用开放式的规范采购零部件，以取代传统的根据设计规范采购。开放式的规范仅仅给出总的框架要求，这样就给供应商以较大的创新空间，有利于经济而有效地开发符合客户要求的部件。在物流服务的采购上，也具有同样的趋势。这是因为外部合同方比内部的物流经理更加客观地看待物流系统。

6. 采取零库存原则

采取零库存系统的先决条件之一是快速和可靠的运送。在没有缓冲存货的情况下，生产和配送作业对送货时间的不准确较为敏感。英国有 53％的大型公司在实施零库存时，遇到承运人提供的服务标准问题时，迫使他们改变采购运输服务的方式，它们与运输公司建立长期紧密和相互依赖的合作关系。

7. 开发电子数据交换系统

许多供应商与客户关系，尤其中合同供应商提供的综合物流服务，已通过建立 EDI 系统而得以加强，对美国公路承运人和货主关系的分析表明：具有 EDI 连接的比例已从 1994 年的 29.3％上升为 1996 年的 37.4％；电子交易从 18.2％上升到了 31.5％。通过 EDI，使客户对合同作业增加了信心。

8. 物流设备越来越专业化

在运输与物料搬运领域中，技术的发展使个别公司对物流特制设备需求成为可能。

在欧美发达国家，许多公司采用多种方式外包其物流，其中，最彻底的方式是关闭自己的物流系统，并将所有的物流职责转移给外部物流合同供应商。对于许多自营物流的公司来说，这样做，风险太大，一般采取逐渐外包的方式。常见的物流外部化方法如下。

（1）系统接管。

大型物流服务供应商全盘买进客户公司的物流系统。他们接管并拥有客户车辆、场站、设备和接受原公司员工。接管后，系统仍可单独为原企业服务或与其他公司共享。

（2）合资。

有些客户更愿意保留配送设施的部分产权，并在物流作业中保护参与，对他们来说，与物流合同商的合资提供了注入资本和专业知识的途径。如，在英国，IBM 与 Tibbett Britten 组成的 Hi-tech Logistics。

（3）系统剥离。

有些公司把物流部门剥离成一个独立的利润中心，允许他们承接第三方物流业务。

（4）管理型合同。

对希望自己拥有物流设施（资产）的公司，仍可以把管理外包，这是大型零售商常采用的战略。欧盟国家，把合同外包看成是改进物流作业管理的一种方法。因为这种形式的外包不是以资产为基础，它给使用服务的一方在业务谈判中以很大的灵活性。

从总体上看，第三方物流是一种成功的现象，超过一半的第三方物流客户认为与第三方物流服务提供者的合作是“非常成功的”，合作将会引起成本的大大降低和客户服务水平的提高。从物流服务的供给方来看，运输、仓储、货运代理等企业，因为行业竞争的加剧，利润率降低，也纷纷改造成综合物流供应商，虽然在概念上，服务水平及物流专业技术方面存在一定的问题，但欧洲发达国家在物流外部化、物流服务采购方式以及物流服务提供者与使用者的关系方面，都做出了一定的业绩，值得我国物流业参考。

二、第三方物流在我国的发展状况

近年来，随着市场的不断发展与完善，第三方物流在我国得到了长足的发展。据中国仓储协会2003年对中国物流市场需求状况进行的第四次抽样调查显示，我国各类企业为了更好地发展其核心业务，对业务外包理念达成了共识。第三方物流市场潜力巨大，今后需求量将大大增加，即时性、综合性的服务需求也将增加，我国物流企业将大有可为。调查结果显示，在生产企业原材料物流的主体中，第三方物流占22%；在成品销售物流中的执行主体中，全部由第三方物流来运作的占17%，44%采用部分第三方物流运作形式，虽然这些数据显示我国第三方物流的普及较低，但另一方面又说明企业越来越倾向于把物流业务外包给第三方，物流专业分工更加明显，在商业企业物流执行主体中，其中第三方参与的有47%，与前几次调查结果比较，第三方比例有较大上升，说明商业企业物流社会化程度在不断提高。未来几年，第三方物流在我国必将得到极大的发展。

通过第三方物流的供需现状，我们发现目前我国第三方物流的供需呈现以下特点：

(1) 第三方物流需求存在着明显的地域和行业分布特点。需求主要来自东部沿海经济发达地区，来自市场发育较成熟的几大行业，而且不同行业有着不同的个性化需求，如家电、电子、医药等行业，都是与消费者有直接联系的行业。

(2) 客户企业目前对第三方物流服务需求的层次较低，外包业务仍集中于干线运输、市内配送，仓储等传统项目。物流系统设计、物流总代理等高增值、综合性服务的比例还不高。我国加入WTO后，大量外资的进入带来了先进的管理理念和生产方式，为配合企业先进的生产方式，对准时化物流和精益物流的需求增多，需求层次提高，需求内容更趋复杂化、多样化。

(3) 客户企业正逐渐向按需生产和零库存过渡，对成本和服务越来越重视，需要快速响应的物流系统和全球化的物流系统来支持。由于信息不及时、不正确和服务内容残缺，使第三方物流供求关系极不稳定，第三方物流公司的市场机会广阔但变数较大。

三、第三方物流的发展趋势

21世纪，市场竞争更加激烈，伴随着消费市场的不断成熟，信息化技术的日新月异，第三方物流企业必须不断进行创新，才能在未来不断坚固自我。综合各方观点，第三方物流有以下发展趋势。

（一）第三方物流将更加注重个性化

新世纪是倡导个性化消费和个性化服务的年代，多品种、多批次、小批量的门到门服务必将是物流服务的主导形式。而不同的企业和行业对第三方物流服务将会有更加具体化和个性化的要求。因此第三方物流提供者之间的竞争将会出现对差异性和个性化的对决，而非单一的成本竞争。同时我们也看到，21 世纪也是一个知识经济的时代，第三方物流将以知识化服务为主要特征，更加注重综合运用专业化、细致化、科学化的现代物流知识，为客户提供物流体系的设立、改进、整合，全面提升企业运作效率与效益。

（二）根本的立足点在于特殊的客户服务理念

第三方物流内涵下的客户服务似乎已经变成为其能够生存发展的独特载体，它已经超越了物流产品的简单买卖关系，而是伴随着客户服务的活动导致物流产品或服务的价值增值，此价值增值活动基本上以中长期的战略合作伙伴关系为基础。通过第三方物流提供者和货主企业共同构建的物流平台，企业的供应链加以整合和持续改进，目的是在特定市场范围内使货主企业增强行业竞争力，提高终端客户满意度，保持市场占有率。一般而言，第三方物流提供者需要深刻理解货主企业的市场战略，至少要参与企业的基本物流战术层面的制定。第三方物流提供者水平的高低不仅仅取决于货主企业的评定，还和终端客户的评价有关。第三方物流的客户服务有四个传统的要素：时间、可靠性、沟通性和灵活性。这四个要素是货主企业和终端客户对一个第三方物流企业考核和评价的基本点。

（三）第三方物流更加注重供应链上各节点之间优势互补、利益共享的共生关系

新型的企业管理理论认为：一个企业的迅速发展仅仅靠自身的资源和力量是远远不够的，也未必科学和经济。因此企业必须寻找战略合作伙伴，通过联盟的力量获得竞争优势。第三方物流企业之间、第三方物流企业与货主企业之间、第三方物流企业与相关行业之间将形成相互交错的战略合作伙伴关系。供应链管理与优化已经成为第三方物流的核心服务内容。从长远看，第三方物流服务领域将进一步扩展到客户的市场营销体系以及相关的服务支持体系中。这已经在西方发达国家的外协采购、仓储运输协同大型设备的安装调试与维护、转包分销的供应链运作中有所体现。并且大有愈演愈烈之势。

本章小结

第三方物流是传统运输与仓储的一个重要延伸。本章详细介绍了第三方物流

的概念，特征，以及服务的优势，阐述了第三方物流服务的选择过程，方法以及评价指标和方法，并且对第三方物流的效益进行了分析，最后简要介绍了第三方物流的未来发展趋势。

本章关键词

第三方物流（third party logistics，TPL）
客户服务（customer service）
物流产品（logistic product）
物流服务（logistic service）
关键绩效指标（key performance indicator，KPI）
核心竞争力（core competitive competency）
服务能力（service competency）
电子数据交换系统（electronic data interchange，EDI）
战略伙伴关系（strategic partnership）

本章思考题

1. 物流服务水平受哪些因素的影响？
2. 结合生命周期的知识分析不同阶段产品的物流服务？
3. 你认为第三方物流的发展趋势如何？第三方物流遇到的阻碍是什么？
4. 请举例说明，评价一个物流企业客户服务水平的标准是什么？
5. 如何理解物流增值服务的内涵？

本章案例　佐川急便株式会社*

佐川急便株式会社是日本著名的综合性第三方物流企业，成立于 1957 年，2002 年的营业收入折合人民币约为 500 亿元，居日本物流行业第二位，全球 100 强物流企业之一。公司在日本拥有 300 多个营业网点、2 万余辆汽车和 3 万余名职工。公司每年货物运量约为 11 亿个标准箱（标准运输单元，体积约 0.0264 立方米），2001 年 8 月，公司总部、全体分公司及营业店均获得 ISO 9001 认证，公司总部还获得 ISO 14001 认证。佐川急便株式会社的业务范围覆盖中国、香港、美国、新加坡、越南、菲律宾、马来西亚等国家和地区，在中国的北京、上

* 案例来源：魏际刚．业务外包与第三方物流：理论及案例．物流技术，2003，(11)

海、西安、深圳市已陆续设立国际货运代理或仓储公司，并已决定在近几年内以保利佐川物流有限公司为控股公司，逐步在中国设立几十个物流网点，以实现网络化物流服务。

佐川急便一方面业务迅速增长，另一方面能够做到多方（佐川急便、佐川急便的客户、佐川急便客户的客户、佐川急便客户的供应商）共赢，绝大多数情况下，是因为遵循着一种为顾客创造价值的经营理念，一套科学的运营模式、一种与客户及客户的客户良好的物流服务关系、一种高效的专业化服务等综合物流服务能力。

（一）透彻理解顾客物流服务需求，为顾客创造满意价值

佐川急便能够针对不同行业的客户需求提供灵活、高效的物流服务，提供365天24小时运作的全方位服务体制。佐川急便建立的佐川物流中心是一种不同行业能够利用的复合型物流中心，它能够适应每个季节的业务增减，灵活地调整有关物流经费（包括物流加工空间和员工）。这种柔性反应可以使客户为了有效控制繁忙期间的有关成本而随时增减其作业面积。佐川物流中心还能够每天灵活地安排有关作业人员，根据客户所需要的业务内容，能够随时安排所需要的人员。在实际操作上，能够有效并及时地调节“空间”和“人员”。

（二）拥有完备的物流网络、先进的物流运营经验和管理体系

佐川急便经过近半个世纪的发展和开拓，在日本国内形成星罗棋布的物流网点，可保证随时根据客户的要求快捷、准确的将各类货物运达任何地点。在过去几十年内不断积累经验，改进运营和作业方法，形成一套综合性第三方物流业务流程和运营经验，并形成相应的现代化物流企业管理制度。在轻工、纺织和电子行业拥有广泛的客户群，并拥有丰富的现代物流经营管理经验和具有国际先进水平的计算机物流信息管理系统。

（三）拥有先进的物流技术手段和设备

随着现代物流产业向着网络化供应链式物流服务发展，佐川急便结合自己积累的物流实际业务经验，研发了拥有完全自主知识产权并具有国际先进水平的“E—Global”计算机物流信息管理系统，可保证对物流业务实行全程化跟踪管理、EDI和电子结算等服务，充分满足客户的相关需求，并大大提高物流运作效率和可靠性；同时通过信息系统网络和遍布日本的物流基地构成完备的物流体

系，为顾客提供全面支援和服务，使顾客能随时掌握商品和原料的库存量，从而控制从订货到出库的流程。此外佐川急便株式会社还根据客户的需求，研发了其他先进的物流技术和设备，如：

CTI系统（computer telephony information）：实时自动高速处理顾客委托电话以及货物受理员与配送车辆之间的联系（发送和打一印委托内容数据）的系统。

货物送达信息自动发送系统：为了提高货物行踪报告服务质量，佐川的所有配送车辆均装备有专用通信系统。在货物送达后，该系统即刻自动向主电脑发出送达信息，由此可实时向顾客提供配送状况信息。

（四）完善的业务流程

佐川急便可以在分析客户运作现状的基础上，定制个性化方案，设计的物流系统可以在较短时间内同客户系统相连接。佐川急便与日本冻餐行业的“老大”Nichirei（日本冷冻食品）融为一体，以快速、准确的速度与Nichirei设在日本各地的冷藏保温存储网络一道，给客户提供一流的冷藏运输服务。

【思考题】

1. 佐川急便株式会社的物流服务有哪些特点，这些特点能为企业的运营带来哪些利益？
2. 佐川急便株式会社凭借什么优势保持其在第三方物流行业的持续发展？
3. 该案例对我国第三方物流的发展有哪些启示？

第十三章　配送中心的规划与管理

本章学习目标

理解配送和物流配送中心的基本概念；了解配送的发展历程；了解物流配送中心的基本功能和类型；了解物流配送中心的规划；正确理解物流配送中心作业的指导思想和基本原则；理解物流配送中心的基本作业流程。

第一节　物流配送概述

一、配送的概念

配送，是指在经济合理区域范围内，根据客户要求，对物品进行拣选、加工、包装、分割、组配等作业，并按时送达指定地点的物流活动。

从物流的角度来说，配送几乎包括了所有的物流功能要素，是物流的一个缩影或在较小范围中物流活动的体现。一般的配送集装卸、包装、保管、运输于一身，通过这一系列的活动完成将物品送达客户的目的。配送的主体活动与一般的物流有所不同。一般物流是运输及保管，而配送则是运输及分拣、配货。从商流来说，配送与物流的不同之处在于：物流是商、物分离的产物，而配送则是商、物合一的产物，配送本身就是一种商业形式。虽然配送具体实施时，也有以商物分离形式实现的，但从配送的发展趋势看，商流与物流的结合越来越紧密，是配送成功的重要保证。

二、配送的要素

集货、分拣、配货、配装、配送运输、送达服务以及配送加工等是配送最基本的构成单元。

（1）集货：将分散的或小批量的物品集中起来，以便进行运输、配送的作业。

集货是配送的重要环节，集货是配送的准备工作或基础工作，配送的优势之一，就是可以集中客户的需求进行一定规模的集货。

（2）分拣：将物品按品种、出入库先后顺序进行分门别类堆放的作业。

（3）配货：使用各种拣选设备和传输装置，将存放的物品，按客户要求分拣出来，配备齐全，送入指定发货地点。

（4）配装：在单个客户配送数量不能达到车辆的有效载运负荷时，就存在如何集中不同客户的配送货物，进行搭配装载以充分利用运能、运力的问题。这就需要配装。配装也是配送系统中有现代特点的功能要素。

（5）配送运输：配送运输是较短距离、较小规模、额度较高的运输形式，一般使用汽车做运输工具。配送运输的路线选择问题是一般干线运输所没有的。

（6）送达服务：将配好的货运输到客户还不等于配送工作的结束，这是因为送达货和客户接货往往还会出现不协调，使配送前功尽弃。因此，要圆满地实现运到之货的移交，并有效地、方便地处理相关手续并完成结算，还应讲究卸货地点、卸货方式等。送达服务也是配送独具的特殊性。

（7）配送加工：按照配送客户的要求所进行的流通加工，可以大大提高客户的满意程度。配送加工一般只取决于客户要求，其加工的目的较为单一。

三、配送的发展过程

配送（或配送方式）和其他新生事物一样，是伴随着生产的不断发展而发展起来的。配送的发展大体上经历了三个阶段，即萌芽阶段、发育阶段和成熟阶段。

（一）萌芽阶段的配送

配送的雏形最早展现于20世纪60年代初期。在这个时期，物流活动中的一般性送货开始向备货、送货一体化方向转化。从形态上看，初期的配送只是一种粗放型、单一性的活动，其活动范围很小，规模也不大。在这个阶段，企业开展配送活动的主要目的是为了促进产品销售和提高其市场占有率。因此，在这个发展初期，配送主要是以促销手段的职能来发挥其作用的。

（二）发育阶段的配送

20世纪60年代中期，欧美一些国家的实业界相继调整了仓库结构，组建或设立了配送组织（配送中心），普遍开展了货物配装、配载及送货上门活动。这期间，不但配送的货物种类日渐增多（除了种类繁多的服装、食品、药品、旅游用品等日用工业品以外，还包括不少生产资料产品），而且配送活动的范围也在不断扩大。例如，在美国已经开展了洲际间的配送，在日本配送的范围则由城市扩大到了区域。从配送形式和配送组织上看，这个时期曾试行了“共同配送”，并且建立起了配送体系。

（三）成熟阶段的配送

20 世纪 80 年代以后，配送已演化成了广泛的、以高新技术为支撑手段的系列化、多功能性的供货活动。具体表现如下：

（1）配送区域进一步扩大。就发达国家而言，20 世纪 80 年代以后，配送的活动范围已经扩大到了省际和国际。例如，以商贸业立国的荷兰，货物配送的范围已经扩大到了欧洲共同体诸国。

（2）劳动手段日益先进。发达国家在开展配送活动的过程中，普遍采用了诸如自动分拣、光电识别、条形码等先进技术，并且建立起了配套的体系和配备了先进的设备（如无人搬运车、分拣机等），由此，大大提高了配送作业效率。

（3）配送的集约化程度明显提高。随着市场竞争日趋激烈及企业兼并速度的明显加快，配送组织（企业）的数量在逐步减少；但是，其总体实力和经营规模却与日俱增，配送的集约化程度不断提高。据介绍，在日本，有的配送中心的人均搬运作业率每小时可达到 500 个托盘，分拣能力已达到 1.45 万件。日本资生堂配送系统每天可完成管区内 4 200 个商店的货物配送任务，其配送能力已经达到了相当高的水平。

（4）配送方式的日趋多样化。进入 20 世纪 80 年代以后，由于经济发展的外部环境发生了变化，不但配送规模和配送活动的范围明显在扩大，而且配送作业方式（或形式）也逐渐多了起来。在配送实践中，除了存在着独立配送、直达配送等一般性配送形式以外，人们又推出了许多新的配送方式，如“共同配送”、“即时配送”、“交货代理配送”等。

四、配送的作用

配送业务与运输、仓储、装卸搬运、流通加工、包装和物流信息一起，构成了物流系统的功能体系，其作用表现在以下方面：

（1）通过集中仓储与配送可以实现企业组织的低库存或零库存的设想，并提高社会物流经济效益。

（2）通过配送可以解脱出大量储备资金用来开发企业新业务，改善财务状况。采用集中库存还可以使仓储与配送环节建立和运用规模经济优势，使单位存货、配送和管理的总成本下降。

（3）配送提高了物流服务水准，简化了手续，方便了用户，提高了货物供应的保证程度。

（4）完善了干线运输中心的社会物流功能体系。采用配送作业方式，可以在一定范围内，将干线、支线运输与仓储等环节统一起来，使干线输送过程及功能体系得以优化和完善。

五、配送的形式

（一）配送供给与需求

配送供给与需求的双方是由实行配送的企业和接受配送服务的用户（企业或消费者）所构成的。有以下几种情况。

1. 企业对企业的配送

是指企业与企业之间，或者企业集团的企业与企业之间的配送。基本上是属于社会开放系统的企业之间的配送供给与配送需求。做为配送需求方，基本上有两种情况：一种是企业做为最终的需求方；第二种是企业在接受配送服务之后，还要对产品进行销售，这种配送一般称之为“分销配送”。

2. 企业内部配送

企业内部配送大多发生在巨型企业之中，这一般有两种情况：①如果企业是属于连锁型企业。各连锁商店经营的物品、经营方式、服务水平、价格水平相同，配送的作用是支持连锁商店经营，这种配送称为连锁型配送。连锁配送的主要优势是：在一个封闭系统中运行，随机因素的影响比较小，计划性比较强，因此容易实现低成本的、精细的配送。②是巨型企业的内部配送。巨型企业成本控制的一个重要方法是，由高层主管统一进行采购，实行集中库存，按车间的或者分厂的生产计划组织配送，这种方式是现在许多企业采用的“供应配送”。

3. 企业对消费者配送

这是在社会一个大的开放系统中所运行的配送，虽然企业可以通过会员制、贵宾制等方式锁定一部分消费者，从而可以采用比较容易实施的近似于连锁配送的方式，但是，多数情况下，消费者是一个经常变换的群体，需求的随机性非常强，服务水平的要求又很高，所以这是配送供给与配送需求之间最难以弥合的一种类型。最典型的是和 B to C 型电子商务相配套的配送服务。

（二）配送服务方式

1. 定时配送

按规定时间和时间间隔进行配送，这一类配送形式称为定时配送。定时配送的时间，由配送的供给与需求双方通过协议确认，每次配送的品种及数量可预先在协议中确定。实行计划配送，也可以在配送之前以商定的联络方式（如电话、传真、计算机网络等）通知配送品种及数量。

定时配送这种服务方式，由于时间确定，对用户而言，易于根据自己的经营情况，按照最理想时间进货，也易于安排接货力量（如人员、设备等）。对于配送供给企业而言，这种服务方式易于安排工作计划，有利于对多个用户实行共同配送以减少成本的投入、易于计划使用车辆和规划路线。

这种配送服务方式，如果配送物品种类、数量有比较大变化。配货及车辆配装的难度则较大，会使配送运力的安排出现困难。

定时配送有以下几种具体形式。

（1）小时配。

小时配是接到配送订货要求之后，在 1 小时之内将货物送达。这种方式适用于一般消费者突发的个性化需求所产生的配送要求，也经常用作配送系统中应急的配送方式。

（2）日配。

接到订货要求之后，在 24 小时之内将货物送达的配送方式。日配是定时配送中实行较为广泛的方式，尤其在城市内的配送，日配占绝大多数比例。一般而言，日配的时间要求大体上是，上午的配送订货，下午可送达；下午的配送订货，第二天早上送达。这样就可以使用户获得在实际需要的前半天得到送货服务的保障，如果是企业用户，这可使企业的运行更加精密化。

日配方式广泛而稳定开展，就可使用户基本上无须保持库存，不以传统库存为生产和销售经营的保障，而以配送的日配方式实现这一保证，也即实现用户的“零库存”。

日配方式对下述情况特别适合：①消费者需求新鲜的、食品类商品，如水果、点心、肉类、蛋类、菜蔬等。②消费者由于消费冲动产生的突发需求，如体育用品、衣物、电器等商品。③用户是许多小型商店，追求周转快，随过随售，或是连锁型商业企业和连锁型服务企业，需要采取日配形式，保证货物的鲜活程度并加速周转。④用户条件限制，不可能保持较长时期的库存，或者用户是采用“零库存”方式进行生产的生产企业。⑤由于事故、特殊情况所出现了临时性需求。还有，处于“黄金宝地”位置的商店以及缺乏储存设施（如冷冻设施）的用户。食品的种类很多，其形状各异，又都有保质、保鲜期。

（3）准时配送方式。

按照双方协议时间，准时将货物配送到用户的一种方式。这种方式和时配、日配的主要区别在于：小时配、日配是向社会普遍承诺的配送服务方式，针对社会上不确定的、随机性的需求。准时方式则是两方面协议，往往是根据用户的生产节奏，按指定的时间将货送达。这种方式比日配方式更为精密，实现零库存。

准时配送方式要求有高水平的配送系统来实施。由于用户的要求独特，因而不大可能对多用户进行周密的共同配送计划。这种方式适合于装配型、重复、大量生产的企业用户，这种用户所需的配送物资是重复、大量而且没有太大变化的，因而往往是一对一的配送。

(4) 快递方式。

一种快速配送服务的配送方式。快速服务一般而言覆盖地区较为广泛。所以，服务承诺期限按不同地域会有所变化，这种快速方式，综合利用"小时配"、"日配"等在较短时间实现送达的方式，但不明确送达的具体时间，所以一般用作向社会广泛服务的方式，而很少用作生产企业"零库存"的配送方式。

快递配送面向整个社会企业型和个人型用户。如日本的"宅急便"、美国的"联邦快递"、我国邮政系统的 EMS 快递都是运作得非常成功的快递配送企业。

2. 定量配送

按事先协议规定的数量进行配送。

这种方式数量固定，备货工作有较强的计划性，则比较简单也比较容易管理。可以按托盘、集装箱及车辆的装载能力来有效地选择配送的数量，这样能够有效地利用托盘、集装箱等集装方式，也可做到整车配送，配送的效率较高。

定量配送不仅有利于配送服务供给企业的科学管理，对用户来讲，每次接货都是同等数量的货物，这有利于人力、装卸机具、储存设施的配备。

定量配送适合在下述领域采用：①用户对于库存的控制不十分严格，有一定的仓储能力，不施行"零库存"。②从配送中心到用户的配送路线保证程度较低，难以实现准时的要求。③难以对多个用户实行共同配送。只有达到一定配送批量，才能使配送成本降低到供、需双方能接受的水平。

3. 定时定量配送

按照规定的配送时间和配送数量进行配送。

定时定量配送兼有定时、定量两种方式优点，是一种精密的配送服务方式。这种方式计划难度较大，由于适合采用的对象不多，很难实行共同配送等配送方式，因而成本较高。

定时定量配送方式的实际应用，主要在大量而且稳定生产的汽车、家用电器、机电产品的供应物流中取得了成功。

4. 定时定路线配送

在规定的运行路线上，制定配送车辆到达的时间表，按运行时间表进行配送，用户可以按照配送企业规定的路线及规定的时间选择这种配送服务，并到指定位置及指定时间接货。

采用这种方式有利于配送企业依次对多个用户实行共同配送，无需每次决定货物配装、配送路线、配车计划等问题，因此比较易于管理，配送成本较低。

对用户而言，可以在确定的路线、确定的时间表上进行选择，又可以有计划的安排接货力量，虽然配送路线可能与用户还有一段距离，但由于成本较低，用户也乐于接受这种服务方式。

这种方式特别适合对小商业集中区的商业企业的配送。

5. 即时、应急配送

完全按用户突然提出的配送要求随即进行配送方式。

这是对各种配送服务进行补充和完善的一种配送方式，这种配送方式主要应对用户由于事故、灾害、生产计划的突然变化等因素所产生的突发性需求。但配送服务实际成本很高，难以用作经常性的服务方式。

6. 共同配送

按照日本工业标准（JLS）的解释，共同配送是“为提高物流效率，对许多企业一起行配送”。

1）共同配送优势

共同配送的主要追求目标，是使配送合理化。这包含以下几方面的考虑：①通过共同配送降低配送成本。②通过共同配送使车辆满载，减少上路车辆，改善交通及环境。③通过共同配送取得就近的优势，减少车辆行驶里程。④通过共同配送减少配送网点及设施，节约社会财富。

2）共同配送的具体形式

共同配送有以下几种具体形式：①由一个配送企业综合若干家用户的要求，对各个用户统筹安排，在配送时间、数量、次数、路线等诸方面做出系统的、最优的安排。这种配送服务方式，适合于在用户比较多的情况下，用户的配送需求有一定的共同性，这样就可以采用集中进货、集中库存，有效的分货、配货、配载、选择运输方式、选择运输路线、合理安排送达数量和送达时间，使配送具有很强的科学性和计划性。②由若干家用户联合组织配送系统对这些家用户进行配送。这种形式，将分散的配送需求集中起来，将分散的资源集中，就可以达到一定规模，从而提高配送效率并且降低成本。③多家配送企业联合，共同划分配送区域，共同利用配送设施（如配送中心），进行一定程度的配送分工。这种配送方式，配送企业可选择离用户最近的配送中心对用户实行配送，这个配送中心可能并非隶属于本配送企业，而是隶属于另一家配送企业，由于离用户近，可降低配送成本。同样，另一企业的某些用户，也可由这个企业的配送中心实行近距离配送。这样的适当划分，可以使实行共同配送的若干配送企业取得“双赢”或者是“多赢”。形成了一种共同协作的配送方式。

7. 加工配送

和流通加工结合，通过流通加工后进行配送。

流通加工和配送结合，使流通加工更有针对性，减少盲目性，配送企业通过流通加工增值取得收益。

对于用户而言，按用户要求，通过流通加工进行配送，使配送更能贴近用户的实际需求，这种配送方式大大提高配送的服务水平。

第二节　物流配送中心分类与功能

一、物流配送中心的内涵

（一）配送中心的概念

配送中心是从供应者手中接受多种大量的货物，进行包装、分类、保管、流通加工和情报处理等作业，然后，按照众多需要者的订货要求备齐货物，以令人满意的服务水平，进行配送的设施。配送中心是一种末端物流的节点设施，通过有效地组织配货和送货，使资源的最终配置得以完成。货物在从其生产地至批发、零售网点并最终销售给消费者的流动过程中，一般要在配送中心中进行一定的分类、保管和流通加工等处理，配送中心已成为连接生产和零售的一个纽带。

（二）配送中心的作用与地位

配送中心是以组织配送性销售或供应，执行实物配送为主要职能的流通型特点。在配送中心中，为了能做好送货的准备，需要采取零星集货、批量进货等种种资源搜集工作和对货物的分拣、配备等工作。因此，配送中心也有集货中心、分货中心的职能。为了更有效地、更高水平地配送，配送中心往往还有比较强的流通加工能力。此外，配送中心还必须执行货物配备后送达客户的使命，这是和分货中心只管分货不管运达的重要不同之处。由此可见，如果说集货中心、分货中心、加工中心的职能还是较为单一的话，那么，配送中心功能则比较全面、完整。配送中心实际上是集货中心、分货中心、加工中心功能的综合。

配送中心的形成与发展是有其历史原因的。配送中心是物流领域中社会分工、专业分工进一步细分之后产生的，是物流系统化和大规模化的必然结果。由于用户在货物处理的时间上、内容上以及服务水平上都提出了更高的要求，为了顺利地满足用户的这些要求，就必须引进先进的分拣设施和配送设施，否则就建立不了正确、迅速、安全、廉价的作业体制。配送中心是基于物流合理化和拓展市场两方面的需要而逐步发展起来的。

二、物流配送中心的功能和分类

（一）配送中心的分类

配送中心的主要类型如下。

1. 专业配送中心

大体上有两个含义：一是配送对象、配送技术是属于某一专业范畴，综合该专业的多种物资进行配送，例如多数制造业的销售配送中心。我国在无锡、石家庄、上海等地建的配送中心大多采用这一形式。二是以配送为专业化职能，基本不从事经营的服务型配送中心。

2. 柔性配送中心

这种类型的配送中心不是向固定化、专业化方向发展，而向能随时变化，对客户要求有强适应性，不固定供需关系，不断向发展配送客户的方向发展。

3. 供应配送中心

专门为某个或某些客户（例如联营商店、联合公司）组织供应的配送中心。比如，为大型连锁超市组织供应的配送中心；代替零件加工厂送货的零件配送中心，使零件加工厂对装配厂的供应合理化。我国上海地区六家造船厂的钢板配送中心，也属于供应型配送中心。

4. 销售配送中心

以销售经营为目的，以配送为手段的配送中心。主要有三种类型：

（1）生产企业为本身产品直接销售给消费者的配送中心。在国外，这种类型的配送中心很多。

（2）流通企业建立的配送中心。作为本身经营的一种方式，流通企业建立配送中心以扩大销售。我国目前拟建的配送中心大多用于这种类型。

（3）流通企业和生产企业联合的协作型配送中心。比较起来看，国外和我国配送中心的发展趋势，都向以协作型配送中心为主的方向发展。

5. 城市配送中心

以城市作为配送区域范围的配送中心。这种配送中心可直接配送到最终客户，且采用汽车进行配送。所以，这种配送中心往往和零售经营相结合，由于运距短、反应能力强，因而从事多品种、少批量、多客户的配送较有优势。日本的“仙台批发商共同配送中心”即属于这种类型。我国已建的“北京食品配送中心”也属于这种类型。

6. 区域配送中心

比较强的辐射能力和库存准备，向省（州）际、全国乃至国际范围的客户配送货物的配送中心。这种配送中心规模较大，一般而言，客户也较多，配送批量也较大，而且往往是既配送给下一级的城市配送中心，也配送给营业所、商店、批发商和企业客户。虽然也从事零星的配送，但不是主体形式。这种类型的配送中心在国外十分普遍，如日本的“阪神配送中心”、美国“沃尔玛公司的配送中心”、“蒙克斯帕配送中心”等就属于这种类型。

7. 储存型配送中心

有很强储存功能的配送中心。一般来说，在买方市场下，企业成品销售需要有较大库存支持。其配送中心可能有较强储存功能；在卖方市场下，企业原材料、零部件供应需要有较大库存支持，这种供应配送中心也有较强的储存功能。大范围配送的配送中心，需要有较大库存，也可能是储存型配送中心。我国目前拟建的配送中心，都采用集中库存形式，库存量较大，多为储存型。瑞士 Giba-Geigy 公司的配送中心拥有世界上规模居于前列的储存库，可储存 4 万个托盘；美国赫马克配送中心拥有一个有 163 000 个货位的储存区，存储能力非常大。

8. 流通型配送中心

基本上没有长期储存功能，仅以暂存或随进随出方式进行配货、送货的配送中心。这种配送中心的典型方式是：大量货物整体购进并按一定批量送出，采用大型分货机，进货时直接进入分货机传送带，分送到各客户货位或直接分送到配送用汽车上，货物在配送中心里仅做少许停滞。日本的阪神配送中心，中心内只有暂存，大量储存则依靠一个大型补给仓库。

9. 加工配送中心

具有加工职能的配送中心。我国上海市和其他城市已开展的配煤配送，配送点中进行了配煤加工。上海六家船厂联建的船板处理配送中心，属于这一类型的中心。

（二）配送中心的基本功能

配送中心是专门从事货物配送活动的经济组织。配送中心有如下几种功能。

1. 储存功能

配送中心的服务对象是为数众多的生产企业和商业网点（如超级市场和连锁店），配送中心的职能和作用是：按照用户的要求及时将各种配装好的货物送交到用户手中，满足生产需要和消费需要。为了顺利而有序地完成向用户配送商品（货物）的任务及更好地发挥保障生产和消费需要的作用，通常，配送中心都要兴建现代化的仓库并配备一定数量的仓储设备，储存一定数量的商品。某些区域性大型配送中心和开展“代理交货”配送业务的配送中心，不但要在配送货物的过程中储存货物，而且它所储存的货物数量更大、品种更多，储存功能乃是这种物流组织的重要功能之一。

2. 分拣功能

作为物流结点的配送中心，其服务对象（即客户）是为数众多的企业。在这些为客户中，彼此之间存在着很多差别：不仅各自的性质不尽相同，而且其经营规模也不一样。据此，在订货或进货的时候，不同的客户对于货物的种类、规格。数量等会提出不同的要求。面对这种情况，为了有效地进行配送（即为了能同时向不同的用户配送多种货物），配送中心必须采取适当的方式对组织进来（或接收到）的货物进行拣选，并且在此基础上，按照配送计划分装和配装货物。这样，在商品流通实践中，配送中心除了能够储存货物、具有储存功能以外，它还有分拣货物的功能，能发挥分拣中心的作用。

3. 集散功能

在物流实践中，配送中心凭借其特殊的地位和其拥有的各种先进的设施和设备，能够将分散在各个生产企业的产品（即货物）集中到一起，而后，经过分拣、配装向多家用户发运。与此同时，配送中心也可以做到把各个用户所需要的多种货物有效地组合（或配装）在一起，形成经济、合理的货载批量。配送中心在流通实践中所表现出的这种功能即（货物）集散功能，也有人把它称为“配货、分放”功能。

集散功能是配送中心所具备的一项基本功能。实践证明，利用配送中心来集散货物，可以提高卡车的满载率，由此可以降低物流成本。

4. 衔接功能

通过开展货物配送活动，配送中心能把各种工业品和农产品直接运送到用户手中，客观上可以起到媒介生产和消费的作用。这是配送中心衔接功能的一种重要表现。此外，通过集货和储存货物，配送中心又有平衡供求的作用，由此能有效地解决季节性货物的产需衔接问题。这是配送中心衔接功能的另一种表现。

5. 加工功能

为了扩大经营范围和提高配送水平，目前，国内外许多配送中心都配备了各种加工设备，由此形成了一定的加工能力。这些配送中心能够按照用户提出的要求和根据合理配送商品的原则，将组织进来的货物加工成一定的规格、尺寸和形状，由此而形成了加工功能。对于配送活动本身来说，客观上则起着强化其整体功能的作用。

第三节　物流配送中心的规划

一、物流配送中心规划的原则

物流配送中心规划是基础性工作，应当遵循以下各项原则。

1. 动态原则

在物流配送中心规划时，应在详细分析现状及对未来变化做出预测的基础上进行，而且要有相当的柔性，以在一定范围内能适应数量、用户、成本等多方面的变化。

2. 竞争原则

物流活动是服务性、竞争性非常强的活动。如果不考虑市场机制，而单纯从路线最短、成本最低、速度最快等角度考虑问题，一旦布局完成，便会导致垄断的形成和服务质量的下降，甚至由于服务性不够而在竞争中失败。因此，物流配送中心的布局应体现多家竞争。这一条原则对于我们政府部门进行建设规划尤其重要。

3. 低运费原则

物流配送中心必须组织运输与配送活动，因而运费原则具有特殊性。由于运费和运距、运量有关，所以低运费原则常简化成最短运距和运量的问题，通过数学方法求解以作为物流配送中心布局的参考。

4. 交通便利原则

物流配送中心的运输配送活动领域在中心之外，这一活动须依赖于交通条件。交通便利原则的贯彻包括两个方面：一是布局时要考虑现有交通条件；二是布局物流配送中心时必须把交通作为同时布局的内容来处理。只布局物流配送中心而不布局交通，有可能会使物流配送中心的布局失败。

5. 统筹原则

物流配送中心的层次、数量、布局是与生产力布局、消费布局等密切相关的，互相交织且互相促进和制约的。设定一个非常合理的物流配送中心布局，必须统筹兼顾、全面安排，既要做微观的考虑又要做宏观的考虑。

二、物流配送中心的规划内容

物流配送中心的规划是一项系统工程，要符合合理化、简单化和机械化的设计原则。合理化就是各项作业流程具有必要性和合理性；简单化就是使整个系统简单、明确、易操作、并努力做到作业标准化；机械化就是规划的现代物流系统应力求减少人工作业，尽量采用机械或自动化设备来提高生产效率，降低人为可能造成的错误。

在物流配送中心的规划中，要注意研究配送中心的 7 个规划要素：E，I，Q，R，S，T，C。E 代表 entry，指配送的对象或客户；I 代表 item，指配送商品的种类；Q 代表 quantity，指配送商品的数量或库存量；R 代表 route，指配送的路线；S 代表 service，指物流的服务品质；T 代表 time，指物流的交货时间；C 代表 cost，指配送商品的成本或建造设施的投入。目前流行的 EIQ 分析方法，就是利用 E，I，Q 这 3 个物流关键要素，来研究物流配送中心的需求特性，为物流配送中心的规划提供依据。

1. 物流配送中心的规划内容

物流配送中心的规划是一项系统工程，是一种长远的、总体的发展计划。它主要包括作业功能规划、选址规划、结构规划、物流设施规划和信息系统规划等多方面的内容。

物流配送中心规划可以分为两类，一类是新建物流配送中心的规划，一类是原有物流组织向物流配送中心转型的改造规划。新建物流配送中心规划又可以分为单个物流配送中心规划和对多个物流配送中心规划两种形式。

2. 物流配送中心规划设计的步骤

物流配送中心规划是一件复杂的工作，其大体步骤如图 13-1 所示。

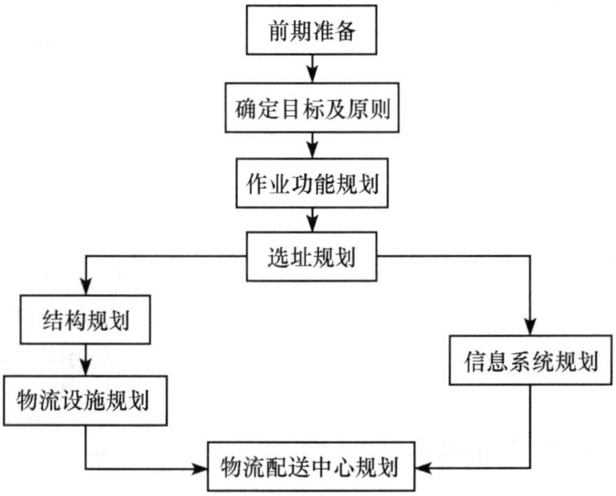

图 13-1　物流配送中心规划步骤

1）前期准备

前期准备工作是为物流配送中心规划提供必要的基础资料，常采用调研的方法，包括网上调研、图书资料调研与现场调研等，其主要内容包括：

（1）收集物流配送中心建设的内部条件、外部条件及潜在客户的信息；

（2）分析物流配送中心经营商品的品种、货源、流量及流向；

（3）调查物流服务的供需情况、物流行业的发展状况等。

2）确定目标

确定物流配送中心建设的目标是物流配送中心规划的第一步，主要是依据前期准备工作的资料，确定物流配送中心建设的近期、中期和远期目标。

3）作业功能规划

作业功能规划是将物流配送中心作为一个整体的物流系统来考虑，依据确定的目标，规划物流配送中心为完成业务而应该具备的物流功能。物流配送中心作为一种专业化的物流组织，不仅需要具备一般的物流功能，还应该具备适合不同需要的特色功能。物流配送中心的作业功能规划，首先需要针对不同的物流配送中心确定相应的作业流程，进而完成作业区域的功能规划，最后对工作区的作业能力进行规划。

4）选址规划

物流配送中心拥有众多建筑物、构筑物以及固定机械设备，一旦建成很难搬迁，如果选址不当，将付出长远代价，因而对于物流配送中心的选址规划需要予以高度重视。选址规划主要包括以下内容：分析影响因素，如自然环境、经营环境和基础设施状况等；选择选址方法，根据实际情况，一般采用定性和定量相结合的方法；筛选选址方案，确定选址结果。

5）结构规划

物流配送中心作业功能规划完成后，根据各作业流程、作业区域的功能及能力规划进行空间区域的布置规划和作业区域的区块布置工作以及标识各作业区域的面积和界限范围，以及其他建筑设施的规划设计。这部分工作主要包括以下内容：区域布置规划、库房设计、装卸货平台设计、货场及道路设计和其他建筑设施规划。

6）物流设施规划

物流配送中心的设施设备是保证物流配送中心正常运作的必要条件，设施设备规划涉及建筑模式、空间布局、设备安置等多方面的问题，需要运用系统分析的方法求得整体优化，最大限度地减少物料搬运、简化作业流程，创造良好、舒适的工作环境。在传统物流企业的改造中，设施设备规划要注意企业原有设施设备的充分利用和改造等工作，这样可以尽可能地减少投资。物流配送中心的物流设施规划一般包括以下工作：原有设施设备分析、物流配送中心的功能分区、设施的内部布局、设备规划、公用设施规划。

7）信息系统规划

信息化、网络化、自动化是物流配送中心的发展趋势，信息系统规划是物流配送中心规划的重要组成部分。物流配送中心的信息系统规划，既要考虑满足物流配送中心内部作业的要求，有助于提高物流作业的效率；也要考虑同物流配送中心外部的信息系统相连，方便物流配送中心及时获取和处理各种经营信息。一般来讲，信息系统规划包括两部分：物流配送中心管理信息系统的功能设计，物流管理信息系统的关键技术与应用。

三、物流配送中心的作业流程

（一）物流配送中心的指导思想

1. 指导思想

物流配送中心作业的指导思想为：以客户服务为中心，做到“两好”、“四快”、“四统一”。

“两好”为：客户服务好、在库货物保管好。

"四快"为：入库验收快、出库发运快、财务结算快、解决问题快。

"四统一"为：统一服务标准、统一流程、统一单证、统一岗位。

2. 作业原则

物流配送中心作业的基本原则是准确、及时、经济、安全。

（1）准确：如实反映货物的数量、规格、型号及质量情况。对于储存期间的货物要勤检查，发现问题及时采取措施。加强对储存货物的维护和保养，确保货物在库储存期间数量不短缺、使用价值不改变，实现在库货物的数量和质量都符合准确可信的要求。

（2）及时：快进、快出，在规定时间内保质、保量地完成收货、验收、出库、结算等项任务。即一方面充分做好进货准备工作，安排好货物入库的场地、货位和垛型，不压车、压线，及时验收、堆码、签单人库，做到快而不乱、既快又准；另一方面，合理安排和组织备货人员和机械设备，提高装卸、发运、托运、签单速度并做好出库的复核、点交工作，不发生错发、串发等事故。

（3）经济：合理调配和使用人力、设备，充分利用仓容，提高作业效率。加强经济核算，节约费用和开支，降低物流作业成本。

（4）安全：贯彻"安全第一、预防为主"的安全生产方针，消除货物保管及作业中的一些不安全因素。物流配送中心要把防火、防盗、防自然灾害、防霉变残损，确保货物、仓储设施、机械设备和人身安全作为作业工作的重中之重。

3. 多仓库物流配送中心的作业管理原则

针对有多个仓库网点的物流配送中心，在作业管理上应该坚持"四统一"的原则。

1）统一服务和作业标准

从客户至上、优质高效的服务宗旨出发，切实方便客户，改善物流配送中心各仓库网点的服务功能、简化手续。例如，对客户实行"一票到底"的服务，即所有提货、送货业务（包括单据验证、结算、收费、办理代理服务等）手续均在业务服务大厅一次办理完成（特殊情况例外），切实改变部门设置不合理、办事手续繁琐，造成客户往返找人、等待时间长、提送货物难的状况。

2）统一和规范作业流程

从提高物流配送中心整体管理水平和服务档次的角度出发，根本上改变各仓库网点分散作业的传统形象，统一和规范作业流程。使业务运作更加科学、合理、高效、严谨。从而创立统一的服务品牌。

3）统一作业单证

在物流配送中心全系统内，实行各种主要业务单证的规范和统一，同时规范、明确各类单证在业务中的流转、使用方法和要求。改变长期以来各仓库网点普遍存在的单证格式不统一、无单证、使用不规范、不便管理的现状。统一作业单证，不仅便于规范使用与管理，也便于计算机系统的应用。

4）统一部门和岗位设置

在物流配送中心全系统内，统一、规范设立业务部门和岗位职责。按业务需要和发展设岗，以岗位需要定员和选人。同时强化业务流程中各岗位间的衔接、监控机制，确保业务流程的严谨合理和安全可靠。

（二）物流配送中心的基本作业流程

物流配送中心的作用在于“化零为整”和“化整为零”，使产品通过它迅速流转。无论是以人工作业为主的物流系统，还是机械化的物流系统，或者是自动化或智能化的物流系统，如果没有正确有效的作业方法配合，那么不论多么先进的系统和设备，也未必能取得最佳的经济效益。

总体上讲，物流配送中心的基本作业流程如图 13-2 所示。综合归纳为 7 项作业活动：①客户及订单管理；②入库作业；③理货作业；④装卸搬运作业；⑤流通加工作业；⑥出库作业；⑦配送作业。

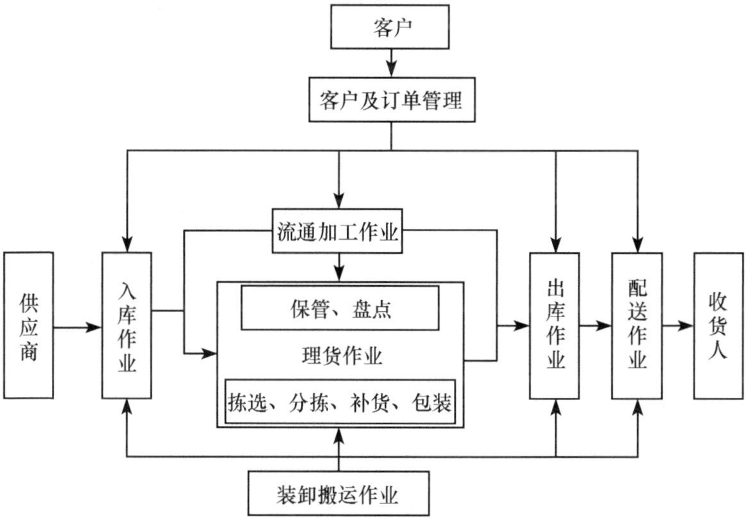

图 13-2　物流配送中心的基本作业流程

1. 客户及订单管理

物流管理的最终目标是满足客户需求，因此客户服务应该成为全局性的战略目标。通过良好的客户服务，不仅可以提高物流配送中心的信誉，增加物流配送中心对客户的亲和力并留住客户，而且可以通过客户服务获得第一手市场信息客户需求信息，为企业的进一步发展打下基础。在本项作业活动中，主要完成客户合同的签订、客户管理、订单处理以及结算等工作。

2. 入库作业

入库作业是指货物到达仓储区，经过接运、验收，码放至相应的货位，并完成手续的过程。入库作业的大致过程为：从送货车上将货物卸下，并核对该货物的数量及状态（数量检查、质量检查、开箱等），进行验收和分类，并搬运到物流中心的储存地点，然后将必要信息给予书面化等。在入库作业中，货物质量即验收工作至关重要。

3. 理货作业

理货是物流配送中心的基本作业活动，主要完成货物的储存保管、库存控制、盘点、拣选、分拣、补货、再包装等工作。储存保管作业的主要任务在于妥善保存货物，根据货物属性、货物存储对环要求等，对货物进行不定期检查、保养。

在物流配送中心的工作过程中，为了有效地掌握货物数量和质量情况，必须定期对各储存场所进行点货作业，即盘点作业。

拣选是按订单或出库单的要求，从储存场所选出货物，并放置指定地点的作业。拣选作业的目的在于正确而迅速地把客户所需的货物集中起来。

分拣是将货物按品种、出入库先后顺序进行分门别类堆放的作业。

补货作业是从保管区把货物运到另一个拣选区的工作。补货作业的目的是确保货物能保质保量按时送到指定的拣选区。

在物流配送中心的运作过程中，包装作业发挥了极其重要的作用，具有保护货物、方便物流、促进销售、方便消费四大功能，有力地促进了物流的合理化。

4. 装卸搬运作业

装卸搬运作业是指装货、卸货、实现货物在物流配送中心不同地点之间的转移活动。装卸、搬运是物流各环节连接成一体的接口，是配送运输、保管、包装等物流作业得以顺利实现的根本保证。

5. 流通加工作业

流通加工是指按照发货单或者客户订单需要将货物加工成所需的形状、大小等作业过程。这是货物从生产到消费中间的一种加工活动，是使货物发生物理性变化（如大小、形状、数量等变化）的物流方式。通过流通加工，可以节约材料、提高成品率，保证供货质量和更好地为客户服务。

6. 出库作业

出库是指货物离开货位，经过备货、包装和复核，装载至发货准备区，同时办理完交割手续的过程。

货物出库要根据“先进先出、推陈储新”的发货原则，做到先进的先出，保管条件差的先出，包装简易的先出，容易变质的先出，对有保管期限的货物要在限期内发出。

货物发运质量直接影响货物流通的速度和货物运输安全。按照“及时、准确、安全、经济”的货物发运原则，做到出库的货物包装牢固，符合运输要求，包装标志和发货标志鲜明清楚。要单证齐全，单货同行，单货相符；要手续清楚，货物交接责任分明，确保货物配送顺利进行。

7. 配送作业

所谓配送作业就是利用配送车辆把客户订购的货物从物流配送中心送到客户手中的工作。

在单个客户配送数量不能达到车辆的有效载运负荷时，就存在如何集中不同客户的配送货物，进行搭配装载以充分利用运能、运力的问题，这就需要配装；和一般送货不同之处在于，通过配装送货可以大大提高送货水平及降低送货成本，所以，配装也是配送系统中有现代特点的功能要素，也是现代配送不同于以往送货的重要区别之处。

交货是配送活动最后的作业，它是把运送到客户的货物，按客户要求，在指定地点进行卸车、办理核查、移交手续等作业活动。

（三）物流配送中心的若干典型作业流程

1. 储存型物流配送中心的作业流程

这种物流配送中心以中、小件杂货配送为主。由于货物较多，为保证配送，需要有一定储存量，因此这种物流配送中心属于有储存功能的物流配送中心。它对理货、分类、配货、配装功能要求较强，很少有流通加工的功能。这一类型物流配送中心的作业流程如图 13-3 所示。这种流程也可以说是物流配送中心的典型流程，其主要特点是有较大的储存、分获拣选、配货场所，作业装备也较大。

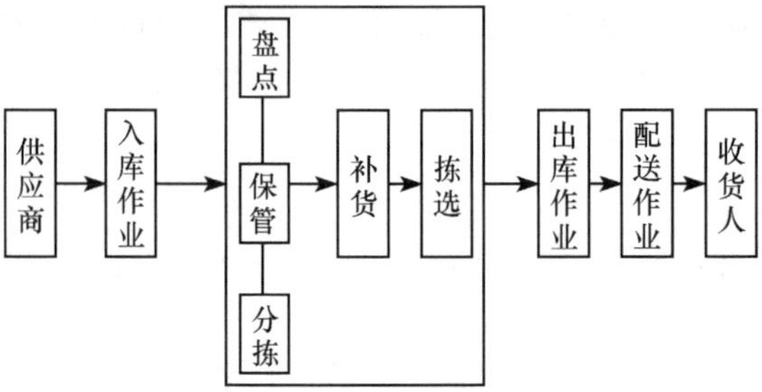

图 13-3 储存型物流配送中心的作业流程

2. 不带储存库的物流配送中心作业流程

在这种流程中，专以配送为职能，只有为一时配送备货的暂存，而无大量储存。暂存区设在配货场地中，物流配送中心不单设储存区。这种物流配送中心又称流通型物流配送中心，其作业流程如图 13-4 所示。它的主要场所都用于理货和配货。

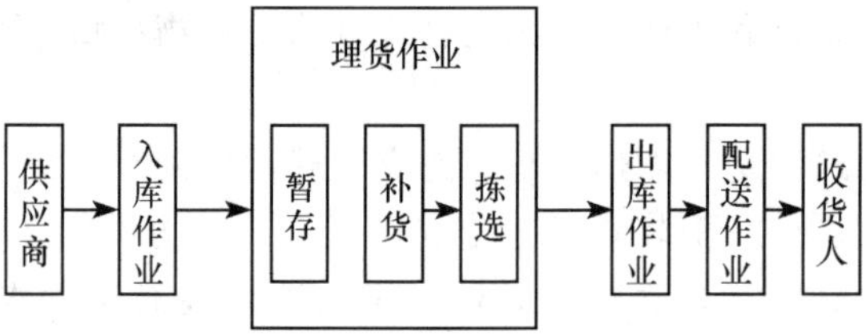

图 13-4 流通型物流配送中心的作业流程

3. 加工配送型物流配送中心的作业流程

加工配送型物流配送中心有多个模式，随加工方式不同而有所区别。典型的加工配送型物流配送中心的作业流程如图 13-5 所示。在这种流程中，货物按少品种或单一品种、大批量进货，货物很少或无需分类存放。加工一般是按客户要求进行，加工后便直接按客户要求配货。所以，这种物流配送中心有时不单设分货、配货或拣选环节，而加工部分及加工后分放部分是主要作业环节，占较多空间。

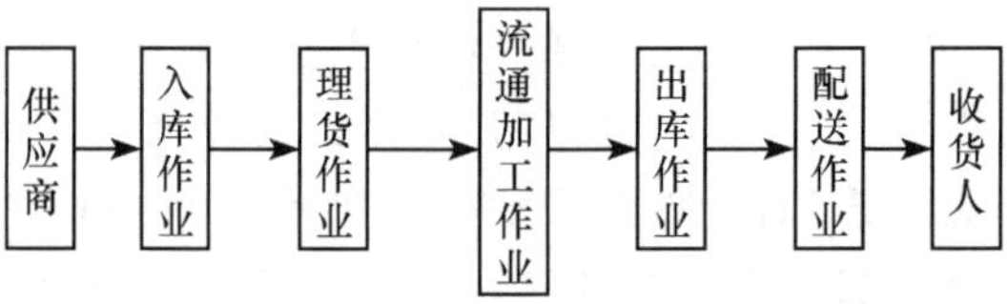

图 13-5 加工配送型物流配送中心的作业流程

4. 批量转换型物流配送中心的作业流程

在这种物流配送中心，货物以单一品种、大批量方式进货，在物流配送中心转换成小批量。如图 13-6 所示。这种物流配送中心的流程十分简单，基本上不存在分类、拣选、分货配货、配装等工序。但是，由于是大量进货，储存能力较强，所以储存及装货作业最为重要。

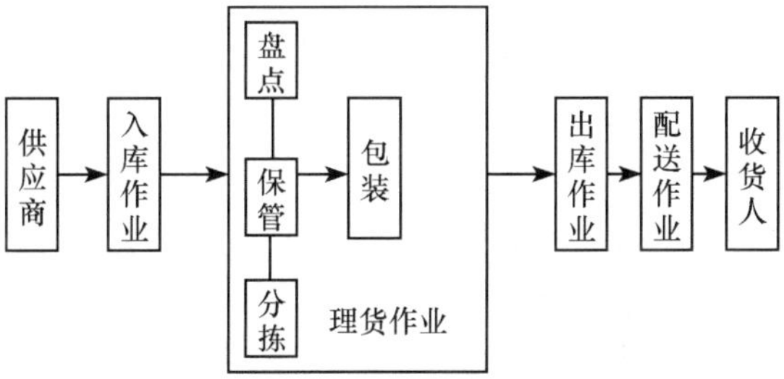

图 13-6　批量转换型物流配送中心的作业流程

本章小结

本章详细介绍了配送的含义、要素、形式及发展演变过程，另外，简单介绍了配送中心的内涵、分类和各种功能。物流配送中心的规划是建设物流配送中心的基础性工作，在开展物流配送中心规划时需要遵循动态原则、低运费原则、交通便利原则和统筹原则。物流配送中心的规划主要包括作业功能规划、选址规划、结构规划、设施规划和信息系统规划等。物流配送中心作业的指导思想为：以客户服务为中心，做到“两好”、“四块”、“四统一”。物流配送中心作业的基本原则是准确、及时、经济、安全。总体上讲，物流配送中心的基本作业流程综合归纳为 7 项作业活动：①客户及订单管理；②入库作业；③理货作业；④装卸搬运作业；⑤流通加工作业；⑥出库作业；⑦配送作业。

本章关键词

配送（distribution）
物流配送中心（logistics distribution centre）
物流配送中心的规划（the plan of logistics distribution centre）
入库作业（be put in storage operation）
理货作业（tallying operation）

装卸搬运作业（loading、unloading and handling operation）

流通加工作业（distribution processing operation）

流通型物流配送中心（logistics distribution centre for distribution）

加工配送型物流配送中心（logistics distribution centre for processing and distribution）

批量转换型物流配送中心（logistics distribution centre for quantity transform）

本章思考题

1. 配送的基本环节有哪些？
2. 请举例说明某种商品的配送模式？
3. 配送中心的基本功能是什么？
4. 如何理解物流配送中心的概念？
5. 物流配送中心有哪些类型？
6. 物流配送中心规划的程序是怎样的？
7. 物流配送中心的作业活动主要包括哪些内容？

本章案例　河南九州通医药物流配送中心

总部位于武汉的九州通集团，是一家以医药商业和实业投资为主，以药品批发、零售连锁和医药电子商务为核心业务的大型民营企业集团。年销售额超过110亿元，位列中国医药商业企业第三名、中国民营医药商业企业第一名。

本案例将要介绍的河南九州通医药物流配送中心就是九州通集团整个物流网络的重要组成部分。

一、以物流带动企业发展

作为九州通集团8家核心经营性子公司之一，河南九州通医药有限公司于2001年2月正式开业。经营产品多达8 000余种，品种齐全。销售网络以河南省为中心，辐射到陕西、山西、宁夏、安徽、河北等周边省区。2005年实现对外销售收入13亿元，已成为河南省规模最大的医药物流企业。

为了适应自身业务发展需要，提高物流管理水平及物流配送效率，更好地服务于终端客户，2004年，河南九州通计划在郑州市建造一个现代化的物流配送中心。

经过认真选择，河南九州通最终选定日本冈村制作所作为医药物流配送中心的系统总集成商，负责该项目的规划建设。配送中心占地 75 亩，总投资 3 亿元人民币。预计全部工程结束后，配送中心将实现储存 30 万箱、日均吞吐 2 万箱、峰值达 4 万箱的能力，通过现代化的自动储存、自动拣选和功能齐全的仓储信息管理系统，在大大降低差错率的同时，极大地提高劳动生产率，实现由传统的人工储存和拣货向自动化物流作业的转型。

河南九州通物流配送中心大量采用了适应中国国情和企业发展需要的物流技术与设备，达到了物流运作成本最低、效率最高、投资最少的目标。

该物流配送中心现阶段采用的主要物流软件与硬件设备及其作用如下：

仓库管理系统（WMS）：可提高配送中心信息处理效率和能力，优化现场作业调度，规范现场管理；

电子标签拣选系统（DPS）：可极大地提高拣选作业的效率和准确性，使拣选错误率降到万分之五以下；

高速自动分拣机：分拣速度最高可达 3 000 箱/小时，并可同时处理 150 家客户的订单，以满足对客户响应速度不断提高的需求。

将来，随着业务规模的进一步扩大，河南九州通物流配送中心还将增加自动化立体仓库，以扩大储存能力，提高仓库的空间利用率，减轻作业人员的劳动强度。

二、物流作业流程

整个配送中心共有 5 层，其中一层为分拣出库区，二层为整箱和拆零商品的存放和发货作业区，三、四层为整箱出库和补货用的地打储存区，五层为配送中心办公区。

配送中心的运作主要分为三个部分：入库、出库和补货。

1. 入库

卡车卸货后，配送中心收货人员根据入库清单。核对药品的品种、数量，然后将整箱药品码放在手推小车上，装载完成后，经由垂直升降机送至相应的楼层进行保管（入库流程参见图 13-7）。

对于特殊的药品，如易串味药品、冷藏药品等需隔离其他药品存放的，有专门储存房间存放。

2. 出库

出库作业集中在二层，分为整箱出库和拆零出库。整箱拣选人员为药品包装箱贴上带有条码的出库标签，然后将其搬至出库输送线上传送到一楼分拣区，再经自动分拣出库（出库流程参见图 13-8）。输送线流量可达 1 600 箱/小时。

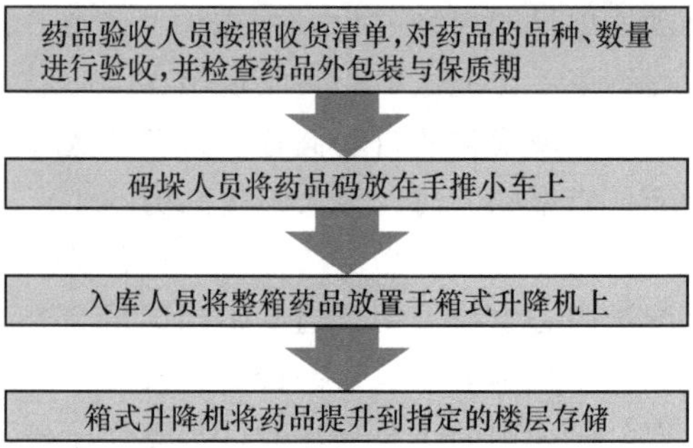

图 13-7　整箱药品入库流程

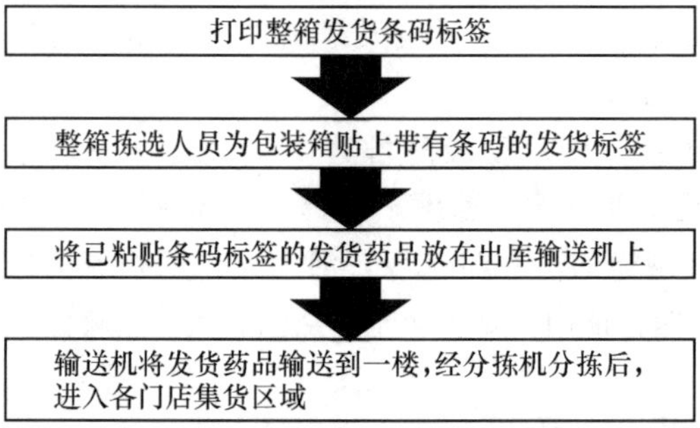

图 13-8　整箱药品发货流程

拆零出库的药品存放在带有电子标签的货架上。拆零拣选人员通过电子标签将各单品药品投放到与之相关联的周转箱中。当与该周转箱相关联的所有拣选任务完成后，电子标签拣货系统将自动指示拆零拣选人员将作业完毕的周转箱推至中间主输送机，传送到一层的包装区进行包装（图 13-9）。拆零输送线流量可达 1 600 箱/小时。

一层出库区主要有 3 个区域—包装区、分拣区和集货区。从二层传送下来的周转箱到达一层包装区后，自动按照人员的作业强度分配至 8 个区域。当周转箱到达终端后，由上架人员通过条码扫描枪扫描周转箱上的条码，确认周转箱的暂存货位，并按照货架上的电子标签指示，将周转箱搬运到货架上存放，之后按下电子标签确认，至此完成临时储存作业。

复核包装人员根据系统指示将周转箱中的药品取出，经复核后放入纸质包装箱，之后在纸箱上贴条码复核包装人员在包装箱上贴拼箱条码标签出货口及拼箱标签。纸箱再经过输送线送至分拣区（图 13-10）。

二层的整箱出库药品和一层包装区的拆零药品纸箱在分拣区汇合，进入全自动分拣机（分拣机共有 18 根滑道外加一根退出口滑道，处理能力最大为 3 000 箱/小时）。在分拣区备有自动全方位条码识读设备，读取每一个经过的货箱的条

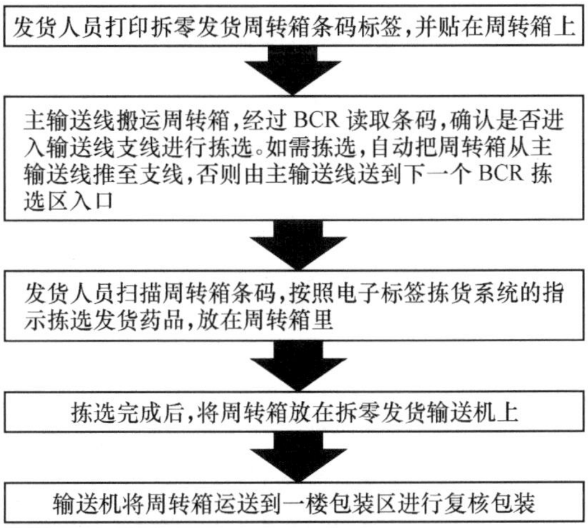

图 13-9　拆零拣选发货流程

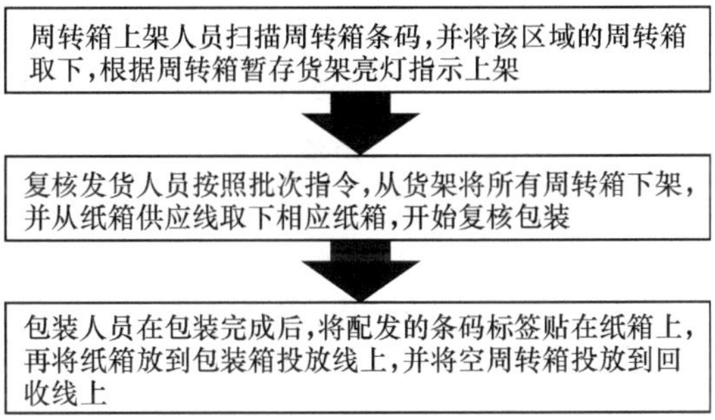

图 13-10　拆零包装流程

码信息，以确定其流向系统指定的滑道口。不同客户的药品将流向不同的滑道口。在每个分拣滑道口都安装了电子显示屏，显示一个客户的药品出库情况。根据显示屏确认出库完毕后，将出库药品送至相应的集货区复核装车。

集货区有 3 个区域：自提区、配送区和托运区。

3. 补货

当二层需要补货时，通过 WMS 系统自动发送补货请求。发货人员将存放在三、四层的货物，通过垂直升降机送到二层。并完成补货工作。

【思考题】

1. 河南九州通医药物流配送中心的作业流程的特点？

2. 结合河南九州通案例讨论我国企业在建立自己的配送中心时应考虑哪些因素？

第十四章　供应链物流管理

本章学习目标

通过本章的学习，了解供应链的概念、特征及其类型。熟悉掌握供应链管理与物流管理的关系，理解供应链物流管理的原理及其功能特征，理解和掌握供应链物流管理的策略，了解现代物流的发展趋势。

第一节　供应链物流管理概述

随着营销理念的快速发展，企业的经营理念转向市场营销和客户服务，Logistics作为一种管理理念，伴随着企业经营理念的改变促使其外延扩大，从功能性活动上升到企业市场营销管理的竞争战略层面。加上20世纪90年代前后发展合作伙伴关系和联盟思想的流行，物流管理的范围已扩展到企业和顾客之间。此时，要满足客户需求必须通过把包括企业的供应商和分销商以及相关物流中介在内的多个企业的协同运作，此时的物流管理实际上就是基于供应链的物流管理或者是供应链物流管理。CLM将于2005年1月1日更名为美国供应链专业协会CSCMP，说明物流管理也在不断适应社会和经济的发展的要求。

一、供应链概述

（一）供应链的概念

供应链目前尚未形成统一的定义，许多学者从不同的角度出发给出了许多不同的定义。早期的观点认为是制造企业中的一个内部过程，它是指把从企业外部采购的原材料和零部件，通过生产转换和销售等活动，再传递到零售商和用户的一个过程。传统的供应链概念局限于企业的内部操作层上，注重企业自身的资源利用。有些学者把供应链的概念与采购、供应管理相关联，用来表示与供应商之间的关系，这种观点得到了研究合作关系、JIT关系、精细供应、供应商行为评估和用户满意度等问题的学者的重视。但这样一种关系也仅仅局限在企业与供应商之间，而且供应链中的各企业独立运作，忽略了与外部供应链成员企业的联系，往往造成企业间的目标冲突。后来供应链的概念注意了与其他企业的联系，注意了供应链的外部环境，认为它应是一个“通过链中不同企业的制造、组装、分销、零售等过程将原材料转换成产品，再到最终用户的转换过程”，这是更大范围、更为系统的概念。

例如，美国的史迪文斯（Stevens）认为：“通过增值过程和分销渠道控制从供应商的供应商到用户的用户的流就是供应链，它开始于供应的源点，结束于消费的终点”。

伊文斯（Evens）认为：“供应链管理是通过前馈的信息流和反馈的物料流及信息流，将供应商、制造商、分销商、零售商，直到最终用户连成一个整体的模”。这些定义都注意了供应链的完整性，考虑了供应链中所有成员操作的一致性（链中成员的关系）。而到了最近，供应链的概念更加注重围绕核心企业的网链关系，如核心企业与供应商、供应商的供应商乃至与一切前向的关系，与用户、用户的用户及一切后向的关系。此时对供应链的认识形成了一个网链的概念，像丰田、耐克、尼桑、麦当劳和苹果等公司的供应链管理都从网链的角度来实施。

哈理森（Harrison）进而将供应链定义为：“供应链是执行采购原材料、将它们转换为中间产品和成品、并且将成品销售到用户的功能网”。这些概念同时强调供应链的战略伙伴关系问题。

国内著名学者马士华认为“供应链是围绕核心企业，通过信息流、物流、资金流的控制，从采购原材料开始，制成中间产品以及最终产品，最后由销售网络把产品送到消费者手中的将供应商、制造商、分销商、零售商、直到最终用户连成一个整体的功能网链结构模式。”

他还给出了一个供应链的模式图，见图 14-1。

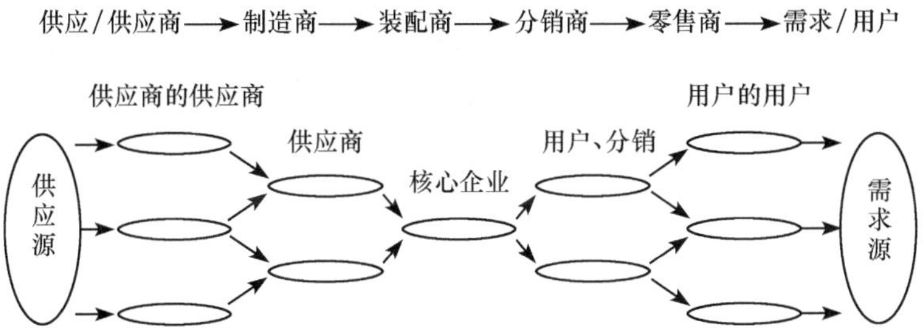

图 14-1　供应链模式

综合以上学者的观点，我们给出一个供应链的定义：所谓供应链，是指以物资产品为核心、以产品的制造支持、装配或筹集、以及产品分销等运作为主要内容、由包括核心企业、供应商、供应商的供应商、分销商、用户、用户的用户等多个单元组成的、以更低成本、更多、更好地满足最终用户对最终产品的需求为目的的、多层次、多功能的有机结合体。

它是一个范围更广的企业结构模式，它包含所有加盟的节点企业，从原材料的供应开始，经过链中不同企业的制造加工、组装、分销等过程直到最终用户。它不仅是一条联接供应商到用户的物料链、信息链、资金链，而且是一条增值链，物料在供应链上因加工、包装、运输等过程而增加其价值，给相关企业都带来收益。

（二）供应链的特征

从供应链的结构模型可以看出，供应链是一个网链结构，由围绕核心企业的供应商、供应商的供应商和用户、用户的用户组成。一个企业是一个节点，节点企业和节点企业之间是一种需求与供应关系。供应链主要具有以下特征：

（1）复杂性。因为供应链节点企业组成的跨度（层次）不同，供应链往往由多个、多类型甚至多国企业构成，所以供应链结构模式比一般单个企业的结构模式更为复杂。

（2）动态性。供应链管理因企业战略和适应市场需求变化的需要，其中节点企业需要动态地更新，这就使得供应链具有明显的动态性。

（3）面向用户需求。供应链的形成、存在、重构，都是基于一定的市场需求而发生，并且在供应链的运作过程中，用户的需求拉动是供应链中信息流、产品/服务流、资金流运作的驱动源。

（4）交叉性。节点企业可以是这个供应链的成员，同时又是另一个供应链的成员，众多的供应链形成交叉结构，增加了协调管理的难度。其中，供应链最根本的特点是协调配合。它是整个供应链效率的基础，也是供应链的生命力之所在，也是供应链最大的特点和优点。没有协调配合，就没有供应链。

供应链成员之间的协调配合有很多具体的内容，例如在更大的范围内统筹规划、资源共享、分工负责、协调行动、责任共担、利益共享等等。

（三）供应链的类型

根据不同的划分标准，我们可以将供应链分为以下几种类型。

1. 稳定的供应链和动态的供应链

根据供应链存在的稳定性划分，可以将供应链分为稳定的和动态的供应链。基于相对稳定、单一的市场需求而组成的供应链稳定性较强，而基于相对频繁变化、复杂的需求而组成的供应链动态性较高。在实际管理运作中，需要根据不断变化的需求，相应地改变供应链的组成。

2. 平衡的供应链和倾斜的供应链

根据供应链容量与用户需求的关系可以划分为平衡的供应链和倾斜的供应链。一个供应链具有一定的、相对稳定的设备容量和生产能力（所有节点企业能力的综合，包括供应商、制造商、运输商、分销商、零售商等），但用户需求处于不断变化的过程中，当供应链的容量能满足用户需求时，供应链处于平衡状态，而当市场变化加剧，造成供应链成本增加、库存增加、浪费增加等现象时，企业不是在最优状态下运作，供应链则处于倾斜状态。平衡的供应链可以实现各主要职能（采购/低采购成本、生产/规模效益、分销/低运输成本、市场/产品多样化和财务/资金运转快）之间的均衡。

3. 有效性供应链和反应性供应链

根据供应链的功能模式（物理功能和市场中介功能）可以把供应链划分为两种：有效性供应链（efficient supply chain）和反应性供应链（responsive supply chain）。有效性供应链主要体现供应链的物理功能，即以最低的成本将原材料转化成零部件、半成品、产品，以及在供应链中的运输等；反应性供应链主要体现供应链的市场中介的功能，即把产品分配到满足用户需求的市场，对未预知的需求做出快速反应等。

二、供应链管理概述

（一）供应链管理的概念

所谓供应链管理，就是对供应链进行的管理。具体包括对供应链的计划、组织、指挥、协调和控制。

供应链管理，也是一种管理，它和别的管理没有本质的区别，也离不开管理的计划、组织、指挥、协调和控制五大职能。但是针对供应链的具体情况，可以具有不同的特色、技术和方法。

（二）供应链管理的必要性

供应链一般不会自发地形成。这原因是多方面的：

（1）因为它牵涉到多个企业，需要多个企业共同愿意才能够实行。而要达成多个企业共同愿意也是不容易的。

（2）各个企业一般地都会自发地追求企业自身的利益最大化，而供应链的利益最大化不一定与企业自身的利益最大化相一致，有些甚至是相抵触的。例如甲种汽车的制造供应链中，供应链的目标是希望甲种汽车的销售量达到最大，而某汽车轮胎厂是这种汽车轮胎的供应商。但是，这种汽车轮胎的需要量仅仅占该轮胎厂的销售量的一小部分，其大部分轮胎是为乙种汽车制造的，甲乙二种汽车还是竞争对手。在这种情况下，轮胎厂自然不会只根据甲种汽车制造供应链的利益而把资金、技术、生产能力转移到甲种汽车轮胎的制造上，而是自发地要放在一种汽车轮胎的制造上，以保障它最大的销售收入。

（3）各个企业一般都有自己的供应链系统：从整个社会看，多个供应链在各个企业结点上是相互交叉的。各个企业可能既是甲供应链的一个成员，可能又是乙供应链的一个成员，同时自己可能还是自己的丙供应链的核心企业。所以，它的有限的资源不可能自发地只放到甲供应链上，而是要综合权衡甲、乙、丙三者，选择一个适当的折中。

（4）有的企业之间没有直接的联系。他们不可能自发地联系起来构造供应链。例如汽车制造供应链中的上游供应链企业轮胎制造厂和该汽车制造供应链中下游供应链企业例如某个分销物流公司通常是没有直接联系的。所以轮胎厂不可能自发地去找这个物流公司去构造这个汽车制造供应链。

因此，供应链不会自发地形成，需要有人费力气去做艰苦细致的工作，才能够形成。即使供应链组织好不容易成立起来了，也不会自发地就能够运行起来。因为牵涉的企业多，大家虽然愿意合作、愿意协调，但是却不知道怎么样合作、怎么样协调，或者虽然知道应该怎么样合作、怎么样协调，但是由于现有的组织结构、运作体制、工作程序的种种限制，不可能实现这种合作、这种协调，等等。在这些情况下，供应链都是不可能运行起来的。供应链即使运行了起来，也不是会自发地就有效率。由于供应链是由多个企业联合形成的，需要多个科学地、巧妙地配合，才可能有效率。如果整个工作流程不科学、或者系统结构不合理、或者供应链中哪怕是一个企业配合不到位，都可能造成整个供应链的低效率、或者无效率、甚至负效率的运行。

所有这些，都说明需要进行供应链管理。只有进行供应链管理，才能够构造出一个有效率的供应链，才能够保证供应链的有效率的运行。

三、物流管理与供应链管理区别与联系

供应链是指生产和流通过程中，涉及将商品（或服务）提供给最终用户的上下游企业，同时包括最终用户，所形成的一个整体性功能的网络结构模式。在这一网络结构模式内，每一交易方既是其客户的供应商，又是其供应商的客户。他们既向上游交易方订购商品，又向下游交易方供应商品。供应链管理则是指在商

品供给的链条中，企业间就商品流通过程中发生的各种管理活动加强相互间的合作，改变原有分散的物流管理方式的一种新型物流体制。这种管理贯穿于从供应商的供应商到客户的客户的全过程。供应链管理的目的是通过“链”上各个企业之间的合作和分工，致力于整条“链”上的物流、信息流、资金流的合理化，从而提高整条“链”的竞争能力。

实践证明，供应链中价值增值的管理即物流管理是最有效的，因为它关注的是商品的流通而不是传统观念上的功能分割或局部效率。

（一）物流管理与供应链管理的区别

通俗地讲，物流就是运输、储存等基本功能有机结合的过程，供应链则围绕某一核心企业，从制造商到最终用户连成一个整体功能网链结构。供应链管理与物流管理之间有着许多共同之处，但它们之间也存在着许多不同之处：

（1）关注的重点。供应链把链上各企业看作一个紧密联系、协调发展的有机整体，在实际执行中采用集成思想和方法，传统物流的重点仍然集中在管理库存等功能性发挥上。

（2）范围。供应链关心的并不仅仅只是物料实体在链中的流动，供应链涵盖了传统物流全部内容，而且从更高层次着眼，解决物流所面对的问题。

（3）手段。供应链基于战略协作关系，利用透明性、服务支持、并行工程、集智性、柔性与敏捷性等方法手段来进行流程再造，传统物流以业务关系为合作基础，无法从根本上进行系统内部流程再造。

（4）目标。供应链的目标是达到对客户快速反应和整个供应链交易成本最低；而传统物流其主要任务仍然是管理库存和运输，强调及时、准确。

（二）物流管理与供应链管理的联系

物流运作的最终目标是以最低成本实现最大客户价值，即在规定的时间将特定的产品以准确的方式安全地送交指定的顾客。要实现上述目标，有赖于供应链思想的指导；而供应链的实施有赖于物流平台的支持，链上任何一种商品运动，都是物流、信息流、资金流和商流的实现过程，而其中的物流是任何虚拟化手段都难以实现的，链条的顺畅，必须有物流的支持。企业物流与第三方物流为供应链条实施提供支持：企业通过仓储运输等活动的合理化，有效支持供应链上各节点企业实现无缝连接；第三方物流通过提供专业性服务，使链上节点企业将不擅长不具优势的业务剥离，从而更专注核心业务，最终实现价值活动增值，供应链应变速度加快，竞争力增强，整体服务水平提高的同时成本降低。

第二节 供应链物流管理原理

一、供应链物流管理的概念

合作竞争时代的到来，竞争无国界与企业相互渗透的趋势越来越明显，市场竞争实质上已不是单个企业之间的较量，而是供应链与供应链之间的竞争，对传统企业管理思想产生了巨大的冲击。面对变化反复无常、竞争日趋激烈的市场环境以及客户需要多样化与个性化、消费水平不断提高的市场需求，一方面，企业越来越注重利用自身的有限资源形成自己的核心能力，发挥核心优势；另一方面，充分利用信息网络寻找互补的外部优势，与其供应商、分销商、客户等上下游企业构建供应链网链组织，通过供应链管理（supply chain management，SCM）共同形成合作竞争的整体优势。

供应链管理的核心是供应链的物流管理，资金流是为物流服务的、为保障物流顺利进行创造条件的。

供应链物流管理，是指以供应链核心产品的、或者核心业务为中心的物流管理体系。前者主要是指以核心产品的制造、分销和原材料供应为体系而组织起来的供应链的物流管理，例如汽车制造、分销和原材料的供应链的物流管理，就是以汽车产品为中心的物流管理体系。后者主要是指以核心物流业务为体系而组织起来的供应链的物流管理，例如第三方物流、或者配送、或者仓储、或者运输供应链的物流管理。这二类供应链的物流管理有相同点，又有区别。

二、供应链物流管理的原理

供应链物流管理的原理，就是要结合供应链的特点，综合采用各种物流手段，实现物资物质实体的有效率的移动，既保障供应链正常运行所需的物资需要，又保障整个供应链的总物流费用最省、整体效益最高。

在供应链上，物流是将产品或服务提供给最终客户，实现产品或服务价值增值的关键性活动。而要使物流通畅、高效，核心企业必须发挥调度与管理中心作用，适时向供应商发出需求指令，向分销商发出供货指令，确保各成员企业都能在合适的时间，得到合适品质、合适数量与合适规格型号的原材料、零部件或产成品，既不造成缺货，又不发生库存积压，并使供应链总成本最小化。

供应链管理意味着跨企业的物流管理，它包括供应商、生产商、批发商和零售商等不同的企业在内的整个链的计划和运作活动的协调，意味着跨越各个企业的边界，在整个链上应用系统观念进行集成化管理。如果供应链上的所有企业都孤立地优化自己的物流活动，那么整个供应链的物流不可能达到最优化。因此，要实现更大范围、整个供应链物流的最优化，就必须从供应链整体出发来协调各成员企业的物流活动。毫无疑问，供应链管理的驱动力是使供应链的总成本最小化。从供应链结构图中可以清楚地看出，供应链上的库存主要集中在“成员企业组织的边界”（organizational boundaries）上，即企业与企业之间的接口（interface），也就是供应链物流管理的利润空间所在。供应商行为的不确定性和客户行为的不确定性导致企业囤集缓冲库存（buffer stock）。为了提高整个供应链的整体竞争优势和增加共同利益，供应链成员企业之间必须从系统管理和集成化管理思想出发，实现集成化供应链物流管理。

三、供应链管理体系下物流管理的特点及其功能

由于供应链构成的复杂性，要有效地实现供应链物流管理，必须抛弃传统的管理思想，将供应链各成员企业的订货处理、采购、制造、装配、库存控制、分销等看作一个整体流程，实现对供应商的供应商、供应商、制造商、分销商、零售商、客户以及客户的客户整个供应链物流的集成化管理（图 14-2），才能创造新的整体竞争优势。

A_1：客户合作伙伴关系　　A_2：供应商合作伙伴关系

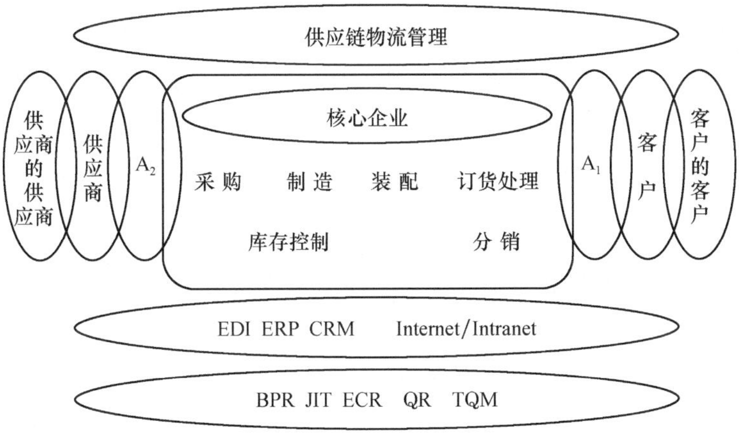

图 14-2　供应链物流管理模型

（一）供应链物流的特点

（1）客户物流——供应链物流的起点。由于整个供应链都是由客户需求拉动

的，因而客户的采购物流是供应链物流的起点，整个供应链物流管理要以满足客户物流需求为核心，主动积极地为客户提供增值物流服务。

（2）核心企业——供应链物流的协调与管理中心。供应链是基于核心企业的利益共同体，虽然各成员企业都具有独立法人资格，相互之间没有行政上的隶属关系，但整个供应链体系是靠核心企业驱动的。同样，对供应链物流管理而言，核心企业发挥调度与管理中心作用，负责对从供应商到核心企业的供应物流，核心企业的内部物流，再到分销商与最终客户的分销物流的总体协调与控制，确保供应链物流总成本最小化。

（3）企业接口物流——供应链物流管理的利润源。众所周知，在实行供应链管理之前，供应商与制造商、制造商与分销商、分销商与客户等关联企业之间的接口往往出现管理“真空”，存在大量的物流延迟、重复作业和冗余库存等。而通过供应链物流管理，成员企业之间实现了全流程的无缝作业，就能大大提高接口工作效率，有效减少物流重复、浪费与失误。

（4）现代信息与网络技术——供应链物流管理实现的基础前提。Internet、Intranet 的出现与普及运用，为供应链物流的信息共享与信息交互提供了基础平台；电子数据交换（EDI）、企业资源计划（ERP）、客户关系管理（CRM）的不断完善与广泛应用，为供应链物流管理提供了技术保障。

（5）现代管理思想与方法——供应链物流管理实现的理论保证。通过业务流程重构（BPR），能够消除各职能部门以及供应链成员企业的自我保护主义，实现供应链物流组织的集成与优化；通过准时制管理（JIT）、快速反应（QR）、有效客户反应（ECR）、全面质量管理（TQM）等管理思想与技术方法的综合运用，实现供应链物流管理方法的集成；通过资源整体优化配置，有效运用价值链激励机制，寻求非增值活动及相应结构的最小化，实现供应链物流管理效益的优化与集成。

（二）供应链管理体系下物流管理的功能

（1）库存管理。要通过库存管理缩短订货、运输、支付的周期时间，加速库周转，消除缺货事件的发生，有利于整个供应链的协调和运转。

（2）订购管理。订购过程是给供应商发出订单的过程，主要包括供应商管理、订购合同管理、订购单管理。通过供应链管理，企业可利用配销单据等对整个补充网络做计划，并向供应链自动发出订货单，通过合同管理在供需双方建立长期关系，通过检查订购数量，将订购单送给供应商并对已接收货物进行支付。

（3）配销管理。对进入分销中心的物资，其管理过程主要有以下几个方面：配销需求管理、实物库存管理、运输车队管理、劳动管理等。

(4) 仓库管理。除了入库货物的接运、验收、编码、保管、出库货物的分拣、发货、配送等一般业务外，还包括代办购销、委托运输、流通加工、库存控制等业务。仓库管理的操作强度很大，但条形码技术、扫描仪 EDI 的引入改变了传统的工作方式，提高了工作效率，从而实现物流管理的电子化，能达到对贸易过程实时跟踪的基本要求。

第三节 基于供应链的物流管理策略

一、供应链管理体系下的物流环境

企业竞争环境的变化导致企业管理模式的转变，供应链管理思想就是在新的竞争环境下出现的。新的竞争环境体现了企业竞争优势要素的改变。在 20 世纪的 70 年代以前，成本是主要的竞争优势，而 80 年代则是质量，90 年代是交货时间，即所谓基于时间的竞争，到 21 世纪初，这种竞争优势就会转移到敏捷性上来。在这种环境下，企业的竞争就表现在如何以最快速度响应市场要求，满足不断变化的多样化需求，即企业必须能在实时的需求信息下，快速组织生产资源，把产品送到用户手中，并提高产品的用户满意度。在剧烈的市场竞争中，企业会感到一种资源饥渴的无奈，传统的单一的竞争模式已经很难使企业在市场竞争中保持绝对的竞争优势。信息时代的到来，进一步加深了企业竞争的压力。信息资源的开放性，打破了企业的界限，建立了一种超越企业界限的新的合作关系，为创造新的竞争优势提供了有利的条件。因此，供应链管理的出现迎合了这种趋势，顺应了新的竞争环境的需要，使企业从资源的约束中解放出来，创造出新的竞争优势。供应链是指生产和流通过程中，涉及将商品（或服务）提供给最终用户的上下游企业，同时包括最终用户所形成的一个整体性功能的网络结构模式。在这一网络结构模式内，每一交易方既是其客户的供应商，又是其供应商的客户，他们既向上游交易方订购商品，又向下游交易方供应商品。供应链管理则是指在商品供给的链条中，企业间就商品流通过程中发生的各种管理活动加强相互间的合作，改变原有分散的物流管理方式的一种新型物流体制，这种管理贯穿于从供应商的供应商到客户的客户的全过程。供应链管理的目的是通过“链”上各个企业之间的合作和分工，致力于整条“链”上的物流、信息流、资金流的合理化，从而提高整条“链”的竞争能力。

（一）基于敏捷供应链的物流管理

在当今全球经济一体化的环境下，产品生命周期的不断缩短、越来越趋向于白热化的竞争使市场中原本诸多的不确定因素更加复杂，因此，“时间”已成为企业生存的关键，冗长、反应迟钝的供应链流程对于任何谋求发展的企业都是不可容忍的。在这种基于时间的竞争中，要求企业用尽可能短的时间满足客户的要求，使企业的供应链运作与市场中的需求同步，这不仅仅要求企业的响应速度，同时还强调反应的“柔性”，形成“响应型的供应链”。以往人们认为在制造中通过使用自动化的技术、设备来适应市场中快速的变化就叫做“柔性”。但是在当前市场环境所指的“柔性”或者“敏捷性”的意义包涵更广，它的概念最早起源于“柔性制造系统”（FMS），是指一个企业的综合能力，包括了企业中的组织结构、信息系统、物流过程以及最重要的企业文化的影响。

敏捷供应链（agile supply chain，ASC），是指以核心企业为中心，通过对资金流、物流、信息流的控制，将供应商、制造商、分销商、零售商及最终消费者用户整合到一个统一的、快速响应的、无缝化程度较高的功能网络链条之中，以形成一个极具竞争力的战略联盟。敏捷供应链的实质是尽可能地优化整合企业内外资源，更多地强调了供应链在响应多样化客户需求方面的速度目标。

敏捷供应链作为一种全新的理念，在多个维度上突破了传统的管理思想，给企业的物流管理活动带来了深刻影响：

第一，更加强调物流的速度。网络经济时代，企业实行敏捷供应链战略的一个重要竞争优势就在于速度。在传统企业的物流运作方式中，从接受订单到成品交付是一个漫长的过程，而且还不可避免地产生诸多等待和误差。企业如果按敏捷供应链观念来组织生产，其独特的订单驱动生产组织方式，在敏捷制造技术支持下可以最快速度响应客户需求。戴尔公司是成功利用信息技术实行敏捷供应链战略的楷模，企业收到订单后，以电子化方式将订单分解，并通过互联网将子任务分派给供应链上的各节点企业，各企业按电子订单生产并按核心企业的时间表供货，无论是需要一台电脑的个人还是数百台电脑的大公司，戴尔在接到订单后都会在几个工作日内履行完毕。

第二，物流活动更加贴近顾客资源。在敏捷供应链中，企业的所有物流活动都必须要紧密围绕着客户的需求而展开，“在何时、何地以何种方式为哪一个客户提供什么样的物流服务”就成为了企业物流运作活动中需要时刻思考的问题。在这种情况下，企业会对客户的电子商务环节开办个性化订购服务，客户可在网页上根据公司对产品组件和功能介绍，自己选择零部件，自己设计产品的款式、颜色、尺寸，顾客的需求信息直接反映到产品设计、规划阶段，成为企业最直接也是最有价值的信息资源。

第三，物流成本得到进一步降低。传统企业的生产组织方式是按照从供应到生产再到销售的推动型生产方式进行的，企业内部往往缺乏后工序拉动的按单即时生产能力，很容易造成企业内部大量库存堆积，物流成本居高不下。在企业与企业之间，由于供应链上游企业缺少相邻下游企业的即时信息，结果难以逃脱需求被逐级放大的“牛鞭效应”，导致企业间库存不断增加，整条供应链节点企业间的总物流成本会攀升到令人诧异的高度。而敏捷供应链则在信息技术的支持下，成功地实现了客户需要什么就生产什么的订单驱动型生产组织方式，可以极大地降低每一个节点企业的库存量，从而降低整条供应链中的物流成本。

第四，对现代物流技术手段的应用要求更高。敏捷供应链的关键是在Internet网络环境下，实现各节点企业之间的信息集成和共享。而近些年来，基于Internet的诸多信息技术，如VRML（虚拟现实建模语言）、XML（可扩展标记语言）、CORBA（公共对象请求代理结构）、分布计算技术以及JAVA支持跨平台、面向对象的编程语言等，都逐渐成为敏捷供应链的支撑技术，也开始在企业的物流活动中得到越来越广泛的应用。此外，电子数据交换（EDI）技术、射频识别（RFID）技术、电子资金转账（EFT）技术的普及应用也为实现敏捷供应链提供了技术基础，基于这些技术来开展企业物流活动日益成为时代的趋势。正是由于在敏捷供应链思想的指引下，企业的物流活动才开始越来越重视提高速度、贴近客户、降低成本和应用先进的物流技术手段，衍生出敏捷物流运作模式，进而将整个物流行业的竞争推向了一个更高的层面。反过来，也正是这种敏捷物流运作模式使供应链的敏捷化目标不再遥不可及。企业通过敏捷物流管理，不仅可以针对客户需求的变动及时做出快速反应，如对存货数量的调整、对客户订单的修改、对配送车辆的重新调度等，而且还可以尽量缩短货物的交货时间，从而大大提高企业的客户满意度。

（二）在精益供应链环境下的物流

目前，在众多的物流管理新思想、新理论中，精益物流的影响越来越广泛。精益物流是起源于日本丰田汽车公司的一种物流管理思想，其核心是追求消灭包括库存在内的一切浪费，并围绕此目标发展的一系列具体方法。它是从精益生产的理念中蜕变而来的，是精益思想在物流管理中的应用，并把精益生产方法外延到企业活动的各个方面，不再局限于生产领域，从而促使管理人员重新思考企业流程，消灭浪费，创造价值。精益思想的核心就是以越来越少的投入——较少的人力、较少的设备、较短的时间和较小的场地创造出尽可能多的价值；同时也越来越接近用户，提供他们确实要的东西。同时也越来越接近用户，提供他们确实要的东西。精益思想的理论诞生后，物流管理学家则从物流管理的角度对比进行了大量的借鉴工作，并与供应链管理的思想密切融合起来，提出了精益供应链物流的新概念。

在精益供应链环境下的物流管理是运用精益思想对企业物流活动进行管理，

其基本原则是：

(1) 从顾客的角度而不是从企业或职能部门的角度来研究什么可以产生价值；

(2) 按整个价值流确定供应、生产和配送产品中所有必须的步骤和活动；

(3) 创造无中断、无绕道、无等待、无回流的增值活动流；

(4) 及时创造仅由顾客拉动的价值；

(5) 不断消除浪费，追求完善。

精益供应链物流的目标可概括为：企业在提供满意的顾客服务水平的同时，把浪费降到最低程度。企业物流活动中的浪费现象很多，常见的有：不满意的顾客服务、无需求造成的积压和多余的库存、实际不需要的流通加工程序、不必要的物料移动、因供应链上游不能按时交货或提供服务而等候、提供顾客不需要的服务等，努力消除这些浪费现象是精益物流管理的最重要内容。实现有效的精益物流管理必须正确认识以下几点：

(1) 精益物流前提。正确认识价值流。价值流是企业产生价值的所有活动过程，这些活动主要体现在三项关键的流向上：从概念设想、产品设计、工艺设计到投产的产品流；从顾客订单到制定详细进度到送货的全过程信息流；从原材料制成最终产品、送到用户手中的物流。因此，认识价值流必须超出企业这个世界上公认的划分单位的标准，去查看创造和生产一个特定产品所必须的全部活动，搞清每一步骤和环节，并对它们进行描述和分析。

(2) 精益物流的保证。价值流的顺畅流动。消除浪费的关键是让完成某一项工作所需步骤以最优的方式联接起来，形成无中断、无绕流和排除等候的连续流动，让价值流顺畅流动起来。具体实施时，首先要明确流动过程的目标，使价值流动朝向明确。其次，把沿价值流的所有参与企业集成起来，摒弃传统的各自追求利润极大化而相互对立的观点，以最终顾客的需求为共同目标，共同探讨最优物流路径，消除一切不产生价值的行为。

(3) 精益物流的关键。顾客需求作为价值流动力。在精益物流模式中，价值流的流动要靠下游顾客的拉动，而不是靠上游来推动，当顾客没有发出需求指令时，上游的任何部分都不要去生产产品，而当顾客的需求指令发出后，则快速生产产品，提供服务。当然，这不是绝对的现象，在实际操作中，要区分是哪一种类型的产品，如是需求稳定、可预测性较强的功能型产品，可以根据准确预测进行生产，而需求波动较大、可预测性不强的创新型产品，则要采用精确反应、延迟技术，缩短反应时间，提高顾客服务水平。

(4) 精益物流的生命。不断改进，追求完善。精益物流是动态管理，对物流活动的改进和完善是不断循环的，每一次改进，消除一批浪费，形成新的价值流的流动，同时又存在新的浪费而需要不断改进，这种改进使物流总成本不断降低，提前期不断缩短而使浪费不断减少，实现这种不断改进需要全体人员的参与，上下一心，各施其职、各尽其责，达到全面物流管理的境界。

（三）一体化供应链物流管理

伴随着人们对物流管理认识的逐步加深，一些学者从理论上对物流管理进行了规范化和系统化的研究。Bowersox D. J. 和 Closs D. J. 在《物流管理——供应链过程的一体化一书中提出整合物流观念，其主要观点是企业为有效完成物流活动，提高自我竞争优势，必须引入供应链思想，与供应商及顾客合作形成整合式管理。2001 年，美国物流管理协会对“物流管理”进行了重新定义，将物流作为“供应链过程的一部分”，之后，Bowersox D. J. 和 Closs D. J. 在《供应链物流管理》一书中进一步对供应链管理中的物流进行了详细分析，提出一体化物流的观念，认为一体化物流的功效在于，它与供应链保持同步，把供应链连接成为一个全程的、完整连续的运作过程，是供应链有效衔接的基础。我国物流理论与发展相对落后，供应链管理思想的引入是近几年的事。但随着市场经济发展，我国物流理论与实践有了很大发展。

供应链管理的本质是一种集成化的管理思想和方法，物流管理是供应链管理的一个重要领域。从系统的角度看，供应链物流管理是将供应链中的上下游企业作为一个整体，通过彼此合作，信息共享，实现库存在整个流通过程中的合理配置，提高物流的快速反应能力，降低物流成本的一种物流管理方式。供应链物流管理意味着物流管理整合的范围已经由局限在个别企业扩展到供应链的上下游企业，物流合理化的范围也扩展到流通的全过程。零售业实施供应链物流管理的目标就是在总成本最小化、客户服务最优化、总库存最少化、总周期时间最短化以及物流质量最优化之间寻找最佳平衡点，以实现供应链绩效的最大化。供应链物流管理的关键是核心企业如何管理好彼此企业间的关系，如何通过共同的信息平台来实现对最终消费者需求期望的满足，而共享的信息化平台和共同的技术标准则是企业间合作和联系的纽带，因为，只有建立共同的信息平台和技术标准，才能降低彼此间的交易成本，提高供应链整体的竞争能力。

在供应链管理与物流一体化的关系进行了探讨，认为供应链管理是物流一体化管理的扩展，其目的是将组织的物流职能和供应链中合作伙伴使用的对等职能的物流部分进行合并或紧密连接，以便将企业内部物流职能和外部供应商和顾客，或者第三方物流联盟连接在一起，形成一个完整的集成化系统。

二、在供应链管理体系下的物流管理策略

在供应链管理体系下，对物流的要求提高了，要求物流不断提高效率，提供

更好的服务，基于以上对几种典型供应链背景下的物流管理的分析，提出如下策略为企业加强物流的管理：

1. 利用现代信息技术

供应链管理体系下的物流管理高度依赖于对大量数据信息的采集、分析、处理和及时更新。现代信息技术在物流管理中的应用主要有以下几种：

(1) 电子数据交换技术。电子数据交换已被确认为是企业间计算机与计算机交换商业文件的标准形式，EDI 是用电子技术来描述两个组织间传输信息的能力。它是通过以下几个方面对物流作业成本产生影响的：①降低与印刷、邮寄以及处理书面交易有关的劳动和物料成本；②减少电话、传真以及电传通信费用；③减少抄写成本。

(2) 条形码技术是将数据编码成可以用光学方式阅读的符号，经过印刷技术生成机读的符号，最终又能为扫描器和解码器识别。条形码技术在供应链管理中的应用是实现各行业自动化管理的有力武器，其表现在①登录快速、节省人力和管理成本；②提高物流作业效率；③更精确地控制储运的指派与货物的拣取；④实时数据收集，以达到实时控制目的。

(3) 电子商务技术，电子商务主要是通过计算机网络技术的应用，以电子交易为手段来完成金融、物资、服务和信息价值的交换，快速而有效地从事各种商务活动的最新科学方法。电子商务的应用使物流进一步提速，更加适应市场变化。

2. 建立科学、合理、优化的配送网络和配送中心

产品能否通过供应链快速到达目的地，这取决于物流配送网络的健全程度。一般情况下，健全的配送网络由以下几个部分组成：

(1) 配送中心的建设。企业要在国家总体规划下稳定发展，统一规划，分步实施，立足于充分利用现有基础，避免重复建设。利用现有储运批发企业的场地、设施进行改造扩建，建立适应国情，重视技术进步的现代化配送中心，立足优化流通结构，实现物流合理化。

(2) 网络中心的建设。企业对采用的软、硬件信息系统，要求充分了解其内在性能指标和稳定性，只有满足自己需求的技术才是最好的技术，而不是盲目地追求最先进的信息技术。

3. 利用第三方物流

第三方物流是由供应方与需方以外的物流企业提供物流服务的业务模式。由于第三方物流企业专业化物流服务更有效率，则通过物流业务的外包，企业能够

把时间和精力放在自己的核心业务上，提高供应链管理体系的运作效率。另外，第三方物流在供应链的小批量库存补给，运输以外的服务如联合仓库管理、顾客订单处理等方面的优势使供应链管理过程中，实现了产品从供应方到需求方全过程中环节减少、时间最短、费用最省。

4. 利用延迟化策略

延迟化策略是一种为适应大规模定制生产而采用的策略，这种策略是在顾客需求多样化条件下提出的，在这种策略下，分销中心没有必要储备所有的顾客所需商品，只储备商品的通用组件，库存成本大为下降，而此时物流系统则采用比较有代表性的交接运输方式，交接运输是将仓库或分销中心拉到的货不作为存货，而是为紧接着的下一次货物发送做准备的一种分销系统。

总之，供应链管理体系运作是一个价值增值过程，而有效地管理好物流过程，对于提高供应链的价值增值水平，有着举足轻重的作用。

第四节　供应链物流管理发展趋势

在全球经济一体化进程不断加快、高新技术迅猛发展的形势下，以电子商务为代表的新经济逐步发展成一种崭新的运作方式和商务模式，已成为推动经济增长的重要驱动力，同时也引发了经济领域里自工业革命以来最广泛、最深刻的一场变革。随着信息技术的普及应用和电子商务的发展，在实现由传统物流向现代物流快速转型的同时，物流业也被提到了前所未有的高度，越来越显示出其在社会经济发展中的重要作用和战略地位。

物流过程是企业采购、生产制造、流通等环节中的主要组成部分，是社会和企业经营发展的“第三利润源泉”，同时也被认为是 21 世纪企业降低成本的最后手段。在信息技术的支持下，发达国家的现代物流已经成为国民经济发展的重要支柱产业、提高经济效益的重要源泉、产业升级和企业重组的关键推动力、以及区域创新和经济发展支撑环境的关键因素之一。现代物流将极大地改变目前的商务、生产模式，最终作为一个系统化的整体成为社会经济的基础层面部分。目前国际上普遍认为，物流业的发达程度和水平高低是一个国家现代化程度和综合国力的重要标志之一，现代物流已经成为发达国家最具普遍影响力的经济基础和“朝阳产业”。

一、现代供应链物流管理的主要发展趋势

在发达国家，现代物流的发展非常迅速。美国和日本已经走在物流发展领

域的前列，欧洲的现代物流起步稍晚，但最近在政府部门与企业的重视下也得到了较大发展。美国的经济模式具有将信息通讯领域里的新技术有机融入到社会之中的灵活性，因而能在世界上率先实现高度的物流信息化与集成化。美国的生产流通率非常高，这使企业的利润和投资收益能持续增加，从而诱发新的研究开发投资，这种投资进一步提高了劳动生产率，形成良性循环。美国专家Litan曾于2001年计算了物流领域里的信息革命对美国经济带来的降低交易、运输费用、减少存货等方面的管理性节约，如在制造业里，成本降低为1%～2%。信息化程度与中国相当的法国通过大力发展现代物流应用软件技术，追求高起点的信息化建设水平，已经取得了显著成效。法国KN公司在全球98个国家、600个城市开展物流业务。在没有自己的轮船、汽车和飞机的情况下，该公司通过自行设计开发的全程物流信息系统，对世界各地的物流资源进行整合，使其空运业务做到了世界第五，每周运输量1.9万次，其海运业务更是位居世界第一。

在经济全球化和电子商务的双重推动下，物流业正在从传统物流向现代物流迅速转型并成为当前物流业发展的必然趋势。在系统工程思想的指导下，以信息技术为核心，强化资源整合和物流全过程优化是现代物流的最本质特征。在国际上，信息技术与标准化两大关键技术的系统化集成应用对物流的整合与优化起到了革命性的影响，网络规划和优化理论与方法、自动化、智能化的关键技术的应用以及新型包装材料与技术的应用等科技进步也对现代物流发挥了明显的推动作用，大大降低了物流成本，并且在新的技术平台的支持下不断创新。

在各大物流服务商致力于寻求技术领先优势的竞争中，现代物流技术的发展大体上呈现四个主要方向，即物流技术装备的自动化、物流运作管理的信息化、物流运作流程的智能化及多种技术和软硬件平台的集成化。相对而言，目前现代物流的信息化、集成化发展迅速，这一点在横向领域里更为普及。在纵向领域里，现代物流信息化的发展方向是一体化和智能化。根据国内外物流发展的新情况，21世纪物流的发展趋势可以归纳为信息化、网络化、自动化、电子化、共享化、协同化、集成化、智能化、柔性化、标准化、社会化和全球化十二大趋势。

二、供应链物流多边共赢

在供应链的环境下，物流必须沿着企业供应链渠道进行流通。供应链是指生产及流通过程中，涉及将产品或服务提供给最终用户活动的上游与下游企业，所形成的网链结构，其包括原材料供应商、零部件供应商、科研机构、生产商、销售商、顾客等主要参与者。供应链合作伙伴关系是指同一供应链中上下游实体之间达成的一种长期合作的战略关系。建立良好的供应链伙伴关系有利于成本的降低、反应时间的缩短以及新市场价值的创造等，其核心问题是选择理想的合作伙伴。

国内的大部分企业还停留在自营物流上，就是自己运输、自己仓储，没有想到叫别人来帮他一起做，比如说外包等等。外包物流也叫做第三方物流，加入WTO以后国内外包物流比较热，因为企业核心竞争力不在于物流，物流可以外包给别人去做。自营＋外包就是自己的仓储运输能力比较强，或者资源比较丰富的时候，在完成自己任务的同时也可以接外面的活儿，也就是说也可以充当第三方物流角色进入市场的竞争。供应链物流多边共赢，供应链彼此之间形成一种相互依存的战略联盟关系。生产企业如果没有原材料，甚至毛坯料都要自己去做粗加工，那样生产周期就太长了，所以还要依赖于供应商。同样生产出来的产品即使质量最好，但是整个销售网络如果没有打开也不行。所以货物是从供应商→加工型企业→销售商，这三者之间的相互依存关系形成一个供应链。一件商品经过很多物流的工艺，货物如果不经过物流，不沿着供应链去流通，那么货物只能是产品，不能变为商品，也就是说物流赋予产品使用价值。整个物流供应链是从供应商的供应商到顾客的顾客的，供应链的多边共赢。

三、服务供应链物流

近年来，许多制造企业逐步把产品的涵义从单纯的有形产品扩展到基于产品的增值服务，这种趋势称为产品服务化。许多公司也都在积极实施产品服务化，如通用电气的能源管理服务，壳牌石油的化学品管理服务，施乐公司的文件处理服务，IBM、惠普的信息服务，伊莱克斯的一体化电气解决方案等。

最近一些学者专家提出供应链物流管理发展趋势，物流服务供应链。其基本结构是集成物流服务供应商的供应商→集成物流服务供应商→制造、零售企业模式，其中集成物流服务供应商的供应商指传统的功能型物流企业，如运输企业、仓储企业等，它们因其提供的服务功能单一、标准，且业务开展往往局限于某一地域，而被集成物流服务供应商在构建全国甚至全球服务网络时吸纳为供应商。物流服务供应链是以集成物流服务供应商为核心企业的新型供应链，它的作用是为物流需求方提供全方位的物流服务。集成物流服务供应商最明显的特征是通过业务转包的形式选择合适的功能型物流企业来为物流需求方服务。

服务供应链物流的基础理论研究将成为一种趋势。这种趋势包括以下几点：

首先，优秀的服务供应链对服务绩效将起到重要作用，而服务供应链的设计和合作伙伴选择作为服务供应链运营管理的前期重要工作，它兼有产品供应链的共性和异性，将成为今后研究的重要趋势之一。

其次，由于服务产品具有一定的无形性，今后研究中将进一步侧重对服务供应链中服务协议和服务质量水平的控制，尤其是非对称信息条件下的服务供应链的质量监督和质量控制。

再次，由于服务供应链评价中人的主观因素影响较大，服务供应链绩效评价指标体系和测度将成为值得重点研究的内容之一。

最后，服务供应链中服务能力的传递、控制与执行问题的研究也将得到积极探讨，例如，服务能力的牛鞭效应问题目前已得到积极开展，但目前研究中仅侧重某些特殊行业，还暂无具有普遍性的研究。

由于服务供应链涉及较多的服务行业，而不同服务行业的实际特性又有所区别。因此，在今后研究将形成两类潮流。一类是开展对不同行业的服务供应链的共性研究，在此基础上构建通用模型；另一类是针对不同服务行业，例如，物流服务行业，结合行业特性对服务供应链开展系统研究，从而更好地指导本行业的实践。

进入新世纪的中国，正肩负着实现工业化、加快现代化的艰巨性的历史性重任。面对着信息全球化化的浪潮，信息化已成为加快实现工业化和现代化的必然选择。中国提出要走新型工业化道路，其实质就是以信息化带动工业化、以工业化促进信息化，达到互动并进，实现跨越式发展。中国已经加入 WTO 后，资源在全球范围内的流动和配置大大加强，企业面临的国内、国际市场的竞争更加激烈，越来越多的跨国公司正加快对中国的投资速度，纷纷到中国设立或扩大加工基地与研发基地，一大批中国企业也将真正融入全球产业链，有些还将直接成为国际跨国公司的配套企业，这些都将大大加快中国经济与国际经济接轨的步伐，加剧中国企业在本土和国际范围内与外商的竞争，这都将对我国的物流业提出更高的要求。在这种新环境下，我国的物流企业必须把握好现代物流的发展趋势，运用行进的管理技术和信息技术，提升自己的竞争力和整体优势，提高供应链物流管理和创新能力，在走我国新型工业化的道路上努力。

本 章 小 结

21 世纪供应链物流管理成为学术理论界更热的论题。承接上章的内容，本章主要通过对供应链中的物流管理一系列问题的探寻。全面、系统地阐明供应链和供应链物流管理的概念、原理及其特征，然后重点讨论分析了供应链的基本类型，阐述了一体化物流的概念和分析了敏捷与精益供应链物流，提出了一些供应链物流管理策略与多边共赢物流理念。同时，简单地阐述了现代供应链物流管理的新发展趋势，服务供应链物流。

本章关键词

供应链管理（supply chain management，SCM）
有效性供应链（efficient supply chain）
反应性供应链（responsive supply chain）
快速反映（quick response）
有效客户反应（efficient customer response）
客户物流（customer logistics）
客户关系管理（customer response management）
核心企业（core enterprises）
电子商务（electronic commerce，EC）
一体化物流（integrated logistics）
敏捷供应链（agile supply chain）
精益供应链（lean supply chain）
战略合作伙伴关系（strategic cooperate partnership）
物流服务供应链（logistics service supply chain）

本章思考题

1. 什么是供应链管理及其特征？
2. 供应链管理与物流管理有什么区别？
3. 供应链管理有那些类型，及其内容。
4. 供应链物流管理的原理及其目标？
5. 什么是一体化物流？
6. 基于敏捷与精益供应链背景下的物流管理有那些特点？
7. 在供应链环境下，如何建立战略合作伙伴关系及达到多边共赢？
8. 供应链管理体系下的物流环境有那些？
9. 什么是服务供应链物流，现代物流将如何发展？

第十五章　物流园区规划与管理

本章学习目标

本章主要理解物流园区的概念、特点、作用、分类与功能；理解物流园区选址、仓储、运输、增值、管理信息系统和组织结构系统的规划；掌握物流园区的运作模式；了解国外和国内物流园区的发展情况。

第一节　物流园区概述

一、物流园区的基本概念

（一）物流园区的概念

物流园区（distribution park），也称物流园地，最早出现在日本东京，近几年来在我国也开始出现，它是政府从城市整体利益出发，为解决城市功能紊乱，缓解城市交通拥挤，减轻环境压力，顺应物流业发展趋势，实现“货畅其流”，在郊区或城乡结合部主要交通干道附近专辟用地，通过逐步配套完善各项基础设施、服务设施，提供各种优惠政策，吸引大型物流（配送）中心在此聚集，使其获得规模效益，降低物流成本，同时减轻大型配送中心在市中心分布所带来的种种不利影响。简言之，物流园区是对物流组织管理节点进行相对集中建设与发展的，具有经济开发性质的城市物流功能区域；同时，也是依托相关物流服务设施降低物流成本，提高物流运作效率，改善企业服务有关的流通加工、原材料采购、便于与消费地直接联系的生产等活动，具有产业发展性质的经济功能区。

（二）物流园区的特点

物流园区是一种物流企业集中布局的场所。它提供一定种类、一定规模、较高水平的综合物流服务。它的特点主要为：

（1）作为物流基础设施，物流园区的建设具有投资大、资金回收期长的特点，单独的企业难以承担物流园区的基础建设。尤其在目前我国物流市场还远未达到成熟阶段的情况下，物流企业数量多、规模小，无法形成对物流园区建设的集中投资建设。

（2）建设物流园区的核心目标是实现集约化和规模效应，单独企业的物流中心不能满足这个要求。从每个企业自身的角度来看，对物流园区的选址及功能定位都各有不同的需求。但是如果不能把众多企业的需求统一起来，就无法实现物流业的集约化和规模效应。统一物流企业的需求和集中建设资金的方法有多种多样，例如在日本，是由多个企业共同组成的社团来进行物流园区的建设和管理；在深圳，市政府则担任起了公用的物流基础设施建设的组织管理职责。

（3）物流园区可能会干扰城市的正常生活对城市环境具有一定的负面影响，因此物流园区的建设需要政府部门进行统一规划。对物流企业来讲，物流园区距离城市中心区越近，运输线路越短，运输成本就越低；而对城市居民来讲，如果物流园区离城市中心区过近，将会增大城市道路交通的压力，干扰城市生活。如何解决这个矛盾，需要市政管理部门及交通运输管理部门进行统筹规划、统一管理。

（三）物流园区的作用

作为城市物流功能区，物流园区包括物流中心、配送中心、运输枢纽设施、运输组织及管理中心和物流信息中心，以及适应城市物流管理与运作需要的物流基础设施；作为经济功能区，其主要作用是开展满足城市居民消费、就近生产、区域生产组织所需要的企业生产和经营活动。

对于物流园区的主要作用可以概括为：

1. 物流园区的集约作用

（1）量的集约，将过去许多个货站、场集约在一处；

（2）货物处理的集约，表现在将过去多处进行分散的货物处理集约在一处；

（3）技术的集约，表现在物流园区中采用类似生产流方式的流程和大规模处理设备；

（4）管理的集约，可以利用现代化手段进行有效地组织和管理。

2. 物流园区的有效衔接作用

主要表现在实现了公路、铁路、航空、港口等不同运输形式的有效衔接。

3. 物流园区对联合运输的支撑作用

主要表现在对已经应用的集装、散装等联合运输形式，通过物流园区使这种联合运输形式获得更大的发展。

4. 物流园区对于联合运输的扩展作用

受过去条件的限制，联合运输仅只在集装系统等领域才获得了稳固的发展，其他散杂和分散接运的货物很难进入联合运输的领域。采用物流园区之后，可以通过物流园区之间的干线运输和与之衔接的配送、集货运输使联合运输的对象大为扩展。

5. 物流园区对提高物流水平的作用

主要表现在缩短了物流时间，提高了物流速度，减少了多次搬运、装卸、储存环节。提高了准时服务水平，减少了物流损失，降低了物流费用。物流园区对改善城市环境的作用主要表现在减少了线路、货站、货场、相关设施在城市内的占地，减少车辆出行次数，集中进行车辆出行前的清洁处理，从而起到减少噪声、尾气、货物对城市环境的污染。

6. 物流园区对促进城市经济发展的作用

主要表现在降低物流成本对降低企业生产成本从而促进经济发展方面的作用，以及完善物流系统在保证供给、降低库存从而解决企业后顾之忧方面的作用。

二、物流园区的分类及功能

（一）物流园区的分类

在建设物流园区经验方面，德国、日本和我国台湾省走在了世界的前列。根据他们的经验和物流园区的功能，可以把物流园区分为四大类：按物流服务地域，可分为国际性物流园区、全国性物流园区、区域性物流园区和城市物流园区；按服务对象，可分为为生产企业服务的物流园区、为商业零售业服务的物流园区、面向全社会的社会型物流园区；按主要功能，可以分为配送中心型物流园区、仓储型物流园区、货运枢纽型物流园区。货运枢纽型物流园区，又可以分为：①为港区服务的物流园区——港口物流园区；②为陆路口岸服务的物流园区——陆路口岸物流园区；③为区域物流服务的物流园区——综合物流园区。从专业化的角度讲，可分为行业物流园区和第三方物流园区。有的学者认为，物流就其功能而言，主要是服务，因此物流园区的分类过细也是不适宜的，因为服务的对象、范围、内容等方面都有综合性的要求。划分种类只是为了研究和设计的方便，更重要的是突出其综合性、系统性和前瞻性。

（二）物流园区的功能

物流园区具有两大功能，即物流组织管理功能和依托物流服务的经济开发功能。前者一般包括：货物运输、分拣包装、储存保管、集疏中转、市场信息、货物配载、业务受理等，而且多数情况下是通过不同节点将这些功能进行有机结合和集成体现的，从而在园区形成一个社会化的高效物流服务系统。物流园区是物流组织活动相对集中的区域，在外在形态上不同园区有相似之处，但是，物流的组织功能因园区的地理位置、服务地区的经济和产业结构及企业的物流组织内容和形式、区位交通运输地位及条件等存在较大不同或差异。后者包括物流基础设施项目的经济开发功能，而物流园区的经济开发功能首先体现在物流基础设施及经营所产生的经济开发上。基础设施项目的建设对经济发展具有开发性的功能和作用。

（1）新建设施的开发功能。物流园区一般从区域经济发展和城市物流功能区的角度进行建设，具有较大的规模，国内目前较大的物流园区一般占地均在千亩之上，经济发达国家更有占地在数平方公里之多。因此，物流园区的开发和建设，将因在局部地区的大量基本建设投入，而带动所在地区的经济增长。

（2）既有设施及资源的整合功能。开发和建设物流园区，将因物流组织规模较大和管理水平较高等因素而对既有物流设施在功能上产生替代效应，在既有设施已客观存在局部过剩的情况下，物流园区并非简单的重复建设，而是通过在功能设计和布局上对当前及未来物流组织管理的适应，并通过规模化和组织化经营，实现对既有设施的合理整合。

第二节　物流园区总体规划

一、物流园区规划的基本原则

物流行业涉及的领域广阔、对基础性建设的要求颇高，并非所有地区都始于建设物流园区。物流园区的规划建设既要按市场经济的原则运作，又要坚持必要的政府协调引导原则。

1. 统一规划原则

物流园区功能的发挥，需要很多政策、社会设施等宏观因素和条件的知道和支持，这些职能都必须由政府出面，积极推动及实施。政府在物流园区的规划建设中应当扮演好基础条件的创造者和运作秩序的维护者的角色。

2. 环境合理性原则

缓解城市交通压力，减轻物流对环境的不利影响是物流园区规划的主要目的，也是“以人为本”规划思想的直接体现。使占地规模较大、噪声污染严重、人口密集和人类活动比较集中的城市中心区，为人们创造良好工作生活环境，这既是物流园区产生的直接原因，也是城市可持续发展的必然要求。

3. 经济型原则

在物流园区的发展过程中，有关的费用，主要包括建设费用及物流费用两部分。物流园区的选址定在市区、近郊区或远郊区，其未来物流辅助设施的建设规模及建设费用，以及运费等物流费用是不同的，选址时应以总费用最低作为物流园区选址的经济性原则。

4. 循序渐进原则

物流园区规划同其他规划一样，需要具有一定的超前性，但任何盲目的、不符合实际的超前，都可能造成不必要的资源浪费。因此必须坚持循序渐进的原则，结合地区实际，在客观分析物流业发展现状和未来趋势的基础上，合理规划物流园区。

5. 与城市总体规划相协调原则

物流园区的规划以城市的总体规划和布局为蓝本，顺应城市产业结构调整和空间布局的变化需要，与城市功能定位、远景发展目标相协调，不能独立于城市总体规划目标而搞盲目建设。

6. 市场化运作原则

规划建设物流园区，既要政府牵头统一规划和指导协调，又要坚持市场化运作的原则。应该按照“由政府搭台，企业唱戏，统一规划，分布实施，完善配套，搞好服务，市场运作”的企业主导市场化运作模式进行规划。

7. 高起点现代化原则

现代化物流园区是一个具有关联性、整合性、集聚性和规模性的总体，其规划应该是一个高起点、高重心的中长期规划，并具有先进性和综合性。因此规划现代物流园区必须瞄准物流发展的先进水平，以现代化物流技术为指导，坚持高起点现代化。

8. 柔性化原则

针对我国目前现代物流产业发展还不够完善，人们的认识还不够深入的情况下，现代物流园区的规划应采取柔性规划，突出规划中持续改进机制的确定，确立规划的阶段性目标，建立规划实施过程中的阶段性评估检查制度，以保证规划的最终实现。

9. 风险预防原则

由于现代物流园区的建设投资大、周期长、效应长、建设风险大，因而必须有合理的“风险评估报告”，通过定性、定量结合的风险评估，真正建立一套科学的投资决策机制和项目风险评估机制，提高规划的科学性和可行性，并起到风险预防的作用。

10. 人才优先原则

物流园区的建设规划是非常复杂、非常庞大的工程，涉及的专业领域也很广泛，必须有众多的各种类型的专家型人才参与才能妥善地完成。如何将众多的专家有效地组织起来，这就是领导部门的艺术。

二、物流园区选址规划

（一）选址的影响因素

1. 自然因素

1）气象条件

物流园区选址过程中，主要考虑的气象条件有温度、风力、降水、无霜期、冻土深度、年平均蒸发量等指标。

2）地址条件

物流园区是大量商品的集结地，某些质量很大的建筑材料堆起来会对地面造成很大的压力。如果物流园区地面以下存在着淤泥层、送图层等不良地质条件，会在受压地段造成沉陷、翻浆等严重后果，为此，物流园区选址要求土壤要有足够的承载力。

3）水文条件

物流园区选址需要远离容易泛滥的河流与地下水上溢的区域，要认真考察近年的水文资料，地下水位不能过高，洪泛区、内涝区等区域禁止选择。

4）地形条件

物流园区应该选择地势较高、地形平坦之处，且应具有适当的面积与外形，若选在完全平坦的地形上是最理想的，其次选择稍有坡度或起伏的地方，对于山区陡坡地区则应该完全避开，在外形上可以选择长方形，不宜选择狭长或不规则形状。

2. 经营环境因素

1）经营环境

物流园区所在地区的优惠物流产业政策对物流企业的经济效益将产生重要影响，数量充足和素质较高的劳动力也是物流园区地址需要考虑的因素之一。

2）商品特性

经营不同类型的商品物流园区最好能分布在不同区域，如生产型物流园区的选址应与产业结构、产品结构、工业布局紧密结合进行考虑。

3）物流费用

物流费用是物流园区选址的重要考虑因素之一，大多数物流园区选择接近物流服务需求地，例如接近大中型工业、商业区，以便缩短运输距离、降低运费等物流费用。

4）服务水平

在现代物流过程中，能否实现准时运送是物流园区服务水平高低的重要指标，因此，在物流园区选址时，应保证客户在任何时候向物流园区提出物流需求，都能获得快速满意的服务。

5）客户分布

物流园区选址时首先要考虑的就是所服务客户的分布，对于零售商型物流园区，其主要客户是超市和零售店，这些客户大部分是分布在人口密集的地方或大城市，物流园区为了提高服务水准及降低配送成本，物流园区多建在城市边缘接近客户分布的地区。

6）供应商分布

物流园区的选址应该考虑的因素是供应商的分布地区。因为物流的商品全部是由供应商所供应的，如果物流愈接近供应商，则其商品的安全库存可以控制在较低的水平。但是因为国内一般进货的输送成本是由供应商负担的，因此有时不重视此因素。

7）人力资源条件

在仓储配送作业中，最主要的资源需求为人力资源。由于一般物流作业仍属于劳力密集的作业形态，在物流园区内部必须要有足够的作业人力，因此在决定物流园区位置时必须考虑劳工的来源、技术水准、工作习惯、工资水准等因素。

3. 基础设施状况

1）交通条件

交通条件是影响物流的配送成本及效率的重要因素之一，交通运输的不便将直接影响车辆配送的进行。因此必须考虑对外交通的运输通路，以及未来交通与邻近地区的发展状况等因素。地址宜紧邻重要的运输线路，以方便配送运输作业的进行。一般物流园区应尽量选择在交通方便的高速公路、国道及快速道路附近的地方，如果以铁路及轮船来当运输工具，则要考虑靠近火车编组站、港口等。

2）公共设施状况

物流园区的所在地要求城市的道路、通信等公共设施齐备，有充足的供电、水、热、燃气的能力，且场区周围要有污水、固体废物处理能力。

4. 其他因素

1）国土资源利用

物流园区选址应贯彻节约用地，充分利用国土资源的原则。物流园区一般占地面积较大，周围还需留有足够的发展空间，为此，地价的高低对布局规划有重要的影响。此外，物流园区的布局还要兼顾区域和城市规划用地的其他要求。

2）环境保护要求

物流园区的选址需要考虑保护自然环境与人文环境等因素，尽可能降低对城市生活的干扰，对于大型转运枢纽，应适当设置在远离市中心区的地方，使得大城市交通环境状况能够得到改善，城市的生态建设得到维持和增进。

3）周边状况

由于物流园区是火灾重点防护单位，不宜设在易散发火种的工业设施附近，亦不宜选在居民住宅附近。

（二）物流园区选址的程序和步骤

在进行物流园区选址时，可以按照图 15-1 所示的程序进行。选址具体来说有以下几个步骤。

1. 选址约束条件分析

选址时，首先要明确建立物流园区的必要性、目的和意义。然后根据物流系统的现状进行分析，制定物流系统的基本计划，确定所需了解的基本条件，以便大大缩小选址的范围。

1）需要条件

包括物流园区的服务对象——顾客的现在分布情况及未来情况的预测、货物作业量的增长率及服务区域的范围。

2）运输条件

应靠近铁路货运站、港口和公共卡车终点站等运输节点，同时也应该靠近运输者的办公地点。

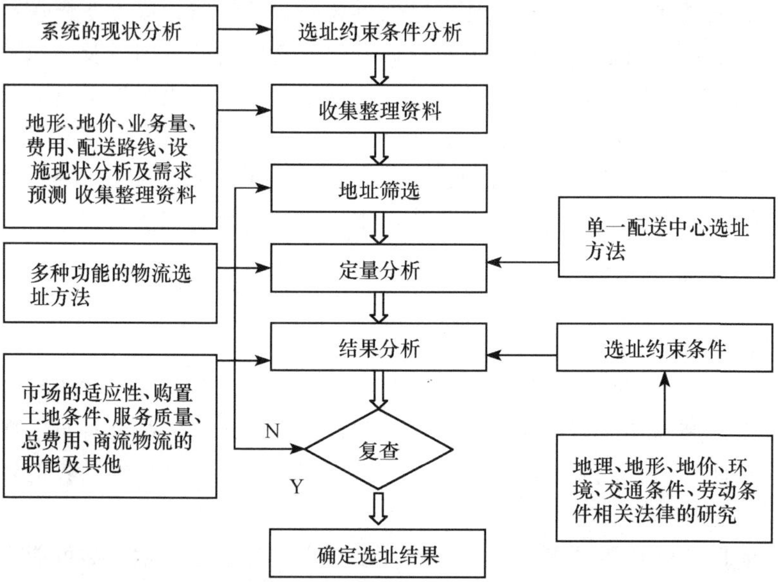

图 15-1 物流园区选址流程图

3）配送服务的条件

向顾客报告到货时间、发送额度，根据供货时间计算从顾客到物流园区的距离和服务范围。

4）用地条件

是用现有的土地还是重新取得地皮，如果重新取得地皮，那么地价有多高，地价允许范围内的用地分布情况又是怎么样的。

5）法规制度

根据指定用地区域的法律规定，有哪些地区不允许建物流园区。

6）流通职能条件

商流职能是否要与物流职能分开，物流园区是否要附有流通加工的职能，如果需要，要不要限定物流园区的选址范围。

7）其他

不同的物流类别，有不同的特殊需要，如为了保持货物质量的冷冻和保温设施，防止公害设施或危险保管等设施，对选址都有特殊要求，是否有满足这些条件的地区。

2. 收集整理资料

选择地址的方法，一般是通过成本计算，也就是将运输费用、配送费用及物流设施费用模型化，根据约束条件及目标函数建立数学公式，从中寻求费用最小的方案。但是，采用这种选择方法，寻求最优的地址解时，必须对业务量和生产成本进行正确的分析和判断。

1）掌握业务量

选址时，应掌握的业务量包括如下内容：工厂到物流园区之间的运输量；向客户提供服务的货物数量；物流园区保管的数量；服务路线上的业务量。由于这些数量在不同时期会有种种波动，因此，要对所有的数据进行研究。另外，除了对现状的各项数据进行分析外，还必须确定设施使用后的预测数值。

2）掌握费用

选址时，应掌握的费用有：工厂至物流园区之间的运输费；物流园区到客户之间的服务费；与设施、土地有关的费用及人工费和业务费等。由于第 1、2 两项费用会随着业务量和服务距离的变化而变化，所以必须对每一吨公里的费用进行成本分析；第 3 项包括可变费用和固定费用，应根据这两者之和进行成本分析。

3）其他

在地图上表示客户的位置、现有设施的配置方位及工厂的位置，并整理各候选地址的服务路线及距离等资料；对必备车辆数、作业人员数、装卸方式、装卸机械费用等，要与成本分析结合起来考虑。

3. 地址筛选

在对所取得的上述资料进行充分的整理和分析，考虑各种因素影响并对需求进行预测后，就可以初步确定选址范围，即确定初始候选地址。

4. 定量分析

针对不同情况选用不同的模型进行计算，得出结果。

5. 结果评价

结合市场适应性、购置土地条件、服务质量等，对计算所得结果进行分析评价，看其是否有现实意义及可行性。

6. 检验

分析其他影响因素对计算结果的相对影响程度，分别赋予他们一定的权重，采用加权法对计算结果进行复查。如果复查通过，则原计算结果即为最终结果；如果复查发现原计算结果不适用，则返回第三步继续计算，直到得到最终的计算结果。但是所得解不一定就是最优解，可能只是符合条件的满意解。

选择物流园区地址时，需要从整体上进行平衡和分析，既考虑宏观又兼顾微观，最终加以确定。对于一定区域来说，服务于该区域的现代化物流园区应该与其他物流节点协调配合形成的有机整体。所以，在综合考虑以上因素后可以定性地确定物流园区的地址。之后则要忽略一些其他因素，以运输距离最短或成本最低等因素为基本原则，采用定量分析的方法选取地址。

三、物流园区增值系统规划

物流园区的产品就是服务，这里的服务指的是管理服务、物流服务，它们用来支持所有的物流需求。今天的物流园区除提供基本的物流服务外，还在向提供一系列附加的创新服务和独特服务延伸。如熟悉保税区进出口规定的专业人员为物流企业的货物提供完善的“一门式”进出口代理，包括办理进出口报关、商检、开票、代购外汇等，使物流企业真正享受到保税区的优惠政策；为物流公司提供货运服务，及时补充国外物流公司在国内业务中无法实现的业务环节；为进入保税区的进出口商品提供物流增值服务的加工场地，以便物流公司向客户提供检查商品、分类、上架、分拣、分配（库内作业）、组装、维修、检测、拼装、标签、分级等简单加工服务，提供运输保管包装、内外包装、销售包装等服务；提供常年保税展示柜台和展示厅，便于客户在保税区参观和调试商品的样品，一方面为国外货主提供了开拓国内销售渠道的有力手段，另一方面为物流公司提供了常年管理、代客展示并销售的商业机会。

（一）增值服务的内涵

对物流园区服务功能的探讨在业内一直存有争议，归结起来实际上就是关于物流园区在我国经济区域、中心城市等范围内的现代物流发展中，到底发挥什么作用的问题。2001 年发布的“国家标准物流术语”中没有关于物流园区的标准术语，不同的主体在各自的区域范围进行建设和发展物流园区，导致对物流园区的服务功能理解上存在较多的差异；此外，由于物流园区服务对象和所在区域物流组织特点的不同，从物流园区在物流节点和网络系统中的层次分析，即便定义统一的内涵，因不同类型的园区设施本身存在功能差异和企业的服务定位不同，物流园区的服务功能也是不同的。所以，从目前园区发展的现状分析，有关物流园区服务功能的争议，因争论来源于理解的不同，所以争论的意义并不大，关键是如何能使物流园区发挥实现设定的功能。通过对已收集到的 2003 年近 50 个冠名为物流园区（基地）项目的分析，物流园区的服务功能大致涉及两大方面，一是进入园区企业的具体服务功能如物流园区的货物运输、分拣包装、储存保管、集疏中转、信息服务、货物配载、业务受理、保税等功能，它是组成物流园区功能的重要基础。二是宏观层面的物流园区功能，包括经济中心城市（包括工业生产、商贸流通、港口等类型）的物流组织与管理基础功能，主要通过将包括物流中心、配送中心、运输枢纽设施、运输组织及管理中心和物流信息管理中心等在内的适应城市物流组织与管理需要的物流基础设施进行集中规划建设而体现出来，而依托于基础功能的物流服务功能，主要作用是提供满足城市居民消费、企业就近生产、区域生产组织所需要的物流服务。

基于上述对物流园区服务功能的论述，我们把物流园区增值服务界定为：物流园区在提供物流基本服务（如为承运人服务、信息流管理以及物流系统规划设计等）的基础上，增加的便利性服务或支持性服务。例如园区企业的具体增值服务即包装、加工、代理等服务以及宏观层面上物流园区整体所提供的相应服务功能。从当前运行的情况来看，物流园区增值服务的提供有一个广阔的前景。

（二）增值服务与基本服务的区别

增值服务观念与物流基本服务能力中所涉及的物流完成和完美订货有着重要的区别。增值服务系指独特的或特别的活动，使厂商们能够通过共同努力提高其效率和效益。它能够巩固业务上已做出的安排。增值服务容易举例说明，但难以实际推广，因为其顾客是特定的。基本服务、增值服务之间存在着明显的区别。基本服务是建立最基本业务关系的顾客服务方案，所有的顾客在特定的层次上予以同等对待，以全面保持其忠诚。增值服务则表现为零缺陷承诺的各种可选方案作为物流园区与相关顾客休戚与共的一种方式。

开发、利用增值服务的组织有一个共同点，这就是它们保证完成基本服务的承诺。当物流园区中的一个厂商承诺要为其主要顾客开发独特的增值服务方案时，它便迅速地卷入了顾客定制化的或特制的物流活动中去。事实上它所做的事情是要帮助特定的顾客实现他们的期望。在增值服务的过程中，厂商可以提供产品包装、建立顾客标志、创建特定的批量封装、提供有助于购买的信息、在产品上标价、建立销售点展示等等，以刺激业务量。在一个纯粹的物流过程中，增值服务需要从事直接的存货交付或安排在端点间的往返作业，或其他任何能对主要顾客产生持续价值的服务。绝大多数增值服务都可以从良好的渠道关系中观察到。

在日常的物流活动中有大量的增值服务项目买卖双方都会同意由服务性专业机构来承担，诸如承运人、仓储以及在这类作业中有专长的公司等。例如，就汽车运输公司而言，它所提供的增值服务也许会超出其基本的运输服务，结合一些附加的服务项目，如分类和排序，以满足待定的顾客独特的需求。下面通过例子来说明由仓储专业人员所承担的一种延伸的增值服务：仓库作业人员同意重新将泡沫树胶和英式足球包装成一种捆绑在一起的促销包装。这个任务表面上看来好像很简单，然而，所要考虑的步骤却涉及以下一些内容：①从一个散装的纸板箱中称出三磅重的泡沫树胶并进行包装；②给英式足球充气；③将泡沫树胶袋放进英式足球盒里；④将英式足球放在盒子的顶部；⑤缩小英式足球的包裹层和盒子的腰箍；⑥将上述完成的单元放进一个大箱里，贴标签和封条。

上述例子说明，增值服务的最终结果，独特地创造了满足顾客定制化的销售点促销包装，以支持顾客的产品营销战略，而仓库服务公司则能够按低于两家主要配料供应商的成本提供增值活动。用独特的方法提供专门化服务的这种能力，是厂商利用专门化服务提供者来承担增值作业的趋向之所以能够发展的一个主要原因。这类提供者能够实现规模经济，并保持最基本的灵活性，同时使有关的营销公司可以把主要精力集中在关键的业务需求上。可见增值服务是独特的或特别的活动，使物流园区内部单元能够通过共同努力提高其效率和效益，为巩固业务作出努力。

（三）增值服务的领域界定

增值服务的范围涉及大量创新性的业务活动。除了基本服务，承担增值服务的专业人员可划分为完成以下四个主要的服务领域。即以顾客为核心的服务、以促销为核心的服务、以制造为核心的服务、以时间为核心的服务。

1. 以客户为核心的服务

以客户为核心的增值服务向买卖双方提供利用第三方专业人员来配送产品的各种可供选择的方式。例如，美国 IJPS 公司开发了独特的服务系统，专门递送纳贝斯克食品公司的“Planters—Life Savers”快餐产品到批发商店，而不是通过传统的烟糖配送商提供递送服务。又如，Exel 配送公司属下的一个部门创造性地建立了一种订货登记服务，为刚出世的婴儿做好安排，将 P&G 公司的一次性尿布送货到家。对仓库来说，还普遍流行一种做法，即提供“精选——定价——重新包装”服务，按仓库、俱乐部和便利店等的不同要求加以独特配置，来配送制造厂商的标准产品。再如，处理顾客向制造商的订货、直接送货到商店或顾客家，以及按照零售店货架储备所需的明细物品规格持续提供递送服务。这类专门化的增值服务可以被有效地用来支持新产品的引入，以及基于当地市场的季节性配送。

2. 以促销为核心的服务

以促销为核心的增值服务涉及独特的销售点展销台的配置，以及旨在刺激销售的其他范围很广的各种服务。销售点展销可以包含来自不同供应商的多种产品，组合成一个多结点的展销单元，以便于适合特定的零售商店。在有选择的情况下，以促销为核心的增值服务还对储备产品的样品提供特别介绍，增加特色包装甚至进行直接邮寄促销。许多以促销为核心的增值服务还包括销售点广告宣传和促销材料的物流支持等。在许多情况下，促销活动中所包括的礼品和奖励商品由专业服务机构来处理和托运。

3. 以制造为核心的服务

以制造为核心的增值服务是通过独特的产品分类和递送来支持制造活动的。既然每一位顾客的实际设施和制造装配都是独特的，那么从理想上来说，递送和引入内向流动的材料和部件应进行顾客定制化。例如，有的物流公司使用多达6种不同的纸箱重新包装一种普通消费者洗碗用的肥皂，以支持各种促销方案和各种等级的贸易要求。又如，有的厂商将外科手术的成套器具按需要进行装配，以满足特定医师的独特要求。此外，有家仓储公司切割和安装各种长度和尺寸的软管以适合个别顾客所使用的不同规格的水泵。如此等等，从列举的这几个相关增值服务的例子可以看出，它们在物流渠道中都是由专业人员承担的。这些专业人员能够把产品的最后定型一直推迟到接收顾客定制化订单时止。增值服务由雇用的专业人员来承担，这意味着单位成本将提高，但是，前者能够大大减少与生产不正确产品有关的预期风险。因此，以制造为核心的服务，不能单纯地说成是提供独特的产品，更恰当的说法是对基本产品进行了修正，以适应特定的顾客需求，其结果改善了服务。

4. 以时间为核心的服务

以时间为核心的增值服务包括使用专门人员在递送以前对存货进行分类、组合和排序。对以时间为核心的增值服务来说，它的一种流行形式就是准时化(AT)补给仓库。在准时化概念下，供应商向位于装配工厂附近的配给仓库进行日常的递送。一旦某时某地产生了需要，配给仓库就会对多家卖主的零部件进行精确的分类、排序，然后递送到装配线上去。其目的是要在总量上最低限度地减少在装配工厂的搬运次数和检验次数。例如，俄亥俄州马里斯维尔本田汽车公司就是使用这类服务来支持其装配线的。又如，Exel 配送公司把食品制造商的产品混合起来，按客户公司的零售食品店的要求进行精确的分类。虽然从概念上说这个例子多少有点牵强附会，但这种按顾客要求对产品重新进行分类组合的混合服务，可以使制造商和客户公司都排除或避免了大量的仓储。总之，以时间为核心的服务，其主要的一个特征就是排除不必要的仓库设施和重复劳动，以期最大限度地提高服务速度。基于时间的物流战略，是竞争优势的一种主要形式。

第三节 物流园区运作模式

从宏观经济的角度，物流园区应仅仅存在于经济中心城市、交通枢纽和工业、商业组织的中心地区，而且，从区域经济关系及经济组织特点、物流的发展趋势和物流园区的总体功能考虑，中心城市应需要相应的物流组织功能区，即规模化的物流园区。

根据国内外与物流园区功能相同或相当的物流基础设施开发建设的经验，中心城市物流园区在发展模式上可能的选择将有 4 种，即经济开发区模式、主体企业引导模式、工业地产商模式和综合运作模式。

1. 经济开发区模式

物流园区的经济开发区模式，是将物流园区作为一个类似于目前的工业开发区、经济开发区或高新技术开发区的项目进行有组织的开发和建设。

中心城市物流园区的经济开发区模式，将是在特定的开发规划、政策和设立专门的开发部门的组织下进行的经济开发项目。由于物流园区具有物流组织管理功能和经济发展功能双重特性，因此，建立在经济开发区模式基础之上的物流园区建设项目，实际上就是在新的经济发展背景下的新的经济开发区项目，而且以现代物流的发展特点、趋势和在经济发展中的地位和作用，物流园区无疑是构筑高效率和转变增长方式与增长质量的新的经济发展体系的重要组成部分。

因此，物流园区的经济开发区发展模式将要求开发者按照现代物流在中心城市、经济区域的发展规律和经济发展要求，在充分总结既有开发区项目建设和发展经验的基础上，通过更新观念和创新运作方式、管理制度，达到为中心城市寻求新的经济增长点和带动区域经济发展的目的，实现物流、经济双重发展目标。

2. 主体企业引导模式

物流园区的重要功能是物流的组织和管理，是物流企业和工业、商业企业在相对集中的场所建设和开发物流园区，是希望在规模化物流运作资源及条件的支撑下，达到降低物流成本和提高物流经营与管理效益的目的。

（1）从市场经济发展的角度，从利用市场进行物流资源和产业资源合理有效配置的角度，通过利用物流技术进行企业经营和企业供应链管理中具有优势的企业，由其率先在园区开发和发展，并在宏观政策的合理引导下，逐步实现物流产业的聚集和依托物流环境进行发展的工业、商业企业的引进，达到物流园区开发和建设的目的，这就是主体企业引导下的物流园区开发模式。

主体企业引导的物流园区开发模式，要求在城市经济管理体制、管理机制等制度方面具有大的改革步伐和创新，要求能从中心城市发展和区域经济发展的高度，培育物流园区发展所需要的实力企业和良好的市场环境。

（2）企业合资、合作的开发和建设模式。企业合资、合作的模式在目前的物流园区建设中是较为普遍的模式，通常由商贸流通控股企业、大型工业制造企业、骨干交通运输与储运企业发起，独立完成或通过招商引资共同开发和建设，然后吸收社会商贸流通企业、零配件供应企业、运输及仓储服务企业、专业化物流企业加盟。典型物流园区如深圳市港口物流园区、广州规划建设的五大物流园区、深圳 IT 产品物流基地、广东西樵纺织品物流基地、成都中汽西南汽配物流基地、浙江传化物流基地、深圳航空物流园区等。

3. 工业地产商模式

物流园区开发的工业地产商模式，是指将物流园区作为工业地产项目，通过给予开发者适应工业项目开发的适宜的土地政策、税收政策和优惠的市政配套等相关政策，由工业地产商主持进行物流园区的道路、仓库和其他物流基础设施及基础性装备的建设和投资，然后以租赁、转让或合资、合作经营的方式进行物流园区相关设施的经营和管理。目前，经济发达国家，如澳大利亚、美国、德国等国家均有此种开发模式的范例。

此外，作为类似于工业地产商开发模式，在日本的东京、神户等经济中心城市、德国的不莱梅等城市，也有政府投资进行物流园区的物流相关基础设施的投资建设，然后委托给一个或多个物流设施管理能力较强的企业，由其在政府制定的较为优惠的使用政策的框架下进行经营管理的操作方式。

工业地产商开发模式的理论基础是：物流园区的开发和建设目的在于建立良好的物流运作与管理环境，为工业、商业以及物流经营企业创造提高物流效率和降低物流成本的机遇。园区建设自身不是为了盈利，而是一种社会效益的体现，城市及政府的收益来自于整体经济规模的扩大和经济效率与效益的提高。

因此物流园区开发采用工业地产商模式要求政府确立物流业对国民经济的贡献，同时，管理部门具有较强的宏观基础支持地位，并在土地和建设投资上给予资助调控能力与较为高效的工作效率以及良好的经济管理与运作制度体系做保障；对于工业地产商要求具有较强的投资能力和融资能力，保证按照政府对物流园区的规划进行开发和建设。

4. 综合运作模式

综合运作模式是指对上述的经济开发区模式、主体企业引导模式和工业地产商模式进行混合运用的物流园区开发模式。

由于物流园区项目一般具有较大的建设规模和涉及经营范围较广的特点，既要求在土地、税收等政策上的有力支持，也需要在投资方面能跟上开发建设的步伐，还要求具备园区的经营运作能力的保证，因此，单纯采用一种开发模式，往往很难达到使园区建设能顺利推进的目的，必须对经济开发区模式、主体企业引导模式、工业地产商模式等进行综合使用。

物流园区的规划和开发建设是统一进行的，设有专门的物业企业实行统一管理，物流园区（业主）与布局在其中的不同功能的物流经营企业之间的关系可以有几种，包括租赁、资产入股、合作开发与经营等。

第四节　国内外物流园区发展状况

一、国外物流园区的发展状况

物流园区在西方国家也属于近 10 年发展起来的新事物，它作为现代物流业发展的一个新趋势，目前仍处于迅速发展的过程之中。它的出现主要是因为伴随着物流业的进一步发展，各个企业都逐渐意识到配送转运中心分散建设、各自为战带来的资源浪费，各级政府也发现这种方式不利于充分发挥城市的总体规划功能。这样物流园区作为物流业发展到一定阶段的必然产物，在日本、德国等物流业较为发达的国家和地区就相继出现。在日本称为物流园区（distribution park)，在德国被称为货运中心（freight center)，虽然名称不同，各国的定义表述也不完全一样，但是它们的建设目的，服务功能是基本相同的。日本的物流园区建设历史稍长，建设较早的日本东京物流园区是以缓解城市交通压力为主要目的而设计的。他们在建设物流园区的过程中积累了一定的经验。主要有三个方面：一是重视规划；二是优惠的土地使用和政府投资政策；三是良好的市政设施配套及投资政策。而德国政府在物流园区的规划和建设上与日本存在一定的区别，也是近几年较受国内推崇的园区发展经验。德国一般采取联邦政府统筹规划，由政府、市政府扶持建设，公司化经营管理，入驻企业自主经营的发展模式。

二、国外物流园区的经营管理模式

（一）德国货运中心的经营管理模式

德国的货运中心由政府兴办但却实行民间经营管理方式。不莱梅市货运中心自身的经营管理机构采取股份制形式。市政府出资 25%，货运中心经营企业出资75%，由政府的企业选举产生咨询管理委员会，推举经理负责货运中心的管理活动，实际上采取了一种由企业“自治”的方式。货运中心的职能主要是为成员企业提供信息、咨询、维修等服务，代表50家企业与政府打交道，与其他货运中心加紧联系，不具有行政职能。提供良好的公共设施和优良的服务，是货运中心全部活动的宗旨。因此，货运中心一般都兴建有综合服务中心、维修保养、加油站、清洗站、餐厅等，有的还开办驾驶员培训中心等实体，提供尽可能全面的服务。这些实体都作为独立的企业实行经营服务。

在德国，政府对“货运村”这类物流园区的规划和建设遵循：联邦政府统筹规划，州政府、市政府扶持建设，公司化经营管理，入驻企业自主经营的发展模式，具体内容如下：

（1）联邦政府统筹规划。联邦政府在统筹考虑交通干线、主枢纽规划的基础上，通过广泛调查生产力布局、物流分布现状，根据各种运输方式衔接的可能，在全国范围内规划物流园区的空间布局、用地规模与未来发展。为引导各州按统一规划建设物流园区，德国交通主管部门还对符合规划的物流园区给予资助或提供贷款担保。

（2）州政府、市政府扶持建设。物流园区对地区经济有明显的带动和促进作用，作为政府总是希望这类地区能充分实现其公共服务职能，而并非追求单纯的盈利目的。因此，在物流园区的建设和运营过程中，州及地方市政府扮演了主要投资人的角色。例如位于德国中部图林根州首府Erfurt市郊的图林根物流园区，其建设投资比例为：市政府占42.5%，州经济开发部占35.5%，联邦铁路占14.7%，行业协会占7.3%。

（3）企业化经营管理。物流园区的运营管理经历了由公益组织管理到有限公司管理两个阶段。在德国一般认为，企业化的管理方式比行政化的管理方式更为有效率。负责管理物流园区的有限公司受投资人的共同委托，负责基地的生地购买，基础设施及配套设施建设，以及基地建成后的地产出售、租赁、物业管理和信息服务等。由于基地的投资人主要是政府或政府经济组织，所以公司的经营方针不以盈利为主要目标，而主要侧重于平衡资金，实现管理和服务职能。图林根物流园区的管理有限公司由4人组成，公司的业务包括销售、宣传和物业管理3大块，公司还负责代表企业与政府打交道，负责兴建综合服务中心、维修保养厂、加油站、清洗站等公共服务设施，为成员企业提供信息、咨询、维修服务等。基地内的道路、下水等市政工程设施的维修、养护由市政公司负责，享受与普通市区同等的公共服务并缴纳相关费用。

（4）入驻企业自主经营。入驻企业自主经营、照章纳税，依据自身经营需要建设相应的库房、堆场、车间、转运站，配备相关的机械设备和辅助设施。

（二）日本物流园区的经营管理模式

物流园区建设在日本的历史稍长，建设较早的日本东京物流园区是以缓解城市交通压力为主要目的而兴建的，建设中采取的具体措施有：

（1）政府牵头确定市政规划，在城市的市郊边缘带、内环线外或城市之间的主要干道附近，规划有利于未来具体配套设施建设的地块作为物流园区。

（2）将基地内的地块以生地价格出售给不同类型的物流行业协会，这些协会再以股份制的形式在其内部会员中招募资金，用来购买土地和建造物流设施，若资金不足政府可提供长期低息贷款。

（3）政府对已确定的物流园区积极加快交通设施的配套建设，在促进物流企业发展的同时，促使物流园区的地价和房产升值，使投资者得到回报。

三、国内物流园区的发展状况

1. 我国物流园区的建设现状

物流园区将众多物流企业聚集在一起，实行专业化和规模化经营，对物流企业发挥整体优势，促进物流技术和服务水平的提高，共向相关设施，降低运营成本，提高规模效益，起到了重要作用。正基于此，自1998年以来，我国发展现代物流的积极性和热情被唤醒，工商企业及物流企业运用物流技术的领域不断扩展，各类物流基础设施建设也呈良好势头，物流园区开始出现并被列入大力发展的产业范畴。目前基本上形成了全国从南到北、从东到西的物流园区建设发展的局面。比如：深圳已经将物流与金融、高科技一起列为未来发展为三大支柱产业，并规划发展西部港区、盐田港、平湖、笋岗、南山、龙岗等6大物流园区。上海准备重点发展外高桥、浦东空港和西北三大物流园区。天津将规划开发区工业物流区、保税区国际物流运作区，南疆散货物流中心、空港国际物流区、交通局物流货运中心5大物流形象工程。成都拟建八里庄仓储物流中心项目。青岛依据其“以港兴市”的方针，决定先期建设6大物流园区，使多种功能不同的物流园区连成一片，占地2.3km^2，有为港口配套专门搞国际物流的前湾国际物流园；有专为海尔、海信、澳柯玛等大型企业配套的中储物流园；有为农副产品加工配送出口服务的普民物流园；有为出口加工区配套的玉龙物流园；有专为山东造纸业提供分拣、包装、配送服务的废纸物流园；青岛的空港物流园也被提上建设发展的日程。在最新发布的《广州现代物流发展实施纲要》中，现代物流成为广州市主要基础产业和重要支柱产业，规划建设南沙、新沙、花都等3大国际性枢纽物流园区。随着这些物流园区的规划与建设，我国的物流产业迎来一个崭新的发展机遇。

2. 我国物流园区发展的市场机遇

物流园区作为具有一定规模和综合服务功能的物流结点，其产生和迅速发展有其深刻背景。除了其自身的背景和社会经济发展的需要外，在我国发展物流园区还具有特殊的市场发展机遇。

物流市场的发展需要更多的物流园区据调查，目前我国工业企业中，36％和46％的原材料物流由企业自身和供应方企业承担，而由第三方物流企业承担的仅为18％。产品销售物流中由企业自理、与第三方物流企业共同承担比例分别是24.1％和59.8％，而由第三方物流企业承担的仅为16.1％。这种以自我服务为主的物流活动模式在很大程度上限制和延迟了工商企业对高效率的专业化、社会化物流服务需求的产生和发展，这也是当前制约中国物流产业快速发展的一个重要瓶颈。而物流园区作为多种物流服务功能的重要结点，其本身就具有第三方物流或第四方物流的功能。

物流市场集约化、协同化、全球化发展的需求根据国外物流企业的发展方向，物流企业将向集约化、协同化方向发展，主要表现在两个方面，一是大力建设物流园区；二是物流企业兼并与合作。

物流园区是多种物流设施和不同类型的物流企业在空间上集中布局的场所，作为具有一定规模和综合服务功能的物流集结点。物流园区的建设有利于实现物流企业的专业化和规模化，发挥它们的整体优势和互补优势。就目前我国物流企业发展现状而言，大多数物流企业的服务范围比较单一，所谓的第三方物流公司也大多从事着物流业务的转包工作，且物流企业也比较分散。而现代企业对物流企业的服务要求是能提供全系列的物流服务。

物流园区的建立有利于将众多服务功能不同的物流公司集聚在一起，通过园区的协作功能，各企业可以实现物流信息和物流基础设施的共享，从而形成紧密的协作关系。即物流园区能提供单独一家物流企业所做不到的物流业务，使工商贸企业能够在园区内得到自己所需要的物流业务，可以吸引国内外的知名物流集团参与，为第三方物流的快速发展树立榜样。

城市新布局让物流企业“退城进园”的市场机遇随着我国经济的进一步发展，新一轮的城市建设正在进行，很多城市进行了新的规划和布局。城市经济布局的大调整，加上城市建设规划和政策的限制，给传统物流带来了很大的冲击，一些传统的运输工具和大型仓库在市内已受到限制，一些企业原有的采购、仓储、运输等物流链格局被打破，他们迫切希望寻求相对集中的物流设施和专业化的服务，这就为第三方物流和物流园区的发展提供了新的发展空间。而城市产业结构的调整也为物流的发展提供了新的机遇，工业园的建设为物流业的发展带来了新的要求，主要是以大企业为龙头，推进工业园区的集约化、物流化、住处化建设，带动引资新建和老企业“退城进园”。

本章小结

本章介绍了物流园的分类及其功能，详细阐述了物流园规划的原则和方法，分析物流园的仓储、运输系统、增值系统、管理信息系统、组织结构的规划，并在此基础上分析了物流园区的运作模式，最后简要介绍了国内外物流园的发展状况。

本章关键词

物流园区（distribution park）
选址规划（location-allocation planning）
仓储规划（warehousing planning）
增值系统（value-added system）
管理信息系统（management information system）
组织结构（organization structure）
开发区模式（mode of development zone）
主体企业引导模式（mode of subject enterprises guided）
工业地产商模式（industry’s real estate merchant’s mode）
综合运作模式（comprehensive operation mode）
货运中心（freight center）

本章思考题

1. 什么是物流园区？它有什么特点和作用？
2. 物流园区有哪些主要功能？
3. 物流园区规划的主要原则是什么？
4. 物流园区选址影响因素包括哪些？
5. 仓储系统规划的主要内容是什么？
6. 物流园区增值服务的内容有哪些？
7. 影响运输优化的要素包括哪些？
8. 影响物流组织结构选择的主要因素有哪些？
9. 物流园区运作的模式包括哪些？

本章案例　南京龙潭物流园区

一、区域位置

龙潭物流园区位于南京市东北部，距主城区约30公里，通过长江二桥直接与江北地区相连；园区距镇江市区28公里，位于宁镇扬的中心区域。园区具备港口、公路、铁路以及管道等多种对外交通运输方式，将重点发展水陆联运、公铁联运等多式联运体系，构筑现代化综合立体交通运输平台，可辐射安徽、苏北、长江中上游及宁西铁路沿线等地区。

二、园区规划

南京港龙潭物流园区总体规划面积约为7.58平方公里，分期实施。一期工程的开发为现有龙潭集装箱港区一期工程后方约1平方公里的区域，启动资金约2亿元。园区沿疏港路南侧成带状布置，以三江河为界，分为东、西两大功能片区。东部为临港加工工业区，区内布置为工业区配套的综合服务区；西部为物流作业区，采取对成布局的形式，以兴隆路为轴，中部安排为物流配套的综合服务区，两侧依次设为专业物流、集装箱辅助作业和流通加工等功能区，在西端靠近规划的铁路站场则安排多式转运功能区，在东端紧邻的三江河布置为近期启动配套的管理服务中心。

根据龙潭物流园区的区位条件及腹地支柱产业的布局，龙潭物流园区的功能定位为：依托龙潭港，以建立适应跨国公司全球战略的国际物流体系为目标，以区域性的储运、中转、分拨、包装为基础，兼顾本地区物流配送，并大力发展原材料、产成品两头在外的临港工业，成为长江三角洲北翼国际物流结点，辐射安徽、苏北、长江中上游、宁西铁路沿线等地区。

三、基础设施

龙潭物流园区提供符合“七通一平”条件的土地供入园企业建设使用。“七通”：即道路、水、电、燃气、通讯、雨水管、污水管通至地块边缘；“一平”：即拆除地块上所有的构筑物后的自然平整。

【思考题】

1. 龙潭物流园区选址的特点？
2. 龙潭物流园区总体规划的运作模式？

第十六章　物流战略规划与管理

本章学习目标

通过本章的学习，了解物流战略的概念与特征，物流战略管理的内容，物流战略环境的具体内容以及如何进行战略环境分析。了解物流战略的类型，物流战略的制定程序以及分别适用于四大类物流企业的物流经营战略。

第一节　物流战略概述

一、战略的概念与特征

战略一词，原为军事用语。顾名思义，战略就是作战的谋略。《中国大百科全书·军事卷》诠释战略一词时说："战略是指导战争全局的方略。即战争指导者为达成战争的政治目的，依据战争规律所制定和采取的准备和实施战争的方针、政策和方法。"

在英语中，战略一词为 strategy，源于希腊语 strategos，原意是"将军"的意思，也是一个与军事有关的词。《简明不列颠百科全书》则称战略是"在战争中利用军事手段达到战争目的的科学和艺术。"

随着人类社会实践的发展，战略一词后来被人们广泛的用于军事之外的领域，人们又逐渐赋予战略一词以新的含义，因此，更多地将战略思想运用于企业经营管理，现代社会和经济生活中，这一术语主要用来描述一个组织打算如何实现其目标和使命。

关于战略，尚无统一的定义。如美国的安德鲁斯（K. Andrews）认为，战略是一种决策模式，决定和揭示企业的目的和目标，提出实现目标的重大方针与计划，确定企业应该从事的经营业务，明确企业的经济类型与人文组织类型，以及决定企业应对员工、顾客和社会做出的经济与非经济的贡献。魁因（J. B. Quinn）认为，战略是一种模式或计划，它将一个组织的主要目的、政策与活动按照一定的顺序结合成一个紧密的整体。安绍夫（H. I. Ansoff）认为，总体战略考虑的是企业应该选择进入哪类经济业务；经营战略考虑的是企业应如何在这一领域竞争。明茨伯格（H. Mintzberg）认为，人们在不同的场合会以不同的方式赋予战略不同的内涵，他借鉴市场营销中"4P"的提法，提出了战略是由五种内容构成，即计划（plan）、计策（ploy）、模式（pattern）、定位（position）和观念（perspective），由此构成了战略的“5P”。

我们可以发现战略具备以下几方面的特征：

（1）全局性。它是以企业大局为对象所规定的企业整体行动，追求的是整体效果。

（2）长远性。企业战略既是企业谋取长远发展要求的反映，又是企业对未来较长时期内生存的发展的通盘考虑。

（3）抗争性。企业战略是关于企业在激烈的竞争中如何与对手抗衡的行动方案，也是针对来自各方的挑战和压力。

（4）纲领性。战略所规定的是企业整体的长远目标、发展方向和重点，这些都是原则性的、概括性的规定，具有行动纲领的意义，必须层层分解，分步实施，才能完成有价值的行动计划。

（5）风险性。战略考虑的是企业的未来，而未来具有不确定性，因而战略必须带有一定的风险性。这就要求决策者必须随时关注环境的变化，并且能根据环境及时调整战略，提高企业承担风险的能力。

从以上特征中，我们不难发现，战略决策是一项非常复杂的决策活动，要求决策者具有较高的素质和决策水平。

二、战略的构成要素及过程

（一）战略的构成要素

美国著名战略学家安索夫在其所著《企业战略论》一书中，将企业经营战略的构成要素概括为四个方面：即产品与市场领域、成长方向、竞争优势和协同作用。他认为这四要素在企业中产生一种合力，帮助企业成长。应当特别指出的是，进入20世纪90年代以后，随着产业环境日益动态化，产品和技术的创新加剧，竞争的国际化，创新和创造未来成为战略管理研究的重点，形成了超越竞争观。超越竞争观论认为，生产者不再是单个企业，是企业生态系统的成员。其成员包括供应商、竞争者、主要生产者和其他利益相关者。在这个系统中企业的投资与回报应建立在网络系统的双向循环效益递增基础上。因此，竞争优势来源于成功的企业在生态环境中取得的领导地位。所以，在竞争形式中，除了通常的战略联盟、联合协作外，现代市场竞争方式和竞争规划已转向深层次的合作竞争，即为竞争而合作，靠合作来竞争，变以住的“鱼死网破”竞争为实现“双赢”策略，通过优势互补的竞合关系带来资源共享、成本降低、价值链增值和风险分散等效益。

（二）战略的制定过程

战略的制定过程是一个相当复杂的过程，它既是动态的、连续的过程，也是一个探索的创新的过程。它实质上是一种非程序性的决策过程，需要决策者在理性分析基础上制定出符合本企业实际情况的战略。

战略的形成可分为四个环节：战略思想的形成、战略环境的分析过程、战略方案的决策过程、战略的实施过程以及战略的控制与评价过程。

1. 战略思想的形成过程

战略思想是企业制定和实施战略的指导思想。它反映了战略决策者的思想意识和价值观念，它是在一系列战略观念的基础上形成的。包括系统观念、长远观念、创新观念、超前观念、应变观念以及竞争观念等。

2. 战略环境的分析过程

对战略环境进行认真的考察、分析、研究和预测，是企业制定战略的前提和基础。企业战略环境的分析主要包括三个方面：宏观环境、行业环境和企业自身实力分析。其中，宏观环境是指存在于企业外部的各种政治、经济、科技、社会文化、法律、自然、市场等方面的因素，它是企业共享的环境因素。行业环境对企业是最直接的影响因素，包括需求条件、生产要素、相关与辅助产业的状况、科学技术与创新、企业市场结构和竞争状况、政府行为以及机遇等方面。以上两方面的环境都属于外部环境，是企业不能控制的因素。企业进行外部环境分析的目的，是为了弄清在外部环境发展变化中，存在哪些成功的机会和限制条件，以便抓住机会，避开威胁。企业自身实力的分析是指对企业内部的各种因素和条件进行分析。明确企业自身的经营实力和在竞争中的优势与劣势，从而做到扬长避短，以优势取胜。

3. 战略方案的决策过程

在充分进行环境分析的基础上，企业就可以进行战略决策。战略决策的内容包括：①确定企业使命；②规定战略目标；③选择战略方案；④规划战略行动。企业使命是指企业的目的、性质和发展方向，它反映了企业的经营领域、业务范围和服务对象。战略目标规定了企业在经营上应该达到的成果和水平。目标不能只是概念化，还要以数量表达。战略方案是完成企业使命，实现战略目标的途径。规划战略行动是对战略方案的具体化过程。

4. 战略的实施过程

企业制定战略的目的是为了实施战略，使其指导企业的行为。战略制定以后，随之进入战略实施阶段。在此阶段，企业将要采取的步骤包括：调整组织结构、组织强有力的领导班子、制定有关职能战略、搞好资源分配、形成鼓舞士气的公司文化、订立有关的企业政策等。此外，对于战略实施过程中可能遇到的各种障碍，企业也必须设法加以克服。

5. 战略的控制与评价过程

这是企业对正在实施的战略进行监督调控，即将战略实际执行情况与预定标准相比较，然后采取措施纠正偏离标准的误差。战略控制的目的是在问题变得严重之前就提醒企业高层管理者去加以解决，以保证各项战略的顺利实施。

三、物流战略

将“物流与企业的战略相对应”的思想称为“战略性物流”，明确物流的战略性地位的是美国的马丁·克里斯托弗（Martin Christopher）。克里斯托弗在他的著作《战略性物流管理》中对这一问题进行了全面的讨论。他对物流的评价分为战略性标准和战术性标准。所谓战略性标准是指“物流系统对企业战略的适应程度”；所谓战术性标准就是作业标准，是指对设施、运输、库存、保管、装卸等活动和计划、成本费用、改善对策等方面的管理。物流在企业总体中，首先是决定它的方向性，然后提出物流的方式选择，再按成本费用和系统两个方面进行选择，这就是物流战略。如图 16-1 所示。

总之，物流战略是指为寻求物流的可持续发展，就物流发展目标以及达到目标的途径与手段而制定的长远性、全局性的规则与保证。物流战略的基本内容包括：物流系统的使命、物流战略目标、物流战略导向、物流战略优势、物流战略类型、物流战略态势以及物流战略措施等内容，其中物流战略优势、物流战略类型和物流战略态势又称为物流战略的基本要素。

物流从业务管理到战略管理，在物流战略的内容上基于以下几方面的认识：

（1）物流正在跨出单一企业范畴寻求更大的物流链管理的运作范围。如，区域物流、全国物流和国际物流。它们所追求的目标是社会物流合理化。

（2）物流系统在中国的运作，正孕育着技术基础上的突破。依托于企业集团、区域、全国乃至全球的各类电子信息网络，加之高新技术的运用，已成为物流市场竞争制胜的秘诀。

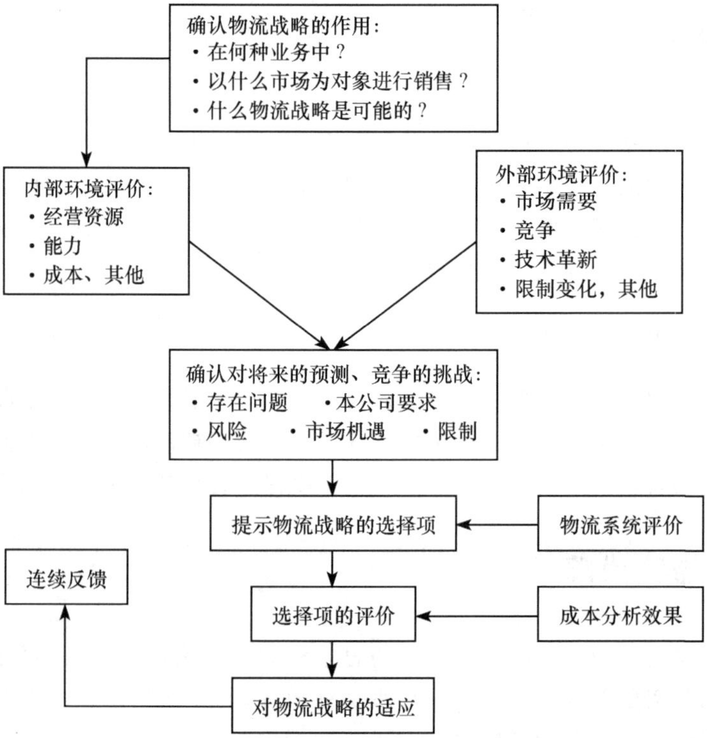

图 16-1 物流战略的地位

(3) 第三方物流质量依赖于支持原材料、物品等从最初供应者到最终用户间运动的各要素、环节组成的网络组织结构。因而，必须拥有驱动这一组织运转的动力和相应的经营机制。现代企业制度的确立是实现这一组织结构与功能的基础；使各类物流经营组织及物流系统能得以顺利建立并顺畅运行。

(4) 物流体现了促进和协调企业从产品生产者直到最终消费者的所有活动方式，追求的是协同运作效益，即整个物流系统效益目标的实现，同时也有利于各组织单位成员效益目标的实现。

(5) 物流领域的标准化不仅为不同部门间的合作创造了前提，而且已经成为市场一体化、竞争国际化的制胜新要素。

(一) 物流战略特征

1. 目的性

企业物流战略的制定与实施服务于一个明确的目的，那就是使现代企业在变化着的竞争环境里能够生存和发展。

2. 长期性

物流战略的长期性就是在环境分析和科学预测的基础上展望未来，为现代企业谋求长期发展的目标与对策。

3. 竞争性

企业物流战略必须面对未来进行全局性设计和谋划；设计现代企业的竞争战略以保持企业竞争优势，从而使战略具有对抗性、战斗性。

4. 系统性

任何战略都有一个系统的模式，既要有一定的战略目标，也要有实现这一目标的途径和方针，还要制定政策和规划，企业物流战略要构成一个战略网络体系。

（二）物流战略的分类

目前在物流战略分类标准上并没有统一的看法，综合已有的论述，我们采用如下方法划分物流战略：

（1）宏观物流战略和微观物流战略：宏观物流战略研究的是社会再生产总体的物流活动，是从社会再生产总体角度认识和研究物流活动。这种物流战略活动的参与者是构成社会总体的大产业、大集团。宏观物流战略也就是研究社会再生产总体物流。微观物流战略研究的内容是消费者、生产者企业所从事的实际的、具体的物流活动，是那些在整个物流活动中的一个局部、一个环节的具体物流战略活动。如企业物流战略、生产物流战略、供应物流战略、销售物流战略、回收物流战略、废弃物物流战略和生活物流战略等。

（2）国际物流战略和区域物流战略：国际物流战略研究的内容主要是伴随和支撑国际间交往、贸易活动和其他国际交流所发生的物流活动，区域物流战略研究的内容主要是指相对于国际物流而言，一个国家范围内的物流、一个城市的物流、一个经济区域的物流都处于同一法律、规章和制度之下，都受相同文化及社会因素影响，都处于基本相同的科技水平和装备水平中，因而都有其独特的特点和区域的特点。

（3）一般物流战略和特殊物流战略：一般物流战略研究的内容主要是指物流活动的共同点和一般性，物流活动的一个重要特点是涉及全社会、各行业，具有普遍适用性。其研究重点是物流的一般规律，建立普遍适用的物流标准化战略。特殊物流战略研究的内容是指专门范围、专门领域、特殊行业，在遵循一般物流规律基础上，带有特殊制约因素，特殊应用领域、特殊管理方式、特殊劳动对象、特殊机械装备特点的物流。

（三）物流战略的目标

具体来说，物流战略目标包括以下几个方面：

（1）维持企业长期物流供应的稳定性、低成本、高效率；

（2）为企业产品谋求良好的竞争优势提供支持；

（3）对环境的变化为企业整体战略提供预警和功能范围内的应变力；

（4）以企业整体战略为目标追求生产销售系统良好的协调性。

归纳起来，物流战略有 3 个目标：提高服务水平、降低成本、减少资金占用。

1. 提高服务水平

一般情况下，物流服务水平越高，企业销售收入越高。尽管提高物流服务水平将大幅提高物流成本，但收入的增长可能会超过物流成本的上涨。

2. 降低成本

物流战略实施的目标是将总成本降到最低。通常要评价各备选方案，比如在不同的仓库选址中进行选择或者在不同的运输方式中进行选择，以形成最佳战略。服务水平一般保持不变，与此同时，需要找出成本最低的方案。利润最大化是该战略的首要目标。

3. 减少资金占用

物流战略实施的目标是物流系统的投资最小化。该战略的根本出发点是投资回报的最大化。例如，为避免进行仓储而直接将产品送达客户，放弃自有仓库选择公共仓库，选择及时供应的办法而不采用储备库存的办法，或者是利用第三方物流供应商提供的物流服务。与需要高额投资的战略相比，这些战略可能导致可变成本增加。尽管如此，资金占用少了，投资回报率也会提高的。

第二节　物流战略管理的环境分析

万事万物都处于各种联系中，存在于一定的环境中。物流企业亦如此。物流企业的生存和发展都要依靠环境的支撑，在制定物流战略时，企业必须立足于所处的环境，通过分析战略环境，制定合适的物流战略，才能抓住机遇，规避风险，谋求企业的生存与发展。这里的环境包括宏观环境和微观环境两大部分。

一、物流宏观环境分析

一般来说，宏观环境可以分为四个方面，即 PEST（political，economic，social，technological)，也就是政治法律环境、经济环境、社会环境和技术环境。

（一）政治和法律环境

物流企业的政治法律环境是指一个国家或地区的政治制度、体制、方针政策、法律法规等方面。这些因素常常制约、影响企业的经营行为，尤其是影响企业较长期的投资行为。

企业在制定长期物流战略时，必须考虑政治法律环境的影响。目标市场的政治稳定性是长期发展的可靠保证，而完善的法律法规体系是保证物流市场公平竞争、获取正当权益的条件。

（二）经济环境

经济环境是指构成企业生存和发展的社会经济状况和国家经济政策。社会经济状况包括经济要素的性质、水平、结构、变动趋势等多方面的内容，涉及国家、社会、市场及自然等多个领域。国家经济政策是国家履行经济管理职能，调控国家宏观经济水平、结构，实施国家经济发展战略的指导方针，对企业经济环境有着重要的影响。

（三）社会、文化和自然环境

物流企业社会文化环境涉及社会文化的各个层面，其中影响较大的有企业的社会责任和人口、文化等。自然环境则指企业所处的自然资源与生态环境，包括土地、森林、河流、海洋、生物、矿产、能源、环境保护等。

社会文化和自然环境对企业生产经营的影响是不言而喻的。针对物流行业，可以具体化为以道路、铁路、港口、空港等为对象的物流基础设施的建设状况。从我国物流业这几年的发展状况可以看出，越是交通便利的地区，物流产业越发达。大部分物流企业集中在交通枢纽城市。

（四）技术环境

物流企业的技术环境指的是企业所处的社会环境中的科技要素及与该要素直

接相关的各种社会现象的集合。企业的技术环境，大体包括四个基本要素：社会科技水平，社会科技力量，国家科技体制，国家科技政策和科技立法。

如今，以信息技术为依托的物流可以形成物流信息的综合管理体系，最大限度提高企业物流信息的透明度，可以及时提供基础物流信息给需要的人员，以完成其自身随时随地的物流信息需求，从而最大限度发挥物流信息本身凝聚的物流利润，扩大企业的赢利能力，从而真正发挥物流信息的综合价值，掘取物流利润。

二、物流微观环境分析

微观环境有以下几个方面：公司内部环境、供应者、客户和竞争者。

（一）公司内部

每个物流企业都有其发展目标，有其具体明确的经营任务。为了实现其目标或完成工作任务，必须依据自身条件和市场要求开展某些业务活动。物流企业高层管理部门确定企业的宗旨和目标，制定企业的总体战略和政策。企业其他部门必须在该战略计划范围之内制定各自的计划和做决策。譬如物流企业的营销部门在制定和实施营销计划、开展营销活动时必须考虑到企业的总体战略，并要努力与企业其他部门协调，包括与最高管理层、财务部、供应部、采购部、仓储部、物流中心等的协调，使营销活动得到内部高层和相关部门的大力支持。

（二）供应者

供应者是指物流企业从事物流活动所需各类资源和服务的供应者。它包括为物流企业提供设备、工具、能源及土地和房产的各类供应商；提供信贷资金的各类金融机构的及在各类人才市场上为企业提供人力资源的中介机构等。另外，为物流企业生产经营过程提供各种劳务和服务的机构，如货物运输、设备修理、员工培训、环卫清洁及保安等服务机构，也都构成企业的供应商。供应商对物流企业营销活动的影响主要表现在三个方面：

（1）供应的可靠性，即资源供应的保证程度，这将直接影响物流企业的服务能力和交货期。

（2）资源供应的价格及其变动趋势，这将影响到物流企业服务的成本。

（3）供应资源的质量水平，这将直接影响到物流企业提供的服务质量。

因此，物流企业加强与供应商互惠互利，建立彼此间的信任关系，若供应商选择不当或出现问题，将给企业的经营带来不可估量的损失。

（三）客户

客户是物流企业服务的对象，是物流企业一切营销活动的出发点和最终归属。必须坚持以客户为中心，识别当今物流市场上各客户的特征，以便为客户提供优质、高效、便捷的物流服务。现阶段，人们对生活的追求从原来温饱型、数量型转向小康型、重视生活的质量。伴随着这种生活意识的变化，在经济社会向国际化、信息化以及人口结构高龄化急剧转变的基础上，出现了消费者价值的多元化以及生活类型的多样化的趋向、消费开始向个性化和多样化方向发展，表现在消费行为上，人们不再侧重购买为满足需求规模而大量生产的商品，而是在重视商品质量和体现自己生活方式的基础上，购买具有差别化的商品。这种消费行为上的变化对企业的生产和经营产生了深远的影响，同时在适应消费行为变化的过程中，强化了物流管理在企业战略中的地位。

（四）竞争者

根据迈克尔·波特的“五力模型”，在物流市场上，物流企业将要面对五种竞争力量：一是现有企业，现有企业必然会为了争夺市场份额而竞争，企业面对的竞争者越多，为了获得以及保持市场份额的努力就越大。二是新进入竞争者，新进入者是行业的重要竞争力量，它会对行业竞争带来很大威胁。进入威胁的状况取决于进入障碍和原有企业的反击程度。三是新产品或替代品，替代品是指那些与本行业的产品具有同样功能的产品，替代品的价格越有吸引力，对本行业的构成的压力也就越大。四是资源供应者之间的竞争，如果存在充分的竞争，供应商提供的投入品的价格将趋于稳定，生产厂家的利润可以得到保护，反之则供应风险将增加，投入品价格上涨。五是购买者的交易地位，如果供不应求，购买者将会接受更高的价格，企业利润将增加，反之则成为买方市场，企业将面临更大的风险。

三、物流战略环境分析方法

最常用的战略环境分析方法就是 SWOT 分析法。SWOT 分析就是企业在制定战略时，对企业内部的优势（strengths）、劣势（weaknesses）和外部的机会（opportunities）、威胁（threats）进行综合分析，用十字图表对照分析以寻找制定适合本企业实际情况的经营战略。

企业内部的优劣势是相对于竞争对手而言的，表现在资金、技术设备、职工素质、产品市场、管理技能等方面。衡量企业优劣势有两个标准：一是资金、产品、市场等一些单方面的优劣势；二是综合的优劣势，可以选定一些因素评价打分，然后根据重要程度进行加权，取各项因素加权数之和来确定企业是处在优势还是劣势。在战略上企业是扬长避短，内部优势强，就宜于采取发展型战略，否则就宜于采用稳定性或紧缩型战略。

企业外部环境是企业所不能控制的，企业外部环境中有的对企业发展有利，可能给企业带来某种机会，例如宽松的政策、技术的进步，就有可能给企业降低成本、增加销售量创造条件。有的外部环境不利于企业发展，可能给企业带来威胁，如紧缩信贷、原材料价格上涨、税率提高等等。来自企业外部的机会与威胁，有时需要与竞争对手相比较才能确定。有利条件可能对所有企业都有利，威胁也不仅仅是威胁本企业，因此，在有些情况下还要分析同样的外部环境到底对谁更有利或更不利。

SWOT 分析的做法是：依据企业的方针列出对企业发展有重大影响的内部及外部环境因素，然后确定标准对这些因素进行评价，判定是优势还是劣势，是机会还是威胁。也可逐项打分，然后按因素的重要程度加权求和，以进一步推断优劣势有多大及外部环境的好坏。表 16-1 举例说明了需要分析的环境因素。

表 16-1　SWOT 分析表

项目	机会（O）	威胁（T）	项目	优势（S）	劣势（W）
外部环境	运输价格下降 政府的政策法规 顾客需求变化 技术改进	竞争对手增多 信贷紧缩	内部环境	物流技术先进 服务管理好 职工素质高 管理基础工作好	资金不足 物流设备老化 企业规模小 职工的观念问题

在以上分析的基础上，可以根据企业的得分来判定企业属于何种类型（表 16-2），第一类型企业，外部有众多机会，又具有强大的内部优势，宜采用发展型战略；第二类型企业，外部有机会，而内部条件不佳，宜采取措施扭转内部劣势，可采用先稳定战略后发展战略；第三类型企业，拥有内部优势而外部存在威胁，宜采用多角化经营战略分散危险，寻求新的机会；第四类型企业，外部有威胁，内部状况又不佳，应设法避开威胁，消除内部劣势，可采用紧缩战略。

表 16-2　SWOT 战略选择表

内部 / 外部	优势（S）	劣势（W）
机会（O）	第一类型企业 发展型战略	第二类型企业 由稳定型向发展型战略
威胁（T）	第三类型企业 多种经营战略	第四类型企业 紧缩型战略

我们通过一家电子商务物流公司的例子来说明如何运用 SWOT 分析法。该公司隶属于中国网通 A 省物流公司 B 分公司，是规模较大的物流配送运营企业。主营业务有电子商务呼叫中心、数据业务、互联网业务、物流配送业务。B 物流公司通过对自己所处的竞争环境的分析，对其优势、劣势、机会和威胁进行了概括，如表 16-3 所示。

表 16-3　B 物流公司内外环境对照分析

项目	机会（O）	威胁（T）
外部环境	1. A 省物流业务发展迅速，在全国位居前列 2. GDP 连年按两位数增长，居民可支配收入增长快 3. 物流业务增长高于当地 GDP 增长 4. 当地政府出台了加快物流业发展的政策 5. 人均收入提高，物流配送需求日益增加 6. 随着物流技术的发展，电子商务物流等业务有可观的潜在需求	1. 但竞争对手依托中国物流的品牌、技术资源、资金优势和邮政网，采用价格竞争方式，大量抢占公司固定物流业务，尤其是大客户 2. 竞争对手依托信息技术，大力建设物流信息网，发展物流信息，吸引高端客户 3. 竞争对手依托更先进的物流配送网络体系发展 JIT 配送，吸引了高端客户
项目	优势（S）	劣势（W）
内部环境	1. 是本地区最先进入、最大的物流公司，客户量大，品牌知名度高 2. 拥有比较完善、可控性强的纵向组织物流营销系统 3. 技术基础好 4. 员工敬业精神强，荣获“省级单位”称号	1. 历史包袱沉重，需要养的退休人员多，在职冗员多 2. 在计划经济期间遗留下来的和不断改组积累的不良资产多 3. 员工紧迫感、危机感不强，市场观念淡薄 4. 营销方式不灵活，物流营销网络体系不健全 5. 在主营物流业务上，定价缺乏自主权

B 物流公司通过对照分析，进行 SO、ST、WO、WT 组合，从而提出了可供选择的多种组合战略方案，其组合战略方案如图 16-2 所示。

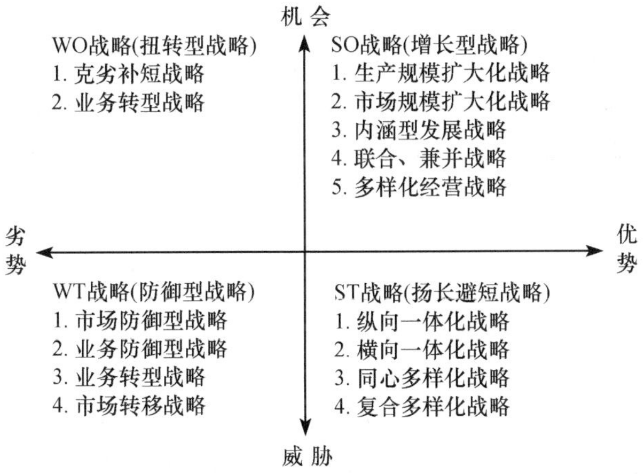

图 16-2　SWOT 组合战略选择图

由这个实例可以看出，SWOT 分析法的主要优点是简便、实用和有效，主要特点是通过对照，把企业外部环境中的机会和威胁，企业内部环境中的优势和劣势，联系起来进行综合分析，有利于开拓思路，正确的制定经营战略。

第三节　物流战略管理

物流战略管理是物流经营者在物流系统过程中，通过物流战略设计、战略实施、战略评价与控制等环节，调节物流资源、组织结构等最终实现物流系统宗旨和战略目标等一系列动态过程的总和。而物流战略的核心内容是物流系统的宗旨和战略目标，其中物流系统宗旨的确定，直接影响到企业参与物流系统设计与运营的任务、目的和目标。在拟定物流战略时，要结合企业资源情况，获取资源的途径与能力等特点综合分析，并按战略协同，寻求优势，有限合理的基本原则指导物流战略管理系统的运行。

一、物流战略管理内容

（一）物流系统的宗旨

物流系统的宗旨指物流在社会经济发展中所承担的责任或主要目的。物流系统的战略目标是由物流系统宗旨引导，表现为物流系统目的并可在一定时期内实现的量化成果或期望值。

（二）物流系统的战略目标

物流系统战略目标对物流战略基本要素的设计与选择有重要的指导作用，是物流战略规划中的各种专项策略制定的基本依据。在物流战略管理过程中，企业制定物流系统战略目标主要包括：服务水平目标、物流费用目标、社会责任目标和经济效益目标等内容。其战略目标应体现纲领性、多元性、指导性、激励性、阶段性等基本特点。

（三）物流战略要素

物流战略系统基本方面的设计与选择，重点内容是要将传统概念上的两点（城市、货运站、运输枢纽等）之间的货物位移与两端点上的延伸服务（如订货、取货、分拣、包装、仓储、装卸、配送、咨询及信息服务等）紧密结合为一体，使货物从最初供应者到最终客户间各个物流环节成为完整的供应链物流管理。在此基本思想指导下，物流战略要素主要包括物流战略导向、物流战略优势、物流战略类型和物流战略态势等。

（四）物流战略优势

物流战略优势物流系统能够在战略上形成的有利形势和地位。构成物流系统战略优势的主要方面有：产业优势、资源优势、地理优势、技术优势、组织优势和管理优势。企业研究物流战略优势，关键是要在物流系统成功的关键因素上形成差异优势或相对优势，这是取得物流战略优势经济有效的方式，当然也要注意发掘潜在优势，关注未来优势的建立。

（五）物流战略创新

物流战略形成的关键就是要突出创新在战略设计中的地位和作用。物流战略创新指的是战略实施主体以质量优于现有状态的新行为作用于物流过程，以期收到预定目标效益的创造性活动，主要包括物流服务创新、物流市场创新、物流技术创新、物流组织创新和物流管理创新等内容。其中，物流技术创新是最核心的内容，它是从创造性的构思到市场成功实现为基本特征的层次性经济活动的全过程，包括了新构思的产生与形成、研究与开发、应用与扩散三个紧密联系的基本环节，企业在进行物流战略设计中必须予以特别重视。

二、物流战略类型

物流战略类型，是指依据不同的标准对物流战略的划分，有助于更深刻的认识所拟定的物流战略的基本特点，进一步完善物流战略规划方案。物流企业通常可以按服务项目、发展方向、战略行为划分战略类型。

（一）按服务项目分

1. 准时集散战略

准时集散是及时配送思想在物流服务领域中的应用。它是指在特定的时刻将货物送达指定目的地交付的服务。准时集散服务符合现代市场需多层次、多样化、分散化的特点，又适应了现代企业生产的多品种、小批量、高时效的要求，具有很高的服务水准。其实现方式有：①签订长期准时集散合同。准时集散系统在为有限货物品种、类型进行货物集散服务时效率最高，尤其适用于标准化、通用化、系列化水平较高的产业。②强化计算机管理，建立和完善准时集散通信和信息网络系统。③实行准时集散代理制。准时集散代理人能有效调动所需车辆并及时投入应用。

2. 快速集散战略

快速集散是在约定的货物交付时刻表的限定下，以“站到门”、“库到门”、“门到门”或“桌到桌”方式实现的货物集散的服务。快速集散服务最主要的优势在于运达交付的快捷性、服务的可靠性、使用的方便性和跟踪的实时性，所能提供的附加价值是合同中运达时间上的保证条款。其实现方式是：①依托高速公路展开快速集散服务。以高速公路或一、二级公路等为运输干线，建立主要城市（镇）快速货运集散网系统。②依托公路、航空等联运方式展开快速集散服务，其重点是要解决公路、航空等多式联运经营方式问题。③快运集散代理制。快速集散服务代理人受理业务，租用汽车或购买汽车运输服务、购买航空运输服务，实现对用户全面负责的物流全过程管理。

3. 整车集散战略

整车集散是以一次承运整车（整集装箱）为基本数量单位，或以这样的基本单位签订贸易合同、并实现货物交付的集散服务。整车货运集散一般不须中间环节或中间环节很少，送达时间短、相应的货运集散的物流总成本较低。整车货运一般采用厢式车、集装箱运输车，在一次出车过程中完成“门到门”货运集散服务。物流企业可以自己经营整车集散服务，如涉及城市间或过境贸易的长途运输和集散，也可以采用代理制的方式，如国际贸易中，进出口商通常乐意采用以整车（整集装箱）为基本单位签订贸易合同。以便充分利用整车集散服务的快速、直达、方便、经济、可靠等优点。

4. 成组集散服务战略

成组集散多是以成组化为单元，如以托盘等作为受理、分销、配载、中转、送货和交付单位的货运集散一体化服务形式。提高成组集散效益，一般需要进行配载、集装化工作，如进行托盘化工作，以平托盘、箱式托盘、笼式托盘等形式建立成组单元，方便物流作业环节中的装卸搬运等作业。除了良好的通讯系统、计算机网络信息系统等之外，在成组集散服务中，托盘化运输有举足轻重的地位。托盘系列化、托盘与装卸搬运机械能配套运作、仓库设计与布局等满足托盘作业要求。在集装箱化、托盘化的前提下，成组集散及相关作业均可用机械化手段完成。

5. 专项集散服务战略

专项集散是针对一些有特殊要求的货物种类展开的集散服务。专项货运集散一般应形成专项物流所需的硬件、软件系统。良好的通讯系统和联系各类用户、沟通物流信息的计算机网络信息系统是必要的。此外，还必须有专项物流服务所需的专用经营设施、设备和专业工作人员。

（二）按发展方向分

1. 物流服务导向战略

物流服务导向战略模式有三种。

1）以提高服务附加值为目标的基础物流服务

运输、仓储、包装、分拨是物流的基本环节，也是物流过程中的实际执行者，其构成了物流产业的基本需求。我国的物流企业应充分发挥自身优势，结合劳动力成本低的便利条件，大力开发以基本的流通服务和劳务附加值为主的基础物流服务，实现物流服务的系统化和标准化。

2）以培育新的客户群为目标的个性化物流服务

客户对运输和物流的需求是多样性的，特别是中小型客户，其自身的商务功能有限，需求更具有特殊性，这是一个巨大的潜在的客户群。为这些客户提供包括运输、仓储、商务附加服务在内“量体裁衣”式的灵活物流服务，不但可以增加企业效益，而且可以提高客户的忠诚度。

3）以实现产业更新为目标的系统物流服务

系统物流服务的提供者，主要是第三方物流。第三方物流是介于客户和实际物流承担者之间的，为生产商提供物流设计、控制和供应链管理，处于物流服务体系中的最高层。这种服务采取虚拟经营的方式，销售专业的物流决策和管理技能，主要职能是总体成本控制和对供应链实施动态监控，其代表了物流需求的最本质思想。

2. 市场需求导向战略

市场需求导向战略的核心内容是客户需求分级管理。物流行业是一个与“客户满意”密切相关的行业。及时、正确地了解客户需求，能为物流企业的经营提供明确的方向。为此，有必要对客户需求实行客户需求分级管理，即对客户需求进行科学的定性和定量分析。这样可以解决几个问题：客户的哪些需求能够为我们带来利益；哪些合作的客户对公司最有价值；如何对客户需求进行经常性管理等。

客户需求分级管理是一种动态的管理，是随着管理内容要素的变化而变化的，其需要定期的更新和维护。

3. 专业技术导向战略

专业化是培育物流企业核心竞争力的必然要求。企业的核心竞争力是企业最擅长的业务，是企业品牌、主业、实力、创新能力等综合资源优势的集成。而专业化是培育和增强企业核心竞争力的重要途径，因为专业化有利于提高客户服务水平；有利于服务品牌的市场认同；有利于物流服务的供需双方建立长期的合作关系等。

物流企业的业务范围广泛，专业化服务的内容就是要求物流企业在包装、运输、仓储、物流配送、物流信息管理、物流需求解决方案等业务上选择其中的优势项目作为主业，在市场开发、企业战略、人才选用、管理规范等资源配置方面采用密集型的营销策略，稳扎稳打，滚动发展，最终成为市场领导者。目前，我国相当一批中小物流企业资资金、人才等资源有限。因而，瞄准专业化发展目标，才是它们迎接挑战、参与市场激烈竞争的明智选择。

4. 规模经营导向战略

对于我国的物流企业而言，规模化经营是发展的一项基本战略，是合理配置现有资源、推动其永续经营的必由之路。中外运集团自 1998 年以来推进重组战略，使集团公司经营业绩稳步回升，“1＋1＞2”的规模效应初步显现。他们的实践业已证明并将继续证明，规模化经营是物流企业优化资源配置、降低营运成本、壮大竞争实力、提高服务水准的重要途径。

规模化同时是整合我国目前中小物流企业资源的内在要求。加入 WTO 之后，实力超群的外资物流企业将大显身手，相当一批的势单力薄的物流企业将被淘汰出局。我国的物流企业如果仍按“小、少、弱、散”的路子走下去，只能是死路一条。出路之一就在于联合、重组、战略联盟。

5. 资源优化导向战略

企业的资源有资金、技术、人才等各个方面。资源优化，需要企业在各个方面下功夫，并将各种资源整合，这样才能提高企业的经营效率。

对于物流企业而言，员工的素质是非常重要的。物流服务的工作性质决定了从事这项业务的人必须具有物流专业知识、丰富的实践经验和卓越的办事能力。他们熟悉各种运输方式、工具、路线、手续和各种不同的交通法规、政策等。员工素质的高低对企业未来发展的可能性以及发展的速度有着重大影响。

在信息社会中，信息已经成为企业生存和发展的最重要资源。对于物流企业，信息不仅仅包括物流信息，还包括与其他流通活动有关的信息。为了实现企业的目标，必须通过信息的不断传递，一方面进行纵向的上下传递，把不同层次的经济行为协调起来：另一方面进行横向的信息传递，把各部门、各岗位的经济行为协调起来，通过信息技术处理人、财、物之间的关系。

信息的处理离不开信息技术，例如条形码技术、电子交换技术、全球定位系统、智能运输系统、因特网等。而对于我国的大多数物流企业来说，比较实际也比较有效的方式是利用 Internet 来实现信息的共享。物流企业应该加快技术创新的步伐，根据市场特点进行适时的技术改造，才能保证在瞬息万变的市场上保持旺盛的生命力。

6. 实时响应导向战略

及时性不但是服务的延伸，也是流通对物流提出的要求。快速、及时的响应既是一个传统目标，更是一个现代目标。为了实现供应链管理，达到快速反映市场的要求，我们必须引入先进的指导思想和策略。国外先进的管理体系战略有 JIT（及时服务），QR（快速反应），ECR（快速客户反应），ERP（企业资源计划）等。

（三）按战略行为分

1. 扩张型战略

扩张型战略是企业在取得优势的情况下，采取扩大企业经营规模或实现经营多元化，以促进企业长足发展的战略。物流企业可以根据自身的优势和劣势，在分析发展机会和市场挑战的基础上，选择适合企业发展的扩张模式。

1）积极型扩张

所谓积极型扩张，即现代物流企业所采取的积极搭建服务网络、扩大规模的扩张方式，有三种类型：自主型、联盟型、合作型。物流企业根据自己的业务发展计划，积极扩大服务网络，如开设分公司，办事处等等，我们称之为自主型。具有一定规模或具有一定资金优势的物流企业可以选择这个扩张模型，这种扩张方式的优势在于组织结构清晰，便于管理，决策的响应速度快。联盟型适合于规模较小且资金实力相对薄弱的现代物流企业，他们可以考虑在目标区域内选择具有合作意愿的企业，建立起业务联盟，确定统一的对外品牌实施相同的市场战略。合作型是最松散的一种扩张方式，企业根据自身业务发展需要，在业务设计的区域寻找能够完成其地区业务代理的企业，建立企业以具体业务为核心的业务合作。这种方式比较灵活但是没有建立稳定的约束机制，很难长期合作。

2）稳健型扩张

稳健型扩张或称搭车型扩张是指随着业务或客户的发展，不断扩大服务范围的一种网络扩张战略，这种战略最大特点就是稳健、风险小。稳健型扩张主要可以分为业务导向型扩张和客户导向型，业务导向型主要指随着业务的扩张，逐渐向外渗透，扩大市场知名度和市场份额。客户导向型是随着服务客户的发展而发展的一种扩张方式。

3）功能型扩张

目前大部分物流企业还停留在基本的物流作业服务层面，客户对于信息服务、物流方案设计以及进一步的采购、库存管理、资本服务等的需求还得不到有效满足，在低端服务资源过剩，基本物流服务竞争日趋激烈的情况下，现代物流企业提高自身业务水平，根据客户需要开发全新的服务项目，增加服务功能是有效的扩张战略。

2. 稳定型战略

稳定型战略，又称做防御型战略或维持战略，是指企业外部环境比较稳定，为了巩固现有成果，采取以安全经营为宗旨，在产品、技术、市场等方面暂时不作重大发展的一种待机而动的战略。稳定型战略的核心，是在维持现状的基础上，提高企业既有生产条件下的经济效益。

稳定型战略一般具有如下几个特点：一是企业基本满足于过去的经济效益水平，决定继续追求与过去相同或相似的经济效益目标。二是保持现有的产品组合形式不变，继续为原有的顾客或目标市场提供产品或劳务。三是在战略期内，保持与上一战略期大致相同的市场占有率、产销规模或增长幅度、稳定和巩固企业现有的市场地位，保持现有的竞争实力或略有增强。

稳定型战略一般适用于下列几种情况：一是企业的外部环境相对比较稳定，市场需求及行业结构稳定或者较小动荡，企业面临的竞争挑战和发展机会都相对较少。二是企业经营状况良好，产品在较长时期里仍然具有明显优势。企业在前期战略阶段，在自己所经营领域中取得优势，产品已进入成熟期，暂时可不作重大发展，企业在下一阶段应将重点放在获取更多的利润上，而不多作外延扩张。三是企业在经历了扩张、发展阶段之后，已经感到资源引起的某种约束，因而需要休整或充实资源。由于前期的大规模扩张和发展，企业投入大量资金等，这时已感到资源的约束作用，为了避免风险，倾向于不求短期扩张，注重调整内部资源组合，充实内涵，提高经济效益。

需要强调的是，稳定型战略并不是不思进取，不思发展，而是要在这一战略阶段积蓄资源，培育优势，谋求更大、更稳定、更长远的发展。

3. 收缩型战略

收缩型战略，又称撤退型战略，是指企业在原有经营领域处于不利地位，又无法改变这种状况时，逐渐收缩甚至退出原有经营领域，收回资金，等待或另谋东山再起的一种战略。收缩型战略的基本目的是力图度过目前困境，然后转而采用其他战略。所以，这种战略一般只为人们在短期内采用。

收缩型战略具有以下几个特点：一是对企业现有的产品/市场领域实行收缩、调整和撤退的措施，削减某些产品，舍弃某些市场，甚至完全退出原来的某些经营领域。二是严格控制和尽量削减各项费用开支，只投入最低限度的经营资源，以期改善财务状况。三是紧缩型战略带有过渡性质。

依据企业危机程度和应采取的措施不同，可以将收缩型战略分为以下几种类型：一是削减战略。削减战略，又称抽资战略，是指企业减少某一经营领域的投资，从该领域中逐步收回资金，投入有发展前途的经营领域中去的一种战略。二是转向战略。转向战略是指当企业现有经营领域的市场吸引力逐渐丧失，市场占有率降低，经营活动发生困难时，为了从原有经营领域脱身，另辟新径而采取紧缩的一种战略。企业的经营战略应该随外部环境的重大变化作相应调整，包括从一个经营领域向另一个更具吸引力的经营领域的战略转移，因而转向战略为许多企业经常采用。三是放弃战略。放弃战略是指企业把部分产品生产单位、生产线或一个经营单位、一个事业部予以出售，尽快收回资金，以免遭受更大损失的一种战略。四是清算战略。清算战略是指企业在无力扭亏增盈，濒临破产的情况下，不得不将整个企业转让出卖，偿还债务，收回剩余资金，待时机成熟再另行创建新事业的战略。

三、物流战略的制定

根据战略制定步骤，物流战略大致可以这样形成：先进行环境分析，认清环境中存在的各种威胁和机会，结合企业自身的优劣势确定本企业的使命，形成企业总体战略，然后根据总体战略形成企业的物流战略。将这些物流战略形成具体的运作目标，以利于采用相应的物流策略使其得到实现。然后在物流战略实施的过程中，还需要根据环境的变化适时地进行调整。图 16-3 显示了企业如何制定物流战略的总体框架。

在物流战略的制定过程中，内、外部环境分析是关键的步骤。

外部环境包括政治条件、竞争对手、客户需求、经济条件、技术条件、政策法规和社会环境条件。在当今全球竞争环境下，企业应该更重视外部因素。

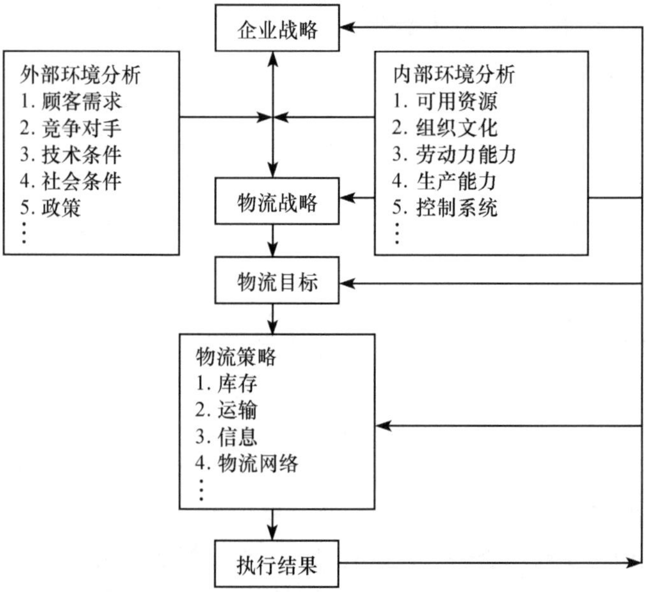

图 16-3　物流战略框架

客户需求是影响物流战略最显著的外部因素。企业可以通过定价、营销以及其他市场策略在一定程度上管理和控制需求水平。然而，某些市场变化不能控制或轻易的预测，如有经济波动引起的变化、客户偏好改变，同时顾客也在不断地要求新的产品或不同产品，因此物流规划不仅考虑客户现有的需求，还要预测未来的需求。

竞争也是企业应该考虑的外部因素，企业常常需要根据来自国内或者国外企业的竞争调整物流战略。例如，戴尔通过高效率物流管理使得公司从账面上注销的过剩和过时库存介于物料总成本的 0.05%～0.1%，这在公司全球业务中就是每年大约 2 100 万美元。而在个人电脑制造业内，这个比例介于 2%～3%，在其他行业则介于 4%～5%，从而大大增强了戴尔的竞争优势。即使在美国经济面临衰退的状况、以及高技术行业及个人电脑制造业的普遍不景气的条件下，戴尔公司仍然可以更快地把更低的成本直接施惠于客户，进而扩大市场占有率。迫于戴尔的低成本竞争压力，美国第二大电脑直销商 Gateway 公司终于按捺不住，宣布自己产品的价格一定要低于竞争对手的同类产品。但实际上，低价只是高效物流与供应链最终体现在产品市场上的外在表现，而不应该仅仅是一种市场竞争策略。Gateway 如果只是以低价与戴尔竞争，而不在内部整合物流，就不容易获胜。

技术因素也会对物流战略产生很大的影响，企业需要不断地关注技术的进步如计算机技术等，在某种程度上它们可以决定采取物流战略的方式及其实现。

对于我国企业，政策法规对于企业物流战略也有很大影响。一项政策的出台既可能为企业发展做出某些限制，同时又为企业创造了良好的环境并带来新的机遇。

内部环境分析主要是对企业内部组织文化、可用资源、控制系统、劳动力情况、设备情况、财务状况等进行分析，识别企业目前运作的优劣势，发现在竞争中存在的特有能力和竞争优势。特有能力可以指最低的成本、最高的质量、最好的交货服务，还可以是独占原材料资源，也可以是和竞争对手相比有最好的技术资源等。

四、物流战略的实施

（一）企业战略计划系统

在战略实施过程中，战略制定与战略实施配合得越好，战略管理越容易获得成功。而企业战略计划系统则是战略实施的具体化。战略计划系统必须具有以下几方面的内容。

1. 对企业总体战略的说明

即说明什么是企业的总体经营战略，为什么做这些选择，实现这些战略将会给企业带来什么样的重大发展机遇等。这种说明还包括总体战略目标和实现总体战略目标的方针政策。

2. 企业分阶段目标

分阶段目标是企业向其总目标努力时欲达到的有时间限制的里程碑。对分阶段目标一般应尽可能加以具体与定量的阐述，这也是保障实现总目标的条件。企业的分阶段目标常与具体的行动计划和项目连在一起，而这些行动计划和项目均是达成企业总目标的具体工具。

3. 企业的行动计划和项目

行动计划是组织为实施其战略而进行的一系列重组资源活动的汇总。在战略计划阶段包括研究、开发及削减等方面的活动。例如，执行产品开发计划或产品改进计划有利于新产品战略的实现。各种行动计划往往通过具体的项目（通过具体的活动来组织资源配置以实现企业总目标）来实施。例如，一个新产品开发计划常需通过实施诸多开发项目来实现。

4. 企业的资源配置

制定计划的基本决策因素便是资源的配置。实施战略计划需要设备、资金、人力资源及其他重要资源。因此，对各种行动计划资源配置的优先程度应在战略计划系统中得到明确的规定。战略计划系统应指明在战略实施中需要的各种资源。所有必要的资源，应尽可能折算为货币价值，并以预算和财务计划的方式来表达。预算及财务计划对理解战略计划系统来说具有重要意义。

5. 企业的组织保证及战略子系统的接口协调

为了实现企业的战略目标，必须有相应的组织结构来适应企业战略发展的需求。由于企业战略需适应动态发展的环境，因此，组织结构必须具备相当的弹性。另外，企业战略计划系统往往包括若干子系统，如何协调、控制这些子系统，对这些子系统间接口处的管理、控制应当明确化。

6. 应变计划

上述各计划内容都需要企业作出决策。而这些决策基本上是通过各种对环境的预测与假设得出的，包含了相当主观性，这不利于计划、决策的实施。有效的战略计划系统要求一个企业必须具备较强的适应环境的能力。要获取这种能力，就要有相应的应变计划作为保障。

（二）企业战略资源的分配

企业战略资源是指企业用于战略行动及计划推行的人力、物力、财力等的总和。它们是战略转化为行动的前提条件和物质保证。具体来说，企业战略资源包括：采购与供应、生产能力与产品实力、市场与促销、财务、人力资源、技术开发、管理经营的能力、时间、信息等无形资源的把握等。由于企业战略资源中的无形资源很难把握，而除人力资源外的有形资源则可以用价值形态来衡量，因此，企业战略资源分配一般可分为人力资源的分配和资金的分配两种。

1. 人力资源的分配

人力资源的分配一般包括：为各个战略岗位配备管理和技术人才，特别是对关键岗位的关键人物的选择；为战略实施建立人才及技能的储备，不断为战略实施输送有效人才；在战略实施过程中，注意整个队伍的综合力量的搭配和权衡。

2. 资金的分配

企业中一般采用预算的方法来分配资金资源。而预算是一种通过财务指标或数量指标来显示企业目标、战略的文件。通常采取的预算方式有：

（1）零基预算。这不是根据年度的预算编制，而是将一切经营活动从彻底的成本—效益分析开始预算，以防止预算无效。

（2）规划预算。它按规划项目而非按职能来分配资源。规划预算的期限较长，常与项目规划期同步，以便直接考察一项规划对资源的需求和成效。

（3）灵活预算。它允许费用随产出指标而变动，有助于增加预算的灵活性。

（4）产品生命周期预算。在产品的不同生命周期中有着对资金的不同需求，而且各阶段的资金需求有不同的费用项目。这是产品生命周期预算根据产品不同阶段的特征来编制各项资金支出计划与原则。

第四节　物流市场的经营战略

物流市场是在运输市场、仓储市场的基础上发展起来的综合性服务市场，它不同于单一功能的运输市场和仓储市场，物流过程所提供的是超出一般运输和仓储服务的增值服务。其特征之一是市场需求的特殊性，在物流市场上用户需要的是比较全面的包含物流所有功能的服务，而不是单一的运输或仓储服务，这是市场需求的变化。特征之二是物流服务商的特殊性，物流市场上的供应主体为满足需求主体的需要，从有形商品的供应商、生产商、零售商中分离出来，与储运企业相结合成为专业化的物流服务商。这样，物流市场的主体有别于专业性的运输企业和仓储企业，是集运输、仓储包装、装饰搬运、流通加工、物流信息、物流管理、咨询服务为一体的多功能服务企业。

一、物流企业的基本类型

多功能的服务企业类型及经营策略是多种多样的，故表现为市场主体也是多元化的。一般可根据企业物流服务的范围大小和物流功能的整合程度这两个标准，确定物流企业的类型。物流服务的范围主要是指业务服务区域的广度、运送方式的多样性、保管和流通加工等附加服务的广度；物流功能的整合性是指企业自身所拥有的提供物流服务所必要的物流功能的多少，必要的物流功能是指导包括基本的运输功能在内的经营管理、集配、战术等功能。不同类型的企业在市场竞争中采取的经营策略有很

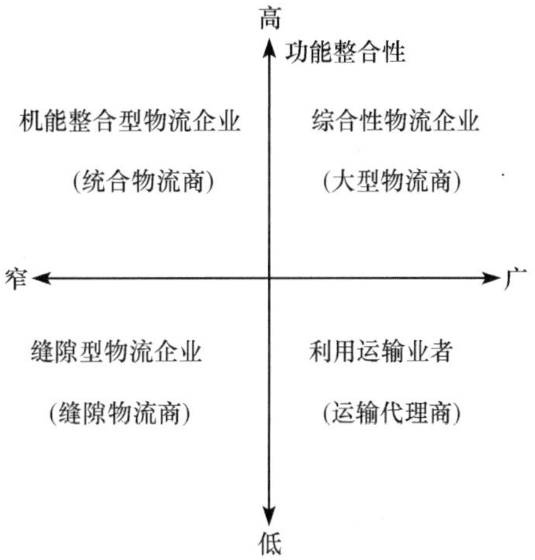

图 16-4　物流市场竞争者分析

大区别。按照上述两个标准，可以将物流企业分成四种类型，如图 16-4 所示。

1. 综合型物流企业

这种功能整合程度高，物流服务范围广，综合服务能力强的企业属于物流业界的先驱，它是一种综合性物流企业。如美国的 UPS。这种企业的业务范围往往是全国或世界规模，因此也被称为超大型物流业者，能应对货主企业的全球化经营从事国际物流。

2. 功能整合型物流企业

这种是功能整合度高、物流服务狭窄、专业领域服务能力强的企业。它能对专业性较强的经济领域提供全面的系统化物流服务，选择目标市场，实行专业化经营策略。如日本的 NYK 运输公司。因此，在特定市场，其他企业难以与之竞争。

3. 运送代理型物流企业

这种是物流服务范围广，功能整合度较低，为供需双方提供服务的企业。它在货主和承运人之间起桥梁作用，满足客户的需要，充分发挥多种运输方式的优势，有物流伙伴之称。实行个性化的服务策略，因而能够灵活应对市场环境的变化。

4. 缝隙型物流企业

这种是功能整合度低，物流服务范围窄的企业，它提供差别化、低成本物流服务，采取拾遗补缺的细分市场策略。如搬家公司，送鲜花、礼品的公司等。

二、物流市场的经营战略

（一）先驱型企业战略

先驱型战略比较适合于综合性物流企业（大型物流服务商）。综合物流的优点是能实现一站式托运。随着货主企业活动的不断扩大，发货、入货范围逐渐延伸到全国或海外市场，如果综合物流企业能实现物流服务供给中经营资源的共有化，就能达到效益的乘数效应。例如，建成集商品周转、流通加工、保管为一体的综合设施或实现运输、保管等物流功能的单一化管理等，从而极大降低综合物流企业的服务成本。如联合速递公司（United Parcel Service，UPS）是世界上最大的配送公司。2006 年，UPS 全年营业额达到了 475 亿美元，其中，包裹业务的营业收入就占了 395 亿美元，2006 年 UPS 递送了超过 39 亿件包裹与文件，每日递送量达到 1 560 万件。UPS 向全球 200 多个国家和地区提供全面的物流服务，每天向 790 万（180 万取件，610 万递送）客户提供服务。公司向制造商、批发商、零售商和服务公司提供多种范围的陆路和空运的包裹和单证的递送服务，以及大量的增值服务。

（二）系统化物流战略

机能整合型物流企业（专业物流服务商）一般采用系统化物流战略。该类型物流企业经营战略的特点是以对象货物为核心，导入系统化的物流，通过改进货物分拣、货物跟踪系统提供高效、迅速的运输服务。同时从集货到配送等物流活动全部由企业自己承担，实现高度的功能整合。但是，由于这种由特定货物为对象构建的系统一般货物运输无法适应，因此，服务范围受到限制。

从经营战略上来看，对于市场需求的变化采取特定市场集中经营战略十分有效。正因为如此，在机能整合型物流企业中，进一步限定目标顾客层的企业为数不少，即通过再细分市场和突出物流服务的特色来追求企业的效益。与进一步细分市场的战略相反，还有一部分企业采取从集中市场的战略转向多角化战略，其目的是分散对特定市场依存的风险，在特定市场成熟以后再寻求新的市场。从目前实践发展的情况来看，大多数实施多角化战略的企业都是通过合理利用现有的经营资源和发挥各相关业务的优势来开展多种经营的。

无论是细分化战略还是多角化战略，对于机能整合型企业来讲，机能的内涵和服务质量是这类企业共同的基础和核心。机能的弱化和陈旧将直接动摇企业在特定物流市场上的地位，所以，不断提高机能的结合度，发展机能深度和广度是企业发展的根本战略。

（三）柔软性物流战略

运送代理型企业（运输和货物代理商）多采用柔软性物流战略。此类物流企业以综合运用铁路、航空、船舶运输等各种手段，开展货物混载代理业务。代理型企业的最大优点是企业经营具有柔软性，物流企业可以根据货主企业的需求结构提供最合适的物流服务。从发达国家看，利用外部的物流公司从事物流活动的情况逐渐增加，在欧州出现了用契约形式明确货主物流效率的目标，进而全面承担货主物流的第三方物流企业。第三方物流企业中既有拥有货车、仓库等资产的企业，也有自己不拥有任何物流设施采取租赁经营的企业，两种类型的企业物流服务范围都很广，前者逐渐向功能整合型企业发展，而后者成为纯粹的货主物流代理企业。作为运送代理型物流企业的经营战略主要是向无资产的第三方物流企业发展，由于企业实质上并不拥有整合的物流功能，因而可以灵活、柔软、彻底地实现物流效率。但是也正因为无资产而可能产生物流服务不稳定，企业应建立并加强有效的运输功能管理体系，这其中最核心的是信息系统的完善以及树立良好、柔软的企业间的关系。

（四）差别化、低成本的物流战略

缝隙型物流企业应该采用差别化、低成本物流战略。经营资源数量和质量方面都受限制的中小企业，必须发挥在特定机能或特定物流服务方面的优势，在战略上实现物流服务的差别化，降低经营成本。例如，搬家综合服务、代收商品服务、仓储租赁服务以及摩托车急送服务等。近年来，在我国许多城市出现的小型保险柜租赁业务就是这种物流服务的具体表现之一。

在从事单一物流服务的情况下，实现服务差别化比较困难。以运输服务为例，只要在货车、车库等设施达到一定水准的条件下，任何企业都能够参与，因此，这种无差别物流服务的企业只有不断降低物流费用，实行低价格竞争才能够生存、发展。通常的措施除了加强企业内管理外，还可以根据运输周期或货物特性实行弹性价格政策。例如，对繁忙期以外货物运输或对用机械装卸的货物运输运费可以打折扣或给予优惠。

尽管缝隙型企业较难实现差别化，但是也存在通过集中给特定顾客层提供附加服务，进而成功地实现差别化的事例。目前这方面比较突出的物流服务主要有搬家综合服务、代收商品服务、仓储租赁服务以及摩托车急送服务等形式。例如，搬家综合服务除了从事专业化的搬家物流服务外，还替顾客办理清扫、整理、杀虫处理垃圾等事务；在代收商品服务中，物流业者通过代行繁杂的代收商品、样品等业务，然后用货车进行配送，增加物流服务的附加价值；仓储租赁服务是刚兴起不久的新兴物流形式，它通过出租仓储，安全保管顾客存放的任何货物（大宗商品、书籍、字画、金钱等高价商品或贵重物）来突出物流服务的差别化。近年来，在我国大都市出现的小型保险柜租赁业务就是这种物流服务的具体表现形式之一。

此外，在差别化物流服务中，高效的商品多频度、小批量共同配送也非常引人注目，它已成为企业物流差别化的有力武器，获得了广泛推广。

本章小结

战略关系到物流企业的生存和发展，涉及企业全局、长远和根本的利益。物流经营者需要通过战略管理在市场竞争中寻求制胜的途径。随着市场经济的深入发展和市场竞争的越发激烈，越来越多的企业开始认识到物流在战略管理中的重要地位，这是经营环境的变化使企业的经营视角发生了变化，企业不但要善于创造顾客并满足其欲望，还必须积极主动地适应市场的变化。脱离现代物流企业的生产、销售无法在市场上取得竞争优势。物流以其对生产、销售的推动作用，成为继生产、销售之后，企业发展的第三大支柱和第三利润的源泉，制定合理的物流发展战略，对于经济的可持续发展意义深远。在面对越来越大的内外部环境压力下，企业必须思考如何为自己制定一个合理的物流战略，以更低的成本为客户提供满意的物流服务，使得企业能够获得持续的竞争优势。

本章关键词

物流战略（logistics strategy）
经营战略（management strategy）
优势（strengths）
劣势（weaknesses）
机会（opportunities）
威胁（threats）
收缩战略（retrenchment strategy）
战略联盟（strategic alliances）
快速反应（quick response，QR）
准时制物流（just-in-time logistics）
有效客户反应（efficient customer response，ECR）

本章思考题

1. 什么是物流战略？该如何理解物流战略在企业战略中的地位？
2. 举例说明，物流企业如何运用 SWOT 分析方法？
3. 推动物流市场发展的环境变量有哪些？
4. 举例说明，如何对某个物流系统进行战略设计？
5. 物流市场经营战略有哪些类型？比较其异同点。

本章案例 7-11 特色的物流战略体系

7-11 便利店是现今全球最大的零售网络商，被公认为世界便利店的楷模。7-11取得的辉煌业绩，除了其先进的经营方式与独特的品牌营销外，支撑其快速发展的另一重要因素就是强大的后方物流支持系统。

1. 独特的物流体系

作为全球最大的便利店企业之一，7-11 取得今日的辉煌，与其物流体系构建的影响是分不开的。7-11 以区域集中化建店战略和信息灵活应用作为实现特许经营的基本策略之一，以综合考虑生产厂家、批发商、配送中心、总部、加盟店和消费者的整体结构为思考模式，从而发展出一条不建立完全属于自己公司的物流和配送中心，而是凭着企业的知名度和经营实力，借用其他行业公司的物流、配送中心，采取集约配送、共同配送方式的道路，实现自己的特许经营战略。7-11 总部的战略经营目标是使 7-11 所有加盟单店成为“周围居民信赖的店铺”。这里所说的忠诚度，是通过 7-11 所特有的三个要素来实现的：首先，只有在 7-11 能够买到的独特商品；其次，刚制作的新鲜商品；第三、零缺货，即零顾客永不失望的供货。7-11 为了确保实现忠诚度所需的三个要素的顺利施行，建立了先进、高效的物流系统，并确定了多个物流战略体系。

2. 区域集中化战略

区域集中化战略是指在一定区域内相对集中地开出更多店铺，待这一区域的店铺达到一定数量后，再逐步扩展建店的地区。利用这种办法，不断增加建店地区内的连锁店数，以缩短商店间的距离，缩短每次配送行走的距离及时间，确保高效的运载量，从而形成提高物流效率的基础，使配送地区合理化，配送中心分散、中小规模化。7-11 实行有效的区域集中化战略后，所带来的优势及效果非常显著，主要可以归纳为以下几个方面：

第一，降低物流成本。在一定区域内集中加盟单店可以使得物流最具效率化。由于店铺之间的距离缩短了，能够带来以下优势：缩短每台配送车辆的平均行驶距离和行驶时间，实现定时配送，调整配送车辆的装载量。

第二，缩短配送时间，保证商品的新鲜度。快餐商品新鲜度越高就越好吃，提供油炸类食品和烘烤面包的店铺明显会受到顾客的欢迎。

第三，减少竞争对手开店的机会。便利店的商圈一般是在半径 500～1000 米的范围。区域集中化战略可以使店铺覆盖某一个区域，具有“攻击是最大的防御”的特征，可以有效地减少竞争对手在该区域开店的机会。

第四，提高地区的知名度、提高宣传效果。区域集中化开店战略能够提高单店在开店区域内的知名度，增加顾客的亲切感。

第五，提高运营区域代表的活动效率。7-11 在业务范围内设置了不同的运营区域，各个店铺的距离缩短，有利于运营区域代表对单店的指导和管理。

3. 共同配送中心

由于特许经营企业的单店都是由特许经营总部进行统一领导、授权、管理、培训，同时对各单店的经营进行协调，并作为信息中心为各单店提供后台支持，因此，建立由特许经营总部指导下进行管理的共同配送中心，为不同的特许经营单店进行集约配送与共同配送不但成为可能，更是特许经营便利店的一大优势。7-11 在建立其全球零售网络时正是利用了这种优势，几乎所有由 7-11 总部制定的具体物流战略都必须依靠共同配送中心来实现。

7-11 按照不同的地区和商品群划分，组成共同配送中心，由该中心统一集货，再向各店铺配送。地域划分一般是在中心城市商圈附近 35 公里，其他地方市场为方圆 60 公里，各地区设立一个共同配送中心，以实现高频度、多品种、小单位配送。为每个单店有效率地供应商品是配送环节的工作重点。配送中心首先要从批发商或直接从制造商那里购进各种商品，然后按需求配送到每个单店。

7-11 的物流体系并非独自完成，而是由合作的生产商和经销商根据 7-11 的网点扩张，根据其独特的业务流程与技术而量身打造。根据 7-11 与各生产商、批发商达成的协议，生产商和批发商对各自所在地区内的闲置土地、设施或运转率较低的设施，投资设立共同配送中心，由参加投资的公司共同经营。生产商和批发商将配送业务和管理权委托给共同配送中心，7-11 与参加共同经营的生产商、批发商密切协作，以地区集中建店和信息网络为基础，创造成独自的系统。

共同配送中心功能主要包括商品的集货和分散。首先由批发商将制造商的商品集中到配送中心，然后与零售商进行交易，就可以将多数制造商的商品进行调配，从而起到商品的集中和分散功能。同时，共同配送中心的建立，还可以使得商品的周转率达到极高的水平，大大提高单店商品的新鲜度。通过建立共同配送中心，7-11 实现了拼箱化，提高了车辆的装载率和利用率，减少了车辆拥堵，减轻了配送成本。

另外，建立共同配送中心这种策略令 7-11 总部能充分了解商品销售、在途和库存的信息，使 7-11 逐渐掌握了整个产业链的主导权。在连锁业价格竞争日渐犀利的情况下，7-11 通过降低成本费用，为整体利润的提升争取了相当大的空间。同时也为 7-11 实现不同温度带物流战略、物流差异化战略等其他物流战略铺平了道路。

4. 不同温度带物流战略

7-11 为了加强对商品品质的管理，体现对顾客负责、顾客第一的企业精神，对物流实行必要的温度管理，按适合各个商品特性的温度配送，使各种商品在其最佳的品质管理温度下，按不同温度带进行物流，最终使畅销的商品以味道最鲜美的状态出现在商店货架上，这就是 7-11 的不同温度带物流战略。

7-11 目前已经实现了全球范围内的不同温度带物流配送体系，针对不同种类的商品设定了不同的配送温度，并使用与汽车生产厂家共同开发的专用运输车进行配送，如蔬菜的配送温度为 5℃，牛奶的共同配送为 5℃，加工肉类为 5℃，杂货、加工食品为常温，冷冻食品为－20℃，冰激凌为－20℃，盒饭、饭团等米饭类食品为 20℃恒温配送。7-11 总部根据商品品质对温度的不同要求，一般情况下会建立三个配送中心系统，即冷冻配送中心系统、冷藏配送中心系统和常温商品配送中心系统。对于不同的配送中心系统，单店都会有不同的订货，这种做法也是为了尽可能的提高商品的新鲜度。

冷藏供货商运作方式有所不同，为保证商品新鲜度，配送中心没有库存，也不打印配送单据。由单店直接向供货商发送订货信息，然后由供货商打印送货单据，并根据订货信息安排生产。单店的订货原则同样也是每天上午 10 点结束。供货商会在当天下午 4 点前将货物与送货单据送至配送中心，接着配送中心再按不同单店的订货需求分装好货物并送至店铺。单店验收完货物后，再在配送单据上签字并盖章，配送过程结束。

除上述两点外，7-11 在 20 世纪 90 年代还建立了独特的新鲜烤制面包物流配送体系。在此系统中，7-11 首先需要建立若干个冷冻面包坯的工厂，同时还要根据区域，按每 200 间单店配一家面包烤制工厂的比例，建设几十家烤制工厂。首先，在面包的制造工序中，冷冻在发酵工序之前的面包坯，并送至冷冻面包坯的工厂，加以保存；接着，每 200 间单店向其指定的一家烤制面包工厂发送订货信息。其次，冷冻面包坯工厂将根据不同的订货量将冷冻的面包坯配送到不同的烤制工厂。最后，面包烤制工厂把烤好的面包送至共同配送中心。配送中心将会把烤好的面包与米饭类食品混载，向各个单铺进行每天 3 次的配送，以保证烤好的面包在 3～5 个小时内就可以陈列在货架上。

世界零售巨头沃尔玛（Wal-Mart）亦采取了不同温度带物流的做法。不同的是沃尔玛是自建配送中心，而 7-11 的配送工作则是委托给第三方物流负责。

5. 7-11 物流战略的启示

中国的改革开放已经走过了四分之一世纪，但是中国的特许经营事业与便利店业都还处在一个起步的阶段。物流体系发展的滞后已成为制约我国特许经营企业发展的重要瓶颈，也是现代特许经营事业必须解决的重大课题。通过对 7-11 物流体系的研究，可以认识到，要打破制约我国连锁经营企业发展的物流瓶颈就必须借鉴国外知名企业的先进物流系统和特色，并依据企业自身经营的特点与我国的实际国情，以降低物流配送成本，提高流通整体效益，打造持续竞争优势，构建出独特的物流体系。

【思考题】

1. 7-11 的物流体系有何特点？
2. 7-11 是如何运用独特的战略获取竞争优势的？
3. 从 7-11 的案例中，得到了哪些启示？

参考文献

[美] 鲍尔索克斯等. 2004. 供应链物流管理. 北京：机械工业出版社

陈利秋，李培亮. 2002. 物流管理操典. 广州：广东经济出版社

道格拉斯·兰伯特，詹姆士·斯托克，莉萨·埃拉姆. 2003. 物流管理. 北京：电子工业出版社

董千里. 2001. 高级物流学. 北京：人民交通出版社

冯耕中. 2004. 物流配送中心规划与设计. 西安：西安人民出版社

甘华鸣，解新艳. 2002. 采购管理速成. 北京：企业管理出版社

郭继伟. 2001. 货仓、采购、生管、物控管理实例与问答. 广州：广东经济出版社

何明珂. 2001. 物流系统论. 北京：中国审计出版社

洪水坤，陈梅君. 2002. 物流运作案例. 北京：中国物资出版社

胡思继. 2001. 交通运输学. 北京：人民交通出版社

兰洪杰. 2006. 物流战略管理. 北京：清华大学出版社

郎会成，蔡连侨. 2002. 物流经理业务手册. 北京：机械工业出版社

李松庆. 2005. 第三方物流论——理论比较与实证分析. 北京：中国物资出版社

李苏剑，游站清，郑利强. 2005. 物流管理信息系统理论与案例. 北京：电子工业出版社

李万秋. 2003. 物流中心运作与管理. 北京：清华大学出版社

林国龙，宋柏，沙梅等译. 2000. 物流管理——供应链过程的一体化. 北京：机械工业出版社

刘昌祺. 2001. 物流配送中心设计. 北京：机械工业出版社

骆温平. 2001. 第三方物流. 上海：上海社会科学院出版社

马健平. 2001. 现代物流配送管理. 广州：中山大学出版社

马士华，林勇，陈志祥. 2002. 供应链管理. 北京：机械工业出版社

茅宁. 2004. 现代物流管理概论. 南京：南京大学出版社

梅绍祖，李伊松，鞠颂东. 2001. 电子商务与物流. 北京：人民邮电出版社

欧阳文霞. 2002. 物流信息技术. 北京：人民交通出版社

潘文安. 2005. 物流园区规划与设计. 北京：中国物资出版社

裴少峰等. 2001. 现代物流技术学. 广州：中山大学出版社

齐玉梅，田澎. 2003. 第三方物流及其在我国. 技术经济与管理研究，(2)

[日] 日通总和研究所. 1986. 物流手册. 吴润涛等译. 北京：中国物资出版社

汝宜红. 2004. 物流学导论. 北京：清华大学出版社，北京交通大学出版社

闰培金，王成. 2001. 企业物流内控精要. 北京：中国经济出版社

沈小静. 2002. 生产企业供应管理. 北京：中国物资出版社

施李华. 2004. 物流战略. 北京：对外经济贸易大学出版社

宋华，胡左浩．2000．现代物流与供应链管理．北京：经济管理出版社
宋建阳，张良卫．2006．物流战略与规划．广州：华南理工大学出版社
唐纳德．2002．供应链物流管理．北京：机械工业出版社
［美］唐纳德等．1999．物流管理——供应链过程的一体化．北京：机械工业出版社
王成．2001．现代物流管理实务与案例．北京：企业管理出版社
王方华，吕巍．1997．企业战略管理．上海：复旦大学出版社
王槐林．2002．采购管理与库存控制．北京：中国物资出版社
王加林，张蕾丽．1987．物流系统工程．北京：中国物资出版社
王晓东．2001．现代物流管理．北京：对外经济贸易大学出版社
王之泰．2001．现代物流管理．北京：中国工人出版社
王忠诚．2002．电子商务概论．北京：机械工业出版社
魏国辰．2002．物流机械设备的运用与管理．北京：中国物资出版社
吴清一．1998．设施规划与设计．北京：机械工业出版社
吴清一．1996．物流学．北京：中国建材工业出版社
夏文汇．2006．物流战略管理．成都：西南财经大学出版社
许胜余．2002．物流配送中心管理．成都：四川人民出版社
薛华成．1999．管理信息系统．北京：清华大学出版社
闫培金，王成．2001．企业物流内控精要．北京：中国经济出版社
曾国安．2001．战略市场营销．大连：东北财经大学出版社
张传忠．2000．分销管理．武汉：武汉大学出版社
张杰．1999．现代生产管理．北京：中国对外经济贸易出版社
郑国华．1999．交通运输法教程．北京：中国铁道出版社
周全申．2002．现代物流技术与装备实务．北京：中国物质出版社
http://www.56.com
http://www.cosco.com.cn